本报告的出版得到
国家重点文物保护专项补助经费资助

马 家 浜

浙江省文物考古研究所
嘉兴博物馆 编著

文物出版社

图书在版编目（CIP）数据

马家浜 / 浙江省文物考古研究所 , 嘉兴博物馆编著
. -- 北京：文物出版社 , 2019.12
ISBN 978-7-5010-6436-6

Ⅰ . ①马… Ⅱ . ①浙… ②嘉… Ⅲ . ①新石器时代文
化—文化遗址—研究—嘉兴 Ⅳ . ① K878.04

中国版本图书馆 CIP 数据核字（2019）第 255222 号

马家浜

编　　著：浙江省文物考古研究所
　　　　　嘉兴博物馆

责任编辑：张昌倬　王　媛
封面设计：卜　早
责任印制：梁秋卉

出版发行：文物出版社
地　　址：北京市东直门内北小街2号楼
邮　　编：100007
网　　址：http：//www.wenwu.com
邮　　箱：web@wenwu.com
经　　销：新华书店
印　　刷：北京京都六环印刷厂
开　　本：889mm×1194mm　1/16
印　　张：24.75
版　　次：2019年12月第1版
印　　次：2019年12月第1次印刷
书　　号：ISBN 978-7-5010-6436-6
定　　价：450.00元

目　录

第一章 绪 言

第一节 自然环境

马家浜，是一条不太起眼的小河，全长 200 多米，呈东西流向。浜，在嘉兴及其周围城乡专指断头河，马家浜只有西端与其他河流相通。在马家浜河道两侧原来有一个普通的江南水乡小村庄，村庄因小河而称作马家浜村。村的北面是一片地势较低的农田，在历年的垦殖劳作中时有兽骨出土。传言这些埋藏于地下的兽骨具有农肥的作用，因此，在 1959 年农历己亥年春节前，农闲中的村民响应政府号召开展冬季积肥运动，自然而然地把这里的兽骨作为积肥的主要肥源。大规模运动式的挖掘，除了获取到大量最后被证明没有肥性的兽骨外，还不断挖到一些与兽骨混在一起的陶器、玉器、石器和骨器等。浙江省文物管理委员会在得到消息后随即派员到现场踏勘，确认这里是一处新石器时代文化遗址，因紧靠马家浜村，遗址也就被命名为马家浜遗址。1959 年初春，浙江省文物管理委员会主持进行了抢救性发掘，是为马家浜遗址的第一次发掘。

马家浜遗址位于嘉兴城区西南，地理坐标为北纬30°42′14.7～30°42′56.2″，东经120°41′49.2～120°42′51.3″。20世纪50年代，马家浜遗址所在区域的行政区划属于嘉兴县南湖乡天带桥村。嘉兴县原属嘉兴地区行政公署，1983 年撤销嘉兴地区后，嘉兴旋即升格为地级市，原县域就此作为嘉兴市本级的辖区，分设为南湖和秀洲两区，马家浜遗址区域也就转属南湖区南湖街道。现划定公布的马家浜遗址保护范围内多为林地、菜地和水田，地表海拔高度在 2.2～3.0 米之间。遗址三面环水，南为马家浜，北面紧贴九里港，西面是坟屋浜，坟屋浜的北端与九里港相通，东面田地连成片。自 2003 年马家浜遗址保护范围及建设控制地带区域划归嘉兴经济技术开发区西南片区管理之后，遗址范围内基本保持浅表性种植，其中的马家浜自然村亦已搬迁，原址辟为绿化林地。

嘉兴位于浙江省的北部，全域地形地貌以平原和河湖为主，属长江三角洲杭嘉湖平原的一部分（图 1-1）。地处太湖流域，为太湖东南浅碟形洼地，整体地势平坦而没有较大的起伏，平均海拔 2.2 米，河网密布，是典型的水乡泽国，现有陆域面积 986 平方公里。在气候方面，嘉兴因处在北亚热带南缘，属东亚季风区，冬夏季风交替，夏季高温多雨，冬季则温和干燥。气温适中，四季分明，且日照充足，雨水充沛。据统计年平均气温15.9℃，年平均降水量 1168 毫米，年平均日照逾 2000 小时。这是一片很适合人类居住的土地，自新石器时代以来，就有人类生存繁衍于此。

第二节 历史上的嘉兴

嘉兴所处的太湖流域地区是中国新石器时代一个重要的文化区，八十多年来的考古发现与研究，太湖流域已

图1-1　嘉兴地理环境图

建立了马家浜文化——崧泽文化——良渚文化连续发展一脉相承的新石器时代考古学文化序列，其起始年代在距今七千年前。作为太湖文化区的重要组成部分，在嘉兴地域范围内已经发现了这三个文化阶段的遗址30多处，其中有多处包涵马家浜文化堆积的遗址，充分表明大约在距今7000～6000年的新石器时代晚期，生活在这片土地上的先民已然开始创造灿烂的历史。

新石器时代之后，嘉兴成为马桥文化的主要分布区，至周代，在不同的时间段分别为吴国和越国的辖地。春秋时名为长水，又称檇李，是吴、越两国争霸角逐之地，相传著名的"檇李之战"就发生在马家浜遗址以西不远处。战国时则为楚地。秦置由拳县，属会稽郡。三国时吴国雄踞江东，黄龙三年（公元231年）"由拳野稻自生"，吴帝孙权以为祥瑞，改由拳为禾兴，赤乌五年（公元242年）改称嘉兴。两晋南北朝时期，嘉兴得到进一步开发。隋朝开凿自杭州经嘉兴到镇江的江南运河，给嘉兴带来灌溉舟楫之利，嘉兴的城市和经济自此进入一个大发展时期。唐代嘉兴有屯田27处，成为中国东南重要产粮区。五代时期吴越国在嘉兴设置开元府，辖嘉兴、华亭、海盐3县。后晋天福五年（公元940年），吴越国置秀州，领嘉兴、海盐、华亭、崇德4县，为吴越国十三州之一，是为嘉兴首次设州府级行政机构。南宋庆元元年（公元1195）秀洲升为嘉兴府，辖嘉兴、华亭、海盐、崇德4县。元至元年间，嘉兴府升为嘉兴路。至明宣德四年（公元1429年），嘉兴府所辖3县划为7县，嘉兴县分置秀水县和嘉善县，海盐县分置平湖县，崇德县分置桐乡县，嘉兴府由此下辖7县，称一府七县。自此之后的四五百年内嘉兴府县体制基本未再有大的变动。民国初年，废嘉兴府，将秀水县与嘉兴县合并改称嘉禾县，后又复称嘉兴县。1949年5月7日，嘉兴解放。之后嘉兴的建置几经变化，至1983年升置为地级市。

第三节　嘉兴新石器时代文化遗存的发现

嘉兴的新石器时代文化遗存最早发现于嘉兴北部的双桥。董巽观在《浙江嘉兴双桥古文化遗址调查记》中披露：在清光绪年间（即 19 世纪末 20 世纪初年）双桥就出土了一些新石器时代的玉器。在 20 世纪的 30 年代，修建苏（州）嘉（兴）公路时，也曾出土过比较多的玉器和其他遗物。[1]嘉善县博物馆收藏的刻符玉琮等良渚玉器，据传就是捐赠者当年购自上海的双桥出土物。双桥的发现没有引起学界的重视，而同时在 30 年代后半期，余杭的良渚镇发现与双桥遗址相似的遗物后，即由西湖博物馆（现浙江省博物馆）的施昕更进行了长江流域首次由中国人主持的田野考古发掘，良渚也就成为良渚文化的命名地。

新中国成立后，浙江省文物管理委员会负责全省范围内的田野考古工作。1953 年夏，浙江省博物馆的党华和浙江省文物管理委员会的牟永抗调查了嘉兴的双桥遗址，采集的黑陶簋和黑陶壶被确认为墓葬中所出，"与良渚发现的完全一样"。[2]从发表的器物照片图看，泥质黑皮陶簋即现在所指的圈足盆，泥质黑皮陶壶即为双鼻壶，现场从同处采集的小石珠是为钻隧孔的球形玉珠，这些器物均为良渚文化墓葬中具有典型意义的随葬品。1959 年，浙江省文物管理委员会发掘嘉兴马家浜遗址，是本地区新石器时代遗址的第一次正式发掘，发现了以夹砂红陶为主要特征的文化遗存，[3]以后以马家浜为典型遗址命名了"马家浜文化"。这次发掘开始了嘉兴区域内以田野考古为基础的新石器时代考古学研究。

在"文革"期间，嘉兴的考古工作与其他地区的一样处于基本停顿的状态，但期间有两项工作值得一提：一是雀幕桥遗址的发现，二是双桥遗址的发掘。1972 年 8 月，嘉兴雀幕桥发现一批良渚文化遗物，[4]发表的报道中没有对这组遗物的性质作出确认，但在《放射性碳素测定年代报告（四）》中对这组器物表述为 M1，[5]而在《中国考古学中碳十四年代数据集（1965～1991）》中则对同出的木质标本表述为 M1 盖板，[6]这似乎是认定雀幕桥发现的是良渚文化的墓葬遗存。1973 年 5 月～7 月间，对嘉兴双桥遗址进行了发掘。发掘者将发掘区内的文化堆积分为两个阶段，简报中表述为上、下文化层。[7]上文化层即为良渚文化的遗存，其中的一座良渚文化墓葬中出土的宽把杯是良渚文化的典型器物。双桥遗址的发掘就此成为嘉兴探索良渚文化的第一次考古发掘。

20 世纪 80 年代开始，浙江全省的田野考古工作主要由新成立的浙江省文物考古（研究）所主持负责。在嘉兴范围内也进行了一系列的田野考古工作，特别是对嘉兴新石器时代考古学文化遗存的发掘研究方面取得了重要的收获。1983 年的冬季，在对雀幕桥遗址进行的抢救性发掘中，确认了崧泽文化、良渚文化、马桥文化三个文化

[1]　董巽观：《浙江嘉兴双桥古文化遗址调查记》，《考古通讯》1955 年第 5 期。

[2]　党华：《浙江嘉兴双桥发现的新石器时代遗址》，《考古通讯》1955 年第 5 期。

[3]　姚仲源、梅福根：《浙江嘉兴马家浜新石器时代遗址的发掘》，《考古》1961 年第 7 期。

[4]　浙江嘉兴博物、展览馆：《浙江嘉兴雀幕桥发现一批黑陶》，《考古》1974 年第 4 期。

[5]　见《考古》1977 第 3 期。

[6]　文物出版社，1991 年第 111 页。

[7]　浙江省文物考古研究所：《嘉兴双桥遗址发掘简报》，《浙江省文物考古研究所学刊》1993，科学出版社。

之间的地层叠压关系。[1]1996 年在南河浜遗址发掘清理了从崧泽文化早期到晚期的墓葬 92 座，这些墓葬上承马家浜文化、下接良渚文化，贯穿了崧泽文化的始终，由此建立了崧泽文化发展的一个年代标尺。并首次发现了崧泽时期的祭台遗迹，连同墓地、房子等完整的聚落单元，充分反映了这一时期的社会生活形态。[2]2001 年，吴家浜遗址的发掘则是嘉兴马家浜文化遗存考古的一次重要收获，发现了 15 座马家浜文化晚期的墓葬以及建筑遗迹，揭示了马家浜文化晚期聚落形式的结构。发掘者认为遗址的文化层堆积具有自己的特点，显示出与其他马家浜文化遗址明显不同的特点。[3]2009 年，浙江省文物考古研究所与嘉兴博物馆联合组队对马家浜遗址进行了第二次发掘，在马家浜文化的发现和研究方面取得了重要进展。

迄今为止，在嘉兴市辖的南湖区和秀洲区范围内，调查发现的新石器时代遗址 30 多处，已建立起马家浜文化——崧泽文化——良渚文化的文化发展序列，成为环太湖考古学文化区的一个重要组成部分。

第四节　第一次发掘和马家浜文化的确立

一、1959 年度的发掘

1959 年 3 月中下旬，由浙江省文物管理委员会主持对马家浜遗址进行了抢救性考古发掘，同时邀请了杭州大学历史系和杭州师范学院历史系多名学生参加发掘。本次发掘布方 5 个，其中 5×5 米探方 3 个（T1～T3），5×10 米探方 1 个（T4）、11×8 米探方 1 个（T5），发掘面积共 213 平方米。发现新石器时代墓葬 30 座（其中 6 座有随葬品）、房屋遗迹 1 处，出土的遗物包括陶器、石器、玉器、骨器以及大量的有机质遗物，《浙江嘉兴马家浜新石器时代遗址的发掘》发掘简报叙述了这次发掘的主要收获。[4]

由于历史的原因，留存至今的第一次发掘记录资料完整性和全面性稍有缺憾，出土的遗物中，完整器和复原器则分别收藏于中国历史博物馆、浙江省博物馆和嘉兴博物馆，而陶片等文化遗物多已散失，现在已难以对第一次发掘的资料重新作全面的整理和编写出版发掘报告。在现存资料档案中有未刊布的发掘报告的多次修改稿，其中文字和线图内容虽稍嫌简单，但基本反映了第一次发掘的主要收获。资料档案中还保存着当年整理时制作的器物卡片以及为发表报告绘制的线图，但报告所用的器物线图和遗迹图、地层图没有留存原始底稿，只有晒制的蓝图。所绘线图包括了大部分的完整器和复原器，也有一些特征性比较明显的陶片标本。非常有意义的是，这些线图绘制的比例除了个别器形较大者外，其余都是以 1：1 的原大比例绘制。最后我们选用了报告修改稿的最后一稿[5]在本书第八章全文刊布，简报及发掘报告的执笔者为姚仲源和梅福根。

[1]　《中国考古学年鉴》1984 年，第 108 页。
[2]　浙江省文物考古研究所：《南河浜——崧泽文化遗址发掘报告》，文物出版社，2005 年。
[3]　浙江省文物考古研究所、嘉兴博物馆：《嘉兴吴家浜遗址发掘报告》，《浙江省文物考古研究所学刊》第十辑，文物出版社，2015 年。
[4]　浙江省文物管理委员会：《浙江嘉兴马家浜新石器时代遗址的发掘》，《考古》1961 年第 7 期。
[5]　报告文字手写稿上记有"1960.1～2.完成第四稿（考古学报提出修改意见后第一次修改稿）"。

二、马家浜文化的提出

1957 年，浙江省文物管理委员会主持发掘了吴兴邱城遗址，[1] 发掘者把邱城遗址的文化堆积分为上、中、下三个不同阶段。上层是以印纹陶为主的堆积，笼统地认为其相当于已经发掘的钱山漾遗址上层；中层有墓葬和其他遗迹，主要包含物是泥质灰黑陶，现在看来应该是以崧泽文化为主的堆积，当然也包括了良渚文化的遗存。当时被认为其年代相当于钱山漾遗址下层。而邱城下层阶段则是邱城遗址的主要堆积，发现了人工营造的大面积"硬土面"及其他建筑居址遗迹，还发现了一座有玉玦和红陶豆作为随葬品的墓葬。下层的主要陶系为泥质红陶和夹砂红陶，外表常常保留着鲜亮的红色陶衣。发掘者认为邱城下层的年代显然要比钱山漾下层要早，这就突破了原先对浙江新石器时代文化框架和内涵的认识。紧接着经过整理，牟永抗编写了较为详细的发掘报告，报告中明确认为邱城下层与青莲岗、花厅、北阴阳营墓葬地层、罗家谷等遗址相近，中层与钱山漾、良渚和水田畈遗址的下层相似。这对于浙江新石器时代发展序列和文化内涵的认识具有重要的开拓意义。由于无法言明的历史原因，这篇报告在当时没有能够发表，直到 2005 年才发表了报告初稿。[2] 邱城遗址发掘两年后，1959 年马家浜遗址的发掘中发现了极为单纯的与邱城下层相似的遗存，发掘报告中认为马家浜遗址与邱城遗址的下文化层有着相互关系。[3] 与此同时，在苏南的梅堰、越城和上海的崧泽等遗址也发现了与邱城遗址下层和马家浜遗址相类似的遗存。就此，对这类遗存的文化属性及其年代学的探索和认识引起不少学者的关注。赵青芳在北阴阳营遗址发掘报告中提出了"青莲岗文化"的命名，[4] 20 纪 60 年代初期，曾昭燏、尹焕章在《江苏古代历史上的两个问题》中则对青莲岗文化的文化内涵、特征做了归纳和总结，将苏北到浙北广大区域内时代较早的遗址均纳入到此青莲岗文化中。[5] 青莲岗文化的的提出，冲击了原有中国新石器时代文化以彩陶、黑陶区分的框架，推进了考古学文化多元性的认识。由于历史的局限性，以磨光石器和夹砂粗红陶为笼统特征的青莲岗文化逐渐形成为时空宽泛的大青莲岗文化，因此，一直以来，以马家浜遗址、邱城遗址下层等为代表的苏南浙北早于良渚文化的文化遗存也就都归于青莲岗文化的范畴内。

1975 年，吴汝祚发表《从钱山漾等原始文化遗址看社会分工和私有制的产生》，该文主要讨论的是良渚文化的社会分工和私有制的产生，但其中提到："在太湖地区内，现已发现的古文化遗址，年代较早的有马家浜文化，其次为崧泽中层类型的文化遗址，再次为良渚文化"。[6] 这是考古界第一次提出"马家浜文化"的概念，而且同时明确划分太湖地区新石器时代文化发展经历马家浜文化、崧泽中层类型、良渚文化三个阶段。1977 年，夏鼐在《碳—14 测定年代和中国史前考古学》[7] 中提出不用青莲岗文化的名辞，将这类文化遗存分别命名为大汶口文化和马家浜文化，正式提出了马家浜文化的命名。同时认为马家浜文化包括马家浜、崧泽下层、邱城下层、草鞋山下层、圩墩、河姆渡上层等遗存，马家浜文化来源于较早的河姆渡（下层）文化，年代上相当于仰韶文化。同年 10 月，

[1] 梅福根：《浙江吴兴邱城遗址发掘简介》，《考古》1959 年第 9 期。

[2] 浙江省文物管理委员会：《浙江省吴兴县邱城遗址 1957 年发掘报告初稿》，《浙江省文物考古研究所学刊》第七辑，杭州出版社，2005 年。

[3] 见本书第八章。

[4] 南京博物院：《南京市北阴阳营第一、二次的发掘》，《考古学报》1958 年第 1 期。

[5] 曾昭燏、尹焕章：《古代江苏历史上的两个问题》，《江海学刊》1961 年第 12 期。

[6] 吴汝祚：《从钱山漾等原始文化遗址看社会分工和私有制的产生》，《考古》1975 年第 5 期。

[7] 夏鼐：《碳—14 测定年代和中国史前考古学》，《考古》1977 年第 4 期。

在南京召开的长江下游新石器时代文化学术讨论会上，牟永抗、魏正瑾提交了《马家浜文化和良渚文化》一文，[1]文中首先提出不能把太湖流域地区的遗址都归纳在单一的青莲岗文化概念之下，赞同夏鼐的马家浜文化的命名。同时将太湖流域地区新石器时代发展划分为马家浜阶段、崧泽阶段和良渚阶段等3个阶段，并归纳了这3个阶段的文化特征。崧泽阶段"可作为马家浜文化向良渚文化的过渡阶段，从其基本面貌分析，似亦可归入马家浜文化的范畴"，将马家浜文化分为马家浜期（早期）和崧泽期（晚期），进而指出"马家浜文化可能从罗家角下层这种类型的遗址发展而来，或者说马家浜文化之前，在太湖流域可能还存在一种类似罗家角下层的远古文化遗存"。这篇论文第一次系统阐述和归纳了马家浜文化的文化内涵和发展阶段。

1979年，黄宣佩等主张将崧泽期文化遗存从马家浜文化之中划出，单独命名为"崧泽文化"。[2]这以后，将环太湖地区早于良渚文化的遗存划分为马家浜文化和崧泽文化两个考古学文化逐渐形成共识。1979年底浙江省文物考古所发掘桐乡罗家角遗址，在陶器组合和演变、遗址年代和分期等方面获得十分重要的资料，极大地丰富了对马家浜文化的认识。发掘报告中认为罗家角遗址的早期（第四、三层）应该作为马家浜文化的早期，亦可称之谓马家浜文化的罗家角类型。[3]随后，姚仲源进一步指出马家浜文化与河姆渡文化是分布在不同地域，互相影响又有一定区别，大致并行发展的两支考古学文化。[4]

1981年，苏秉琦发表《关于考古学文化的区系类型问题》，[5]全面阐述了区系类型理论学说，将长江下游地区划分为宁镇地区、太湖地区和宁绍地区，马家浜文化成为太湖地区重要的一支考古学文化。

第五节　2009～2011年的发掘

一、遗址调查

马家浜遗址1981年被公布为嘉兴市级文物保护单位，1989年公布为浙江省级文物保护单位，2001年公布为全国重点文物保护单位。马家浜考古遗址公园2013年被列入浙江省省级考古遗址公园，2017年，入选第三批国家考古遗址公园立项名单。

2005年，在《马家浜遗址保护规划》编制过程中，为了进一步明确遗址文化堆积的分布范围，由浙江省文物考古研究所和嘉兴博物馆派员对原先划定的遗址保护范围和建设控制地带做勘探调查，同时对拟建的马家浜遗址博物馆建设用地区块进行勘探，调查范围约7万平方米。调查工作自2005年11月29日开始至12月8日结束，参加调查的有浙江省文物考古研究所芮国耀、马竹山，嘉兴博物馆沈友明。调查确认的遗址堆积范围与原划定的保护范围基本一致，并且明确了遗址保护建设控制地带和马家浜遗址博物馆拟建区块没有文化遗存埋藏。

2009年春天，因马家浜遗址保护规划论证和遗址公园建设的需要，浙江省文物考古研究所派员于4月20日

[1]　会后《文物》1978年第4期先行发表，后编入会议论文集（《文物集刊》第1辑）。
[2]　黄宣佩：《关于良渚文化若干问题的认识》，《中国考古学会第一次年会论文集(1979)》，文物出版社，1980年。
[3]　罗家角考古队：《桐乡县罗家角遗址发掘报告》，《浙江省文物考古所学刊(1981)》，文物出版社，1981年。
[4]　姚仲源：《二论马家浜文化》，《中国考古学会第二次年会论文集(1980)》，文物出版社，1982年。
[5]　苏秉琦：《关于考古学文化的区系类型问题》，《文物》1981年第5期。

至 30 日对马家浜遗址再次进行钻探调查，并作了小规模试掘。本次调查试掘由孙国平主持，参加人员还有浙江省文物考古研究所杨卫和技工渠开营，嘉兴博物馆陈宽、戴峰俊。首先在 2005 年对遗址范围的钻探调查工作基础上，对原定遗址范围再次进行钻探核实，进一步了解地下文化堆积的分布和埋藏情况，探明该遗址堆积总面积约 15000 平方米，与前次钻探调查认识没有明显出入，判断遗址的主要堆积在北部靠近九里港的东西向旱地，而南部耕田下的堆积均遭受不同程度的破坏。同时，在遗址西北部进行小范围的试掘，开 2×6 米探沟，发现两座马家浜文化的墓葬（即 M1 和 M2），对完全落在探沟范围内的 M1 作了全面揭露，M2 由于大部分在探沟外，未进一步扩方清理。根据试掘情况，推测遗址西北部紧靠九里港的旱地可能存在较为丰富的马家浜文化遗存。

二、发掘方案制定

2009 年是马家浜遗址发现 50 周年，在此期间太湖流域诸多马家浜文化遗址的发掘获得了十分丰富的资料，不断推进了马家浜文化考古学研究的进展，而作为马家浜文化命名地的马家浜遗址仅进行过小规模的发掘，因而在马家浜遗址的文化内涵、聚落分布结构等方面的认识存在相当的缺憾。通过对马家浜遗址的再次发掘，必将进一步推进马家浜文化更深入的研究。与此同时嘉兴市人民政府已编制实施《马家浜遗址保护规划》，计划建设马家浜考古遗址公园，马家浜遗址的考古发掘将为有效的遗址保护提供更为明确的科学依据，会大大增强马家浜遗址公园与马家浜遗址博物馆的文化内涵。同时也可将发现的一些重要遗迹、地层剖面保留，作为遗址公园的宣传展示场景。基于上述的认识和考虑，省、市有关部门和文物机构认为有必要对马家浜遗址进行第二次发掘，以期获得有关马家浜遗址文化内涵、聚落形态结构各个方面相关的科学资料。

通过对历年发掘调查资料的梳理和认识，结合遗址保护的现状，遵照《田野考古工作规程》的相关要求，我们制定了《嘉兴马家浜遗址 2009 年度考古发掘方案》，明确认为对遗址的文化堆积区域，只进行钻探和小范围的探沟试掘，主要是对遗址保存状况的确认。试掘过程中若发现重要遗迹，立即停止发掘并回填。同时计划选择遗址西北部的旱地作一定规模的发掘，发掘面积控制在 300 平方米以内。选择这一区域进行发掘，主要从两个方面考虑：一方面，此区域南面毗邻 1959 年的发掘区，在 2009 年春天的调查勘探中发现了马家浜文化的墓葬，通过发掘可能会获得较为丰富的遗迹和遗物资料。另一方面，这一区域北面紧临九里港，而九里港以北区域经钻探表明没有任何马家浜文化的堆积，选择此区域发掘，可以在马家浜遗址聚落结构方面作深入的探讨。

在发掘方案上报国家文物局之前，一直以来热切关注浙江考古工作的张忠培、赵辉仔细审定了方案，对本次发掘从宏观到微观等多方面提出了许多非常有益的指导意见，使我们获益良多。根据他们的意见和建议，我们认真修改和完善了方案，并上报浙江省文物局和国家文物局。2009 年 10 月 28 日国家文物局下发《关于马家浜遗址考古发掘方案的批复》（文物保函 [2009]1281 号），原则同意马家浜遗址 2009 年度考古发掘方案。

三、发掘概况

2009 年 11 月 8 日，马家浜遗址第二次发掘破土动工。

正式发掘前，我们在遗址外围即坟屋浜与马家浜两河交叉连接点西南位置设立永久性的测量基点，建立三维测绘坐标系统并与国家地理坐标系统控制点建立有效的关联。根据遗址坐标系统对整个遗址统一布设探方，统一编号。探方采取 5×5 米的规格,以 5 米为一个编号单位,探方编号为 2009JMT××(南北)××(东西)。

根据发掘方案,发掘前由开发区管委会在拟发掘区域加盖了钢构遮雨大棚,保证了发掘工作顺利进行。我们选择了位于遗址西北部旱地上的 T4917 ~ T4920、T5017 ~ T5020、T5118 ~ T5120 等 11 个探方进行了发掘(图 1-2)。在探方东北留 1 米宽的隔梁,实际每个探方发掘范围为 4×4 米,部分隔梁因发现墓葬或因连通地层而被清理,因此这一发掘区的发掘面积为 188 平方米。根据保护性发掘的原则,大部分探方只清理至马家浜文化墓葬的开口层面,停止下挖以保存墓地的平面状态,用作今后遗址展示现场。为了搞清楚发掘区的地层堆积状况,我们选择发掘区西南部没有发现重要遗迹的 T4917 和 T5017 发掘至原生土。

图1-2 发掘区位置图

由于发掘区北面紧邻九里港,考古队与当地有关部门一致认为要尽可能保护好这个层面,首要问题是要隔断地下水对这一区域的影响。经过充分讨论研究,决定在发掘区四周开挖深沟,并砌筑为暗沟。沟底开挖部分深入生土而低于探方内的文化堆积,并使沟底形成同方向的斜面,这样可引水至西北角的深井。深井内安装自动抽水装置,阻断周围地下水对发掘区的侵蚀。排水深沟的开挖由考古队按考古发掘探沟的方法实施。为了尽可能地减少对文化堆积的破坏,探沟宽度设为 1 米。考虑到深沟下挖坑壁可能存在塌方的危险,因此,探沟开口先设宽为 2 米,发掘到马家浜文化堆积层面的深度,探沟两壁向内各收 50 厘米,然后再 1 米宽下挖。探沟编号自北面开始,顺时针编为 TG1 ~ TG4。TG1 和 TG3 为正东西向,长度各为 31.5 米;TG2 和 TG4 为正南北向,长度各为 21 米。TG1 位于 T5216 ~ T5222 这行探方的正中;TG2 位于 T4822 ~ T5222,探沟西壁距这列探方的西壁 50 厘米;TG3 横跨 T4816 ~ T4822,位于这行探方的西壁;TG4 位于 T4816 ~ T5216 的西壁,四条探沟形成一个长方形的合围。在 TG1、TG2、TG3 的发掘中发现多座马家浜文化墓葬，清理时对探沟两侧的表层堆积按探方规格做了局部清理至墓葬开口层面。TG3受现代垦殖破坏的影响，在去除地表耕土堆积后即出露马家浜文化的墓葬，开口层面相当于发掘区内最晚阶段墓葬的开口层面。四条探沟均在遮雨大棚之外，TG4由于堆积较深，整个探沟在发掘接近结束时突遭大雨积水而沟壁严重塌方。探沟部分发掘面积约为125平方米。所有探沟均发掘至生土或更深，在标本记录上，探沟范围内出土的标本各按不同探沟编号进行记录，探沟两侧的出土标本按探方编号记录，墓葬位置也以所处探方编号为准记录。

历次的调查和勘探，基本确认了遗址文化堆积的范围，本次发掘过程中结合农耕遗迹调查，我们在外围进行了小范围的探沟试掘，意欲确定划定的范围之外是否存在比较明确的文化堆积以及堆积之外可能存在的其他遗迹。因此，在发掘区南部的探沟选择布设在T3621、T3221、T3021、T2621和T2121的西半探方，探沟南北长各为5米，东西宽各为2米。发掘区东部的探沟布设在T4238和T6538的北半探方，探沟东西长为5米，南北宽为2米。这些探沟大部在清理完后期堆积之后就停止往下发掘，其中，T2121和T4238、T6538后期堆积之下即为原生土堆积。而T3621、T3221和T3021发现了马家浜文化的堆积，其为黑灰色黏土，土质松软较纯，少见马家浜文化的陶片等文化遗物。T2621则做了深入的发掘，发现了马家浜文化时期古稻田堆积。

2009年12月中旬，由浙江省文物局和嘉兴市人民政府主办的"马家浜遗址发现50周年国际学术研讨会"在嘉兴召开。会议期间，以中国考古学会理事长张忠培、副理事长王巍、赵辉为首的来自全国多家文博专业机构、高等院校的专家学者考察遗址现场，对发掘工作给予指导，并对此后阶段的发掘提出了许多有益的意见和建议。

马家浜遗址第二次发掘自2009年11月8日开始，至2011年1月12日结束。期间，2010年庚寅年春节和夏季避高温暂停发掘工作，整个野外发掘进行了近12个月时间。参加发掘工作的有：浙江省文物考古研究所的芮国耀（领队）、马竹山；嘉兴博物馆刘立博、刘云峰、陈宽；平湖市博物馆张蜀益；另外，陕西籍技工齐锁劳、丁社民2009年11月短时间参加了发掘。野外照片由马竹山拍摄，墓葬平剖面图和地层剖面图主要由马竹山绘制。嘉兴经济技术开发区在发掘经费开支、工地安保及后勤保障方面给予全面支持，保证了发掘工作的顺利进行。

第六节 多学科调查研究

一、植物考古调查研究

2010年7月中旬，北京大学考古文博学院秦岭率研究生高玉、邓振华等人到马家浜遗址发掘现场，选取两套系列土样进行植物遗存浮选分析。

2010年10月18日至11月30日，浙江省文物考古研究所科技考古研究室郑云飞、陈旭高在发掘区采集土样做植物遗存调查，同时，在发掘区周围进行稻作农耕遗迹调查。经过详细钻探，在对钻孔土样做植物植硅体分析后得出，在遗址文化堆积以南分布有马家浜文化时期的稻田遗迹。

二、人骨鉴定研究

吉林大学边疆考古研究中心古人类实验室、古代DNA实验室应邀对马家浜遗址出土人骨做体质人类学鉴定研究和古 DNA 分析研究。方启（2010 年 1 月中旬）、朱泓、魏东（2011 年 1 月上旬）到发掘现场对墓葬出土人骨作体质人类学鉴定。

2011 年 5 月中旬，我们约请吉林大学边疆考古研究中心古人类实验室和古代 DNA 实验室朱泓、周慧及研究生曾雯在嘉兴博物馆对已经取回室内的墓内人骨再次进行体质人类学鉴定，并采集古 DNA 实验样本，拟对马家浜遗址墓葬中出土人骨做古 DNA 测试分析。

2011 年 6 月中旬，吉林大学边疆考古研究中心魏东、林雪川在嘉兴博物馆对部分人骨进行体质人类学鉴定，并清理修复 M28 墓主人头骨，据此进行颅骨三维容貌复原。

2017 年，日本金泽大学中村慎一主持的"稻作与中国文明——综合稻作文明学的新构筑"研究课题，设立了"马家浜遗址墓葬出土人骨的研究"子课题，开展马家浜遗址出土人骨性别鉴定、肢骨形态研究、人骨稳定同位素分析、牙石残留淀粉粒分析、锶同位素分析等方面的分析研究。课题组于 2017 年 9 月和 2018 年 3 月，在浙江省文物考古研究所对马家浜遗址出土人骨标本进行清理、测绘，采集实验室样本。课题组成员有米田穰、板桥悠（东京大学）、冈崎健治（鸟取大学）、觉张隆史（金泽大学）、高椋浩史（土井浜遗址人类学博物馆）、涩谷绫子（日本国立历史民俗博物馆）等。

三、动物考古学鉴定

野外发掘过程中，我们将各文化层的堆积土进行全面的水洗筛选，获取了大量的动物遗存标本。随后的古动物考古学鉴定研究由山东大学考古学与博物馆学系宋艳波主持于 2015 年至 2016 年在济南进行，参加人员还有王杰、赵文丫。2016 年 10 月下旬，赵文丫在嘉兴博物馆对 M21、38、39、69 四座墓葬随葬的动物骨骼进行鉴定，同时对墓葬填土中出土的动物遗存及出土骨器用材进行鉴定。基本确定墓内随葬的动物骨骼为鹿科动物跗骨或掌骨，由于跗骨连带跗骨、掌骨连带腕骨，可以判定这些动物骨骼是原材料埋葬。出土骨器由于磨制精致，不能明确动物种属，从部分保留的骨骼原始形态可判断大部分骨器所用骨材为鹿科动物跗骨或掌骨。

四、石器和玉器鉴定

本次发掘出土的石器不多，由浙江省文物考古研究所姬翔负责鉴定了部分出土石器。而遗址出土和采集的玉器则由北京大学考古文博学院、杭州余杭博物馆和浙江省文物考古研究所合作的"玉架山玉器无损分析"课题组，在课题进行过程中友情赞助进行鉴定。

第七节　资料整理和发掘报告编写

马家浜遗址第二次发掘资料整理工作自 2015 年春天开始，期间，由于整理者同时还有其他发掘和田野调查工作，整理工作时断时续，至 2016 年底基本完成。参加整理工作的有浙江省文物考古研究所芮国耀、马竹山，嘉兴博物馆刘立博，河北籍技工田金成，由芮国耀全面负责。器物线图由马竹山绘制，器物照片由嘉兴市全国第一次可移动文物普查办公室周雁虹拍摄。第一次发掘的图文资料整理由芮国耀完成，器物蓝图由马竹山重新描图。

发掘报告由芮国耀主持编写，并执笔第一、二、三、九章及第八章第二节。第四章第一、二节由郑云飞执笔，第三节由高玉、秦岭执笔，第五章第一、二节由魏东执笔，第三节由冈崎健治、高椋浩史执笔，第四节由高椋浩史、冈崎健治执笔，第五节由板桥悠、觉张隆史、米田穰执笔，第六节由涩谷绫子执笔，第七节由觉张隆史、板桥悠、米田穰执笔。第六章第一节由宋艳波、王杰、赵文丫执笔，第二节由王杰、宋艳波执笔。第七章第一节由姬翔执笔、第二节由陈天然执笔。第八章为 1960 年旧稿，执笔者是姚仲源、梅福根。

本章第四节叙述的相关多学科的调查研究，在野外发掘期间或室内整理期间都按计划和课题设想比较圆满地完成研究，取得了非常有意义的研究成果，各项目或课题执行人都提交了较为详细的研究报告。日本学者同时提交了中文和日文两种文字的文本，本报告仅选用中文文本。在本发掘报告编著前，芮国耀与相关研究者进行了沟通并达成一致意见，明确将各学科的研究报告以发掘报告不同章节的形式发表。因此，多学科的鉴定研究报告由芮国耀按照本报告的体例做了段落和格式的调整，原有的研究结论和学术观点完整保留以尊重原著者，原稿中一些与本发掘报告中相对重复的内容作了删节，力求整个报告的文字精炼。在各章节之后分别具署相关执笔者，非属浙江省文物考古研究所的研究者则分别注明了其供职的学术机构或高等院校。

执笔：芮国耀

第二章　地层堆积及遗物

本章主要叙述发掘过程中确认的地层堆积和层位关系，包括除墓葬之外的其他遗迹单元及其相关地层和遗迹出土的遗物。

第一节　地层堆积

在拟定的发掘区内清理了 T4917、T4918、T4919、T4920、T5017、T5018、T5019、T5020、T5118、T5119、T5120 等 11 个探方。由于确定了保护性发掘的原则，首先在这些探方清理完表层耕土和后期堆积，在马家浜文化堆积地层层面停止往下发掘。可以观察到该地层为灰黄色土堆积，含红烧土块粒，土质略硬，依层序编为第④层。在 T5118、T5119 和 T5120 第④层层面发现了马家浜文化的墓葬，个别探方还发现了其他类型的遗迹。

一、T4917、T5017

为了确定发掘区的地层及其堆积过程，进一步选择性发掘了 T4917 和 T5017 两个探方。主要的考虑是这两个探方位于发掘区的西部，对今后可能留着考古遗址公园现场展示的整体性没有太大的影响，而且，这里出露的马家浜文化堆积土质土色与前述三个探方的第④层完全不同，也没有发现其他的遗迹现象，因此，将 T4917 和 T5017 两个探方全部清理至原生土。下面以 T4917、T5017 的西壁地层剖面为例介绍地层堆积如下（图 2-1）：

第①层：厚约 0.20 米，是原来种植桑树的耕作层堆积。土色灰黄，土质较为结实。

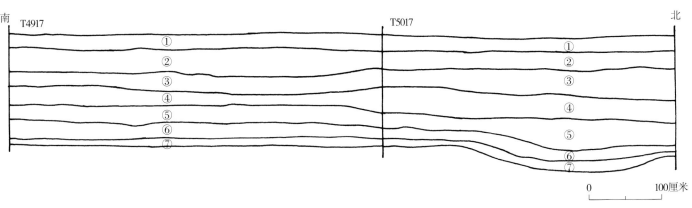

图 2-1　T4917、T5017 西壁地层剖面图

第②层：厚约 0.18 ~ 0.40 米。土色呈灰褐色，土质坚硬，多呈块状，偶见砖瓦瓷片，为后期堆积。

第③层：厚约 0.15 ~ 0.45 米。黑灰色土，土质较为结实，为后期堆积。

第④层：厚约 0.15 ~ 0.35 米。土色灰黑，夹有较多的红烧土颗粒及少量的草木灰，土质相对较松。从包含的陶片判断为马家浜文化的堆积。

第⑤层：厚约 0.20 ~ 0.40 米。为黑灰色堆积，土质松软，夹有大量的草木灰。为马家浜文化堆积。

第⑥层：厚约 0.10 ~ 0.20 米。青灰色堆积，呈淤泥状，略显砂性，包含一些草木灰及动物碎骨，土质较为松软，马家浜文化的陶片相对较多，是为马家浜文化堆积。

第⑦层：厚约 0.05 ~ 0.10 米。青灰色土，土质松软，较为纯净，略有砂性。除了有少量动物碎骨之外没有其他遗物发现。

第⑦层以下是黄色粉土，为原生土堆积。

二、TG1、TG2

发掘区外围因排水沟引发的探沟发掘，进一步确认了发掘区及其周围的地层堆积过程。

1. TG1

以 TG1 南壁地层剖面为例介绍地层堆积情况（图 2-2）：

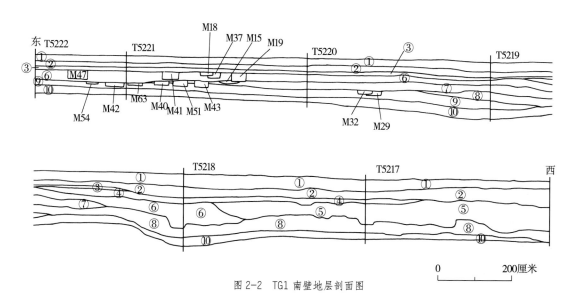

图 2-2　TG1 南壁地层剖面图

第①层：厚 0.15 ~ 0.35 米。表层耕土，土质较为疏松。

第②层：厚 0.10 ~ 0.50 米。呈团块状的灰黑色土堆积，土质较为结实。偶见汉及唐宋时期的陶瓷碎片。

第③层：厚 0 ~ 0.10 米。土色灰黄，土质松软略有黏性，含有少量的灰白色小土块及一些红烧土颗粒，是为后期堆积。

第④层：厚 0 ~ 0.20 米。灰黄色斑土，土质略为松软。主要分布在探沟的西半部，为后期堆积。

第⑤层：厚 0 ~ 0.70 米。黄色粉土，土质松散纯净。主要分布在探沟的西半部，为后期堆积。

第⑥层：厚 0 ~ 0.60 米。黄褐色土堆积，土质略硬，含有较多的红烧土小块或细碎颗粒，西端堆积略厚。此层层面开口的马家浜文化墓葬有 M18、M19、M37、M41、M47 等。

第⑦层：厚 0 ~ 0.25 米。土色因含有较多的草木灰而呈黑灰色，局部夹有黄色粉土块，土质较为疏松，出土马家浜文化的陶器碎片和动物碎骨。此层层面开口的马家浜文化墓葬有 M40、M43、M51，没有墓坑的 M15 在此层层面发现。

第⑧层：厚 0 ~ 0.40 米，大致分布在探沟的西半部分。为灰黑色土堆积，土质极松软，较纯净，几乎没有包含物。

第⑨层：厚 0 ~ 0.30 米，大致分布在探沟的东半段。土色呈黑灰色，土质较松散并含有较多的草木灰和红烧土小碎块，马家浜文化的陶片及动物碎骨出土较多。此层层面开口的马家浜文化墓葬有 M29、M32、M42、M54、M63 等。

第⑩层：厚 0 ~ 0.20 米，青灰色土堆积，土质较为松软略有黏性，偶见草木灰屑和红烧土颗粒，为马家浜文化堆积。

第⑩层以下为黄色粉土，原生土堆积。

2. TG2

以 TG2 的西壁地层剖面为例介绍地层堆积情况（图 2-3）：

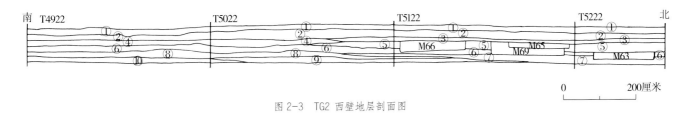

图 2-3　TG2 西壁地层剖面图

第①层：厚 0.10 ~ 0.15 米。表层耕土，土质较为疏松。

第②层：厚 0.20 ~ 0.30 米。灰黑色土堆积，呈团块状，土质较为结实。为后期堆积。

第③层：厚 0 ~ 0.10 米。土色灰黄，土质松软略有黏性，含有少量的灰白色小土块及红烧土颗粒，是为后期堆积。

第④层：厚 0 ~ 0.20 米，灰黄色土堆积，含少量的草木灰和细小的红烧土颗粒，土质较为结实。分布在探沟的南半部分，从出土的少量碎陶片看为马家浜文化堆积。

第⑤层：厚 0 ~ 0.30 米。黄褐色土堆积，土质略硬，含有较多的红烧土小块或细碎颗粒。此层层面开口的马家浜文化墓葬有 M65、M66、M69 等。

第⑥层：厚 0.10 ~ 0.15 米，土色呈黑灰色，土质较松，包含有较多的草木灰屑、红烧土小碎块、动物碎骨以及马家浜文化的陶片。此层层面开口的马家浜文化墓葬有 M63 等。

第⑦层：厚 0 ~ 0.20 米，青灰色土堆积，土质较为松软略有黏性，偶见草木灰屑和红烧土颗粒，为马家浜文化堆积。

在 TG2 的北端，第⑦层下即为原生土。

第⑧层：厚 0 ~ 0.25 米。黑灰色土堆积，土质松软略有黏性，含有较多的草木灰和红烧土颗粒。分布在探沟南半部分，为马家浜文化堆积。

第⑨层：厚 0 ~ 0.15 米。土色灰黑，土质松软。含有草木灰、红烧土颗粒及少量的动物碎骨。分布在探沟的中部，包含的陶片较少，为马家浜文化堆积。

第⑩层：厚 0 ~ 0.15 米，青灰色土夹少量黄土块，土质较软，略有黏性，包含物较少。分布在探沟南半部分，为马家浜文化的堆积。

第⑩层之下为黄色粉土，原生土堆积。

部分探方与探沟的地层对应关系可以表 2-1 表示。

表 2-1　T4917、T5017、T5120、TG1、TG2 地层对应表

TG2	TG1	T4917、T5017	T5120
①	①	①	①
②	②	②	②
③	③	③	③
	④		
	⑤		
④			
⑤	⑥		④
		④	
	⑦	⑤	
	⑧	⑥	
⑥	⑨		
⑦	⑩	⑦	
⑧			
⑨			
⑩			

三、T2621

前期的多次钻探调查，基本确定马家浜遗址文化堆积的范围，在本次发掘中又做了一些钻探，同时进行的农耕遗迹调查中获取的探孔资料，也对进一步确定遗址堆积范围提供了重要依据。为了更加明确判断遗址文化堆积的分布范围，在发掘区外围做了探沟试掘。其中 T3621、T3221、T3021、T2121 和 T4238、T6538 等 6 条探沟在清理完后期堆积之后就停止往下发掘。T2121 和 T4238、T6538 在后期堆积之下即为原生土堆积。在 T3621、T3221 和 T3021 发现了马家浜文化的堆积，其为黑灰色黏土，含有一些草木灰屑和红烧土颗粒，土质松软较纯，少见马家浜文化的陶片。而 T2621 则做了进一步清理，其地层堆积以东壁剖面为例叙述如下（图 2-4）：

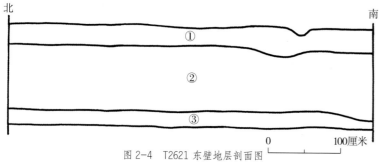

图 2-4　T2621 东壁地层剖面图

第①层：厚 0.25 米，为表层农耕土堆积。

第②层：厚 0.85 ~ 0.95 米，灰黄色黏土，略显砂性，土质松软，基本没有包含物。

第③层：厚 0.25 米，灰黑色土，土质松软，含较多的草木灰。初步判断是马家浜文化时期的古稻田堆积。详见本书第四章第二节。

第③层之下为灰色粉砂土，为原生土堆积，层面比较平整。

第二节 地层遗物

探方和探沟的马家浜文化地层堆积土，全部做了水洗，以求最大可能获取文化遗物和自然遗物。出土的文化遗物包括骨（角）器、石器、玉器和陶器，还有一些有加工制作痕迹的骨（角）料。择要分别叙述如下：

一、骨器

主要是各类残损的骨器，包括有骨锥、骨镞、条形骨雕、骨针等。

1. 骨锥

T4917⑤：8，残件。动物肢骨片制成，尾端断面略呈圆形，端面平整。器身残断，断面略呈三角形，器表留有较多的磨制擦痕线。残长5.9厘米（图2–5.1、2–5.2）。

T4917⑤：13，残。动物肢骨片制成，整体呈细长条形，圆形截面。锥尖圆钝，器表磨制光滑。残长7.6厘米（图2–6.1、2–6.2）。

T4917⑤：18，残存中段，两端均残。动物肢骨片制成，中部有截断痕，一侧有直向切割痕。残长2.5厘米（图2–7.1、2–7.2）。

T4917⑤：22，残。小动物肢骨制成，一端残，细长条形，正面弧凸，背面平，留有骨壁凹形。表面有磨制线痕。残长3.3厘米（图2–8.1~2–8.3）。

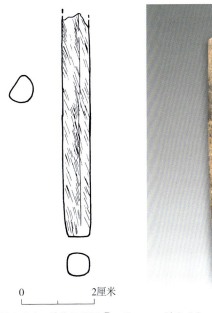

图 2-5.1　骨锥 T4917⑤：8　　　图 2-5.2　骨锥 T4917⑤：8

T4917⑤：23，残。扁平长条形，动物肢骨片制成。前端基本完整，呈舌形。正面微弧凸，背面留有骨壁凹形。残长6.7厘米（图2–9.1、2–9.2）。

T4917⑦：25，残存锥尖部，长条形，断面为扁圆角方形。器表磨制光滑，留有一些磨制遗留的擦痕。残长3.8厘米（图2–10.1、2–10.2）。

T5017④：5，长圆条形，残存前端，锥尖微残。器表似磨制成多棱形，并留有一些磨制线痕。残长4.1厘米（图2–11.1、2–11.2）。

T5017⑥：8，残存锥尖，动物肢骨制成。断面略呈三角形，侧面有一道直向的切割痕残长3.5厘米（图2–12.1、2–12.2）。

T5017⑦：12，残存尖端，细长条形。器表有一些磨制线痕。残长2.8厘米（图2–13.1、2–13.2）。

T5017⑦：13，残存锥尖部，尖端微残。长条形，为多棱面磨圆，器表基本布满磨制细线痕。残长3.3厘米（图2–14.1~2–14.4）。

T5017⑦：16，残存尖部，动物肢骨片制成，留有骨壁凹形，表面有一些磨制线痕。残长3.5厘米（图2–15.1~2–15.3）。

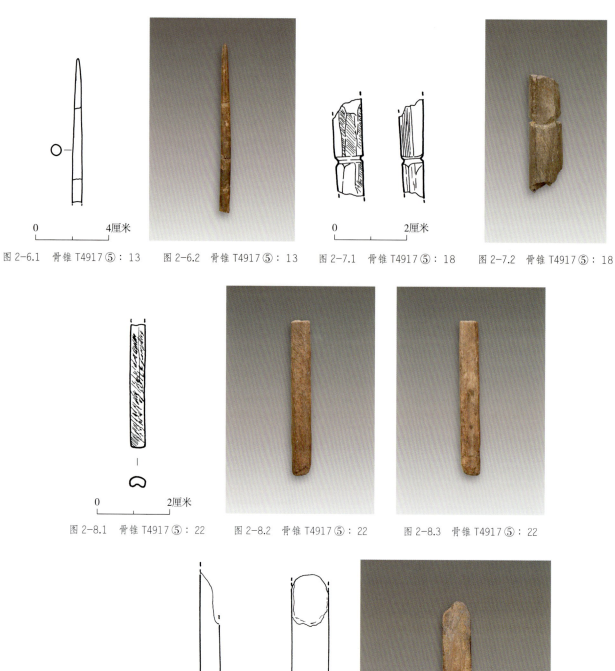

图 2-6.1　骨锥 T4917⑤：13　　图 2-6.2　骨锥 T4917⑤：13　　图 2-7.1　骨锥 T4917⑤：18　　图 2-7.2　骨锥 T4917⑤：18

图 2-8.1　骨锥 T4917⑤：22　　图 2-8.2　骨锥 T4917⑤：22　　图 2-8.3　骨锥 T4917⑤：22

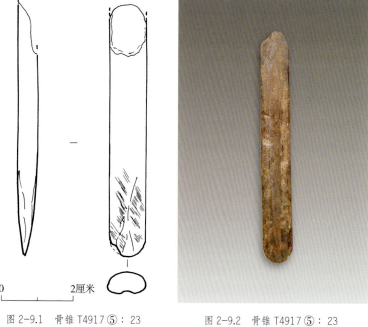

图 2-9.1　骨锥 T4917⑤：23　　　图 2-9.2　骨锥 T4917⑤：23

图 2-10.1　骨锥 T4917 ⑦：25　　　　　　图 2-10.2　骨锥 T4917 ⑦：25

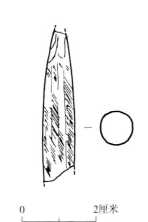

图 2-11.1　骨锥 T5017 ④：5　　　　　　图 2-11.2　骨锥 T5017 ④：5

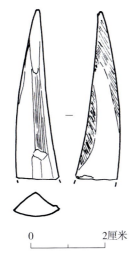

图 2-12.1　骨锥 T5017 ⑥：8　　　　　　图 2-12.2　骨锥 T5017 ⑥：8

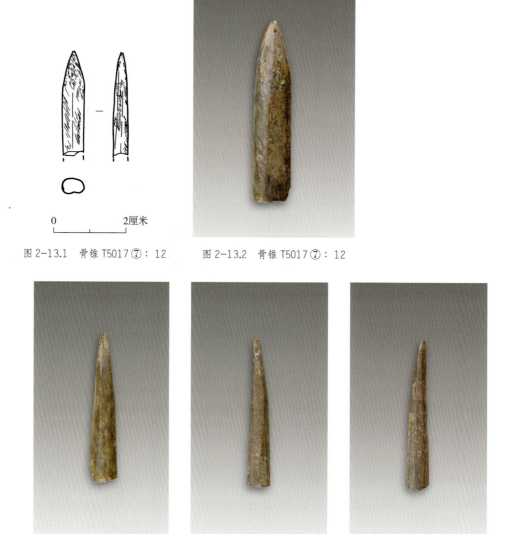

图 2-13.1　骨锥 T5017⑦：12　　　　图 2-13.2　骨锥 T5017⑦：12

图 2-14.1　骨锥 T5017⑦：13　　图 2-14.2　骨锥 T5017⑦：13　　图 2-14.3　骨锥 T5017⑦：13　　图 2-14.4　骨锥 T5017⑦：13

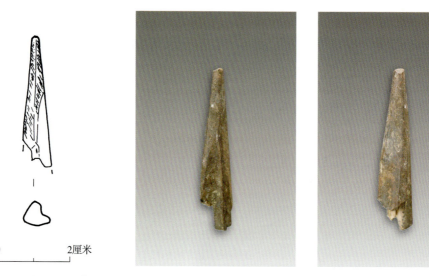

图 2-15.1　骨锥 T5017⑦：16　　　图 2-15.2　骨锥 T5017⑦：16　　　图 2-15.3　骨锥 T5017⑦：16

T5017⑦：20，残存锥尖部，扁长条形，动物肢骨片制成，背面呈凹弧型。磨制光滑，器表有磨制的线痕。残长4.9厘米（图2-16.1、2-16.2）。

T5122④：2，残存锥尖，三角形锥，细长条形，表面留有少量直向磨制线痕。残长2.8厘米（图2-17.1、2-17.2）。

T5220⑦：3，残存尾端部分，动物肢骨片制成。断面呈扁圆形，表面磨制成多棱形。有较多磨制线痕。残长4.5厘米（图2-18.1~2-18.4）。

T5221⑦：10，残存后半段，动物肢骨片制成，背面有骨壁凹形，尾端圆，平直。器表有一些磨制遗留细线痕。残长4.9厘米（图2-19.1~2-19.3）。

T5221⑦：11，残存前半段。动物肢骨片制成，锥体中段断面略呈三角形。背面有骨壁凹形。前端三角形锥尖，背面有斜杀面，并留有磨制线痕。正面也有一些线痕。残长6.3厘米（图2-20.1~2-20.3）。

T5221⑦：9，完整。长条形，动物肢骨片制成，断面扁圆，两端锥尖。长4.5厘米（图2-21.1~2-21.3）。

T4920④：3，残存前半段。动物肢骨片制成，背面有骨壁凹形，器表仍显肢骨外形。前端锥尖，器表略有剥蚀。残长7厘米（图2-22.1~2-22.3）。

TG4⑥：5，残存锥尖部位，动物肢骨片制成，断面椭圆形，器表留有磨制线痕。残长5.9厘米（图2-23.1~2-23.3）。

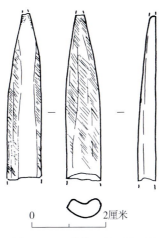 

图2-16.1　骨锥 T5017⑦：20　　　图2-16.2　骨锥 T5017⑦：20

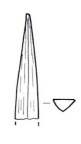 

图2-17.1　骨锥 T5122④：2　　　图2-17.2　骨锥 T5122④：2

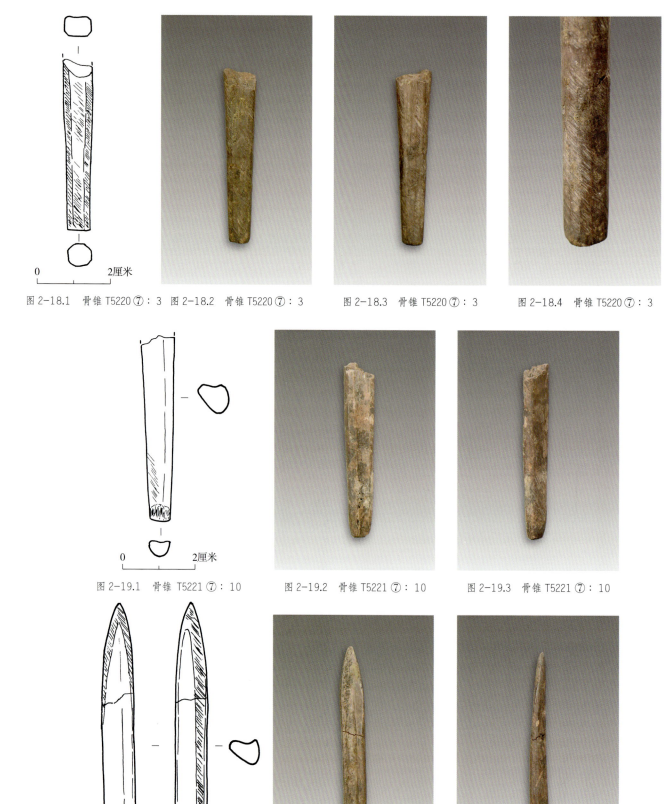

图 2-18.1   骨锥 T5220 ⑦ : 3   图 2-18.2   骨锥 T5220 ⑦ : 3   图 2-18.3   骨锥 T5220 ⑦ : 3   图 2-18.4   骨锥 T5220 ⑦ : 3

图 2-19.1   骨锥 T5221 ⑦ : 10   图 2-19.2   骨锥 T5221 ⑦ : 10   图 2-19.3   骨锥 T5221 ⑦ : 10

图 2-20.1   骨锥 T5221 ⑦ : 11   图 2-20.2   骨锥 T5221 ⑦ : 11   图 2-20.3   骨锥 T5221 ⑦ : 11

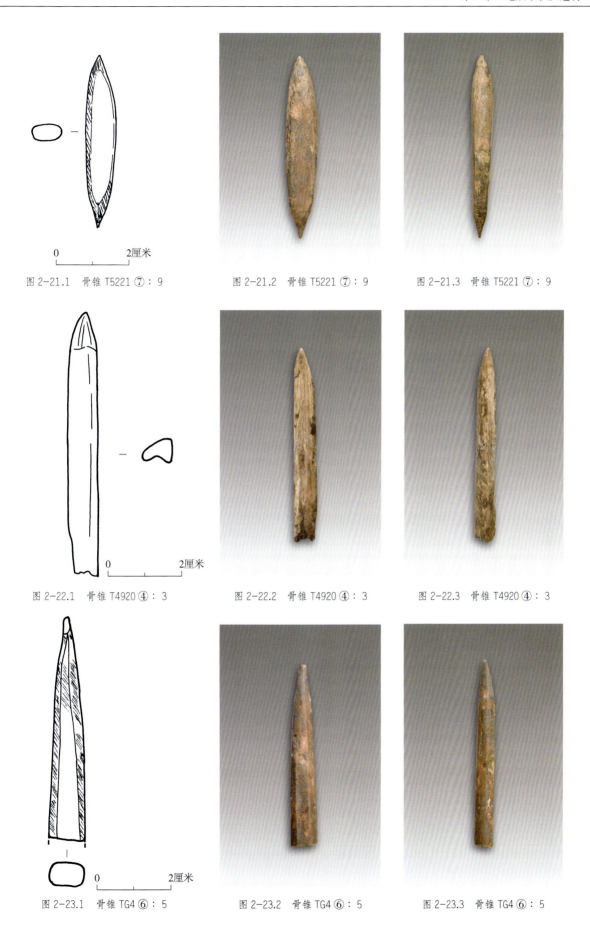

图 2-21.1　骨锥 T5221 ⑦：9　　　图 2-21.2　骨锥 T5221 ⑦：9　　　图 2-21.3　骨锥 T5221 ⑦：9

图 2-22.1　骨锥 T4920 ④：3　　　图 2-22.2　骨锥 T4920 ④：3　　　图 2-22.3　骨锥 T4920 ④：3

图 2-23.1　骨锥 TG4 ⑥：5　　　图 2-23.2　骨锥 TG4 ⑥：5　　　图 2-23.3　骨锥 TG4 ⑥：5

2. 骨镞

T4917⑤：1，动物肢骨片制成，背面仍留有骨腔壁凹槽。通体磨制精致，铤残。锋呈三角形，锋脊线前端较直，后端略斜。锋断面亦微呈三角形，整器背面凹，铤部正反两面均有横向的磨制擦线痕，未经全部磨平。残长3.0、翼宽1.7厘米（图2-24.1~2-24.4）。

T4917⑤：12，残存镞尖端，磨成锥尖，一面平直，一面留有三道横向切槽，并有刻划痕。残长2.2厘米（图2-25.1~2-25.3）。

T4917⑤：14，铤部残。叶部平面略呈长三角形，正反面均略微弧凸，整体断面微呈扁圆。铤部正面有横向短刻槽，不规则布列，表面有磨制细线痕。背面平直，有斜向线痕。残长5.7厘米（图2-26.1~2-26.4）。

T4917⑤：15，残存叶部，仅留少量铤部。叶部平面略呈三角形，正面有不甚明显的脊线。动物肢骨片制成，背面尚留有骨壁凹形。铤部正面弧凸，背面平直，两面均留有细密的磨制线痕。表面磨制光滑。残长3.2厘米（图2-27.1~2-27.4）。

T4917⑦：28，残。平面呈三角形，动物肢骨片制成，背面尚留有骨壁凹形。整器磨制光滑，铤部全残损，仅存叶部，中间微起脊，但不明显。铤部背面还留有磨制线痕。残长2.6厘米（图2-28.1~2-28.4）。

T4917⑦：30，叶部基本完整，铤部残。用动物肢骨片制成，背面留有骨壁凹形，表面磨制光滑，铤部微内收。铤尖略呈圆锥，周面有直向的磨制线痕。铤部表面还留有少量横向磨制线痕。残长4.8厘米（图2-29.1~2-29.4）。

T5017④：4，铤残。平面略呈三角形，叶部完整，正面中间起脊，略偏。翼端内收。叶部断面呈三角形，背面为骨壁凹形，微内凹。铤部正面微弧凸，背面平，有磨制线痕，正面有间断磨制线凹槽。残长3.3厘米（图2-30.1~2-30.3）。

T5017⑥：7，基本完整，仅铤尾略残。动物肢骨片制成，长条形。前端叶部磨制光滑精致，断面呈三角形，中间微起脊，但不明显。铤部正面横向多道密集线划槽，不规则布列。背面略收薄，略有腐蚀，留有少许线痕。残长5.7厘米（图2-31.1~2-31.4）。

T5017⑦：17，铤残，动物肢骨片制成，背面似留有骨壁凹形。长条形，前端锥尖，后端略内收，叶部断面扁圆形。器表磨制光滑。残长4.1厘米（图2-32.1~2-33.4）。

T5122⑦：4，残存叶部。平面略呈三角形，动物肢骨片磨制。背面尚留有骨壁凹形，正面弧凸，磨制成多棱面。背面基本平直。均有磨制线痕。残长4.6厘米（图2-33.1~2-33.4）。

TG4⑤：4，动物肢骨片制成，背面有骨壁凹型。扁平柳叶形，铤端略残，中间微起脊，器表有磨擦线痕。长4.2厘米（图2-34.1~2-34.4）。

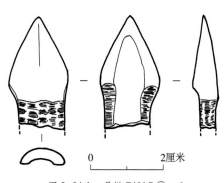

0　　　　2厘米

图2-24.1　骨镞 T4917⑤：1

图2-24.2　骨镞
T4917⑤：1

图2-24.3　骨镞
T4917⑤：1

图2-24.4　骨镞
T4917⑤：1

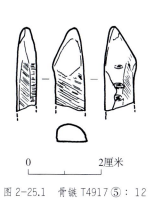

0　　　　　2厘米

图 2-25.1　骨镞 T4917⑤：12　　　　　图 2-25.2　骨镞 T4917⑤：12　　　　　图 2-25.3　骨镞 T4917⑤：12

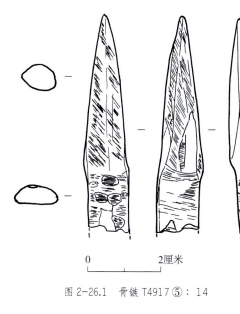

0　　　　　　　2厘米

图 2-26.1　骨镞 T4917⑤：14

图 2-26.2　骨镞　　　　　图 2-26.3　骨镞　　　　　图 2-26.4　骨镞
T4917⑤：14　　　　　　T4917⑤：14　　　　　　T4917⑤：14

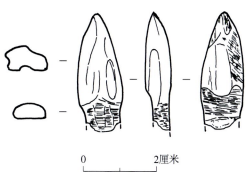

0　　　　　2厘米

图 2-27.1　骨镞 T4917⑤：15

图 2-27.2　骨镞　　　　　图 2-27.3　骨镞　　　　　图 2-27.4　骨镞
T4917⑤：15　　　　　　T4917⑤：15　　　　　　T4917⑤：15

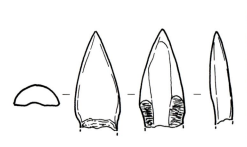

0　　　　　2厘米

图 2-28.1　骨镞 T4917⑦：28

图 2-28.2　骨镞
T4917⑦：28

图 2-28.3　骨镞
T4917⑦：28

图 2-28.4　骨镞
T4917⑦：28

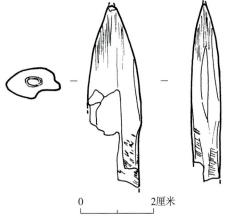

0　　　　　2厘米

图 2-29.1　骨镞 T4917⑦：30

图 2-29.2　骨镞
T4917⑦：30

图 2-29.3　骨镞
T4917⑦：30

图 2-29.4　骨镞
T4917⑦：30

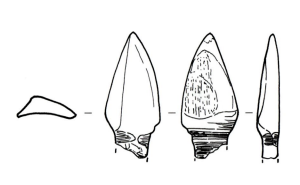

0　　　　　2厘米

图 2-30.1　骨镞 T5017④：4

图 2-30.2　骨镞 T5017④：4

图 2-30.3　骨镞 T5017④：4

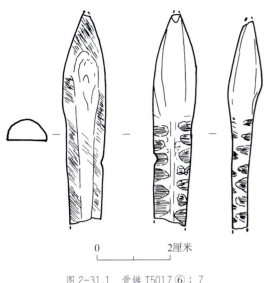

0　　　　　2厘米

图 2-31.1　骨镞 T5017 ⑥ : 7

图 2-31.2　骨镞
T5017 ⑥ : 7

图 2-31.3　骨镞
T5017 ⑥ : 7

图 2-31.4　骨镞
T5017 ⑥ : 7

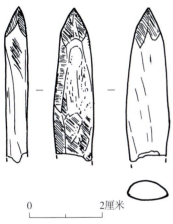

0　　　　　2厘米

图 2-32.1　骨镞 T5017 ⑦ : 17

图 2-32.2　骨镞 T5017 ⑦ : 17

图 2-32.3　骨镞 T5017 ⑦ : 17

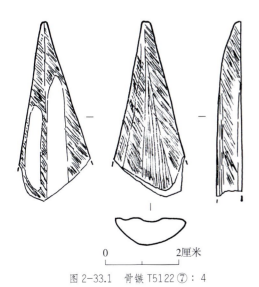

0　　　　　2厘米

图 2-33.1　骨镞 T5122 ⑦ : 4

图 2-33.2　骨镞
T5122 ⑦ : 4

图 2-33.3　骨镞
T5122 ⑦ : 4

图 2-33.4　骨镞
T5122 ⑦ : 4

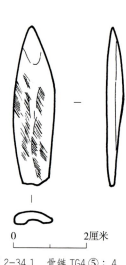

图 2-34.1　骨镞 TG4⑤：4　　图 2-34.2　骨镞 TG4⑤：4　　图 2-34.3　骨镞 TG4⑤：4　　图 2-34.4　骨镞 TG4⑤：4

3. 条形骨雕

T4917⑤：9，残件。扁平长条形，一端基本完整，一端残断，动物肢骨片制成，背面尚留有骨壁凹形。整器正面弧凸，表面有不规则的多道短刻槽，器背面平直，有斜向的磨制线痕。残长 4.2 厘米（图 2-35.1~2-35.4）。

T4917⑤：24，残件。扁平长条形，一端残，一端呈舌形。正面弧凸，切割多道凹槽，留有线痕。背面平直，有斜向磨制线痕。残长 4.4 厘米（图 2-36.1~2-36.5）。

T4917⑤：11，残件。一端完整，另一端残断。正面圆弧凸形，器表有刻划多条不规则且不连贯的凹槽，并留有磨制刻划线痕。背面平直，有斜向磨制线痕。残长 2.8 厘米（图 2-37.1~2-37.4）。

T5221⑤：4，长条柱形。器表显现纵向的多棱面，表面留有磨制细线痕。器体两端粗细不一，粗端切割短槽，使端部如小蘑菇状。长 6.4 厘米（图 2-38.1~2-38.3）。

T5122④：1，动物肢骨片制成。扁平长条形，一端完整，一端微残。正面如竹节形，微弧凸，背面平，有许多斜向摩擦线痕。残长 7.0、宽 1.4、厚 0.4 厘米（图 2-39.1~2-39.3）。

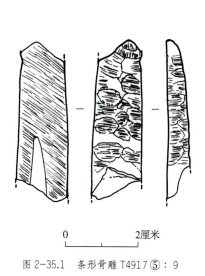

图 2-35.1　条形骨雕 T4917⑤：9　　　图 2-35.2　条形骨雕　　　图 2-35.3　条形骨雕　　　图 2-35.4　条形骨雕
　　　　　　　　　　　　　　　　　　　　T4917⑤：9　　　　　　T4917⑤：9　　　　　　T4917⑤：9

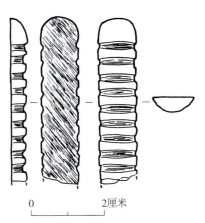

图 2-36.1 条形骨雕 T4917⑤：24

图 2-36.2 条形骨雕
T4917⑤：24

图 2-36.3 条形骨雕
T4917⑤：24

图 2-36.4 条形骨雕
T4917⑤：24

图 2-36.5 条形骨雕
T4917⑤：24

图 2-37.1 条形骨雕 T4917⑤：11

图 2-37.2 条形骨雕
T4917⑤：11

图 2-37.3 条形骨雕
T4917⑤：11

图 2-37.4 条形骨雕
T4917⑤：11

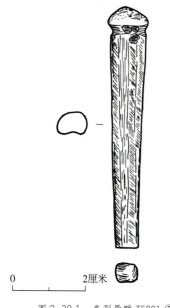

0　　　　　2厘米

图 2-38.1　条形骨雕 T5221 ⑤：4

图 2-38.2　条形骨雕 T5221 ⑤：4

图 2-38.3　条形骨雕 T5221 ⑤：4

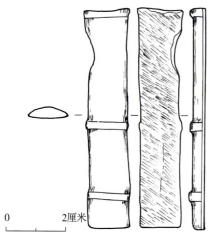

0　　　　　2厘米

图 2-39.1　条形骨雕 T5122 ④：1

图 2-39.2　条形骨雕 T5122 ④：1

图 2-39.3　条形骨雕 T5122 ④：1

4. 骨针

T4917 ⑤：2，动物小肢骨制成，细长条形，整体磨制精致。从针尖部分残损情况看，现长度已比较接近实际长度。尾端穿针眼。残长 5.6、直径 0.3 厘米（图 2-40.1、2-40.2）。

5. 骨管

T4917 ⑤：20，一端基本完整，一端残破。动物肢骨制成，圆柱形，中空。残长 8.0、直径 0.8 厘米（图 2-41.1、2-41.2）。

T4917 ⑤：21，残。动物肢骨制成，圆柱形，中空，一端有部分破缺，一端截磨整齐。残长 4.0、直径 0.6 厘米（图 2-42.1、2-42.2）。

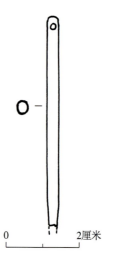

0　　　　　2厘米

图 2-40.1　骨针 T4917 ⑤：2　　图 2-40.2　骨针 T4917 ⑤：2

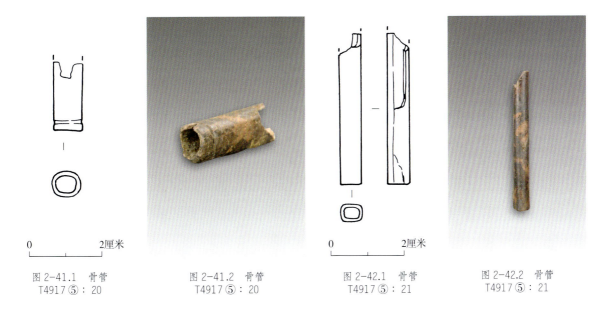

图 2-41.1　骨管
T4917⑤：20

图 2-41.2　骨管
T4917⑤：20

图 2-42.1　骨管
T4917⑤：21

图 2-42.2　骨管
T4917⑤：21

6. 残骨器

T4917⑤：7，仅存一端，动物肢骨片制成。薄片状，一面微弧凸，一面内凹。钻一小孔，孔径 0.15 厘米，钻孔规整。器形不明。残长 1.5、宽 0.6 厘米（图 2-43.1~2-43.3）。

T5017⑥：9，骨器残件。动物肢骨制成，有骨壁凹形。圆柱形，一端平整，另一端有切割折断痕迹。器形不明确。残长 4.2 厘米（图 2-44.1~2-44.3）。

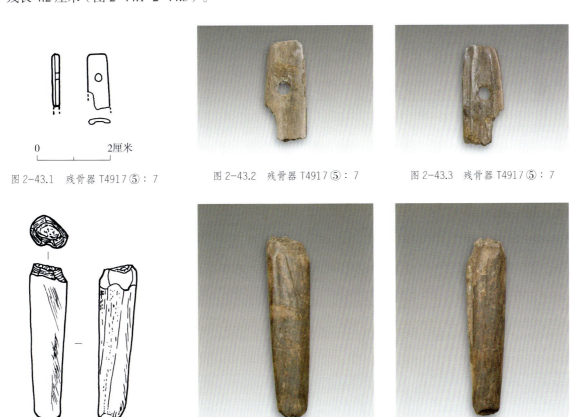

图 2-43.1　残骨器 T4917⑤：7

图 2-43.2　残骨器 T4917⑤：7

图 2-43.3　残骨器 T4917⑤：7

图 2-44.1　残骨器 T5017⑥：9

图 2-44.2　残骨器 T5017⑥：9

图 2-44.3　残骨器 T5017⑥：9

7. 骨料。

地层堆积中出土了一些留有切割加工痕迹的动物骨头，这些应是制作骨器过程中切割取料的遗留。

T5017⑥：11，动物掌（跖）骨远端，有环形切割痕迹，斜向切割面上有横向的线痕。长 4.6 厘米（图 2-45.1、2-45.2）。

T5017⑦：21，动物掌（跖）骨远端，有环形切割痕迹，切割面有横向细线痕。残长 5.8 厘米（图 2-46.1、2-46.2）。

T5017⑦：22，动物掌（跖）骨远端，留有切割槽，槽内面有横向切割线痕。长 7.3 厘米（图 2-47.1、2-47.2）。

T5221⑤：5，似动物掌（跖）骨近端，有环形切割槽，面上有切割线痕。长 3.5 厘米（图 2-48.1、2-48.2）。

T5221⑤：6，动物掌（跖）骨远端，表面有两道未相连的切割，槽内面有细线痕。长 7.5 厘米（图 2-49.1、2-49.2）。

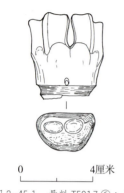

图 2-45.1　骨料 T5017⑥：11

图 2-45.2　骨料 T5017⑥：11

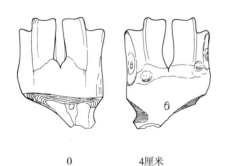

图 2-46.1　骨料 T5017⑦：21

图 2-46.2　骨料 T5017⑦：21

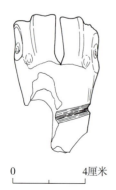

图 2-47.1　骨料 T5017⑦：22

图 2-47.2　骨料 T5017⑦：22

图 2-48.1 骨料 T5221 ⑤：5　　　　　　　图 2-48.2 骨料 T5221 ⑤：5

图 2-49.1 骨料 T5221 ⑤：6　　　　　　　图 2-49.2 骨料 T5221 ⑤：6

8. 角料

T4917 ⑦：3，鹿角残段，上面留有不太明显的切割痕。残长 11.0 厘米（图 2-50.1、2-50.2）。

T5017 ④：2，鹿角根部，体型较大，连着部分头骨。另一端有一周环切割痕。长 27.0 厘米（图 2-51.1、2-51.2）。

T5220 ⑦：1，鹿角尖端，由多个小切割面形成环切，切割后折断。长 3.3 厘米（图 2-52.1~2-52.3）。

T5220 ⑦：4，鹿角一段，一端环切折断，另一端残损。长 11.2 厘米（图 2-53.1、2-53.2）。

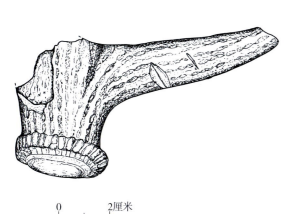

图 2-50.1 角料 T4917 ⑦：3　　　　　　　图 2-50.2 角料 T4917 ⑦：3

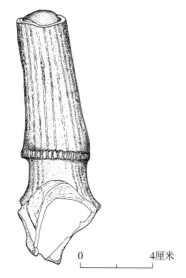

图 2-51.1　角料 T5017④：2

图 2-51.2　角料 T5017④：2

图 2-52.1　角料 T5220⑦：1

图 2-52.2　角料 T5220⑦：1

图 2-52.3　角料 T5220⑦：1

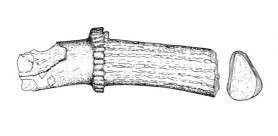

图 2-53.1　角料 T5220⑦：4

图 2-53.2　角料 T5220⑦：4

9. 象牙

T4917⑥：5，象牙臼齿，其上没有发现切割或制作痕，当为自然遗物，暂归于此（图2-54）。

图 2-54 象牙 T4917⑥：5

二、石器

有锛和钺两种，叙述如下。需要说明的是，有个别石器标本出自晚于马家浜文化的地层中，从形态及出土状况观察推定是马家浜文化遗物，因此暂编入本小节。

1. 锛

TG2②：2，基本完整，青灰色，长条形，上窄下宽，下半部起脊，脊线略斜。正锋，平刃，刃部稍残，似使用崩缺所致。断面长方形。长5.8厘米、宽2.0、厚1.5厘米（图2-55.1~2-55.4）。

2. 钺

T4918③：1，残件。顶端之一角，带有圆孔。孔为双面对钻。钺剖面中间厚，边缘薄（图2-56.1、2-56.2）。

T5221⑥：3，基本完整。平面略呈长方形，器体断面中间厚，两端薄。顶端斜，磨平。中部偏上钻大圆孔一个，两面对钻。两侧边下半部有崩缺破损，弧刃，正锋。刃部有破碴，当为使用之遗留痕迹。刃部起锋，依稀有脊线。顶端横向斜，纵向亦呈斜面。长12.4、宽8.5、厚1.2厘米（图2-57.1~2-57.4）

TG2①：1，残存1/4，原体型可能较大。扁平，器体断面中间微厚，边缘较薄。中部对钻孔，微有台痕。正锋，弧刃，刃部有较多的崩碴。残宽10.0、厚1.0厘米（图2-58.1~2-58.4）。

TG2②：3，残存1/4，器形不大，器体厚重，中间厚，两侧缘略薄，顶端平，部分崩缺，对钻孔。残长4.7、厚1.7厘米（图2-59.1、2-59.2）。

TG3③：2，残存近1/2，顶端斜，纵向微斜，器体厚重，中间厚，两边微薄，中间偏上对钻孔，两面似捏钻。残长8.1、厚1.6厘米（图2-60.1、2-60.2）。

TG3③：3，孔以上残。体厚重，两边略薄，正锋，弧刃，刃部有较多崩缺。对钻孔偏于一边，孔壁微内凹。残长7.3、厚2.1厘米（图2-61.1、2-61.2）。

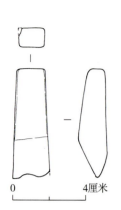

图 2-55.1　石锛 TG2②：2　　　　图 2-55.2　石锛 TG2②：2　　　　图 2-55.3　石锛 TG2②：2　　　　图 2-55.4　石锛 TG2②：2

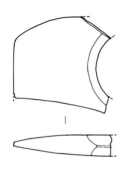

图 2-56.2　石钺 T4918③：1

0　　　　　4厘米

图 2-56.1　石钺 T4918③：1

图 2-57.2　石钺（T5221⑥：3）顶端

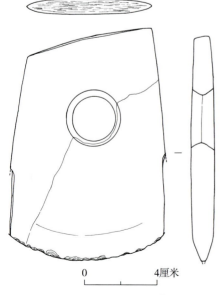

0　　　　　4厘米

图 2-57.1　石钺 T5221⑥：3

图 2-57.3　石钺 T5221⑥：3

图 2-57.4　石钺 T5221⑥：3

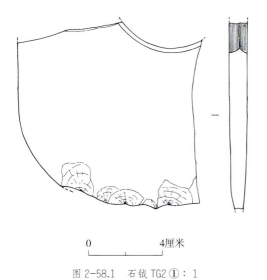

0　　　　4厘米

图 2-58.1　石钺 TG2①：1

图 2-58.2　石钺 TG2①：1

图 2-58.3　石钺 TG2①：1

图 2-58.4　石钺 TG2①：1

0　　　　4厘米

图 2-59.1　石钺 TG2②：3

图 2-59.2　石钺 TG2②：3

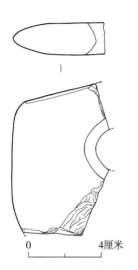

图 2-60.1　石钺 TG3③: 2

图 2-60.2　石钺 TG3③: 2

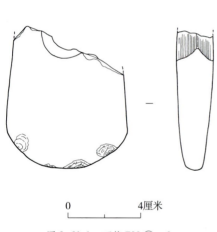

图 2-61.1　石钺 TG3③: 3

图 2-61.2　石钺 TG3③: 3

三、玉器

仅玉玦一种，共2件:

T5020①: 1，残件。白色，仅存1/2圆环，且背面多破缺。断面看，背面平直，正面外缘弧，内孔壁看为双面对钻，呈斜面。玦口面观察，自正面向反面线切割。直径4.0、厚0.5厘米（图2-62.1~2-62.3）。

T5119④: 1，完整，试掘时出土。白色，圆环形，器表打磨光滑，但还留有一些较多的击点。外缘圆弧，内圆打成斜面，斜面上有同心线旋痕，玦口线切割而成，留有碴口。直径5.0、孔径2.9、厚0.6厘米（图2-63.1~2-63.5）。

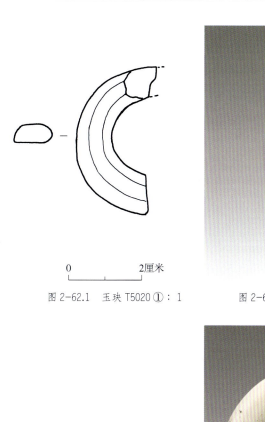

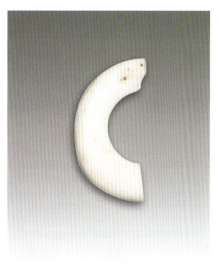

0   2厘米

图 2-62.1 玉玦 T5020①：1   图 2-62.2 玉玦 T5020①：1   图 2-62.3 玉玦 T5020①：1

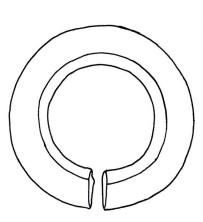

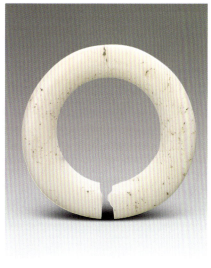

图 2-63.2 玉玦 T5119④：1   图 2-63.3 玉玦 T5119④：1

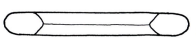

0   2厘米

图 2-63.1 玉玦 T5119④：1

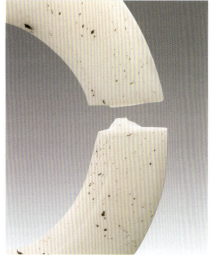

图 2-63.4 玉玦（T5119④：1）玦口细部   图 2-63.5 玉玦（T5119④：1）玦口细部

四、陶器

地层中出土的陶器多为碎片，仅有少量可以拼对复原。可以观察到的器形有豆、釜、支座、钵、纺轮、罐、盉及其他。择要介绍如下：

1. 豆

除了个别标本可以复原外，大部分是豆盘或圈足的残片。

T5221⑥：1，泥质陶，夹极少量细砂，夹心胎，最里为黑胎，再外有灰红色的薄层，器表则施橙褐色陶衣，陶衣大都脱落，仅个别部位尚留有些许。圈足内壁呈灰黑色。整个器形略显不规整，盘口沿不平整。浅盘，宽凸沿，细柄，喇叭形圈足。器高 29.3、口径 30.8 厘米（图 2-64.1、2-64.2）。

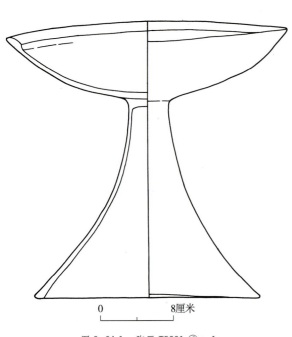

图 2-64.1　陶豆 T5221⑥：1

图 2-64.2　陶豆 T5221⑥：1

T4920③：4，仅豆盘盘沿。泥质陶，胎灰，外壁偏红，内壁呈黑色。宽弧沿，沿面刻圆涡纹（图 2-65.1、2-65.2）。

T5017⑥：3，豆盘残片。泥质陶，灰红色。六角沿豆盘之一角，有一个未穿透小孔及多重的刻划圆圈（图 2-66.1、2-66.2）。

T5120④：3，仅存盘沿。泥质黑陶，宽沿，微弧凸，沿面有长椭圆形凹孔（图 2-67.1、2-67.2）。

T4917④：33，仅存盘沿。泥质陶，夹心胎，里黑胎，盘外壁外层为灰红色，盘内壁呈灰褐色，似乎做过抹光，浅盘，宽凸沿（图 2-68.1、2-68.2）。

TG1⑦：28，泥质黑陶，胎较厚，外壁部分有红色薄层，盘较深，宽凸沿，口径约 41 厘米。沿面留有两个与边缘直向的长圆形凹窝（图 2-69.1、2-69.2）。

T4917④：32，残存豆柄与豆盘交接部位。泥质陶，夹心胎，里为黑色，略厚，中间为灰红色薄层，外表橙褐色陶衣，大多剥落。豆柄内壁全为黑胎，豆盘内壁也为黑胎。豆柄有 5 个穿孔，自外往里钻，孔壁呈喇叭形（图 2-70.1、2-70.2）。

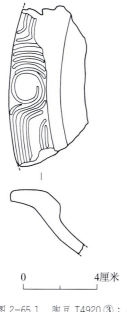

图 2-65.2　陶豆 T4920③：4

0　　　　　4厘米

图 2-65.1　陶豆 T4920③：4

图 2-66.1　陶豆 T5017⑥：3

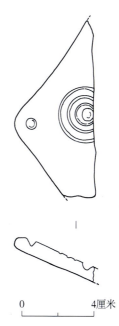

0　　　　　4厘米

图 2-66.2　陶豆 T5017⑥：3

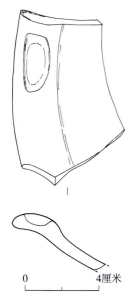

0　　　　　4厘米

图 2-67.1　陶豆 T5120④：3

图 2-67.2　陶豆 T5120④：3

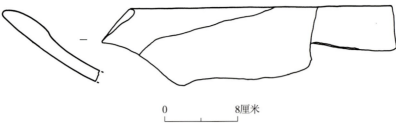

0　　　　　　8厘米

图 2-68.1　陶豆 T4917 ④：33

图 2-68.2　陶豆 T4917 ④：33

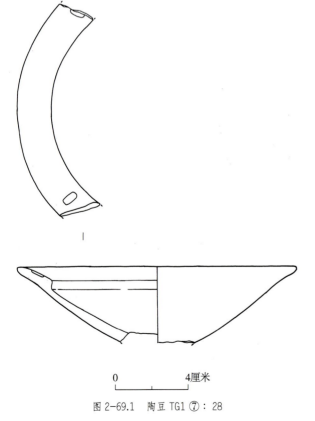

0　　　　　　4厘米

图 2-69.1　陶豆 TG1 ⑦：28

图 2-69.2　陶豆 TG1 ⑦：28

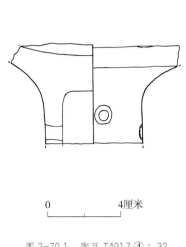

图 2-70.1　陶豆 T4917④：32　　　　　图 2-70.2　陶豆 T4917④：32

TG4⑦：43，泥质陶为主，夹少量细砂，夹心胎，内芯黑，外表灰黄色薄层。盘残，细柄。豆柄表面有橙红色陶衣，部分剥落。豆盘内壁黑色磨光陶衣（图 2-71.1、2-71.2）。

图 2-71.1　陶豆 TG4⑦：43　　　　　图 2-71.2　陶豆 TG4⑦：43

2. 釜

T5221⑥：2，夹砂陶，砂粒细小，灰黑色胎，下腹至底部的陶胎断面略呈片状，外壁圜底部分为灰红色。侈口，卷沿，矮折腹，上腹微鼓，圜底。折腹处一周锯齿状凸沿，并对称两个鋬耳，鋬耳外缘呈锯齿状而与腰沿相连。器高 10.9、口径 16.3 厘米（图 2-72.1~2-72.3）。

TG1⑥：8，釜，夹砂陶，砂粒较粗，部分凸出于器表，双色胎，内壁为黑灰色，外壁为砖红色，两色厚度约等。盘口，外沿折，鼓腹，微折腹，下腹内收，底残。上腹部有自左向右斜向并列刻划纹，折腹处两道凹弦纹，下腹部施绳纹。口径 18.3、残高 14.2 厘米（图 2-73.1、2-73.2）。

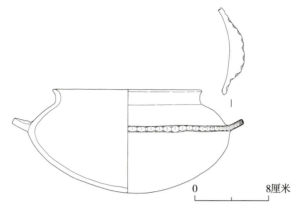

图 2-72.1　陶釜 T5221 ⑥：2

图 2-72.2　陶釜 T5221 ⑥：2

图 2-72.3　陶釜 T5221 ⑥：2

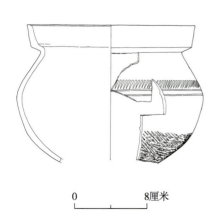

图 2-73.1　陶釜 TG1 ⑥：8

图 2-73.2　陶釜 TG1 ⑥：8

T5017④：24，夹砂灰红陶。侈口，斜沿，尖唇，折腹，折腹处有一周并行斜向捺窝，折腹以下有直向绳纹（图2-74.1、2-74.2）。

TG3④：28，夹砂黑陶，表面偏灰色，砂粒较粗，有些砂粒突出于器表。侈口，方唇，微鼓腹，颈以下饰竖向绳纹，下腹及底残，沿面有浅窝排列（图2-75.1、2-75.2）。

TG4⑦：24，夹砂灰黑陶，侈口，尖圆唇，鼓腹，颈以下拍印竖向绳纹（图2-76.1、2-76.2）。

TG4⑦：29，夹砂灰黑陶，细砂。侈口，翻沿，颈以下残，残留少量上腹片，饰直竖向绳纹（图2-77.1、2-77.2）。

TG4⑦：30，夹砂灰黑陶，侈口，翻沿，尖圆唇，折肩，肩以下饰竖向绳纹（图2-78.1、2-78.2）。

TG4⑦：31，夹砂灰黑陶，侈口，翻沿，尖圆唇，折肩，肩以下饰竖向绳纹（图2-79.1、2-79.2）。

TG4⑦：40，泥质陶为主，夹极细的细砂，非常致密，黑胎，外表黑，腰沿以上及唇沿有黑色薄层，部分剥落。平沿，宽沿，敛口，鼓腹，有腰沿，沿缘刻槽斜向一周，腰沿以下多残，外表呈红色，应是使用后所致。腰沿和口沿均不水平（图2-80.1、2-80.2）。

TG4⑦：41，夹砂黑陶，侈口，翻沿，圆唇，微鼓腹，下腹残。颈部及腹部外表饰斜向粗绳纹，肩部横抹，纹面部分被抹平（图2-81.1、2-81.2）。

T4917⑦：59，釜腹残片。夹砂陶，夹心胎，内里黑胎，砂粒略粗，外表灰红色薄层，器表肩以下施绳纹，腹部为竖向绳纹，下腹部竖向绳纹与斜向绳纹交叉叠压（图2-82.1、2-82.2）。

TG1⑨：40，夹砂灰褐陶，胎厚，夹细砂，个别有较粗的砂粒并突出器表。无法明确器形，但从陶片看，此器腹径较大，腹壁贴附上下两个錾耳（图2-83.1、2-83.2）。

T5017⑥：28，腰沿残片。夹砂陶，夹芯胎，里黑略厚，中间灰红色薄层，外表橙红色陶衣。窄腰沿，外缘连续捺窝（图2-84.1、2-84.2）。

T4917⑦：54，腰沿残片。夹砂陶，红陶，窄沿，沿外缘捺窝连续，下腹内收（图2-85.1、2-85.2）。

T4917⑦：58，腰沿残片。夹砂陶，细砂，灰黑胎，腰沿朝上一面微内凹，近外缘有不规则椭圆形凹窝一周连续，捺窝时捏边，而使外缘略呈波浪形（图2-86.1、2-86.2）。

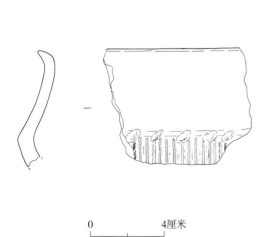

0　　　　4厘米

图2-74.1　陶釜 T5017④：24　　　　　　图2-74.2　陶釜 T5017④：24

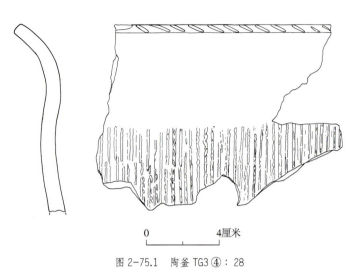

图 2-75.1　陶釜 TG3④：28

图 2-75.2　陶釜 TG3④：28

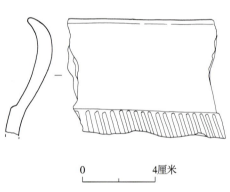

图 2-76.1　陶釜 TG4⑦：24

图 2-76.2　陶釜 TG4⑦：24

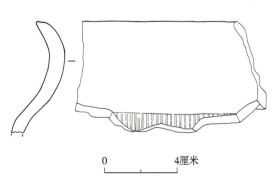

图 2-77.1　陶釜 TG4⑦：29

图 2-77.2　陶釜 TG4⑦：29

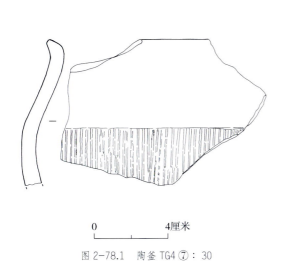

0　　　　　4厘米

图 2-78.1　陶釜 TG4⑦：30　　　　　　　　　图 2-78.2　陶釜 TG4⑦：30

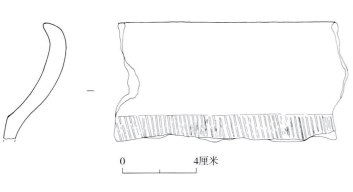

0　　　　　4厘米

图 2-79.1　陶釜 TG4⑦：31　　　　　　　　　图 2-79.2　陶釜 TG4⑦：31

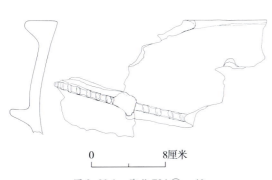

0　　　　　8厘米

图 2-80.1　陶釜 TG4⑦：40　　　　　　　　　图 2-80.2　陶釜 TG4⑦：40

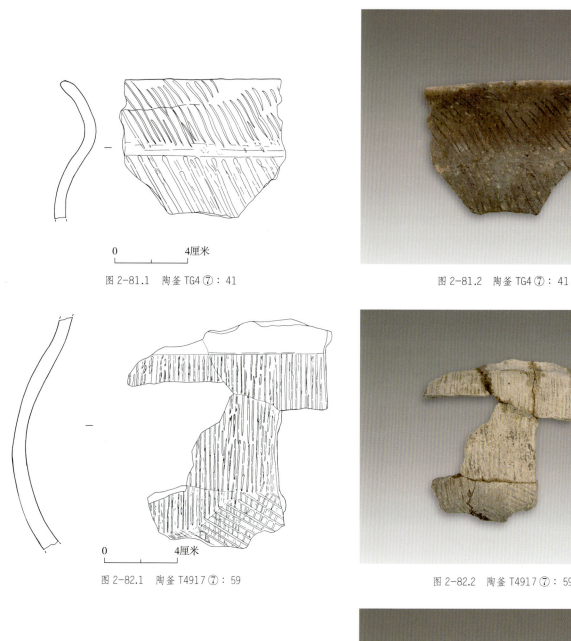

0   4厘米

图 2-81.1 陶釜 TG4 ⑦：41

图 2-81.2 陶釜 TG4 ⑦：41

0   4厘米

图 2-82.1 陶釜 T4917 ⑦：59

图 2-82.2 陶釜 T4917 ⑦：59

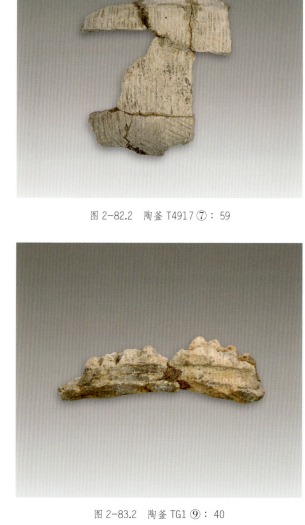

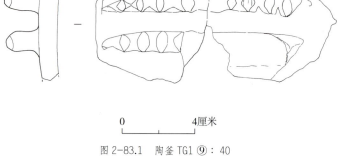

0   4厘米

图 2-83.1 陶釜 TG1 ⑨：40

图 2-83.2 陶釜 TG1 ⑨：40

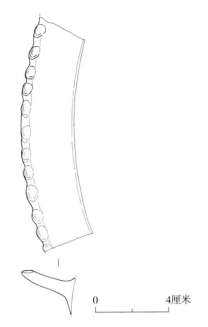

图 2-84.2　陶釜 T5017⑥：28

图 2-84.1　陶釜 T5017⑥：28

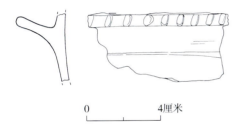

图 2-85.1　陶釜 T4917⑦：54

图 2-85.2　陶釜 T4917⑦：54

图 2-86.1　陶釜 T4917⑦：58

图 2-86.2　陶釜 T4917⑦：58

3. 支座

TG1⑦：1，泥质红陶，圆柱形，下半段及半幅残，外表制作不规整，上端有角状伸出。残高 11.6 厘米（图 2-87.1、2-87.2）。

TG1⑦：2，泥质红陶，圆柱形，上半部残，底座外形呈喇叭状，底平。残高 10.0、直径 7.3 厘米（图 2-88.1、2-88.2）。

TG3③：1，泥质红陶，圆柱形，上端残，中间略细，底部略粗。器表不规整。高 17.5、直径 6.0 ～ 6.5 厘米（图 2-89.1、2-89.2）。

TG3③：4，泥质红陶，圆柱形，上半段残缺，底座微呈喇叭形，底面微内凹。残高 9.5、底径 10.3 厘米（图 2-90.1、2-90.2）。

TG4③：3，泥质红陶，灰红色，基本完整，器表不甚规整。圆柱形，承物面略小，底座略大。高 17.5、底径 8 厘米（图 2-91.1、2-91.2）。

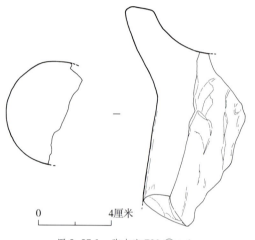

0 　　　　4厘米

图 2-87.1　陶支座 TG1⑦：1

图 2-87.2　陶支座 TG1⑦：1

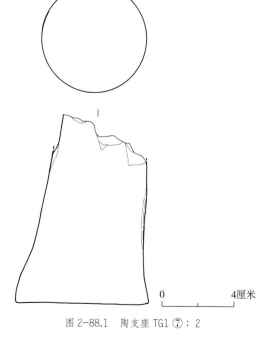

0 　　　　4厘米

图 2-88.1　陶支座 TG1⑦：2

图 2-88.2　陶支座 TG1⑦：2

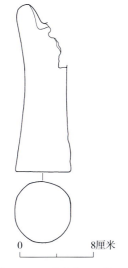

图 2-89.1　陶支座 TG3③：1　　　　　图 2-89.2　陶支座 TG3③：1

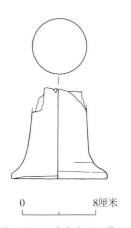

图 2-90.1　陶支座 TG3③：4　　　　　图 2-90.2　陶支座 TG3③：4

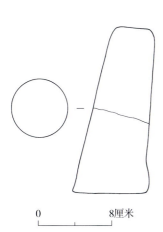

图 2-91.1　陶支座 TG4③：3　　　　　图 2-91.2　陶支座 TG4③：3

4. 罐

罐类陶器均为残片，碎片标本较多，具有不同的形态，以下分为口沿、腹片、底、耳等几个方面叙述。

罐口沿

T5017⑥：32，夹砂灰红陶，含极细的砂粒。侈口，圆弧沿，溜肩，微鼓腹，腹以下残（图 2-92.1、2-92.2）。

T5017⑥：34，泥质红陶。侈口，微卷沿，颈下外表有一道凸棱（图 2-93.1、2-93.2）。

T4917④：31，夹砂陶，砂粒不多，灰红色，侈口，翻沿，颈以下残（图 2-94.1、2-94.2）。

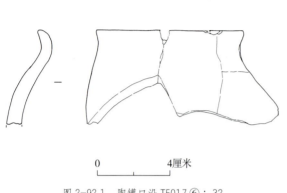

图 2-92.1　陶罐口沿 T5017⑥：32　　　　图 2-92.2　陶罐口沿 T5017⑥：32

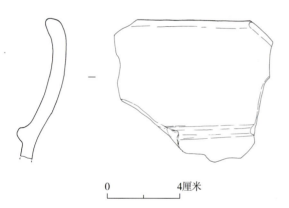

图 2-93.1　陶罐口沿 T5017⑥：34　　　　图 2-93.2　陶罐口沿 T5017⑥：34

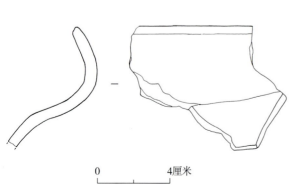

图 2-94.1　陶罐口沿 T4917④：31　　　　图 2-94.2　陶罐口沿 T4917④：31

T4917⑦：44，泥质陶，灰黄色，侈口，斜沿，圆唇（图2-95.1、2-95.2）。

T4917⑦：46，夹砂陶，灰黑色，器外壁及口沿唇部偏黑。侈口，翻沿，微有折腹（图2-96.1、2-96.2）。

TG1⑥：16，泥质灰褐陶，微侈口，圆唇，鼓腹，外壁有一个小鋬耳，下腹弧腹内收（图2-97.1、2-97.2）。

TG1⑦：27，夹砂灰褐陶，砂粒较粗，多突出器表。侈口，翻沿，圆唇，直领（颈），颈以下残。外器表施斜向（左上往右下）篦划纹（图2-98.1、2-98.2）。

TG1⑨：34，泥质褐陶，夹心胎，胎较硬，外表内外壁灰褐色薄层极薄，近似陶衣。敛口，溜肩，耳自口沿始，小耳近似牛鼻式，耳面内凹，耳下外壁有一周凸脊，微凸，脊缘连续捺窝（图2-99.1~2-99.3）。

TG1⑩：45，夹砂陶，夹心胎，内里灰黑，略厚，外表灰褐色薄层，近口沿沿外翻，微鼓腹，尖圆唇（图2-100.1、2-100.2）。

TG1⑩：46，夹砂陶，夹细砂，夹心胎，内里灰黑，略厚，外壁灰褐色薄层。敛口，翻沿，尖圆唇，鼓腹，腹外壁一周凸脊，不水平，下腹内收（图2-101.1、2-101.2）。

TG1⑩：52，泥质陶，夹心胎，内里灰黑，略厚，外表灰红色薄层。侈口，翻沿，溜肩，牛鼻式耳自口沿至颈部（图2-102.1~2-102.3）。

TG2⑥：22，泥质红陶，器外壁表面似抹光，多剥蚀。侈口，圆唇，鼓腹，下腹内收，底残，鼓腹，外壁一周锯齿状凸脊（图2-103.1、2-103.2）。

TG3⑤：29，夹砂灰黑陶，侈口，翻沿，圆唇，微鼓腹，外表有一道凸棱，并刻短槽（图2-104.1、2-104.2）。

TG3⑤：32，夹砂红陶，侈口，方唇，溜肩，肩、腹交界处外壁有微凸棱，并捺窝一周（图2-105.1、2-105.2）。

TG3⑤：33，泥质灰红陶，侈口，广肩，圆唇，颈以下有两道平行凸棱纹，自凸棱及至唇部连接环耳，腹以下残（图2-106.1、2-106.2）。

TG4⑦：23，夹砂灰黑陶，侈口，翻沿，圆唇，颈以下残，肩部残留一周凸棱，表面刻捺，圆唇表面斜向短刻槽一周（图2-107.1、2-107.2）。

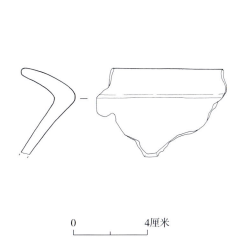 

0   4厘米

图2-95.1　陶罐口沿 T4917⑦：44　　　　图2-95.2　陶罐口沿 T4917⑦：44

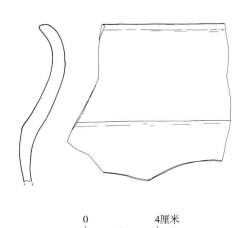

图 2-96.1　陶罐口沿 T4917 ⑦：46

图 2-96.2　陶罐口沿 T4917 ⑦：46

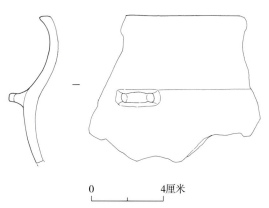

图 2-97.1　陶罐口沿 TG1 ⑥：16

图 2-97.2　陶罐口沿 TG1 ⑥：16

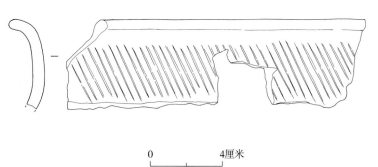

图 2-98.1　陶罐口沿 TG1 ⑦：27

图 2-98.2　陶罐口沿 TG1 ⑦：27

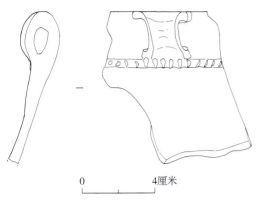

图 2-99.1　陶罐口沿 TG1 ⑨：34　　　　图 2-99.2　陶罐口沿 TG1 ⑨：34　　　　图 2-99.3　陶罐口沿 TG1 ⑨：34

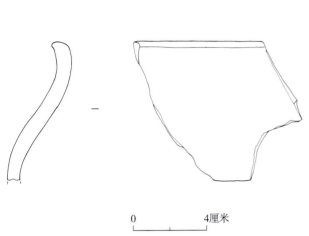

图 2-100.1　陶罐口沿 TG1 ⑩：45　　　　　　　　图 2-100.2　陶罐口沿 TG1 ⑩：45

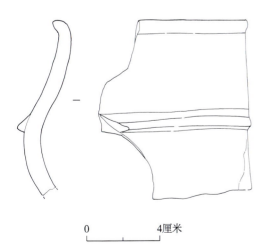

图 2-101.1　陶罐口沿 TG1 ⑩：46　　　　　　　　图 2-101.2　陶罐口沿 TG1 ⑩：46

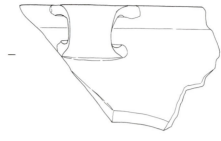

0   4厘米

图 2-102.1 陶罐口沿 TG1 ⑩：52

图 2-102.2 陶罐口沿 TG1 ⑩：52   图 2-102.3 陶罐口沿 TG1 ⑩：52

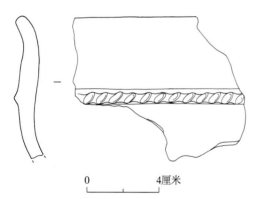

0   4厘米

图 2-103.1 陶罐口沿 TG2 ⑥：22   图 2-103.2 陶罐口沿 TG2 ⑥：22

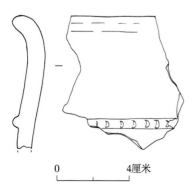

0   4厘米

图 2-104.1 陶罐口沿 TG3 ⑤：29   图 2-104.2 陶罐口沿 TG3 ⑤：29

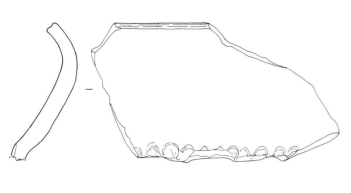

0　　　　4厘米

图 2-105.1　陶罐口沿 TG3⑤：32

图 2-105.2　陶罐口沿 TG3⑤：32

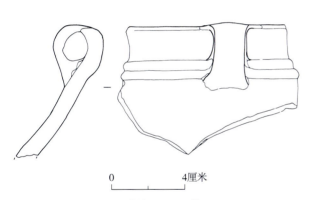

0　　　　4厘米

图 2-106.1　陶罐口沿 TG3⑤：33

图 2-106.2　陶罐口沿 TG3⑤：33

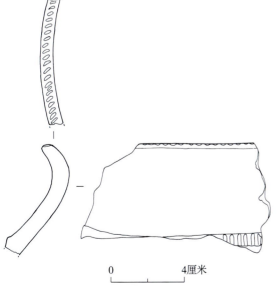

0　　　　4厘米

图 2-107.1　陶罐口沿 TG4⑦：23

图 2-107.2　陶罐口沿 TG4⑦：23

罐腹片

T4917⑤：34，残存部分腹片，无口沿，近口部，斜腹，下缘有双点戳印一周。泥质陶，夹心胎，内为黑色，再外为灰红色，外表有橙褐色陶衣，多剥落，内壁无（图2-108.1、2-108.2）。

TG1⑥：21，泥质陶，夹心胎，内里黑胎，略厚，再外为灰红色薄层，器外表橙褐色陶衣。口沿残，微折腹，折腹处器表并列两周戳点纹，下腹残（图2-109.1、2-109.2）。

TG1⑨：39，泥质陶，夹心胎，内里黑，略厚，再外灰红色薄层，外壁面橙褐色陶衣，较多剥落。腹壁较直，下腹为内收，宽腰沿，沿缘捏边（图2-110.1、2-110.2）。

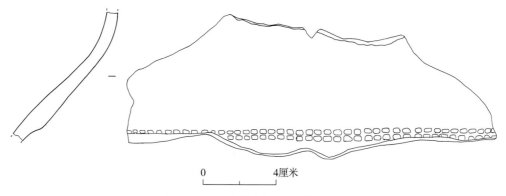

图 2-108.1　陶罐腹片 T4917⑤：34

图 2-108.2　陶罐腹片 T4917⑤：34

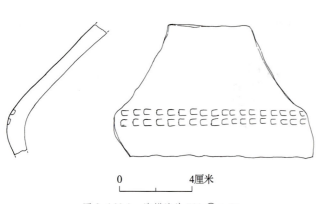

图 2-109.1　陶罐腹片 TG1⑥：21

图 2-109.2　陶罐腹片 TG1⑥：21

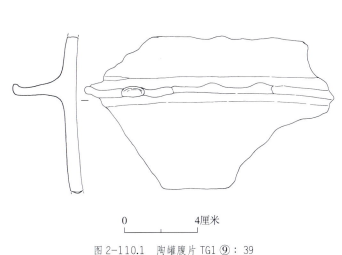

0　　　　4厘米

图 2-110.1　陶罐腹片 TG1 ⑨：39　　　　　　　　　图 2-110.2　陶罐腹片 TG1 ⑨：39

罐底

T5017 ⑥：31，残，泥质陶，含有极少量的砂粒，灰红陶，斜弧腹壁，平底（图 2-111.1、2-111.2）。

T5121 ⑦：2，泥质陶，含极少量细砂，腹部灰黑，底为红色，腹部厚，底部薄，平底，斜腹壁残（图 2-112.1、2-112.2）。

T4917 ⑤：35，泥质陶，夹心胎，内里为灰黑色，较厚，含少量粗砂粒，外表为灰红色薄层，下腹斜，小平底，底部胎略薄（图 2-113.1、2-113.2）。

T4917 ⑦：43，夹砂陶，细砂，胎较厚，黑胎为主，外壁为灰红色薄层，平底（图 2-114.1、2-114.2）。

TG2 ⑥：19，夹砂陶，细砂，夹心胎，内里灰黑，外壁为灰褐色薄层，矮圈足，足径约 9 厘米（图 2-115.1、2-115.2）。

TG4 ⑦：51，泥质黑陶，有少量极细的砂，平底，斜腹残（图 2-116.1、2-116.2）。

罐耳

T5017 ⑥：27，夹砂灰黑陶。半环耳，贴附（图 2-117.1、2-117.2）。

T5017 ⑥：35，夹砂灰红陶，含细纱，牛鼻式耳，贴附（图 2-118.1、2-118.2）。

T5121 ⑦：3，夹砂陶，黑胎，外壁呈灰黄色薄层，牛鼻式器耳（图 2-119.1、2-119.2）。

T4917 ⑤：36，泥质灰红陶，牛鼻式耳，耳为贴附（图 2-120.1、2-120.2）。

T4917 ⑤：37，泥质陶，含少量砂粒，黑胎，夹心胎，黑胎外为灰红色薄层。牛鼻式耳，应为罐腹位置贴附的耳（图 2-121.1、2-121.2）。

T4917 ⑤：38，夹砂红陶，器表似有抹浆形成的薄层，部分剥落。剥落处露胎中砂粒。牛鼻式耳（图 2-122.1、2-122.2）。

T4917 ⑤：41，泥质陶，内黑胎，较厚，含少量砂粒，外层为砖红色，耳部分均为砖红色，牛鼻式耳（图 2-123.1、2-123.2）。

T4917 ⑦：42，夹砂陶，外表灰褐色薄层，器耳部分基本为灰褐色，器表似有抹浆，略显光洁并现深褐色，牛鼻式耳（图 2-124.1、2-124.2）。

T4917⑦：55，夹砂灰红陶，少量砂，自唇沿往下，牛鼻式耳（图2-125.1、2-125.2）。

T4917⑦：56，夹砂黑陶，耳在腹部，弧腹，外形表面如牛鼻式，但耳与腹片之间粘接，无空，耳面直向绳纹，耳上下均有竖向绳纹，耳侧亦有（图2-126.1、2-126.2）。

TG1⑥：22，泥质陶，灰红胎，牛鼻式耳上缘两侧延伸凸脊，捏边而呈波浪形（图2-127.1、2-127.2）。

TG1⑨：31，夹砂灰褐陶，夹细砂。罐耳及口沿，敛口，宽折沿，鼓腹，自口沿附着牛鼻式器耳，耳面内凹，以下残（图2-128.1、2-128.2）。

TG2⑤：17，泥质灰红陶，牛鼻式耳（图2-129.1、2-129.2）。

TG3⑤：30，夹砂灰红陶，细砂，牛鼻式耳贴附（图2-130.1、2-130.2）。

TG4⑦：46，泥质陶，夹心胎，里黑，外表灰黄色薄层，牛鼻式耳（图2-131.1、2-131.2）。

TG4⑦：47，泥质陶，夹心胎，里黑，外表灰黄色薄层，器表呈橙红色，牛鼻式器耳（图2-132.1、2-132.2）。

TG4⑦：50，夹砂灰黑陶，牛鼻式耳，耳外表内凹，上部有一未穿透孔（图2-133.1、2-133.2）。

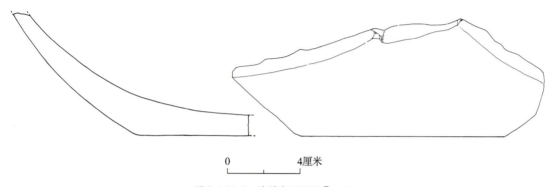

0　　　　4厘米

图2-111.1　陶罐底T5017⑥：31

图2-111.2　陶罐底T5017⑥：31

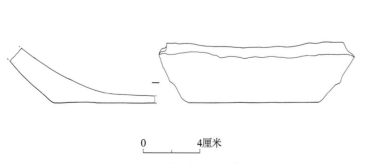

0　　　4厘米

图2-112.1　陶罐底T5121⑦：2

图2-112.2　陶罐底T5121⑦：2

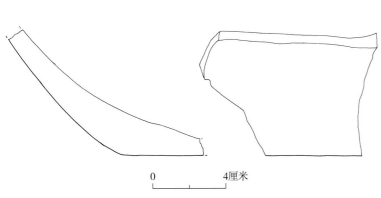

图 2-113.1　陶罐底 T4917⑤：35

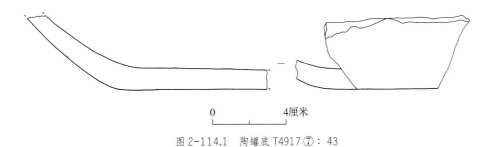

图 2-113.2　陶罐底 T4917⑤：35

图 2-114.1　陶罐底 T4917⑦：43

图 2-114.2　陶罐底 T4917⑦：43

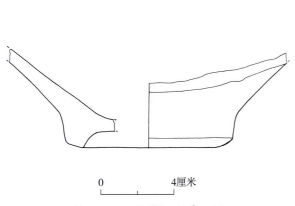

图 2-115.1　陶罐底 TG2⑥：19

图 2-115.2　陶罐底 TG2⑥：19

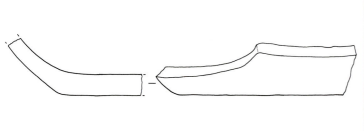

图 2-116.1　陶罐底 TG4⑦：51

图 2-116.2　陶罐底 TG4⑦：51

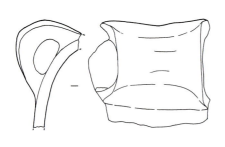

图 2-117.1　陶罐耳 T5017⑥：27

图 2-117.2　陶罐耳 T5017⑥：27

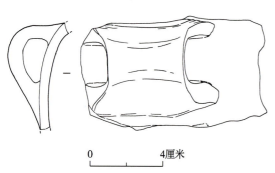

图 2-118.1　陶罐耳 T5017⑥：35

图 2-118.2　陶罐耳 T5017⑥：35

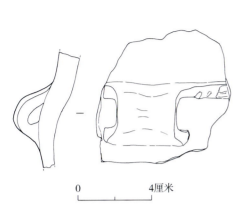

图 2-119.1 陶罐耳 T5121 ⑦：3

图 2-119.2 陶罐耳 T5121 ⑦：3

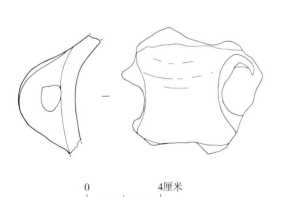

图 2-120.1 陶罐耳 T4917 ⑤：36

图 2-120.2 陶罐耳 T4917 ⑤：36

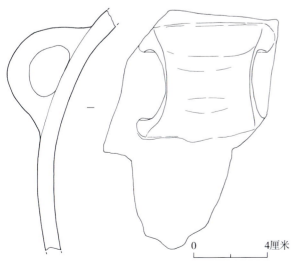

图 2-121.1 陶罐耳 T4917 ⑤：37

图 2-121.2 陶罐耳 T4917 ⑤：37

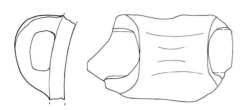

图 2-122.1　陶罐耳 T4917⑤：38

图 2-122.2　陶罐耳 T4917⑤：38

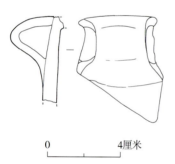

图 2-123.1　陶罐耳 T4917⑤：41

图 2-123.2　陶罐耳 T4917⑤：41

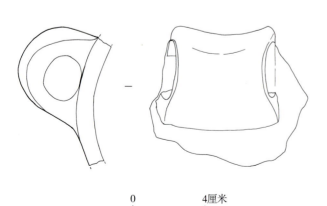

图 2-124.1　陶罐耳 T4917⑦：42

图 2-124.2　陶罐耳 T4917⑦：42

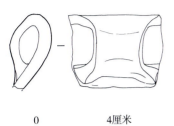

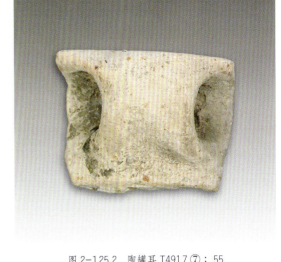

图 2-125.1　陶罐耳 T4917⑦：55　　　　图 2-125.2　陶罐耳 T4917⑦：55

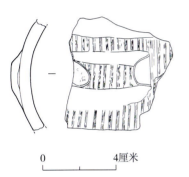

图 2-126.1　陶罐耳 T4917⑦：56　　　　图 2-126.2　陶罐耳 T4917⑦：56

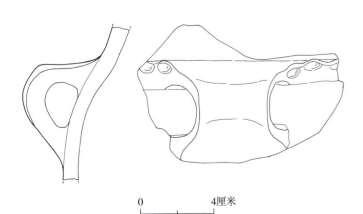

图 2-127.1　陶罐耳 TG1⑥：22　　　　图 2-127.2　陶罐耳 TG1⑥：22

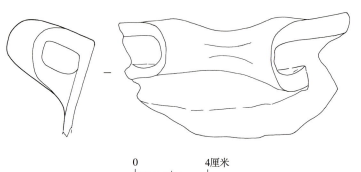

0   4厘米

图 2-128.1　陶罐耳 TG1 ⑨：31

图 2-128.2　陶罐耳 TG1 ⑨：31

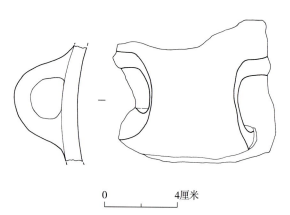

0   4厘米

图 2-129.1　陶罐耳 TG2 ⑤：17

图 2-129.2　陶罐耳 TG2 ⑤：17

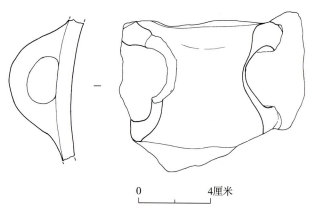

0   4厘米

图 2-130.1　陶罐耳 TG3 ⑤：30

图 2-130.2　陶罐耳 TG3 ⑤：30

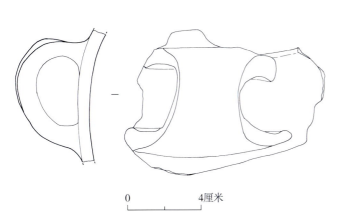

0　　　　4厘米

图 2-131.1　陶罐耳 TG4 ⑦：46

图 2-131.2　陶罐耳 TG4 ⑦：46

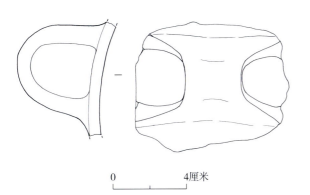

0　　　　4厘米

图 2-132.1　陶罐耳 TG4 ⑦：47

图 2-132.2　陶罐耳 TG4 ⑦：47

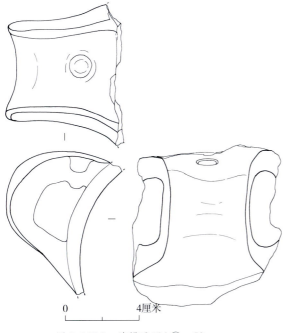

0　　　　4厘米

图 2-133.1　陶罐耳 TG4 ⑦：50

图 2-133.2　陶罐耳 TG4 ⑦：50

5. 圆饼形器

TG1⑦：3，泥质陶，灰红色，形制特别，整体略呈圆饼形，一面弧凸，凸面上有密集的戳印圆孔，但大部分未穿透，仅见一孔穿透。另一面外缘基本平整，中间部分内凹，形成环圈状。直径5.7～6.6、厚2.7厘米（图2-134.1~2-134.4）。

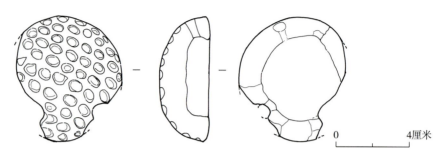

图 2-134.1　陶圆饼形器 TG1⑦：3

图 2-134.2　陶圆饼形器 TG1⑦：3　图 2-134.3　陶圆饼形器 TG1⑦：3　图 2-134.4　陶圆饼形器 TG1⑦：3

6. 钵

TG2③：4，残，夹砂灰红陶，砂粒较细，整器制作不规整。敛口，斜弧腹，大平底，下腹及器底较厚，口沿较薄。器高4.0、口径5.6、底径7.0厘米（图2-135.1、2-135.2）。

7. 纺轮

TG2④：6，陶片改制。夹砂陶，灰红色，外表橙红。扁平圆片形，外缘稍加磨圆，中间穿孔，对钻。直径4.8、孔径0.9、厚0.8厘米（图2-136.1、2-136.2）。

8. 鋬耳

TG1⑨：32，泥质陶，灰红陶，胎较厚，弧腹，宽扁形鋬耳上斜，器形不明（图2-137.1、2-137.2）。

9. 盉

T5121⑦：12，夹砂陶，黑胎，外表灰黄色，仅存两足及部分底，平底，宽扁足外撇（图2-138.1、2-138.2）。

T4917⑦：52，夹砂陶，夹细砂，夹心胎，内里为黑胎，厚胎，外表为灰红色薄层。存两个矮足，应为三足盉（图2-139.1、2-139.2）。

TG1⑥：24，三足盉，泥质灰红陶，含细砂屑，口沿及上半部残，筒腹，圜底近平，三个扁足等腰三角形布列（图2-140.1、2-140.2）。

10. 器盖

TG1⑨：38，夹砂灰黑陶，盖沿处显灰红色，砂粒较粗，量少，制作不规整。覆盘形，形似倒置的头盔，器形较小，顶端两个圆柱形捉手，残断，形态不明（图2-141.1、2-141.2）。

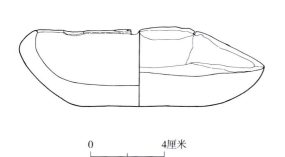

0　　　　　　4厘米

图 2-135.1　陶钵 TG2③：4

图 2-135.2　陶钵 TG2③：4

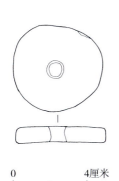

0　　　　　　4厘米

图 2-136.1　陶纺轮 TG2④：6

图 2-136.2　陶纺轮 TG2④：6

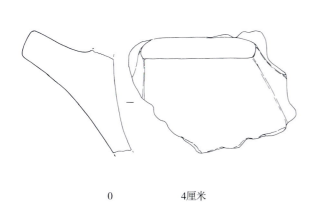

0　　　　　　4厘米

图 2-137.1　陶鏊耳 TG1⑨：32

图 2-137.2　陶鏊耳 TG1⑨：32

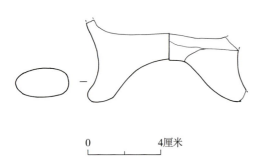

图 2-138.1 陶盉 T5121 ⑦：12

图 2-138.2 陶盉 T5121 ⑦：12

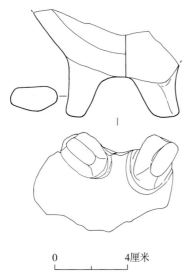

图 2-139.1 陶盉 T4917 ⑦：52

图 2-139.2 陶盉 T4917 ⑦：52

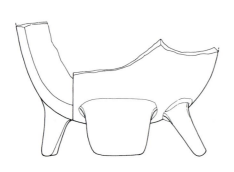

图 2-140.1 陶盉 TG1 ⑥：24

图 2-140.2 陶盉 TG1 ⑥：24

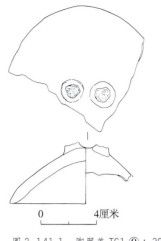

图 2-141.1 陶器盖 TG1 ⑨：38

图 2-141.2 陶器盖 TG1 ⑨：38

五、采集遗物

玉玦，1 件（采 1）。灰白色，磨制光滑。圆环形，两小平面略平，外缘弧凸，内壁对钻斜面。玦口一面向另一面线切割，至末端敲击，留有碴痕。直径 6.0、孔径 3.8、厚 1.0 厘米（图 2-142.1~2-142.4）。

陶豆，2 件。

采 2，泥质陶，豆盘呈黑色胎，内表黑，外表下腹以下渐灰到红。圈足为红色，胎心略呈灰黑色。敛口，圆唇，腹略深，矮圈足。器形不规整，圈足偏离中心。器高 13.0、口径 19.8、足径 17.2 厘米（图 2-143.1、2-143.2）。

采 3，泥质陶，微夹少量细砂粒，夹心胎，内里黑色 ---- 外灰褐色薄层 ---- 器表施橙褐色陶衣，陶衣基本脱落。圈足内壁基本呈灰黑色。外表陶色不匀，斑驳得很。浅盘，宽凸沿，细柄，喇叭形圈足。豆盘歪斜。圈足上有 4 个穿孔，分布不规则。器高 23.8 ~ 25.2、口径 29.2、足径 19.4 厘米（图 2-144.1、2-144.2）。

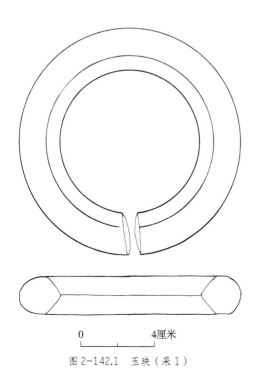

图 2-142.1 玉玦（采 1）

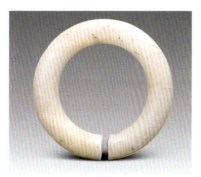

图 2-142.2 玉玦（采 1）

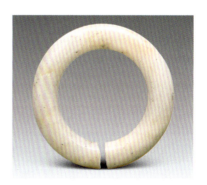

图 2-142.3 玉玦（采 1）

图 2-142.4 玉玦（采 1）玦口细部

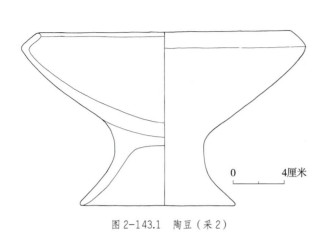

图 2-143.1　陶豆（采 2）

图 2-143.2　陶豆（采 2）

0　　　　　4厘米

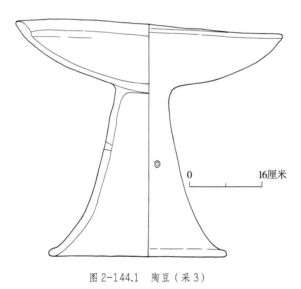

图 2-144.1　陶豆（采 3）

图 2-144.2　陶豆（采 3）

0　　　　　16厘米

第三节　遗迹

本节主要叙述的遗迹包括灰坑、动物骨骸堆积面、建筑遗迹（？）等。

一、灰坑

仅发现 1 个，编号 H1，介绍如下。

H1 位于 T5018 西北部，部分在北隔梁和 T5017 的东隔梁下，未全面清理。该灰坑开口于④层下，打破⑤层（图 2-145.1、2-145.2）。

从已揭露的情况看，H1 的坑口平面应大致呈圆形，东西长约 2.75 米，南北宽约 1.15 米。坑壁斜，深 0.40

米，坑底较平整。坑内堆积为黑灰色松土，含有大量的草木灰及少量红烧土颗粒。坑内基本不见马家浜文化的陶器碎片，而出土了大量的动物骨骸（图2-146）。其中的文化遗物有骨镞等残器，以及有切割遗痕的鹿角等，分述如下。

骨镞，1件。H1：3。动物肢骨片制成，背面有骨壁凹形，锥尖微残。叶呈长三角形，有翼，不特别凸出，铤残。正面弧凸。表面及背面有磨制线痕。长4.3厘米（图2-147.1~2-147.3）。

骨器残件，1件。H1：4，动物肢骨片制成，背面留有较完整的骨壁凹形。宽扁形，一侧有直向切割面，细线。舌形前端，斜削面成刃部。有斜向的磨制线痕。背面也有磨制线痕。残长4.0厘米（图2-148.1、2-148.2）。

鹿角，2件。H1：1，鹿角之一段，有环切痕迹。长10.3厘米（图2-149.1~2-149.3）。H1：2，相对的完整鹿角，无切割痕。长30.0厘米（图2-150.1、2-150.2）。

牛角，1件。H1：5，接近完整的牛角（图2-151）。

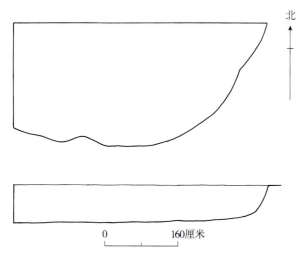

图2-145.1　H1平、剖面图

图2-145.2　H1（北—南）

图2-146　H1堆积局部

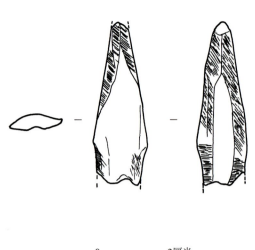

图 2-147.1 骨镞 H1∶3   图 2-147.2 骨镞 H1∶3   图 2-147.3 骨镞 H1∶3

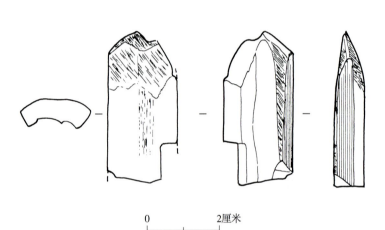

图 2-148.1 骨器残件 H1∶4   图 2-148.2 骨器残件 H1∶4

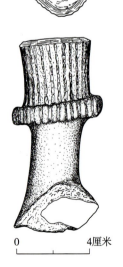

图 2-149.1 鹿角 H1∶1   图 2-149.2 鹿角 H1∶1   图 2-149.3 鹿角 H1∶1

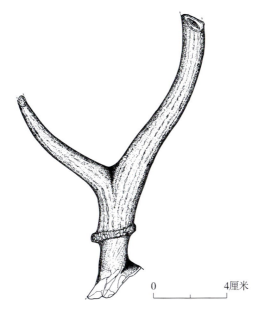

图 2-150.1　鹿角 H1：2

图 2-150.2　鹿角 H1：2

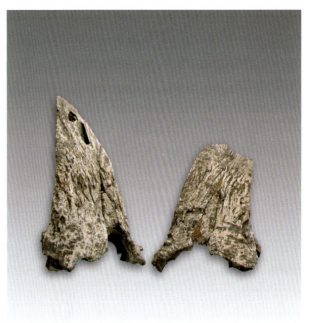

图 2-151　牛角 H1：5

二、动物骨骸堆积面

　　位于 T4920。在④堆积层面发现较多的动物骨骸，大致分布在东西长约 2.7 米，南北宽约 2.1 米的近长方形的范围，北边及西边伸入隔梁，但在相邻探方的同一层位则没有发现此类遗迹堆积，因此，这处动物骨骸堆积面的实际范围可能也就稍微略大于现揭露的范围（图 2-152）。

　　整个堆积面厚约 5 厘米，为多种动物骨骸与黄褐色斑土混杂，表面略微平整，并夹杂了不少红烧土块和颗粒。动物骨骸多为细碎状，基本没有形态比较完整的。在保护性发掘的前提下，此处堆积没有起取，将留着今后考古遗址公园现场展示所用，因此对所含的动物种属不太明了。

三，建筑遗迹（？）

这是一处红烧土堆积，位于 TG3 的西端，即 T4816 的西南部。这一区域由于现代垦殖动土，对马家浜文化的堆积造成很大的破坏，这处红烧土堆积就是在厚达 1 米的晚期扰土之下发现，其东侧发现的 M21 的人骨被破坏得只剩了部分下肢骨。从现场判断，二者之间的地层关系可表述为①→M21→②→红烧土堆积→③。

红烧土堆积平面南北受现代水坑破坏，残存长约 3 米，南端宽约 1.2 米，大部分宽约 0.3 米。多由大小不一的块状红烧土铺筑而成，厚约 0.05 米。堆积面大致平整，推测可能是与建筑有关的遗迹（图 2-153、2-154）。

另外，在地层堆积中发现了较多不同形状、不同大小的红烧土块。这些烧土块多呈灰红色，色泽比较均匀，土坯胎质较纯，基本没有羼和料。不少烧土块表面留有"杆印痕"，有细杆平列的，也有数根细杆捆扎平列的痕迹。除了烧土块单面有"杆印痕"外，还发现了两面都有"杆痕"的烧土块。这类有"杆印痕"的烧土块应是与某类建筑遗迹废弃残留有关（图 2-155~2-160）。

执笔：芮国耀

图 2-152　T4920 动物骨骸堆积面（东—西）

图 2-153　T4816 建筑遗迹（？）（东—西）

图 2-154　T4816 建筑遗迹（？）局部

图 2-155　地层中出土的红烧土块

图 2-156　地层中出土的红烧土块

图 2-157　地层中出土的红烧土块

图 2-158　地层中出土的红烧土块

图 2-159　地层中出土的红烧土块

图 2-160　地层中出土的红烧土块

第三章　墓葬及随葬品

在 2009 年 ~2011 年马家浜遗址的试掘和第二次发掘中，共发掘清理了马家浜文化的墓葬 80 座，编号为 2009JMM1~M80。这些墓葬中，大部分都清理出了大小深浅不一的长方形竖穴墓坑。除去个别被后期扰动破坏之外，也有少量没有墓坑而仅在某一堆积层面平铺掩埋的墓例。墓葬相对集中分布在几个区域，墓葬之间有叠压和打破关系的墓例约占墓葬总数的 70% 以上（图 3-1）。

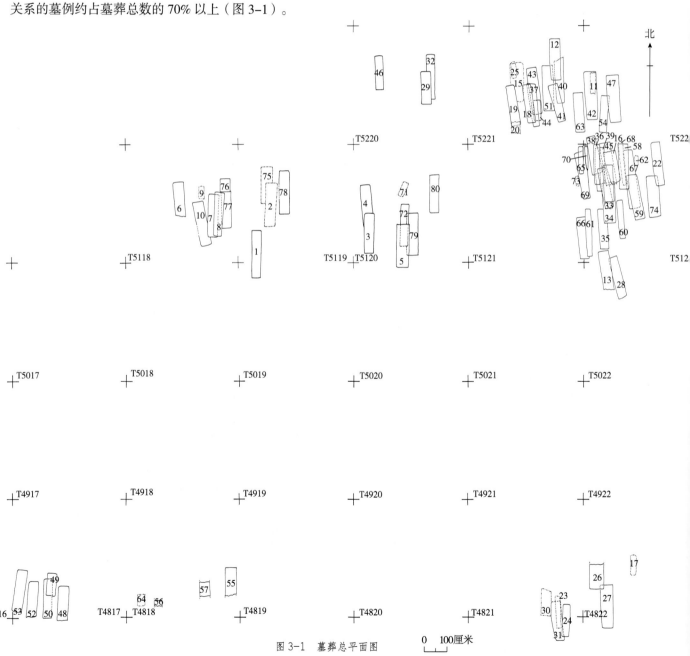

图 3-1　墓葬总平面图

0　　100厘米

全部墓葬中，除 M20 在有限的清理范围内未发现外，其他墓例中都发现了人骨，这些人骨大部分保存情况良好，它们的头向基本朝北，大致在北偏西或东 20° 之内，大部分都接近于正北方向。已发现人骨的墓葬中除了 10 座因保存较差或后期扰动破坏严重，其余墓例可见的葬式多为俯身直肢葬，约占近 70%，另外还有一部分仰身直肢葬和侧身葬的。

全部墓葬共出土随葬器物 132 件，另外还有动物骨头 54 件，以及红烧土块 2 件。这些遗物出自 54 座墓中，其他 26 座墓没有发现随葬品。陶器和骨器是这批墓葬的主要随葬品，分别有 66 件和 60 件，玉器和石器仅为 4 件和 2 件。随葬的陶器以豆或豆盘、豆圈足为主。在有随葬品出土的墓例中，一半以上的墓例发现了豆或豆盘、圈足。其他的陶器器类还有罐、盉、盆、单把罐、垂囊盉、匜、釜、鼎等。从现场的迹象观察，随葬的陶器多数是打碎后埋入并分散放置在墓葬的不同位置。骨器中以锥形骨器为大宗，还有骨块、骨镞以及一些雕琢精致的条形骨器。玉器仅有玉玦，石器中也仅有石锛一种。在多个墓例中随葬成组的鹿科动物掌骨、跖骨，有的还连带腕骨和跗骨，是比较有意义的现象。

各个墓葬的基本情况可参见表 3-1。

表 3-1　墓葬基本情况统计表

墓号	所在探方	墓坑（单位：米）	葬式	头（墓）向	出土遗物
M1	T5119	2.15×0.42-0.06	俯身直肢葬	0°	红烧土块
M2	T5119	/	俯身直肢葬	7°	/
M3	T5120	1.8×0.55-0.1	俯身直肢葬	3°	骨镞
M4	T5120	1.93×0.5-0.09	俯身直肢葬	3°	陶豆盘、石锛、骨锥 7、条形骨雕
M5	T5120	1.8×0.58-0.16	侧身屈肢葬	3°	/
M6	T5118	1.58×0.45-0.19	俯身直肢葬	3°	/
M7	T5118	1.85×0.4-0.3	俯身直肢葬	0°	陶单把罐、陶盆
M8	T5118	1.86×0.45-0.18	俯身直肢葬	7°	陶匜、陶盉、陶罐、玉玦
M9	T5118	0.7×0.4-0.07	?	3°	/
M10	T5118	1.85×0.58-0.25	俯身直肢葬	350°	陶罐、陶单把罐
M11	T5222	/	俯身直肢葬	4°	/
M12	T5221	1.66×0.4-0.22	俯身直肢葬	353°	陶盆、陶釜
M13	T5022	1.7×0.44-0.12	俯身直肢葬	350°	/
M14	T5122	1.75×0.46-0.13	俯身直肢葬	357°	玉玦、石锛
M15	T5221	/	俯身直肢葬	358°	陶豆
M16	T5122	1.3×0.56-0.1	俯身直肢葬	346°	骨锥
M17	T4822	/	?	0°	陶豆盘
M18	T5221	1.76×0.37-0.16	仰身直肢葬	350°	骨块

墓号	所在探方	墓坑（单位：米）	葬式	头（墓）向	出土遗物
M19	T5221	1.82×0.13-0.4	俯身直肢葬	350°	玉玦
M20	T5221	/	/	10°	陶豆
M21	T4816	/	俯身直肢葬	350°	动物掌（跖）骨3、条形骨雕
M22	T5122	1.77×0.48-0.1	俯身直肢葬	349°	陶釜
M23	T4821	/	俯身直肢葬	357°	/
M24	T4821	1.39×0.34-0.09	俯身直肢葬	2°	/
M25	T5221	/	？	355°	陶豆圈足
M26	T4822	1.08×0.7-0.08	？	358°	陶豆、陶罐、骨镞
M27	T4822	1.9×0.62-0.22	俯身直肢葬	358°	陶豆、骨锥2
M28	T5022	1.85×0.4-0.3	仰身直肢葬	345°	陶豆、陶豆圈足、陶罐
M29	T5220	1.51×0.42-0.1	俯身直肢葬	358°	/
M30	T4821	/	俯身直肢葬	2°	骨锥2
M31	T4821	1.75×0.51-0.06	俯身直肢葬	357°	/
M32	T5220	1.88×0.4-0.1	侧身葬	356°	/
M33	T5122	1.67×0.41-0.17	俯身直肢葬	345°	/
M34	T5122	1.65×0.6-0.17	仰身直肢葬	353°	陶盆、陶釜、红烧土块
M35	T5122	1.73×0.4-0.15	俯身直肢葬	353°	/
M36	T5122	2×0.4-0.1	俯身直肢葬	354°	/
M37	T5221	1.85×0.46-0.1	俯身直肢葬	353°	陶豆、骨锥4
M38	T5122	1.66×0.46-0.17	俯身直肢葬	345°	陶鼎、陶垂囊盉、陶豆、动物掌（跖）骨12
M39	T5122	1.92×0.54-0.2	俯身直肢葬	353°	骨锥8、动物掌（跖）骨20
M40	T5221	1.9×0.43-0.1	仰身直肢葬	357°	/
M41	T5221	1.65×0.45-0.12	仰身直肢葬	342°	陶豆
M42	T5222	1.93×0.51-0.16	俯身直肢葬	355°	陶器盖
M43	T5221	1.98×0.48-0.14	仰身直肢葬	354°	陶豆
M44	T5221	0.98×0.49-0.13	俯身直肢葬	354°	陶钵、骨圆牌
M45	T5122	1.85×0.45-0.14	俯身直肢葬	345°	陶豆、骨匕
M46	T5220	1.25×0.38-0.25	仰身直肢葬	2°	/
M47	T5222	2.03×0.52-0.18	仰身直肢葬	354°	陶豆2

墓号	所在探方	墓坑（单位：米）	葬式	头（墓）向	出土遗物
M48	T4817	1.4×0.42−0.35	俯身直肢葬	2°	骨玦
M49	T4817	0.95×0.42−0.28	俯身直肢葬	3°	陶罐、陶盆
M50	T4817	1.84×0.4−0.18	俯身直肢葬	0°	骨锥7
M51	T5221	1.9×0.5−0.13	仰身直肢葬	358°	陶垂囊盉
M52	T4817	1.85×0.4−0.3	俯身直肢葬	4°	陶豆
M53	T4817	1.75×0.41−0.4	俯身直肢葬	6°	/
M54	T5222	1.5×0.46−0.1	侧身屈肢葬	0°	/
M55	T4818	1.35×0.55−0.18	俯身直肢葬	0°	/
M56	T4818	0.34×0.37−0.08	？	355°	陶豆
M57	T4818	0.65×0.47−0.17	俯身葬	350°	陶豆、骨玦
M58	T5122	1.9×0.6−0.16	俯身直肢葬	355°	陶豆、条形骨雕、动物肋骨
M59	T5122	1.9×0.51−0.13	俯身直肢葬	346°	陶豆圈足2、骨锥2、条形骨器、
M60	T5122	1.75×0.35−0.28	？	351°	/
M61	T5122	2×0.37−0.28	俯身直肢葬	356°	陶盉
M62	T5122	/	？	0°	陶豆
M63	T5221	1.58×0.42−0.12	俯身直肢葬	348°	陶豆、陶罐、骨锥2、骨圆牌
M64	T4818	/	俯身直肢葬	357°	/
M65	T5122	1.4×0.35−0.07	？	350°	陶盉、陶罐
M66	T5122	1.79×0.49−0.2	仰身直肢葬	354°	陶釜、陶垂囊盉、陶单把罐
M67	T5122	2.45×0.55−0.18	俯身直肢葬	348°	/
M68	T5122	1.98×0.29−0.2	？	349°	陶豆2、陶罐、骨锥
M69	T5122	2.1×0.6−0.21	俯身直肢葬	344°	陶豆、陶罐、骨锥9、骨雕、动物掌（跖）骨19
M70	T5122	1.44×0.37−0.15	俯身直肢葬	338°	陶罐、陶豆圈足
M71	T5120	/	俯身葬	20°	/
M72	T5120	1.8×0.44−0.1	俯身直肢葬	7°	骨锥2
M73	T5122	/	？	355°	陶豆、玉玦
M74	T5122	1.83×0.53−0.15	侧身屈肢葬	355°	陶豆、陶罐
M75	T5119	/	俯身直肢葬	2°	/
M76	T5118	0.65×0.47−0.1	俯身？	0°	陶盉、陶豆
M77	T5118	1.57×0.46−0.22	俯身直肢葬	2°	/
M78	T5119	1.82×0.48−0.15	俯身直肢葬	357°	陶罐
M79	T5120	1.75×0.42−0.11	仰身直肢葬	0°	陶罐、陶豆
M80	T5120	1.5×0.42−0.09	俯身直肢葬	357°	/

以下按墓号排列顺序详细介绍各个墓葬的层位关系、墓葬结构、墓内人骨及随葬品情况。

M1

位于 T5119，开口于③层下④层层面。

此墓为长方形竖穴土坑墓，墓坑长 2.15、宽 0.39~0.42 米，现墓坑深 0.06 米。试掘时发现此墓，在清理后稍作回填，之后在正式发掘时再次清理了回填土暴露整个墓葬。这个过程中对原有墓坑有所影响，现墓坑状态与试掘时的原状略有不同。

出土人骨保存基本完整，葬式为俯身直肢葬，头向 0°，面向东。左手压于骨盆下，盆骨周围有一些动物碎骨，右股骨东侧有两根动物跖骨，未编号。下肢端上叠压一块红烧土，编为 M1：1，或是某种意义的标示。

此墓无其他随葬品（图 3-2.1、3-2.2）。

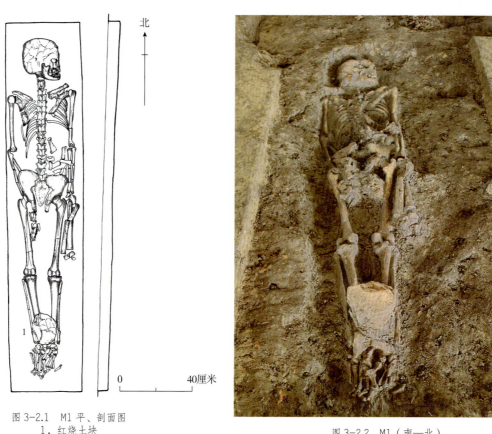

图 3-2.1　M1 平、剖面图
1，红烧土块

图 3-2.2　M1（南—北）

M2

位于 T5119，开口于③层下④层层面。

试掘时在探沟北端初露部分下肢，没有发现明确的墓坑。当时未编墓号，在正式发掘时依发现时间先后顺序，将其编为 M2，并清理整个墓葬。

清理时先是在其北半部勉强划出墓坑坑口线，但随后的清理中发现另有一座墓葬（M75）与之并排布列，两具人骨紧靠。显然，对 M2 墓坑的判断存在问题，根据现场的观察，M2 以及相邻的 M75 没有墓坑的可能性大。M2 左侧紧靠 M75，左上肢也没有发现，现场推测可能叠压在 M75 之下，但由于这两个墓葬所在的区域拟作今后遗址公园展示现场，未起取各该墓葬的人骨遗骸，因此未能最终准确判断两者的叠压关系。

人骨保存尚可，葬式为俯身直肢葬，头向7°，面向东。左上肢没有发现，右上肢下垂，但尺骨和桡骨有交叉。两下肢有交叉，左下肢在上。

此墓无随葬品（图3-3.1、3-3.2）。

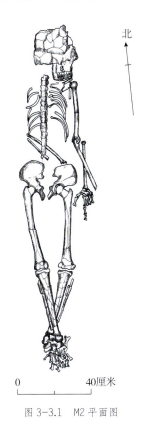

北

0   40厘米

图3-3.1　M2平面图　　　　　　　　图3-3.2　M2（南—北）

M3、M4

位于T5120，开口于③层下④层层面。

最初清理时将M3和M4判断同为一个墓坑，而M3人骨头部和胸部叠压在M4人骨的下肢之上。这个现场曾在2009年12月召开的"纪念马家浜遗址发现五十周年国际学术讨论会"上向与会的专家学者作了展示。之后，我们对两墓是否为同一墓坑做了进一步的确认，最后确定两墓非同一墓坑，二者的关系为M3打破M4（图3-4.1）。

在这两座墓葬的坑内堆积中，发现了一些零散的不属于各该墓主人的人骨遗骸，多为人体肢骨，另外还有几枚人牙，可能在M3和M4挖坑埋墓时，对其他墓葬形成了不同程度的破坏。但在近旁没有发现其他墓葬遭到破坏的迹象。

M3为长方形竖穴土坑墓，墓坑长1.80、宽0.48~0.55米，深0.03~0.10米。墓坑宽度略大于M4，墓内填土堆积为灰黑色土，土质松软，夹有少量红烧土颗粒。人骨保存状况一般，葬式为俯身直肢葬，头向3°。面朝下，左上肢向内曲折，右下臂微向内折（图3-4.2、3-4.3）。

随葬骨镞1件（M3：1），在左股骨中段西侧。

M3：1，骨镞。完整，圆锥形，前端呈圆尖状，后半段为圆铤。长4.6厘米（图3-5.1、3-5.2）。

图 3-4.1　M3 叠压 M4

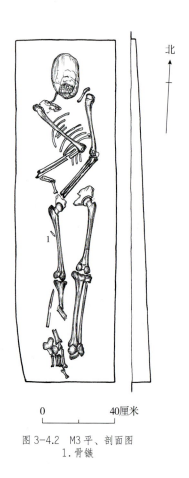

0　　　　　40厘米

图 3-4.2　M3 平、剖面图
1. 骨镞

图 3-4.3　M3（南—北）

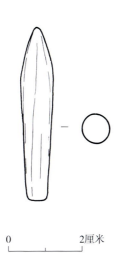

0   2厘米

图 3-5.1 骨镞 M3：1　　　　　　　　　图 3-5.2 骨镞 M3：1

　　M4 为长方形竖穴土坑墓，墓坑长 1.93、宽 0.50 米，深 0.04~0.09 米。墓坑南部被 M3 打破，但未涉及到 M4 的人骨遗骸，M3 的头骨与 M4 的下肢骨高差间隔约 5 厘米。墓内填土堆积为灰黑色土，土质松软，夹有少量红烧土颗粒。墓内人骨保存较好，葬式为俯身直肢葬，头向 3°。面朝下，上肢尺骨和桡骨交叠，掌骨、指骨均无存。

　　一组七件骨质锥形器（M4：1~7）在左胸部肋骨下，成束放置，尖端向北。1 件石锛（M4：9）和 1 件条形骨器（M4：8）在左下臂右侧。足端、两胫骨间及左膝侧有陶豆残片，可复原为 1 件陶豆盘（M4：10），无豆柄，此件陶豆打碎之后再分散放置（图 3-6.1~3-6.4）。

　　M4：1，骨锥。动物肢骨片制成，断面为骨壁形状。长条形，出土时断为两截，尾端平，并有磨制痕，前端为舌形扁圆刃。长 18.2 厘米（图 3-7.1~3-7.3）。

　　M4：2，骨锥。动物肢骨片制成，上半段可见骨壁凹形，下半段断面制成三角形。长条形，出土时断为 4 截。尾段略呈圆柱体，前端锥尖。尾端有摩擦线痕。长 18.9 厘米（图 3-8.1~3-8.3）。

　　M4：3，骨锥。动物肢骨片制成，断面可见骨壁凹形状，长条形，出土时断为两截。尾段略呈圆柱体，留有较多的磨制线痕，尾端略有破损。前端制成锥尖状，断面略呈三角形。长 16.4 厘米（图 3-9.1~3-9.3）。

　　M4：4，骨锥。动物肢骨片制成，但磨制后不见骨壁凹形状。长条形，出土时断成 3 截。整体大部分磨成圆柱体，前段断面略呈三角形，并呈锥尖状。尾端有较多的磨制线痕。长 19.1 厘米（图 3-10.1~3-10.3）。

　　M4：5，骨锥。动物肢骨片制成，背面留有骨壁凹形。长条形，出土时断为两截。尾端基本磨制成圆柱体，整体其他部分断面基本呈三角形，前端锥尖，尖端有残损。残长 19.2 厘米（图 3-11.1~3-11.3）。

　　M4：6，骨锥。出土时断为 4 截。动物肢骨片制成，背面留有骨壁凹形。基本磨成圆柱体，中段断面略呈半圆形，前端锥尖，断面略呈三角形。长 20.3 厘米（图 3-12.1~3-12.3）。

　　M4：7，骨锥。出土时断为 4 截，动物肢骨片制成，背面的骨壁凹形基本磨平。长条形，出土时断为 4 截。尾段略磨成圆柱体，其他部分断面略呈三角形，前端锥尖，略有残损。长 19.9 厘米（图 3-13.1~3-13.3）。

　　M4：8，条形骨雕。基本完整，出土时断为两截。以动物肢骨片制成。背面基本平整，正面微弧凸，两端略呈三角形圆尖，中间部分有数道浅刻槽，左右交叉，往里刻一半。两端三角形与器体之间有深刻槽。长 9.2、宽 1.0 厘米（图 3-14.1~3-14.3）。

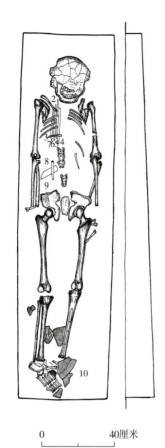

0　　　　40厘米

图 3-6.1　M4 平、剖面图
1~7.骨锥　8.条形骨雕　9.石锛　10.陶豆盘

图 3-6.2　M4（南—北）

图 3-6.3　M4 南半部

图 3-6.4　M4 局部

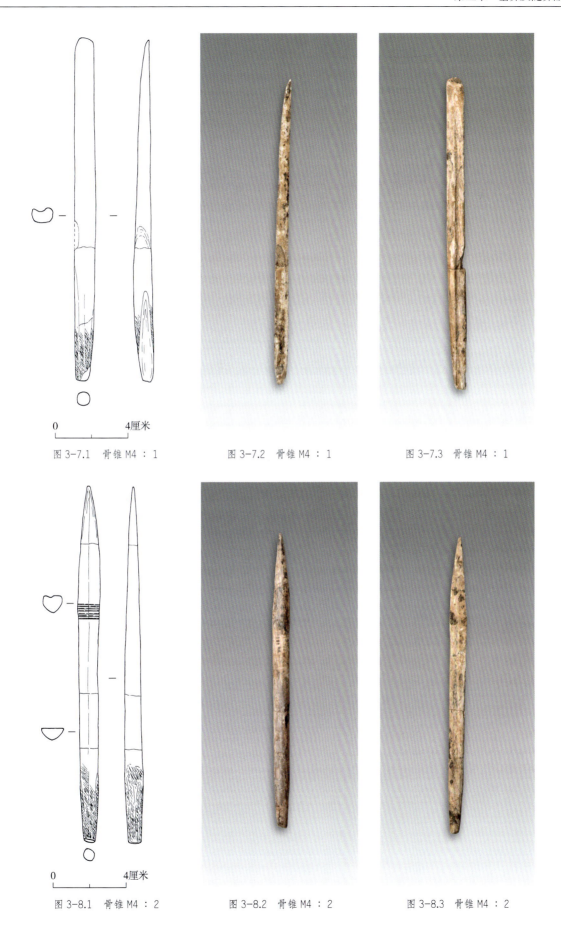

0　　　　　　4厘米

图 3-7.1　骨锥 M4：1　　　　　图 3-7.2　骨锥 M4：1　　　　　图 3-7.3　骨锥 M4：1

0　　　　　　4厘米

图 3-8.1　骨锥 M4：2　　　　　图 3-8.2　骨锥 M4：2　　　　　图 3-8.3　骨锥 M4：2

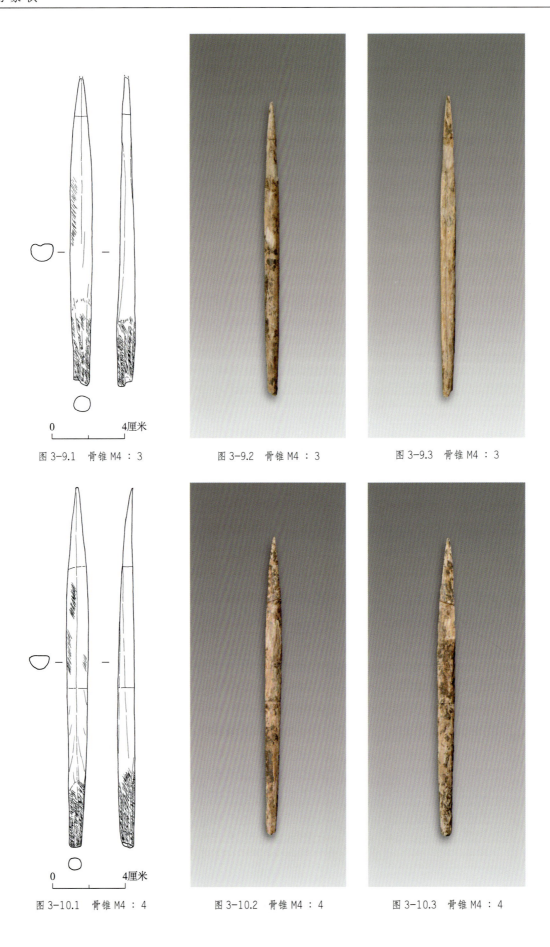

0   4厘米

图 3-9.1 骨锥 M4：3

图 3-9.2 骨锥 M4：3

图 3-9.3 骨锥 M4：3

0   4厘米

图 3-10.1 骨锥 M4：4

图 3-10.2 骨锥 M4：4

图 3-10.3 骨锥 M4：4

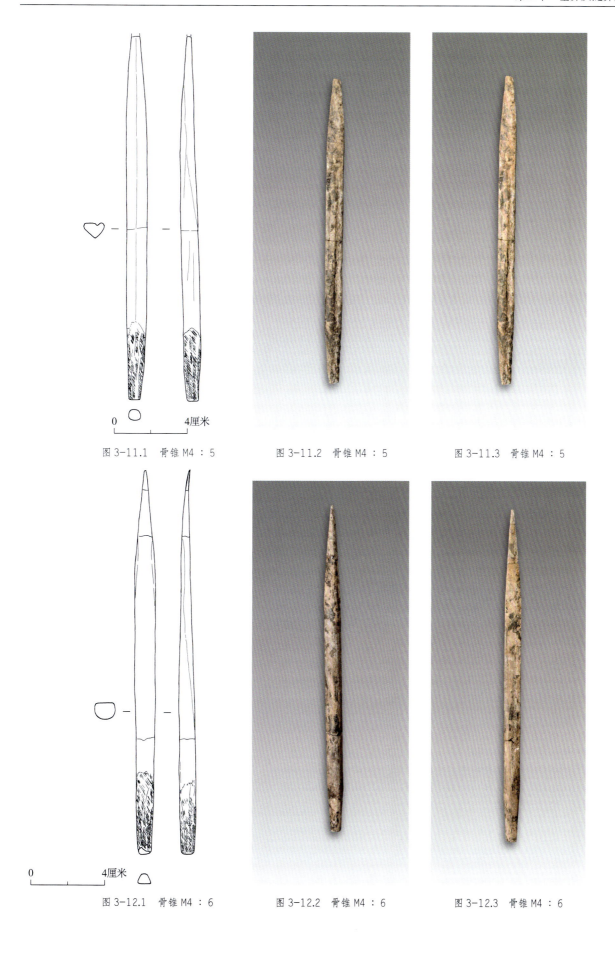

图 3-11.1　骨锥 M4 : 5　　　　图 3-11.2　骨锥 M4 : 5　　　　图 3-11.3　骨锥 M4 : 5

图 3-12.1　骨锥 M4 : 6　　　　图 3-12.2　骨锥 M4 : 6　　　　图 3-12.3　骨锥 M4 : 6

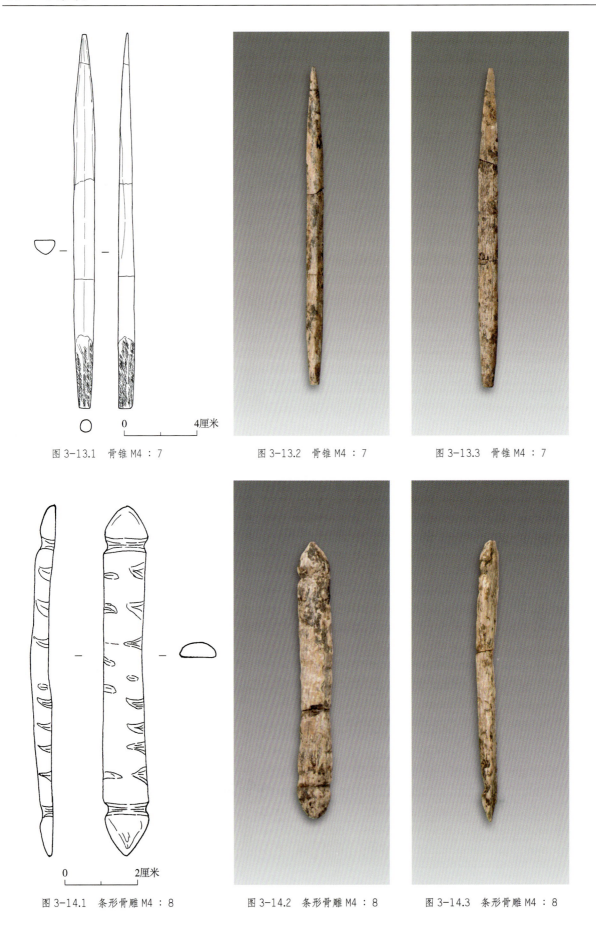

图 3-13.1　骨锥 M4：7

图 3-13.2　骨锥 M4：7

图 3-13.3　骨锥 M4：7

图 3-14.1　条形骨雕 M4：8

图 3-14.2　条形骨雕 M4：8

图 3-14.3　条形骨雕 M4：8

0　　　　　　4厘米

0　　　　2厘米

M4：9，石锛。宽长条形，弧背，有脊。断面基本呈方形，平刃，略偏锋，表面基本磨光，仅一侧面还留有砸击痕。长9.9、宽2.8、厚3.0厘米（图3-15.1~3-15.4）。

M4：10，陶豆盘。豆柄与豆盘交接处折断，墓内无其他豆柄残片。泥质陶，器表橙褐色陶衣剥落较多，与黑胎之间有灰红色薄层，泥质陶胎，类粗泥陶，胎疏松，有一些孔隙。豆盘内壁为黑胎，内壁表面似乎经过打磨，尤其在口沿部位呈现黑色光亮。圆唇，内沿微弧凸，弧壁。豆柄形态不清，从盘柄交接处断碴面看，原柄端应为细柄。口径28.9、残高9.3厘米（图3-16.1~3-16.3）。

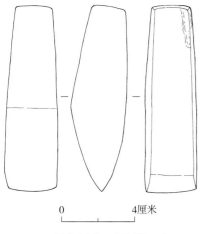

0　　　　4厘米

图3-15.1　石锛 M4：9

图3-15.2　石锛 M4：9

图3-15.3　石锛 M4：9

图3-15.4　石锛 M4：9

图3-16.2　陶豆盘 M4：10

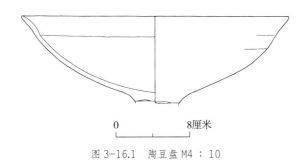

0　　　　8厘米

图3-16.1　陶豆盘 M4：10

图3-16.3　陶豆盘 M4：10

M5

位于 T5120，开口于③层下④层层面，打破 M72、M79。

此墓为长方形竖穴土坑墓，墓坑长 1.80、宽 0.55~0.58 米，深 0.08~0.16 米。墓内填土堆积为松软的灰黑色土，夹有少量的红烧土颗粒和草木灰。

墓内人骨保存较好，葬式为侧身葬，头向 3°，面向西。左上肢往下垂，右上肢往上屈，手掌托于右脸颊。双下肢弓曲叠在一起。

此墓无随葬品（图 3-17.1~3-17.3）。

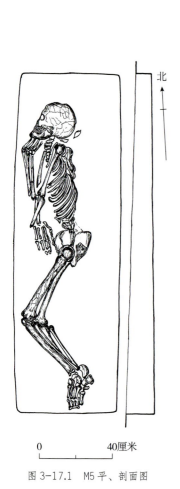

0   40厘米

图 3-17.1　M5 平、剖面图　　　　　图 3-17.2　M5（南—北）　　　　　图 3-17.3　M5 局部

M6

位于 T5118，开口于③层下④层层面。

此墓为长方形竖穴土坑墓，南端为后期地层破坏，墓坑残长 1.58、宽 0.45 米，深 0~0.19 米。墓内填土堆积为灰黑色土，有少量的红烧土颗粒和碎陶片。

墓内人骨中胫骨以下遭破坏无存，葬式为俯身直肢葬，头向 3°。上肢垂于体侧，右尺骨、桡骨腐朽无存，其他骨架保存较好，整体呈头部低下肢高状态，高差约近 20 厘米。

此墓无随葬品（图 3-18.1、3-18.2）。

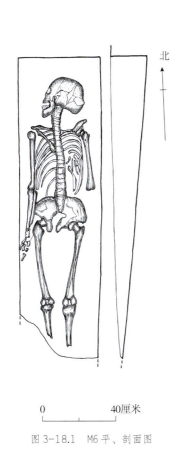

图 3-18.1 M6平、剖面图

图 3-18.2 M6（南—北）

M7、M8

位于 T5118，开口于③层下④层层面。M8 打破 M7 和 M77，而 M7 打破了 M10。

在④层层面先是大致确认了 M7 的墓坑平面范围，在清理 M7 北半部的过程中发现有其他个体的人骨叠压在 M7 的人骨之上，推测应是属于另一墓葬。经过反复刮面重新辨认，大致确认了 M8 的墓坑平面范围，并从平面上判定 M8 打破 M7。为了进一步从剖面上确认二者的层位关系，考虑到先行清理 M7 北半部的时候已部分破坏了 M8 墓坑西壁的状况，因而将 M7 和 M8 两墓的北半部一并先行清理，在墓坑堆积的中段位置留东西向的横剖面进行观察，从剖面上也明确 M8 打破 M7（图 3-19）。

M7 为长方形竖穴土坑墓，墓坑长 1.85、宽 0.40 米，深 0.15~0.30 米。墓内填土堆积为灰黑色土，土质较软，略有黏性，夹有少量的红烧土颗粒和草木灰，包含有少量的马家浜文化陶片。墓内人骨保存状况一般，头向 0°，葬式为俯身直肢葬，面朝下，头骨碎裂，下颌骨及牙齿朽甚。

头骨以北随葬两件陶器，分别为单把罐（M7：1）和盆（M7：2）各一件（图 3-20.1、3-20.2）。

M7：1，陶单把罐。夹砂陶，局部砂粒较粗。陶胎为橙红色，外表略显黑色，色杂。环形把，贴附痕明显。器形制作不规整，侈口，斜折沿，鼓腹，圜底。器高 8.3、口径 10.4、腹径 11.7 厘米（图 3-21.1~3-21.3）。

　　M7：2，陶盆。泥质陶，胎呈夹心状，内芯灰黑，外表红，但也有部分外表黑，表皮多数观察呈片状。口微敛，斜深腹，平底。底部及下腹部略厚于上腹及口沿。器形不够规整，尤其口沿部分不平整，有高低差。内沿微凸。近口沿处有一穿孔，单向钻。腹部有两个穿孔，单向钻，分布不均匀。器高11.5~12.5、口径22.8、腹径23.5、底径12.6厘米（图3-22.1、3-22.2）。

　　M8为长方形竖穴土坑墓，墓坑长1.86、宽0.42~0.45米，深0.11~0.18米。墓内填土堆积与M7基本相同。墓内人骨保存较好，葬式为俯身直肢葬，头向7°。面朝下，头骨碎裂，牙齿朽。上肢垂下，手在骨盆下。下肢略有并拢。

　　头骨上覆置陶匜1件（M8：1），左耳侧有玉玦1件（M8：2）；足端置侧把平底陶盉（M8：3）、陶罐（M8：4）各1件（图3-23.1、3-23.2）。

　　M8：1，陶匜。泥质红陶，口沿处部分呈灰黑色。敛口，微折，口沿不平整，折沿外侧对称两个"鸡冠形"錾耳，一侧有半圆形流口，斜腹，平底。器高11.7~12.3、口径16.4~20.2、底径9.5厘米（图3-24.1~3-24.3）。

图3-19　M8打破M7的平、剖面关系

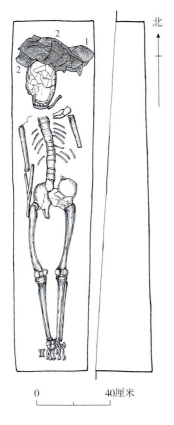

图 3-20.1　M7 平、剖面图
1. 陶单把罐　2. 陶盆

图 3-20.2　M7、M8（南—北）

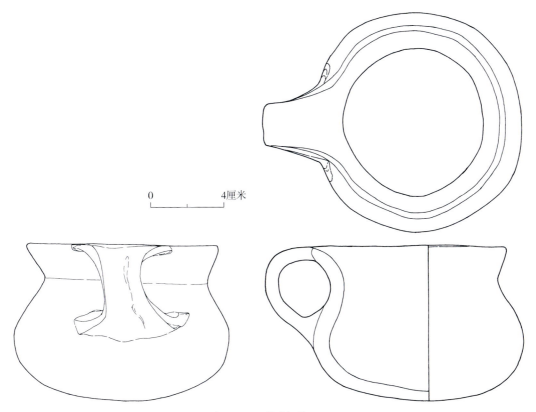

图 3-21.1　陶单把罐 M7：1

图 3-21.2　陶单把罐 M7：1

图 3-21.3　陶单把罐 M7：1

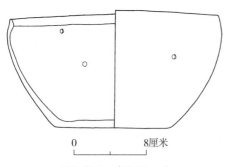

0　　　　　8厘米

图 3-22.1　陶盆 M7：2

图 3-22.2　陶盆 M7：2

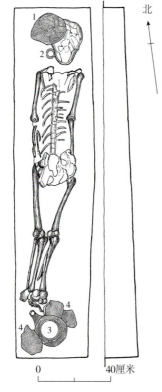

北

0　　　　　40厘米

图 3-23.1　M8 平、剖面图
1.陶匜　2.玉玦　3.陶盉　4.陶罐

图 3-23.2　M8 局部

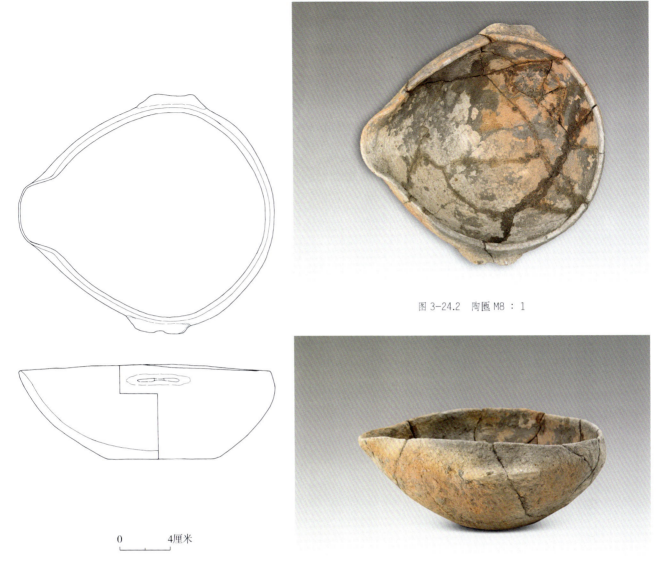

图 3-24.2　陶匜 M8：1

图 3-24.3　陶匜 M8：1

0　　　4厘米

图 3-24.1　陶匜 M8：1

M8：2，玉玦。白色，偏黄。圆饼形，器表打磨光滑，个别有崩缺碴痕。外缘圆弧，内圆打成斜面。整器两面磨平。玦口线切割，自一面向另一面切，至末端敲击，留有碴痕。直径 5.1、孔径 3.2、厚 0.7 厘米（图 3-25.1~3-25.4）。

M8：3，陶盉。泥质红陶。器表原似有抹浆而显光滑，多有剥落。侈口，略翻沿，斜沿宽而平。折腹，下腹略弧，平底。自口沿至折腹连接一环耳，宽扁形，耳接口沿处，与口沿同向 3 个圆形穿孔（未穿透）。与耳对应的另一侧略偏，折腹处有一个类鸡冠形竖耳，有 5 个未穿透圆孔装饰。与耳垂直左侧折腹处有一个略为往上翘的管状流。器高 9.0~9.7、口径 14.0、腹径 17.8、底径 8.4 厘米（图 3-26.1~3-26.3）。

M8：4，陶罐。夹砂陶，颗粒略粗。断面观察下腹部陶胎似呈片状。折腹以下外壁似抹光，折腹以上光面，刻划纹样，内壁则粗糙无光。侈口，圆唇，沿面微内凹，折腹，圜底。上腹部两周斜向刻划条纹带，上周自左下往右上剔刻，下周带自左下往右上剔刻。两周之间及颈部、折腹部分别刻划三周凹弦纹，不甚平整。均为烧前刻，部分被抹平。残片观察，上腹部四等分刻竖向刻划纹 4 组，每组 4 道凹槽。器高 11.7~12.5、口径 17.0、腹径 18.0 厘米（图 3-27.1、3-27.2）。

图 3-25.2　玉玦 M8：2

图 3-25.3　玉玦 M8：2

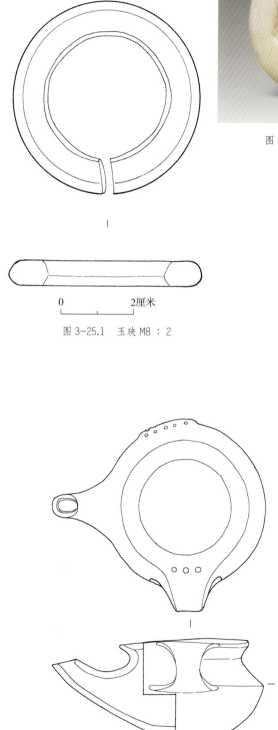

0　　　　2厘米

图 3-25.1　玉玦 M8：2

图 3-25.4　玉玦（M8：2）玦口切割痕

图 3-26.2　陶盉 M8：3

0　　　　4厘米

图 3-26.1　陶盉 M8：3

图 3-26.3　陶盉 M8：3

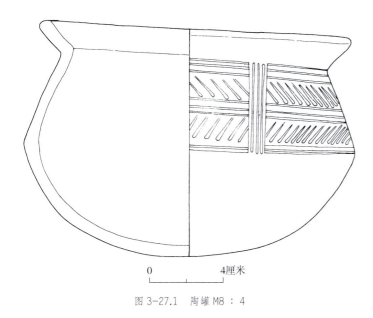

图 3-27.1　陶罐 M8：4

图 3-27.2　陶罐 M8：4

M9

位于 T5118，开口于③层下④层层面。

大部分墓坑被 M10 打破，仅存墓北端少部分，清理出不太明确的长方形竖穴土坑，墓坑残长 0.70、宽 0.40 米，北端深 0.07 米。墓内填土堆积为灰黑色土，夹有少量的红烧土颗粒和草木灰，土质较软略有黏性。墓内人骨遗骸仅存头骨及左右肱骨，头向 3°。头骨破碎，面朝下。葬式不明。

在 M10 后一阶段清理中，对 M10 的全貌有了明确的认识，也从平面分布位置，确认了 M10 打破 M9 的层位关系。

此墓没有发现随葬品（图 3-28.1、3-28.2）。

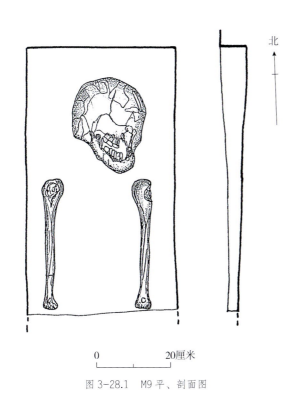

图 3-28.1　M9 平、剖面图

图 3-28.2　M9（南—北）

M10

位于 T5118，开口于③层下④层层面，被 M7 打破，自身打破了 M9。

此墓的清理分为两个阶段：前一个阶段仅是清理了一小部分墓坑，墓内人骨遗骸除发现了胫骨、腓骨、跖骨外，在左膝一侧发现一个头骨，虽然觉得所处位置显得十分特别，却没有进一步发现确认M10 完整的墓葬结构和保存状态（图 3-29.1）。由于该墓开口层面被后期地层破坏而呈向西北倾斜的状况，现场认为这时清理的 M10 是被扰动破坏后形成的残墓，并在"纪念马家浜遗址发现五十周年国际学术会议"期间作了现场展示和陈述。

对此墓第二阶段的清理是在该墓作体质人类学鉴定并起取头骨之后。在深入清理头骨周围时发现了往北延伸的墓主遗骸之股骨，然后，重新在 M10 开口层面找寻并确认了墓口，进而完整清理了整个墓葬。

M10 为长方形竖穴土坑墓，墓坑长 1.85、宽 0.55~0.58 米，深0.09~0.25 米。墓坑东壁部分被 M7 打破。墓内填土堆积为灰黑色土，土质松软略带黏性，并夹有少量的红烧土颗粒和草木灰。

图 3-29.1　M10 局部

墓内人骨遗骸保存状况一般，葬式为俯身直肢葬，墓向 350°。下肢骨保存较好，右上肢残损，特别的情况是人骨北端头部位置没有头骨存在。根据对该墓的认识及清理过程，我们判断在左膝位置发现的头骨应是 M10 墓主的头骨。至于是何种原因导致头骨"位移"至下肢附近，目前还没有很好的解释，有待于今后更多类似材料的发现。

在墓坑北端随葬陶器两件，分别是罐（M10：1）和单把罐（M10：2），均为打碎后分散放置（图 3-29.2、3-29.3）。

M10：1，陶罐。胎以泥质为主，含有少量砂粒，灰红胎，胎较厚。侈口，沿面略弧凸，折腹明显，圜底。器高16.2~16.4、口径 25.2、腹径28.1 厘米（图 3-30.1、3-30.2）。

M10：2，单把罐。泥质红陶，夹心胎，内外器表呈橙

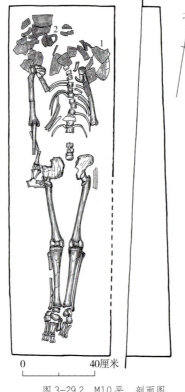

北

0　　　　40厘米

图 3-29.2　M10 平、剖面图
1.陶罐　2.陶单把罐

图 3-29.3　M10（南—北）

黄色。侈口，卷沿，束颈，垂腹，平底微内凹。一侧口沿及肩部贴附环耳，环耳上部略高于口沿。器高10.2、口径9.4、腹径14.0、底径10.0厘米（图3-31.1、3-31.2）。

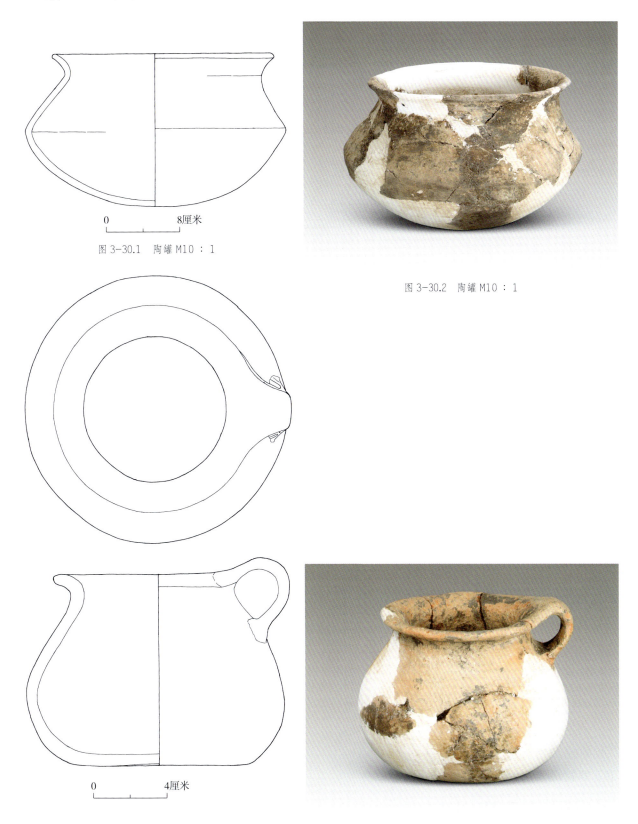

0   8厘米

图 3-30.1　陶罐 M10：1

图 3-30.2　陶罐 M10：1

0   4厘米

图 3-31.1　陶单把罐 M10：2

图 3-31.2　陶单把罐 M10：2

M11

位于 T5222，仅在③层下⑥层面上发现比较完整的人骨，没有发现墓坑。人骨周围有较多腐朽松脆的碎骨，无法明确判明这些碎骨的种类。

M11 的人骨遗骸保存不是很好，大致判断为葬式为俯身直肢葬，头向4°。头骨碎朽，不明全貌，并且已经移位。左上肢曲折向腹部及髋骨下，右上肢极朽，只见少量碎屑。下肢骨保存尚可。

此墓没有发现随葬品（图 3-32.1、3-32.2）。

M12

位于 T5221，开口于⑥层下⑦层层面。

此墓为长方形竖穴土坑墓，墓坑长 1.66、宽 0.40米，深 0.17~0.22米。墓内填土堆积为夹有草木灰的灰黑土，土质较软。墓内人骨遗骸保存状况不好，头向353°。人骨多朽，大致判断葬式为俯身直肢葬。头骨保存尚可，下颌及牙齿清晰明确，面向西。左上肢曲向髋骨下，右上肢折向腹下。

南端随葬陶器两件，其中一件陶盆（M12：1）置于左跖骨上，另一件陶釜（M12：2）在左胫骨下。两件陶器的碎片均有较多的缺失（图 3-33.1、3-33.2）。

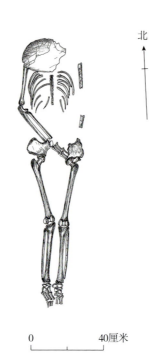

北

0　　　　40厘米

图 3-32.1　M11 平面图

图 3-32.2　M11（南—北）

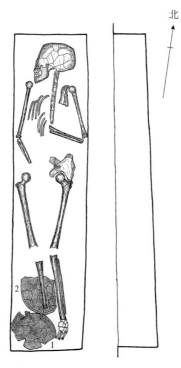

北

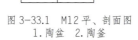

0　　　　40厘米

图 3-33.1　M12 平、剖面图
1.陶盆　2.陶釜

图 3-33.2　M12（南—北）

M12：1，陶盆。泥质陶，红陶偏灰。胎质松软，呈极薄的片状，下腹及底部陶胎较厚部分内芯为黑胎。器表斑驳脱落，残留橙色极薄层，或为陶衣。敞口，内沿微凹，斜腹，平底。口沿不平整。器高 6.7~7.6、口径 19.0、底径 9.0 厘米（图 3-34.1、3-34.2）。

M12：2，陶釜。夹砂陶，砂粒较粗，胎色不匀，部分上腹胎除表面呈灰褐色外，主体呈灰红色。折腹处套接，下腹套上腹，形成微弱的腰沿。敛口，折腹，圜底，胎质疏松，部分陶片变形无法拼对复原。腰沿朝上面有斜向刻划，与上腹部刻划纹带反向，上腹部斜向刻划纹带，下腹器表不平整。器高 9.7、口径 12.0、腹径 19.0 厘米（图 3-35.1、3-35.2）。

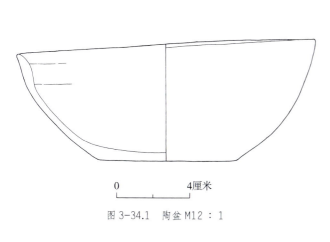

图 3-34.1　陶盆 M12：1

图 3-34.2　陶盆 M12：1

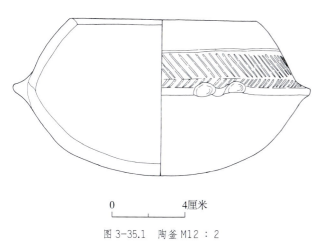

图 3-35.1　陶釜 M12：2

图 3-35.2　陶釜 M12：2

M13

位于 T5022。开口于⑤层下⑥层层面，打破 M28 部分墓坑西壁。

此墓为长方形竖穴土坑墓，墓坑南端遭后期地层扰动略有残缺。墓坑残长 1.70、宽 0.44 米，深 0~0.12 米。

墓内填土堆积为灰黑色夹有较多的草木灰的黏土。人骨遗骸保存尚可，仅上肢多朽。葬式为俯身直肢葬，头向 350°，面向西。左下臂曲折向内压于腹下，右下臂已朽不存。

在右髋骨位置有 1 片豆盘碎片，这片陶片与 M28 出土的陶豆（M28：1）能够完全拼合。

墓内无其他随葬品（图 3-36.1、3-36.2）。

M14

位于 T5122。开口于③层下⑤层层面，被 M16 打破。

此墓为长方形竖穴土坑墓，南端被后期堆积扰动破坏，东北部分被 M16 打破，但未涉及人骨。墓坑长 1.75、宽 0.46 米，深 0~0.13 米。墓内填土堆积为灰黄色土，土质较为松软，内含少量的细碎陶片。

墓内人骨整体保存较好，葬式为俯身直肢葬，头向 357°。头骨面向东，下颌骨位移至胸部。肋骨比较凌乱，个别甚至压在小手臂上，可能这些部位有过扰动。双手压在髋骨下。

出土随葬品两件，其中 1 件玉玦（M14：1）位于右胸部，与玦类器物常见的出土位置相异。结合下颌骨位移及肋骨凌乱等现象，可以推断玉玦现存状况可能也是因某种原因产生位移的结果。石锛 1 件（M14：2）在右髋骨北侧附近，刃部朝南（图 3-37.1、3-37.2）。

M14：1，玉玦。黄褐色，圆饼形，一面平整，一面平面略加弧凸。磨制光滑。内壁为斜面。玦口自上而下线切割，至末端敲击而断，有碴痕。直径 4.7、孔径 1.9、厚 0.6 厘米（图 3-38.1~3-38.4）。

M14：2，石锛。青灰色，扁长条形，弧背，有脊，断面呈扁方形。正锋，平刃，磨光，部分留有砸击凿痕。长 14.9、宽 4.2、厚 2.6 厘米（图 3-39.1~3-39.4）。

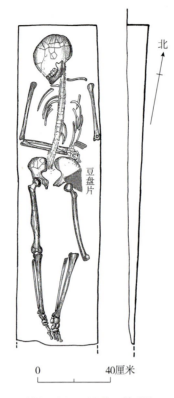

图 3-36.1 M13 平、剖面图

图 3-36.2 M13（南—北）

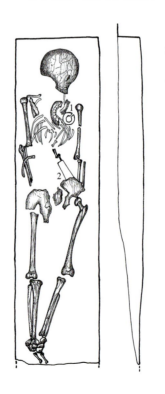

图 3-37.1 M14 平、剖面图
1.玉玦 2.石锛

图 3-37.2 M14（南—北）

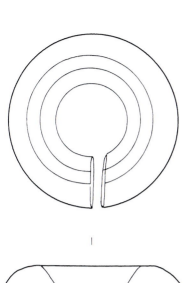

图 3-38.2 玉玦 M14∶1

图 3-38.3 玉玦 M14∶1

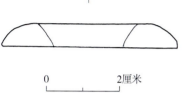

0   2厘米

图 3-38.1 玉玦 M14∶1

图 3-38.4 玉玦（M14∶1）玦口切割痕

图 3-39.2 石锛 M14∶2

图 3-39.3 石锛 M14∶2

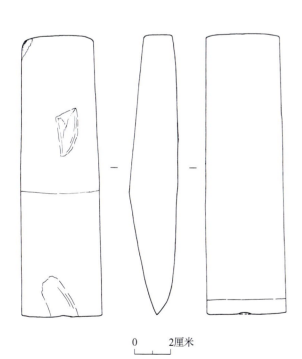

0   2厘米

图 3-39.1 石锛 M14∶2

图 3-39.4 石锛 M14∶2

M15

位于 T5221，在⑥层下⑦层层面。

没有发现明确的墓坑，人骨置于一处浅凹处，浅坑内堆积为灰黑色黏性土，土质较为松软，并含少量的红烧土颗粒及细碎陶片。

人骨自头骨至跖骨长约 1.63 米，东侧陶器至左臂宽度约 0.6 米。葬式为俯身直肢葬，头向 358°，面微朝东。髋骨以下骨架比较整齐，上半身散乱，多有朽损，双臂外扩，手掌无存。

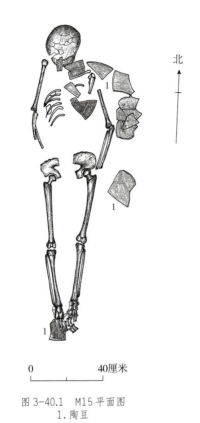

北

0 —————— 40厘米

图 3-40.1　M15平面图
1. 陶豆

图 3-40.2　M15（北—南）

随葬陶豆 1 件（M15:1），陶豆系打碎后碎片分别放置于右胸部、肩部及身右侧，直至放置在足端。整件陶豆拼对复原碎片无缺（图 3-40.1、3-40.2）。

M15:1，陶豆。泥质陶，圈足部分红陶，内芯微有一点灰黑色胎，多数灰红，红黑之间没有明确界线。豆盘外壁与圈足一样为红色，近盘沿外壁渐灰黑，豆盘内面全黑。断面观察豆盘除外壁极薄的红色外全为黑胎，红黑之间无明显界线。敞口，斜盘壁，盘相对较深。宽沿，微弧凸，沿面四等分各一个纵向长圆形凹窝，烧前刻挖。喇叭形圈足，圈足不规则布列 3 周圆孔，近底部 6 个，中间偏上 2 个，上裂 4 个略大。穿孔基本为单向穿，自内向外或自外向内均有。器高 20.0~20.6、口径 34.2、足径 17.8 厘米（图 3-41.1、3-41.2）。

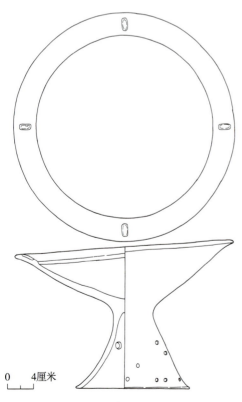

0 ——— 4厘米

图 3-41.1　陶豆 M15:1

图 3-41.2　陶豆 M15:1

M16

位于 T5122。开口于③层下⑤层层面。

在清理 M14 北端墓坑时才发现此墓，并确认 M16 打破 M14。墓坑西南角由于先行清理 M14 而受损。墓北端没有确认墓坑，也没有发现人骨遗骸，或为其他地层堆积破坏。现墓坑残长 1.30、宽 0.45~0.56 米，深 0~0.10 米。墓向 346°。墓内填土堆积为灰褐色黏土，含少量红烧土颗粒，土质略微松软。

肩部以上人骨无存，其余保存较好，双手垂于髋骨之侧，葬式为俯身直肢葬。

在腹部位置发现随葬器物 1 件（M16：1），为骨锥，尖端朝南（图 3-42.1、3-42.2）。

M16：1，骨锥。残损。长条形，出土时断为 3 截。动物肢骨制成。腐蚀受损后，器表凹凸不平。尾段略磨成圆柱形，器中段断面呈扁圆形，锥尖段残损。残长 12.7 厘米（图 3-43.1~3-43.3）。

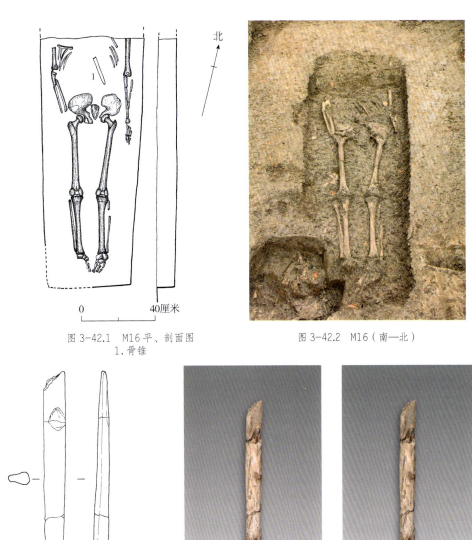

图 3-42.1　M16 平、剖面图
1. 骨锥

图 3-42.2　M16（南—北）

图 3-43.1　骨锥 M16：1　　　　图 3-43.2　骨锥 M16：1　　　　图 3-43.3　骨锥 M16：1

M17

位于 T4822，开口于①层下②层层面。

在清除表层耕土后发现一些杂乱分布的人骨及其他动物遗骸，底下有一层尚未完全腐朽的木板，极薄而无法起取。其平面略呈南北向的长方形，两端及东西两侧都被后期堆积破坏，大致可以作为 M17 被破坏扰乱之后的遗存。现残存木质葬具的范围南北长约 1.05 米，东西宽约 0.20~0.30 米，以此大略确定墓向为 0°。

东北角有陶豆残片（M17：1），应是原来的墓葬随葬物（图 3-44.1、3-44.2）。

M17：1，豆盘残片。泥质陶，夹心胎，里黑胎，再外为灰红色薄层，陶衣基本剥落。宽凸沿。口径约 30 厘米（图 3-45）。

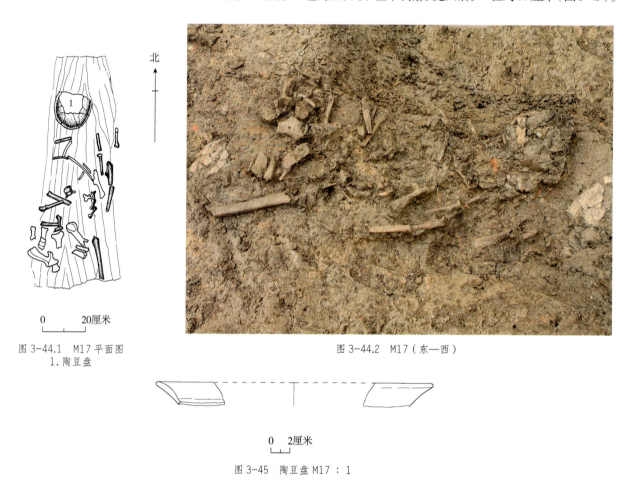

北

0　　20厘米

图 3-44.1　M17 平面图
1. 陶豆盘

图 3-44.2　M17（东—西）

0　2厘米

图 3-45　陶豆盘 M17：1

M18

位于 T5221，开口于③层下⑥层面。

此墓为长方形竖穴土坑墓，墓坑长约 1.76、宽 0.37 米，深 0.11~0.16 米，北端在做探沟发掘时略微有些损坏。现存墓坑较浅，墓内填土堆积为灰黑色黏性土，含有少量的红烧土颗粒和碎陶片。

墓内人骨保存一般，葬式为仰身直肢葬，头向 350°，面向西。上半身人骨多朽，肋骨还依稀可辨。其中一个上肢骨在中间位置，并被压于髋骨之下（图 3-46.1、3-46.2）。

在清理起取人骨时，在下颌骨之下发现骨玦 1 件（M18：1）。

M18：1，骨玦。出土时断裂成 3 截。圆饼形，断面呈扁圆形，玦口切面一面斜切，一面对向切。直径 3.0、孔径 1.2、厚 0.8 厘米（图 3-47.1~3-47.3）。

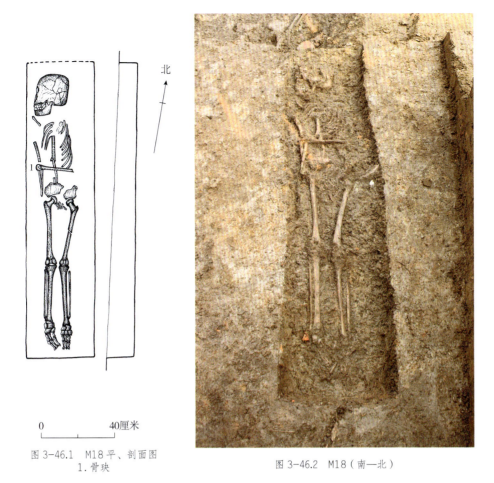

图 3-46.1 M18 平、剖面图
1. 骨玦

图 3-46.2 M18（南—北）

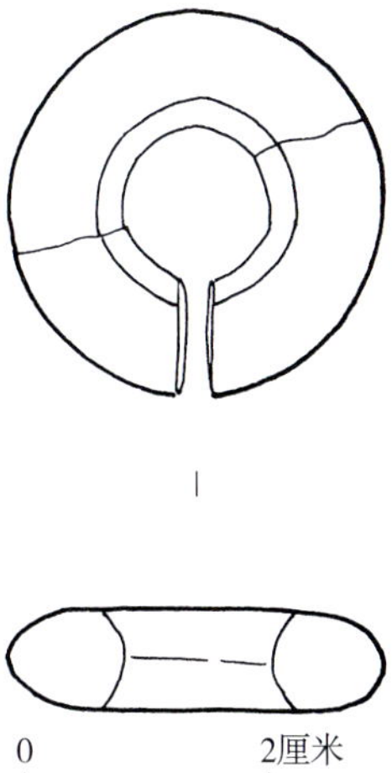

图 3-47.1 骨玦 M18：1

图 3-47.2 骨玦 M18：1

图 3-47.3 骨玦 M18：1

M19

位于 T5221。开口在③层下⑥层层面。

清理 M15 南部时发现 M19，并确认 M19 叠压在 M15 西南角之上，南端叠压在 M20 之下。

此墓为长方形竖穴土坑墓，墓坑北端由于在探沟发掘时不慎受损，现墓坑残长 1.82 米，深 0.13 米。墓坑宽 0.30~0.40 米，两端略窄于中部。墓内填土堆积为灰黑色黏土，含一些红烧土颗粒和碎陶片。

墓内人骨保存较好，葬式为俯身直肢葬，头向 350°，面向东。双臂在身侧，右手在股骨侧，左手则压于髋骨之下。双足相叠压。

下颌骨处出土玉玦 1 件（M19 : 1），整器完整（图 3-48.1、3-48.2）。

M19 : 1，玉玦。白色，偏灰，圆饼形，内孔较小，内孔似两面对钻孔，一面为斜面，一面直微斜。整体磨制光滑。一面全平整，未完全磨平，有磨擦线痕遗留，另一面有小平面，外缘弧凸。玦口自里往外线切割，玦口面一面微凸，一面微凹。直径 3.2、孔径 0.7、厚 0.9 厘米（图 3-49.1~3-49.4）。

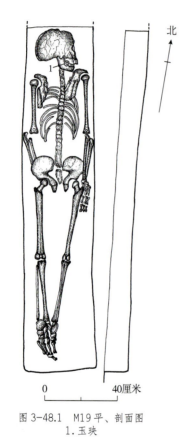

图 3-48.1　M19 平、剖面图
1. 玉玦

图 3-48.2　M19（南—北）

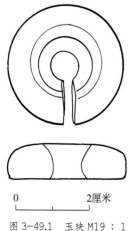

图 3-49.1　玉玦 M19 : 1

图 3-49.2　玉玦 M19 : 1

图 3-49.3　玉玦 M19 : 1

图 3-49.4　玉玦（M19 : 1）
玦口切割痕

M20

位于 T5221，开口于③层下⑥层层面。M20 叠压 M19。

在清理 M19 时，发现墓坑南端有一件陶豆叠压其上。这件陶豆是被打碎之后分散南北向布列，底部与 M19 墓坑开口有十多厘米的高差，应该是另一座墓葬的随葬品。由于其往南伸入发掘区上盖保护大棚底梁之下，无法揭露知其全貌，暂给予墓葬编号。

陶器布列方向约为 10°（图 3-50.1、3-50.2）。

M20：1，陶豆。泥质陶，宽凸沿，豆盘腹斜。喇叭形细柄圈足，足底微内收，圈足中部有一个略大的圆孔。器形不规整，口沿不平。整器陶胎为砖红色，自豆盘口沿外缘、沿面及豆盘外壁表面为黑色。在圈足和豆盘外壁器表有橙褐色陶衣，但大部分已剥落。器高 21.7~22.3、口径 28.0、足径 21.2 厘米（图 3-51.1、3-51.2）

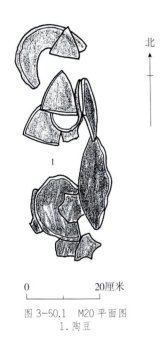

北

0　　　　20厘米

图 3-50.1　M20 平面图
1. 陶豆

图 3-50.2　M20（东—西）

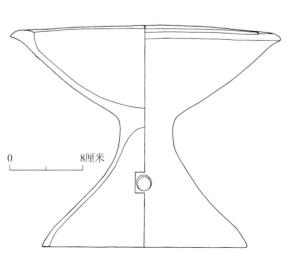

0　　　8厘米

图 3-51.1　陶豆 M20：1

图 3-51.2　陶豆 M20：1

M21

位于 T4816。

在地表耕土层清除之后在②层层面即发现人骨遗骸，没有发现墓坑。人骨大部分都被现代田沟破坏，仅存下肢骨。葬式为俯身直肢葬，大致判断墓向约为 350°（图 3-52.1、3-52.2）。

两腿之间出土 3 件较为完整的动物掌骨或跗骨（M21：1~3）。左股骨清理时在下面发现条形骨雕一件（M21：4）。

M21：1，鹿科动物掌骨（图 3-53.1、3-53.2）。

M21：2，鹿科动物跖骨 + 跗骨（图 3-54.1、3-54.2）。

M21：3，鹿科动物跖骨 + 跗骨（图 3-55.1、3-55.2）。

M21：4，条形骨雕。在左股骨下。动物肢骨片制成。长条形，略宽，中间断面略呈三角形，背面平整，残留部分骨壁凹槽。正面两端略切割出凹槽，但不规整，亦留有横向的磨制擦痕，背面亦留有斜向磨制线状擦痕。长 11.8、宽 1.6、厚 0.6~0.9 厘米（图 3-56.1~3-56.3）。

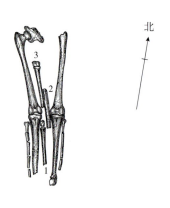

北

0　　　　　40厘米

图 3-52.1　M21 平、剖面图
1. 动物掌骨　2.3. 动物跖骨 + 跗骨
4. 条形骨雕（左股骨下，图未见）

图 3-52.2　M21（南—北）

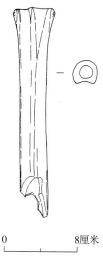

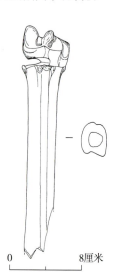

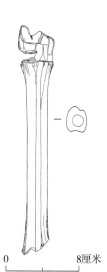

0　　　　8厘米　　　0　　　　8厘米　　　0　　　　8厘米　　　0　　　　8厘米

图 3-53.1 动物掌骨　图 3-53.2 动物掌骨　图3-54.1 动物跖骨+跗骨　图 3-54.2 动物跖骨+跗骨　图 3-55.1 动物跖骨+跗骨　图 3-55.2 动物跖骨+跗骨
　　M21：1　　　　　M21：1　　　　　M21：2　　　　　　M21：2　　　　　　M21：3　　　　　　　M21：3

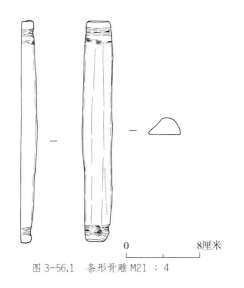

图 3-56.1 条形骨雕 M21：4

图 3-56.2 条形骨雕 M21：4　　图 3-56.3 条形骨雕 M21：4

M22

位于 T5122。开口于③层下⑤层层面。

此墓为长方形竖穴土坑墓，墓坑长 1.77 米，深 0.06~0.10 米。墓坑宽 0.41~0.48 米，南北两端略窄于中部。墓内填土堆积为灰褐色土，有少量红烧土颗粒和碎陶片，土质较硬。

墓内人骨保存不佳，葬式为俯身直肢葬。头骨仅能清理出大致轮廓，头向 349°。在墓坑中部偏北有一个后期扰坑，对人骨造成较大的破坏，脊椎骨、肋骨及右上肢骨均朽无存，左上肢及下肢保存尚可，左手垂于髋骨侧。

随葬陶釜一件（M22：1），放置于右下肢东侧（图 3-57.1、3-57.2）。

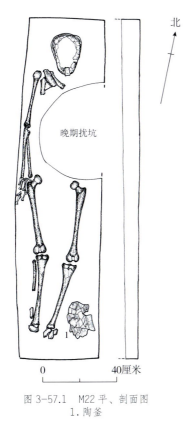

图 3-57.1 M22 平、剖面图
1. 陶釜

图 3-57.2 M22（南—北）

　　M22：1，陶釜。夹砂陶，砂粒较粗。厚胎，夹心胎，内芯为黑色，略厚，外壁面为灰红色，较薄。整器仅存约不多的碎片，且无底部碎片，从腹部陶片弧度判断，应为圜底。侈口，斜沿微凸，部分近平，鼓腹。口沿外壁有一道凸棱。整体不甚规整，口沿部不平整。器高10.9、口径13.2、腹径17.4厘米（图3-58.1、3-58.2）。

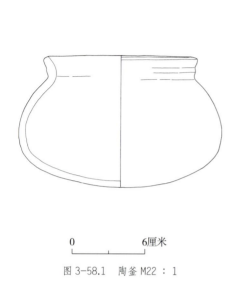

0　　　　6厘米

图 3-58.1　陶釜 M22：1

图 3-58.2　陶釜 M22：1

M23

　　位于 T4821，部分叠压在 M24 之上。

　　在表层耕土清理之后在②层层面即出露人骨遗骸及夹杂有少量黄土颗粒黏性较大的灰黄色土，没有发现明确的墓坑。

　　墓内人骨保存状况不佳，头骨及上半身骨架受损严重，仅有少量上肢骨、肋骨及牙齿零星散落。下肢保存尚可，跖骨被后期堆积破坏。葬式为俯身直肢葬，头向357°。

　　此墓没有发现随葬品（图 3-59.1、3-59.2）。

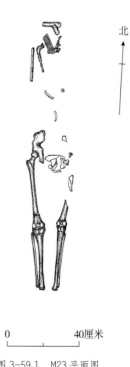

北

0　　　　40厘米

图 3-59.1　M23 平面图

图 3-59.2　M23（南—北）

M24

位于 T4821，开口于①层下②层层面。

此墓为长方形竖穴土坑墓，墓坑长 1.39、宽 0.34 米，深 0.07~0.09 米。墓内填土堆积为带黏性的灰黄色土，含少量红烧土颗粒。

墓内人骨遗骸保存状况一般，葬式为俯身直肢葬，头向 2°，面朝下。双下臂往内微折，压于髋骨下。左下肢略有腐朽，趾骨基本不存。

此墓没有发现随葬品（图 3-60.1、3-60.2）。

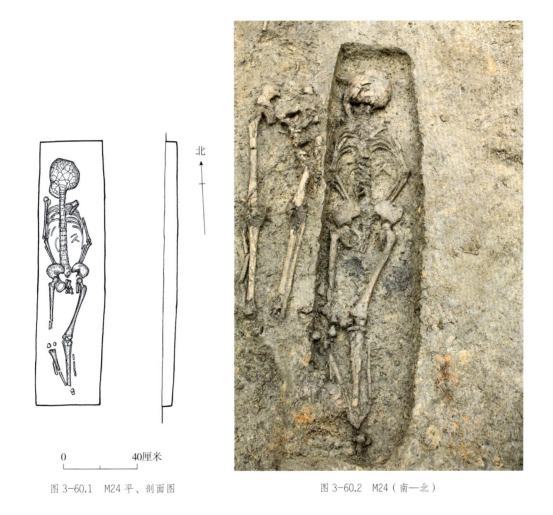

北

0   40厘米

图 3-60.1　M24 平、剖面图　　　　　　　　　　图 3-60.2　M24（南—北）

M25

位于 T5221，被 M15 叠压，无明确的墓坑，仅发现残缺的部分人骨平铺于第⑦层堆积层面。北部被后期堆积破坏，人骨上半身均无存，下肢骨也朽损严重，两胫骨交叉。无法判断葬式。墓向为 355°。

趾骨东侧及膝盖东侧有若干豆圈足陶片（M25：1），无法复原，但可确认两处陶片为同一件陶豆碎片，应该也是打碎后埋葬（图 3-61.1、3-61.2）。

M25：1，陶豆圈足。仅存残片，泥质陶，胎质疏松，似粗泥陶。夹心胎，里为黑胎，再外灰红色薄层，器表有橙褐色陶衣，多剥落。圈足内壁多显黑色，外壁陶衣喇叭形圈足。足径约 19.5 厘米（图 3-62.1、3-62.2）。

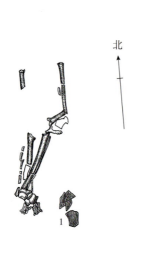

北

0   40厘米

图 3-61.1 M25 平面图
1.陶豆圈足

图 3-61.2 M25（南—北）

0   6厘米

图 3-62.1 陶豆圈足 M25：1

图 3-62.2 陶豆圈足 M25：1

M26

位于 T4822。开口于①层下②层层面，仅存较浅的墓坑，其北半部分已被现代田沟破坏，尚留有南半部分，其东南角打破 M27 墓坑西北角。

此墓为长方形竖穴土坑墓，墓坑残长 1.08、宽 0.70 米，深 0.04~0.08 米。墓向 358°。墓内填土堆积为灰色的黏土，夹有少量的红烧土颗粒及黄土块。

墓内人骨遗骸仅存少量残缺下肢，略显凌乱，无法判明葬式。

出土随葬器物 3 件，其中在南端墓坑边出土 1 件骨镞（M26：3），尖端向东。另有陶豆（M26：1）和陶罐（M26：2）各一件，放置在墓坑南部，均为打碎后分散放置（图 3-63.1、3-63.2）。

M26：1，陶豆。泥质陶，胎中有极细小的砂粒。夹心胎，内芯为黑色，略厚，外表为灰红色，较薄，器表为橙褐色陶衣，多脱落，而圈足内壁没有陶衣。浅盘，外沿呈直边的六角形，圆唇，宽沿，沿内线为圆形。喇叭形高圈足，上端较细。圈足中下部两周圆形穿孔，上下各 13 个，上下错位，不太水平。孔是自外向里钻孔。器高

25.4、口径 34.4、足径 21.6 厘米（图 3-64.1、3-64.2）。

M26：2，陶罐。泥质陶，胎红，灰红色。器表面有一层灰黑色薄层，部分脱落。近直口，圆唇，鼓腹，平底。上下腹显现部分折痕。器高 11.3~11.7、口径 15.6、腹径 18.4、底径 9.0 厘米（图 3-65.1、3-65.2）。

M26：3，骨镞。基本完整。长圆锥形，前端为三角形，断面也近似三角形。长铤，铤部断面为扁圆形。一面平整，一面弧凸。长 6.9、宽 0.5~1.6、厚 0.3~0.8 厘米（图 3-66.1~3-66.3）。

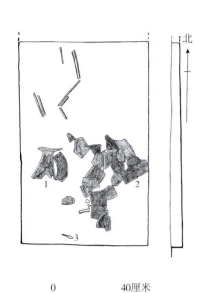

0 _____ 40厘米

图 3-63.1 M26 平、剖面图
1. 陶豆 2. 陶罐 3. 骨镞

图 3-63.2 M26（西—东）

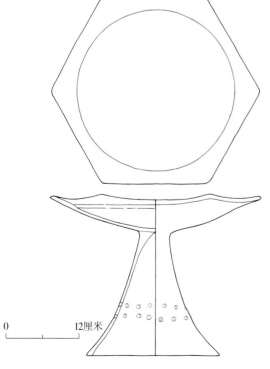

0 _____ 12厘米

图 3-64.1 陶豆 M26：1

图 3-64.2 陶豆 M26：1

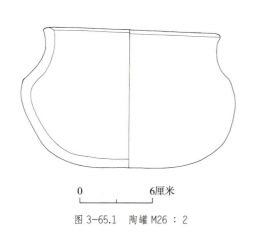

图 3-65.1   陶罐 M26：2

图 3-65.2   陶豆 M26：2

0　　　　　6厘米

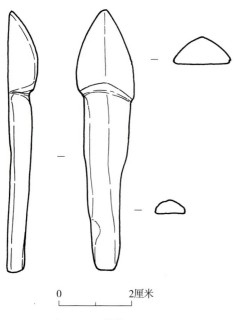

图 3-66.1   骨镞 M26：3

0　　　　2厘米

图 3-66.2   骨镞 M26：3

图 3-66.3   骨镞 M26：3

M27

位于 T4822。开口于①层下②层层面，为长方形竖穴土坑墓，墓坑长 1.90、宽 0.47~0.62 米，深 0.02~0.22 米。墓坑壁比较明显，较易剥剔。墓内填土堆积为灰褐色的黏土，夹有较多的红烧土颗粒及黄土块。

墓坑西北角部分被 M26 打破。在墓坑中部及南部有两个坑打破墓内填土堆积，但均未打破到底，仅对人骨遗骸造成损坏。中部的扰坑使髋骨、左股骨、部分肋骨受损，南端的扰坑使人骨足部无存。

在人骨之下紧贴墓底，有较大范围的木质葬具遗物，基本遍及整个墓坑范围内。极薄，有清晰的木纹，但无法起取。在头骨之上也残留有小范围的此类木质遗物。

墓内人骨除被破坏的骨架外其余保存尚可，唯部分头骨已朽，左锁骨移至头骨左侧。葬式为俯身直肢葬，头向 358°。

出土随葬器物 3 件，其中一件陶豆（M27：1）打碎后放置在头骨的右侧，陶豆碎片之下没有木质葬具，原可能放置于葬具外。整件陶豆碎片基本能拼对复原。两件骨锥（M27：2、3）并排出土于右胸部肋骨下，尖端朝北（图 3-67.1~3-67.3）。

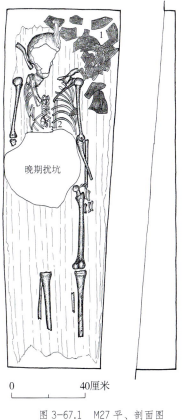

图 3-67.1　M27 平、剖面图
1.陶豆　2.3.骨锥

图 3-67.2　M27（南—北）

图 3-67.3　M27 局部

　　M27：1，陶豆。夹砂陶，胎中羼和细砂，砂粒极细。夹心胎，内芯为灰黑色，外表有灰红色薄层，器表有橙褐色陶衣，多数剥落。圈足内壁多露灰黑胎，局部与外表一样呈灰红色，且有陶衣。浅豆盘，外沿呈凹弧边的六角形，圆唇，沿内为圆形。细高柄，喇叭形圈足。器高 28.4~29.5、口径 33.4、足径 20.2 厘米（图 3-68.1~3-68.3）。

　　M27：2，骨锥。完整，质地坚硬。动物肢骨片制成，背面留有骨壁凹形。整器大部分磨成圆柱形。尾段基本磨圆，有斜向的摩擦线痕，前段斜切趋近薄片状并制成舌形圆刃，正面刃部还留有骨关节头形状遗痕。整体磨制精致。长 17.3、直径 1.0 厘米（图 3-69.1~3-69.4）。

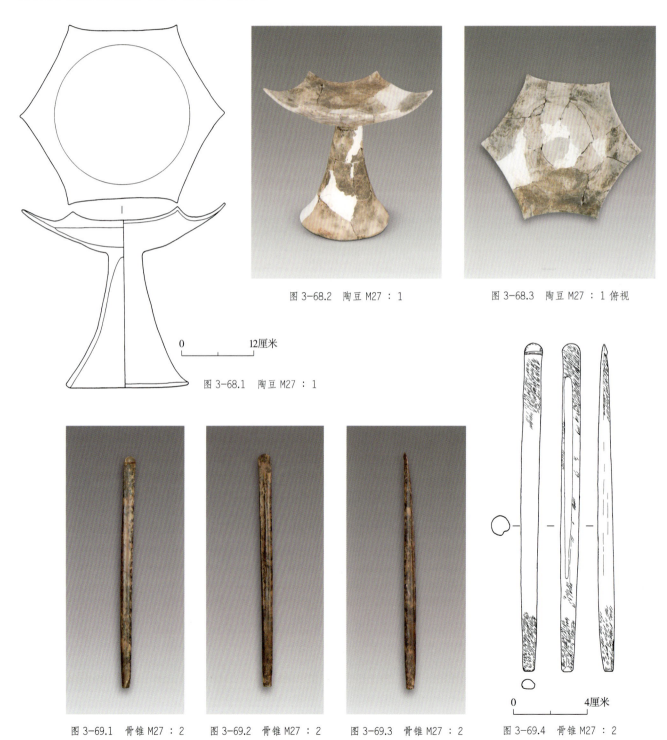

图 3-68.2　陶豆 M27：1

图 3-68.3　陶豆 M27：1 俯视

0　　　　　　12厘米

图 3-68.1　陶豆 M27：1

0　　　　4厘米

图 3-69.1　骨锥 M27：2　　　图 3-69.2　骨锥 M27：2　　　图 3-69.3　骨锥 M27：2　　　图 3-69.4　骨锥 M27：2

　　M27：3，骨锥。基本完整，质地坚硬，动物肢骨制成。背面还留有些微的骨壁凹形。整器大部分磨成圆柱形，前端斜杀切成斜面趋近薄片状，呈舌形圆刃，两刃角稍有破损，正面刃部还留有骨关节头形状遗痕。整器磨制精致。长 18.4、直径 0.9 厘米（图 3-70.1~3-70.4）。

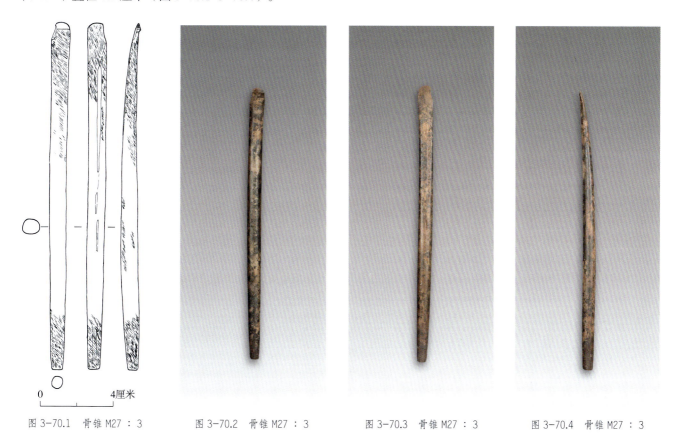

0　　　　　4厘米

图 3-70.1　骨锥 M27：3　　　　图 3-70.2　骨锥 M27：3　　　　图 3-70.3　骨锥 M27：3　　　　图 3-70.4　骨锥 M27：3

M28

　　位于 T5022，开口于⑤层下⑥层层面，墓坑西壁被 M13 打破。

　　此墓为长方形竖穴土坑墓，墓坑长 1.85、宽 0.40 米，深 0.16~0.30 米。墓内填土堆积为灰褐色土，夹杂少量的红烧土颗粒和草木灰，土质较为结实。包含有较多的动物遗骨，放置较为凌乱没有规律。

　　墓内人骨保存不佳，葬式为仰身直肢葬，头向 345°。头骨存在移位现象，面部朝上略偏西。整个骨架头部较低，足端略高。

　　出土随葬器物 3 件，均为陶器，集中分布在头骨顶端。M28：1 陶豆，打碎后放置，有部分陶片缺失，其中一片圈足残片在 13 号墓中发现。M28：2 陶豆，仅有圈足，没有豆盘。M28：3 陶罐碎片缺失较多而无法复原（图 3-71.1~3-71.3）。

　　M28：1，陶豆。泥质陶，夹心胎，里黑胎，再外灰红色薄层，器表橙褐色陶衣。圈足外壁陶衣保存较多，内壁则露黑胎。豆盘内外壁陶衣多数剥落。豆盘略变形，盘沿高低不平，可能是烧制时往下塌，而使豆盘中间有上凸现象。浅盘，宽沿，微凸，盘口不平整。喇叭形圈足，细柄，圈足底部微向内收。圈足底缘有一长方形凸块，贴附上去，足底不平整。器高 25.4、口径 30.2、足径 24.4 厘米（图 3-72.1、3-72.2）。

　　M28：2，陶豆圈足。泥质陶，夹心胎，里黑胎，再外灰红色薄层，少部分剥落，器表橙褐色陶衣，大部分剥落。

多半器胎和圈足内壁显灰黑色。显灰黑色。仅存豆柄及大喇叭形矮圈足。残高12.7、足径25.4厘米（图3-73.1、3-73.2）。

　　M28：3，陶罐。仅存部分口沿及单耳，夹砂黑陶，砂粒较粗，但也有少量细砂粒羼和其中。从碎片观察，应是侈口，圆鼓腹，圜底。牛鼻式耳自口沿至上腹部贴附。器表略作抹光，抹痕明显（图3-74.1、3-74.2）。

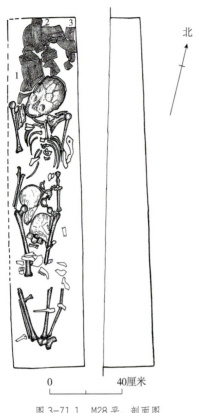

0　　　　　　40厘米

图3-71.1　M28平、剖面图
1.陶豆　2.陶豆圈足　3.陶罐

北

图3-71.2　M28（南—北）

图3-71.3　M28头骨出土状况

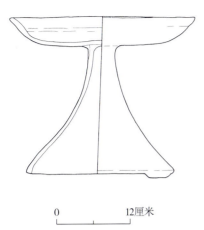

0　　　　12厘米

图 3-72.1　陶豆 M28：1

图 3-72.2　陶豆 M28：1

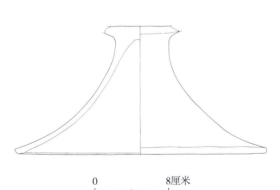

0　　　　8厘米

图 3-73.1　陶豆圈足 M28：2

图 3-73.2　陶豆圈足 M28：2

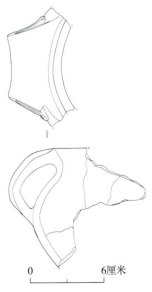

0　　　　6厘米

图 3-74.1　陶罐 M28：3

图 3-74.2　陶罐 M28：3

M29

M29 位于 T5220。开口于⑦层下⑨层层面。

此墓为长方形竖穴土坑墓，墓坑长 1.51、宽 0.40~0.42 米，深 0.10 米。墓内填土堆积为黑灰土，黏性较大，内含草木灰、红烧土颗粒和黄色生土块，以及较多的动物遗骨。墓坑西北部有一个后期扰坑破坏了人骨左侧上身和上肢，并打破墓坑底。在明确这个扰坑对 M29 墓坑和人骨的破坏状况后，且坑内堆积与被打破对象土色上有十分明确的区分，为保持墓坑的整齐，我们未将该扰坑完全清理。

除扰坑破坏的之外，整具人骨保存尚可。葬式为俯身直肢葬，头向 358°。面朝西，右手在髋骨下，下肢有部分缺失。

此墓无随葬品（图 3-75.1、3-75.2）。

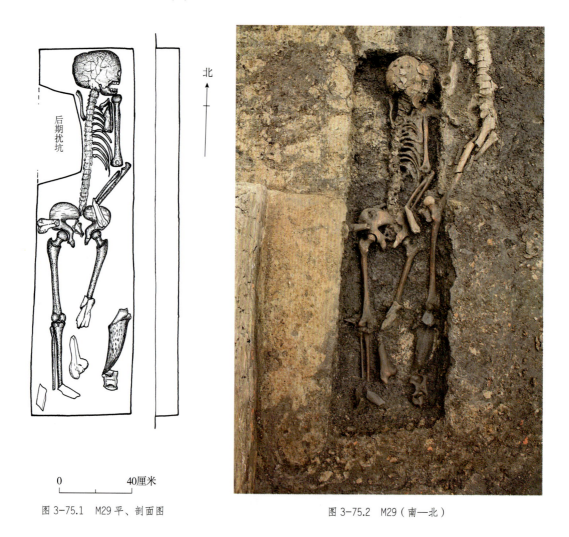

图 3-75.1　M29 平、剖面图　　　　　　　　　图 3-75.2　M29（南—北）

M30

位于 T4821，出露于现代农耕土层下，受破坏严重，没有发现墓坑，只在②层层面发现略显散乱的人骨残骸。南北两端也遭现代田沟破坏，下肢股骨以下不存。头骨部分仅存下颌骨，上身部分也仅有少部分脊椎骨、肋骨及残缺的上肢，股骨保存尚可，大致可判断葬式为俯身直肢葬，头向 2°。

墓底有极薄的木质葬具遗物，但无法起取。残长 1.05、宽 0.50 米。

出土随葬器物两件，均为骨锥（M30：1、2），位于腹部骸骨下（图 3-76.1、3-76.2）。

北

0   40厘米

图 3-76.1　M30平面图
1.2.骨锥

图 3-76.2　M30（南—北）

M30：1，骨锥。出土时断为4截，质地较坚硬。动物肢骨片制成，背面还留有骨壁凹形。整器为长条形，尾段略呈圆柱形，部分骨裂片后呈凹溘，但磨制光滑，自前半段往下斜杀，切成斜面，至前端切割一个小转折角，扁薄三角形锥尖，锋尖残。骨腔面下半部留有较多的磨擦线痕。长17.0厘米（图 3-77.1~3-77.3）。

M30：2，骨锥。出土时断为两截，动物肢骨片制成，基本完整，磨制精致，质地较硬，整体呈长条形，断面略呈圆形，尾端制作时剥片，不完整，但略经打磨。前半段斜杀切割出斜面。前端平直，并有一个凸脊，此形态与其他骨锥形态略有不同。上段有刻槽，侧面一组3道，背面刻槽不明显，一组3道。下半段留有较多的磨擦线痕。长13.0厘米（图 3-78.1~3-78.3）。

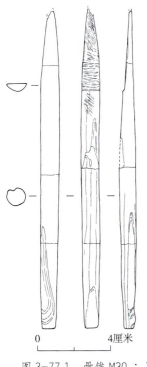

0   4厘米

图 3-77.1　骨锥 M30：1

图 3-77.2　骨锥 M30：1

图 3-77.3　骨锥 M30：1

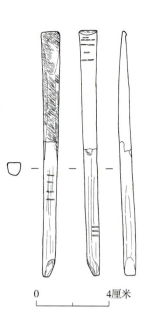

图 3-78.1　骨锥 M30：2

图 3-78.2　骨锥 M30：2

图 3-78.3　骨锥 M30：2

M31

位于 T4821，出露于现代农耕土层下，开口于②层层面。

此墓为长方形竖穴土坑墓，墓坑长 1.75 米。墓坑西北部分被 M30 打破而无存，东半部分被 M24 打破，但未涉及到人骨。南半部西壁被现代坑破坏，因此墓坑残宽约为 0.31~0.51 米。墓坑深约 0.06 米，墓内填土堆积为灰色黏土，土质较松，含少量草木灰和红烧土颗粒。

由于受现代农耕活动破坏，致使部分人骨遭破坏而缺失。头骨无存，左上半身亦被破坏，下肢保存较好。葬式为俯身直肢葬，依整具骨架大致确认其头向为 357°。

此墓没有发现随葬品（图 3-79.1、3-79.2）。

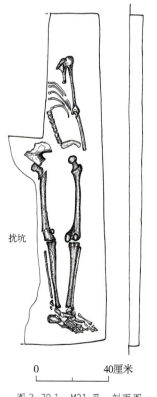

图 3-79.1　M31 平、剖面图

图 3-79.2　M31（南—北）

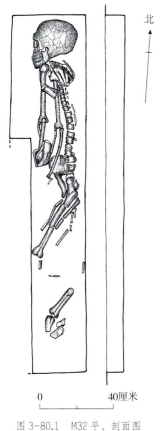

图 3-80.1 M32 平、剖面图

图 3-80.2 M32（南—北）

M32

位于 T5220，被 M29 打破。开口于⑦层下⑨层层面。

此墓为长方形竖穴土坑墓，墓坑长 1.88、宽 0.40 米，深 0.10 米。墓内填土堆积为黑灰色黏土，土质较松，包含一些草木灰和红烧土颗粒，并有较多的动物遗骸。

墓坑南半部西侧被 M29 打破，致使 M32 的人骨遗骸下肢部分有损。除此之外的人骨保存情况较好，葬式为侧身葬，下肢微曲。头向 356°，面向西。

此墓没有发现随葬品（图 3-80.1、3-80.2）。

M33

位于 T5122。开口于③层下⑤层层面，被 M14 破坏了部分墓坑，但未对人骨造成损坏。

此墓为长方形竖穴土坑墓，墓坑长 1.67、宽 0.41 米，深 0.08~0.17 米。墓内填土堆积为黑灰色土，土质松软，包含一些红烧土颗粒、黄色土块及少量草木灰，并有较多的动物碎骨。

墓内人骨保存较好，基本完整。葬式为俯身直肢葬，头向 345°，面向东。双手置于髋骨下。

此墓无随葬品（图 3-81.1、3-81.2）。

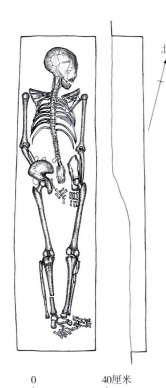

图 3-81.1 M33 平、剖面图

图 3-81.2 M33（南—北）

0   40厘米

M34

位于 T5122，开口于③层下⑤层层面，被 M14 和 M33 打破，但均未对人骨造成损坏。

此墓为长方形竖穴土坑墓，墓坑长 1.65、宽 0.56~0.60 米，深 0.17 米。墓内填土堆积为灰黄色黏土，土质较为松软，夹杂少量红烧土颗粒和草木灰。

墓内人骨除头部缺失外，其余保存情况较好，葬式为仰身直肢葬，头向 353°。右上肢之尺骨、桡骨与肱骨分离，应该是受到扰动的结果。在分离处有一块下颌骨，与人骨骨架整体有一定的高差，而在右小手臂一侧发现一块头骨。我们推测这两块人骨是被扰动破坏后的头骨残留。

出土随葬器物陶盆（M34：1）和陶釜（M34：2）各一件，均为打碎后放置。两件陶器的碎片混合在一起放置，主要集中在头部位置，胸腹部及股骨附近都有分布。陶器碎片有较多的缺失。

另外，在小腿骨上面叠压了一块红烧土块（M34：3）（图 3-82.1~3-82.3）。

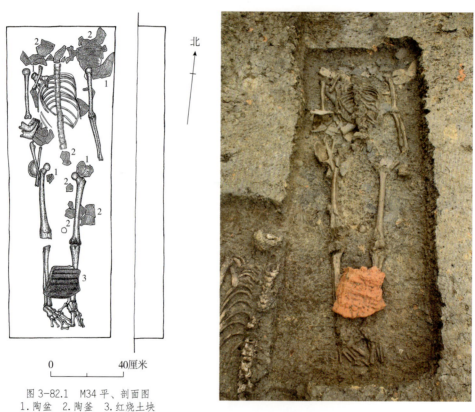

北

图 3-82.1　M34 平、剖面图
1.陶盆　2.陶釜　3.红烧土块

0　　　　40厘米

图 3-82.2　M34（南—北）

图 3-82.3　M34 局部

M34：1，陶盆。泥质红陶，外表色浅，内芯略深。口微敛，斜腹，平底。器表剥蚀，不平整。器高 8.0~8.8、口径 21.0、底径 12.0 厘米（图 3-83.1、3-83.2）。

M34：2，陶釜。夹砂陶，黑陶，胎体中砂粒占比大。仅口沿大致可以复原，侈口，微卷沿，圆唇，鼓腹，腹以下无法复原，从碎片观察，可能为圜底。碎片中不见腰沿或鋬耳。口径 17.8 厘米（图 3-84.1、3-84.2）。

M34：3，红烧土块。纯泥，不含砂，其中一面留有杆痕（图 3-85）。

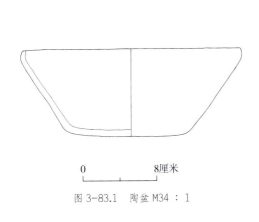

0　　　　　8厘米

图 3-83.1　陶盆 M34：1

图 3-83.2　陶盆 M34：1

0　　　　　8厘米

图 3-84.1　陶釜 M34：2

图 3-84.2　陶釜 M34：2

图 3-85　红烧土块 M34：3

M35

位于 T5122，开口于③层下⑤层层面，墓东北部被 M34 打破。

此墓为长方形竖穴土坑墓，墓坑长 1.73、宽 0.40 米，深 0.08~0.15 米。墓内填土堆积为灰黄色土，土质较为坚硬，夹有较多的黄色生土块以及少量红烧土颗和草木灰。

由于受到 M34 的破坏，墓内人骨上身右半部分已无存，头骨也仅存极少部分，右髋骨也因后期小扰坑破坏而无存。其余人骨保存较好，葬式为俯身直肢葬，头向 353°。左手弯曲置于髋骨之上，下肢交叠，左小腿折向内压在右腿之上。

此墓没有发现随葬品（图 3-86.1、3-86.2）。

北

0   40厘米

图 3-86.1　M35 平、剖面图   图 3-86.2　M35（南—北）

M36

位于 T5122，开口于③层下⑤层层面。墓坑东南角部分被 M33 打破。

此墓为长方形竖穴土坑墓，墓坑长 2.00、宽 0.38~0.40 米，深 0.10 米。墓坑壁较易剥剔。墓内填土堆积为灰黄色土，土质较硬，其中包含有少量的红烧土颗粒、碎陶片和草木灰。在近墓底的填土堆积中有较多的动物碎骨，散乱分布而无明显的规律，大致集中在右肩处及髋骨附近，两下肢之间也有一些。

墓内人骨保存较好，葬式为俯身直肢葬，头向 354°。头骨破碎有缺失，面向西。脊椎甚朽，肋骨也基本腐朽，上下肢骨保存甚好，手掌置于髋骨下。

此墓没有发现随葬品（图 3-87.1、3-87.2）。

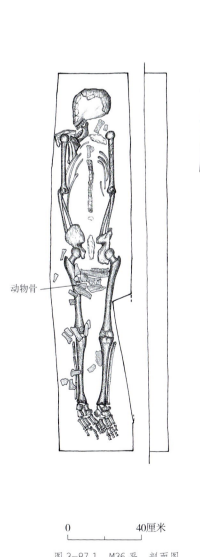

动物骨

0   40厘米

图 3-87.1 M36 平、剖面图

北

图 3-87.2 M36（南—北）

M37

位于 T5221，开口于③层下⑥层层面。西半部墓坑被 M18 打破，但未涉及到人骨。

此墓为长方形竖穴土坑墓，墓坑北端在探沟发掘时稍有破坏，残长 1.85 米。墓坑两端稍窄，北端宽约 0.41、南端宽 0.28 米，墓坑最宽处 0.46 米，墓坑深 0.10 米。墓内填土堆积为夹有较多黄土块的灰黄色土，并含有少量的草木灰，土质偏硬。

墓内人骨保存状况一般，头骨破碎严重而变形，大致判断为面向东，头向 353°。葬式为俯身直肢葬，左上肢及脊椎骨已朽，双手压在左髋骨下。下肢交叠，左小腿压在右小腿之上。

出土随葬器物 5 件，包括骨锥 4 件和陶豆 1 件。骨锥 4 件现场编号为 M37：1~4，在左腹部位置，南北向并列。另有 1 件（M37：5）在左胸部位置，在室内整理时与 M37：1 可以拼接完整。陶豆（M37：6）为打碎后分散放置在头部周围和右上肢东侧。能完整拼对复原，仅缺失少量碎片（图 3-88.1、3-88.2）。

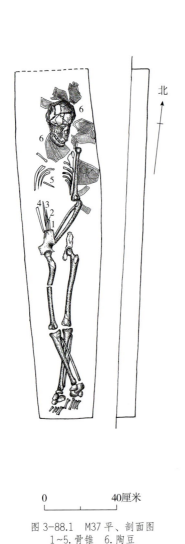

0   40厘米

图 3-88.1   M37 平、剖面图
1~5.骨锥   6.陶豆

图 3-88.2   M37（南—北）

　　M37：1、5，骨锥。出土时断为两截，相距约 20 厘米，起初以为是两件不完整骨锥，因此现场编为两个器物号，室内整理时可以拼合。动物肢骨片制成，长条形。正面平整，背面留有骨壁凹型。整器断面呈扁方形。尾端有破碴，后段转角位置有刻槽凹缺。正面中段留有磨擦线痕。前端残损，锥尖部位情况不明确。长 11.5 厘米（图 3-89.1~3-89.3）。

　　M37：2，骨锥。出土时断为 3 截。动物肢骨片制成，长条形，骨壁凹型基本磨平。顶尾段略呈圆柱形，但有凹缺。留有一些磨擦线痕。器体断面呈不规则三角形，前段锥尖，锋尖残。长 14.3 厘米（图 3-90.1~3-90.3）。

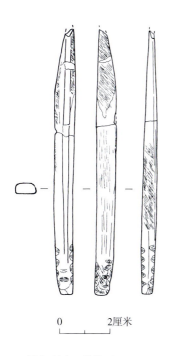

0　　　　2厘米

图 3-89.1　骨锥 M37：1、5

图 3-89.2　骨锥 M37：1、5

图 3-89.3　骨锥 M37：1、5

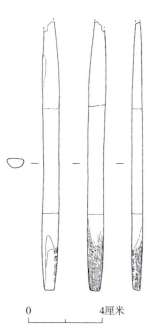

0　　　　4厘米

图 3-90.1　骨锥 M37：2

图 3-90.2　骨锥 M37：2

图 3-90.3　骨锥 M37：2

M37：3，骨锥。出土时断为3截。动物肢骨片制成。背面有骨壁凹形，整器长条形，尾段略为磨制成圆柱形，多棱体。表面有磨擦线痕，前端斜杀切割呈三角形锥尖。长16.0厘米（图3-91.1~3-91.4）。

M37：4，骨锥。残断，仅存中段，出土时断为两截。动物肢骨片制成，背面有骨壁凹形，两端均残。残长7.0厘米（图3-92.1~3-92.3）。

M37：6，陶豆。泥质陶，圈足内外均为红色，内芯呈黑色。豆盘部分外壁红，内壁朝上部分黑色。断面看，黑、红胎的厚度均等。整器内外均显不平整光滑，局部观察判断原来可能有抹光，但多已脱落。器形不规整，豆把偏，口沿不平整。圆形豆盘较深，宽沿，喇叭形圈足，细柄。沿与盘内壁有曲折。器高20.0~20.7、口径32.4、足径14.8厘米（图3-93.1、3-93.2）。

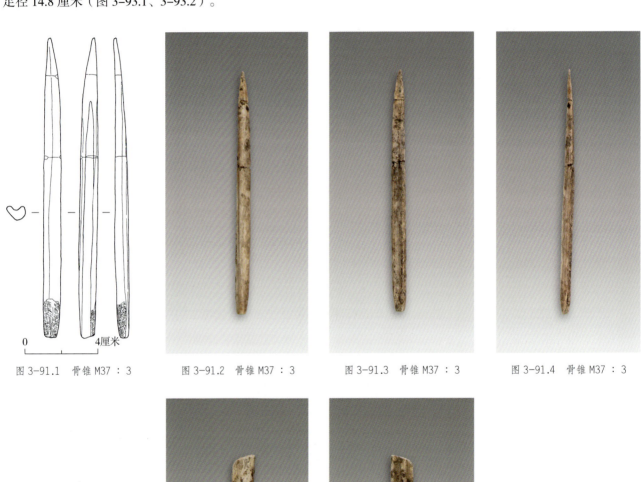

图3-91.1　骨锥 M37：3　　　图3-91.2　骨锥 M37：3　　　图3-91.3　骨锥 M37：3　　　图3-91.4　骨锥 M37：3

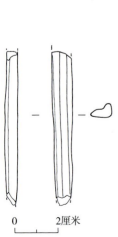

图3-92.1　骨锥 M37：4　　　图3-92.2　骨锥 M37：4　　　图3-92.3　骨锥 M37：4

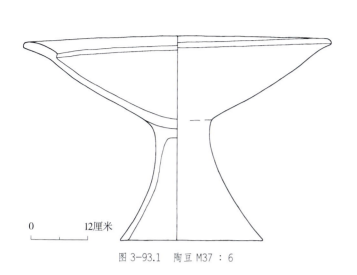

0   12厘米

图 3-93.1　陶豆 M37：6

图 3-93.2　陶豆 M37：5

M38

位于 T5122。开口于③层下⑤层层面，打破 M39。

此墓为长方形竖穴土坑墓，墓坑长 1.66、宽 0.46 米，墓坑深 0.17 米。墓内填土堆积为夹有较多黄土块的灰土，并夹杂有少量红烧土颗粒，土质偏硬。

墓内人骨保存一般，葬式为俯身直肢葬，头向 345°，面向东。脊椎骨、肋骨和上肢骨保存较差，多腐朽。下肢骨往内并拢偏于墓坑东部，跖骨无存。

出土随葬器物 3 件，其中 1 件陶鼎（M38：1）置于头骨之下及东北侧，1 件垂囊盉（M38：2）也大部置于头骨之下及西北侧。而 1 件陶豆（M38：3）则是打碎后分散放置于头骨周围、胸部之下及手臂骨和腿骨一侧，复原时确认陶豆碎片略有缺失。

出土完整的动物掌骨和跖骨共 12 件（M38：4~15），人骨东侧，摆放基本整齐（图 3-94.1[1]、3-94.2）。

M38：1，陶鼎。夹砂陶，砂粒较粗，部分砂粒裸露器表。红陶，部分胎色不匀偏灰黑。口微侈，唇面有刻划纹装饰，鼓腹，圜底，颈部素面，腹外壁刻划纹，以竖向为主，也有横向和斜向的，甚至有重叠刻划。仅存一矮圆柱足，足尖残，因此无法确定鼎足的完整状态。残高 14.6、口径 19.6、腹径 24.0 厘米（图 3-95.1、3-95.2）。

M38：2，垂囊盉。泥质陶，胎体略显疏松，器表不光滑平整。口部、流部胎色为黑色，而腹部和底部则为红色，整器内壁呈灰黑色。一侧为圆形侈口，一侧为管状流，深腹，平底，腹壁较直。流与口之间宽扁形环耳连接，略残。器高 12.5~14.5、底径 9.0 厘米（图 3-96.1、3-96.2）。

M38：3，陶豆。泥质陶，夹心胎。里胎黑色，外为灰红色薄层。器表褐色陶衣，在圈足外壁、豆盘外壁留有较多，其余大多脱落。圈足内为黑色胎，有一些红色层与黑胎界线不清。豆盘严重变形，一边高一边低，圆形浅盘，微弧凸沿，细柄，高把，喇叭形圈足。柄与豆盘连接处偏离豆盘中心位置。器高 21.8~26.5、口径 28.3、足径 24.3 厘米（图 3-97.1、3-97.2）。

---

[1] 野外时将 M38 和 M39 两墓的平面图合并绘制，可以明确表现墓坑之间的打破和人骨的叠压状态。图中 M38 的人骨仅勾勒形状轮廓，M39 的人骨则打点绘制以示区分。

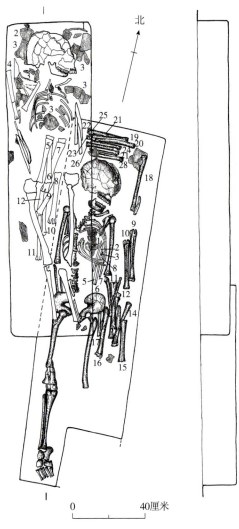

图 3-94.1 M38、M39 平、剖面图

图 3-94.2 M38（南—北）

M38：1.陶鼎 2.陶垂囊盉 3.陶豆 4.11.15.动物掌骨 5.6.8.10.12.13.动物距骨＋跗骨 7.9.14.动物距骨（13~15 在 5~12 之下，图未见）

M39：1~8.骨锥 9~12.14.15.23.24.26.27.动物掌骨 13.动物掌骨＋腕骨 16.动物距骨＋跗骨 17~20.25.28.动物距骨 21.22.动物距骨/掌骨（4 在 1、2 下，图未见）

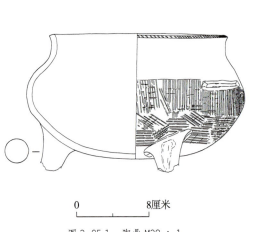

图 3-95.1 陶鼎 M38：1

图 3-95.2 陶鼎 M38：1

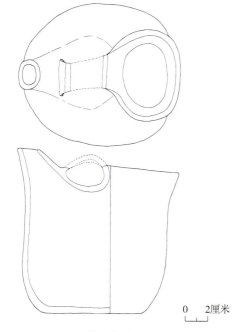

0　　2厘米

图 3-96.1　陶垂囊盉 M38：2

图 3-96.2　陶垂囊盉 M38：2

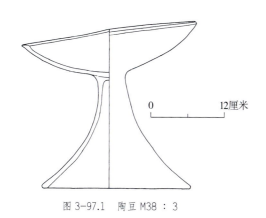

0　　　　　　12厘米

图 3-97.1　陶豆 M38：3

图 3-97.2　陶豆 M38：3

M38：4，鹿科动物掌骨（图 3-98.1、3-98.2）。

M38：5，鹿科动物跖骨＋跗骨（图 3-99.1、3-99.2）。

M38：6，鹿科动物跖骨＋跗骨（图 3-100.1、3-100.2）。

M38：7，鹿科动物跖骨（图 3-101.1、3-101.2）。

M38：8，鹿科动物跖骨＋跗骨（图 3-102.1、3-102.2）。

M38：9，鹿科动物跖骨（图 3-103.1、3-103.2）。

M38：10，鹿科动物跖骨＋跗骨（图 3-104.1、3-104.2）。

M38：11，鹿科动物掌骨（图 3-105.1、3-105.2）。

M38：12，鹿科动物跖骨＋跗骨（图 3-106.1、3-106.2）。

M38：13，鹿科动物跖骨＋跗骨（图 3-107.1、3-107.2）。

M38：14，鹿科动物跖骨（图 3-108.1、3-108.2）。

M38：15，鹿科动物掌骨（图 3-109.1、3-109.2）。

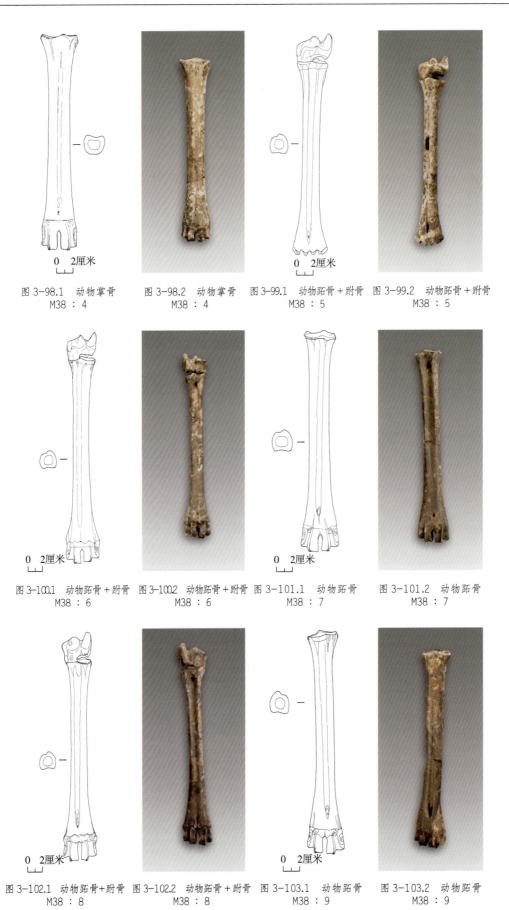

图 3-98.1 动物掌骨　　图 3-98.2 动物掌骨　　图 3-99.1 动物距骨＋跗骨　　图 3-99.2 动物距骨＋跗骨
　　　M38：4　　　　　　　M38：4　　　　　　M38：5　　　　　　　　M38：5

图 3-100.1 动物距骨＋跗骨　图 3-100.2 动物距骨＋跗骨　图 3-101.1 动物距骨　　图 3-101.2 动物距骨
　　　M38：6　　　　　　　M38：6　　　　　　M38：7　　　　　　　M38：7

图 3-102.1 动物距骨＋跗骨　图 3-102.2 动物距骨＋跗骨　图 3-103.1 动物距骨　　图 3-103.2 动物距骨
　　　M38：8　　　　　　　M38：8　　　　　　M38：9　　　　　　　M38：9

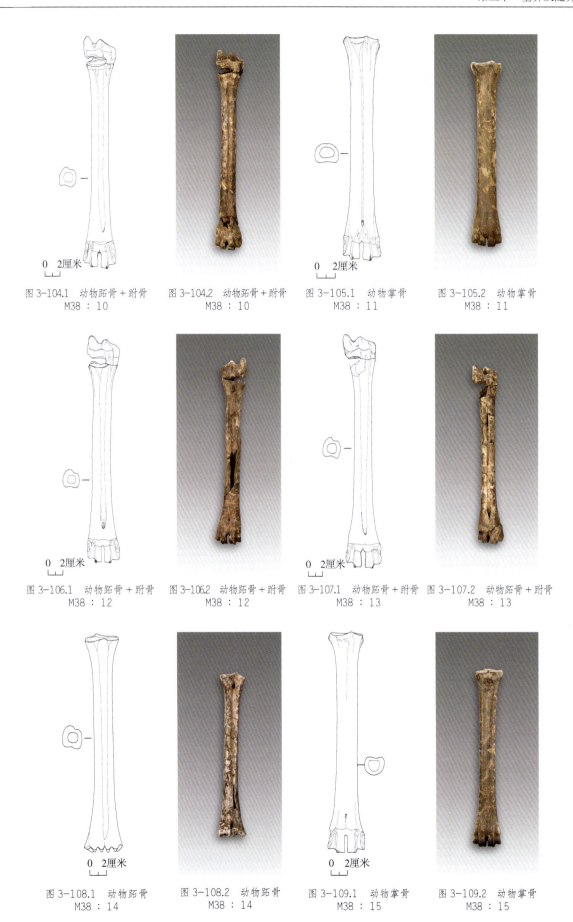

图 3-104.1　动物跖骨＋跗骨
M38：10

图 3-104.2　动物跖骨＋跗骨
M38：10

图 3-105.1　动物掌骨
M38：11

图 3-105.2　动物掌骨
M38：11

图 3-106.1　动物跖骨＋跗骨
M38：12

图 3-106.2　动物跖骨＋跗骨
M38：12

图 3-107.1　动物跖骨＋跗骨
M38：13

图 3-107.2　动物跖骨＋跗骨
M38：13

图 3-108.1　动物跖骨
M38：14

图 3-108.2　动物跖骨
M38：14

图 3-109.1　动物掌骨
M38：15

图 3-109.2　动物掌骨
M38：15

M39

位于 T5122，开口于③层下⑤层层面。西北半部被 M38 打破，该墓的人骨遗骸部分直接压在 M39 人骨之上。M39 的东南角被 M34 打破，致使 M39 的人骨右下肢被破坏。

此墓为长方形竖穴土坑墓，墓坑长 1.92、宽 0.54 米，深 0.20 米。墓内填土堆积与 M38 相同，为夹杂较多黄土块和少量红烧土颗粒的灰土，土质亦偏硬。

墓内人骨保存尚可，葬式为俯身直肢葬，头向 353°，面向东。右小腿骨无存，为 M34 破坏所致。左手压在髋骨下，而右手则在髋骨一侧。

在肋骨之下发现少量陶豆碎片，墓坑东北角也有一些陶豆碎片，非同一个体也无法拼对，因此不能判定是否为随葬品。

随葬骨器 8 件（M39：1~8），集束南北向放置在右胸肋骨之下。在人骨右侧出土动物掌骨和跗骨共 10 件（M39：9~18），除个别有断裂外，大多保存完整（图 3-94.1、3-110）。

图 3-110　M39（南—北）

此墓最初清理时，将墓坑北端确认至头骨略北的位置。在起取随葬器物及人骨之后，对墓坑作最后清理，发现北端还有成组的动物跗骨，因此对墓坑北端重新确认。这组动物跗骨（M39：19~28）在头顶位置东西向堆放，排列整齐（图 3-111）。清理后已套箱整体起取。

M39：1，骨锥。出土时断为 3 截。动物肢骨片制成，背面尚留有骨壁凹形。长条形，整体几乎磨制成圆柱形，一端收小，磨成圆柱，有较多的磨擦线痕。器体中段断面略呈不规则三角形，背面留有磨擦线痕。另一端依骨头外壁形态，略宽并斜杀切割成斜面，前端呈三角形锥尖。长 16.7 厘米（图 3-112.1~3-112.4）。

图 3-111　M39 局部（北—南）

M39：2，骨锥。出土时断为 4 截。动物肢骨片制成，长条形，断面呈扁圆方形。正面为有骨壁凹形的一面，尾段收窄，前端斜收，三角形锋，锥尖略残，宽与杆体相若。器表有较多的磨擦线痕。长 13.4 厘米（图 3-113.1~3-113.3）。

M39：3，骨锥。出土时断为 3 截。动物肢骨片制成，背面仍留有骨壁凹形。长条形，尾段磨制收窄，有磨制线痕。中段断面基本保持骨壁原型。前段斜杀斜面，三角形锥尖，锋尖残。长 16.6 厘米（图 3-114.1~3-114.3）。

M39：4，骨锥。出土时断为3截，长条形。动物肢骨片制成，背面仍留有骨壁凹形。尾段收窄，正面磨修成圆柱，有不规则横向刻槽，叠压在磨擦线痕面上。中段基本保持骨壁原型，断面扁圆形。前段磨减平整，正面磨成棱形，三角形锥尖，两面有磨制擦痕，中段背面骨凹腔两侧有磨擦线痕。长13.7厘米（图3-115.1~3-115.3）。

M39：5，骨锥。出土时断为3截，动物肢骨片制成，背面仍留有骨壁凹形。尾段收窄，有磨擦线痕，中段磨成多棱状扁圆形，前段斜杀，三角形锋部，锥尖残。中段正反面均留有磨制线痕。前锋部断面呈三角形，正反面均有磨制线痕。长16.5厘米（图3-116.1~3-116.3）。

M39：6，骨锥。出土时断为3截。动物肢骨片制成。背面还留有少许骨壁凹形。长条形，尾段略收窄，中段切割成三角棱形，前段斜杀切割成斜面，锋部略宽，呈三角形，起脊，断面为三角形。器表有较多的磨制线痕，正面有纵向切割痕遗留。锥尖略残。长18.0厘米（图3-117.1~3-117.3）。

M39：7，骨锥。出土时断为两截。动物肢骨片制成，背面仍留有一些骨壁凹形。长条形，尾段收窄，中段呈三棱形，前段背面斜杀切割呈三角形，锋部略宽，断面呈三角形，器体中段断面略呈三角形。正面有较多的磨擦线痕。锋背面亦有斜向磨擦线痕。长16.7厘米（图3-118.1~3-118.3）。

M39：8，骨锥。出土时断为3截。动物肢骨片制成。长条形，不见骨壁凹形。尾段收窄，扁平。中段断面略呈三角形，前段残，已见斜杀斜面，断面三棱形。正面有纵向切割痕，有磨擦线痕。长15.3厘米（图3-119.1~3-119.3）。

M39：9，鹿科动物掌骨。（图3-120.1、3-120.2）。

M39：10，鹿科动物掌骨（图3-121.1、3-121.2）。

M39：11，鹿科动物掌骨（图3-122.1、3-122.2）。

M39：12，鹿科动物掌骨（图3-123.1、3-123.2）。

M39：13，鹿科动物掌骨＋腕骨（图3-124.1、3-124.2）。

M39：14，鹿科动物掌骨（图3-125.1、3-125.2）。

M39：15，鹿科动物掌骨（图3-126.1、3-126.2）。

M39：16，鹿科动物跖骨＋跗骨（图3-127.1、3-127.2）。

M39：17，鹿科动物跖骨（图3-128.1、3-128.2）。

M39：18，鹿科动物跖骨（图3-129.1、3-129.2）。

以下M39：19~28为整体套箱起取的动物跖骨或掌骨，未能按件绘制线图和拍摄照片。

M39：19，鹿科动物跖骨。

M39：20，鹿科动物跖骨。

M39：21，鹿科动物跖骨/掌骨。

M39：22，鹿科动物跖骨/掌骨。

M39：23，鹿科动物掌骨。

M39：24，鹿科动物掌骨。

M39：25，鹿科动物跖骨。

M39：26，鹿科动物掌骨。

M39：27，鹿科动物掌骨。

M39：28，鹿科动物跖骨。

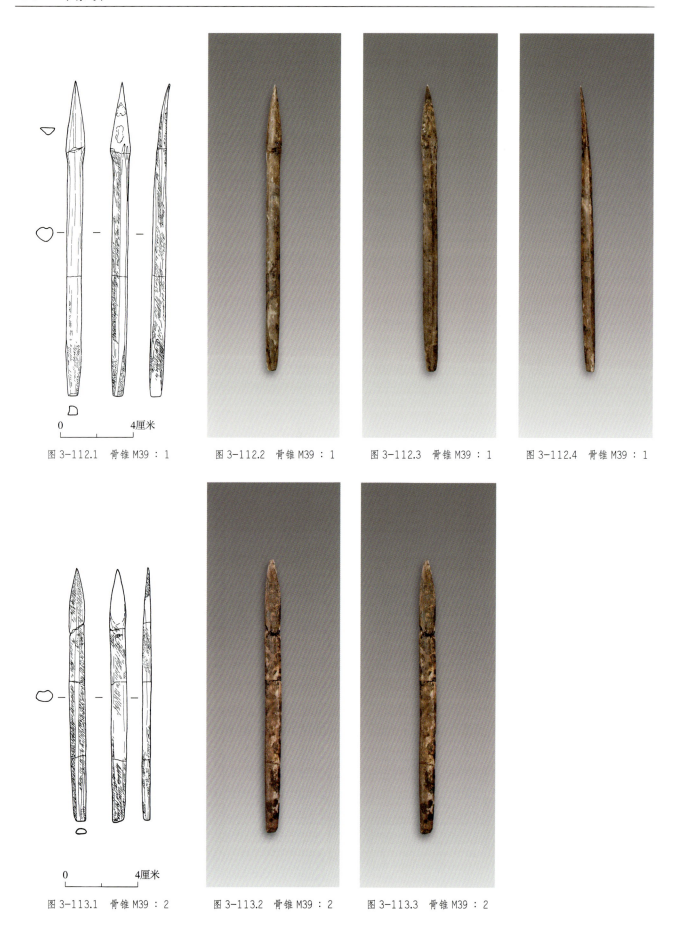

图 3-112.1　骨锥 M39：1　　　图 3-112.2　骨锥 M39：1　　　图 3-112.3　骨锥 M39：1　　　图 3-112.4　骨锥 M39：1

图 3-113.1　骨锥 M39：2　　　图 3-113.2　骨锥 M39：2　　　图 3-113.3　骨锥 M39：2

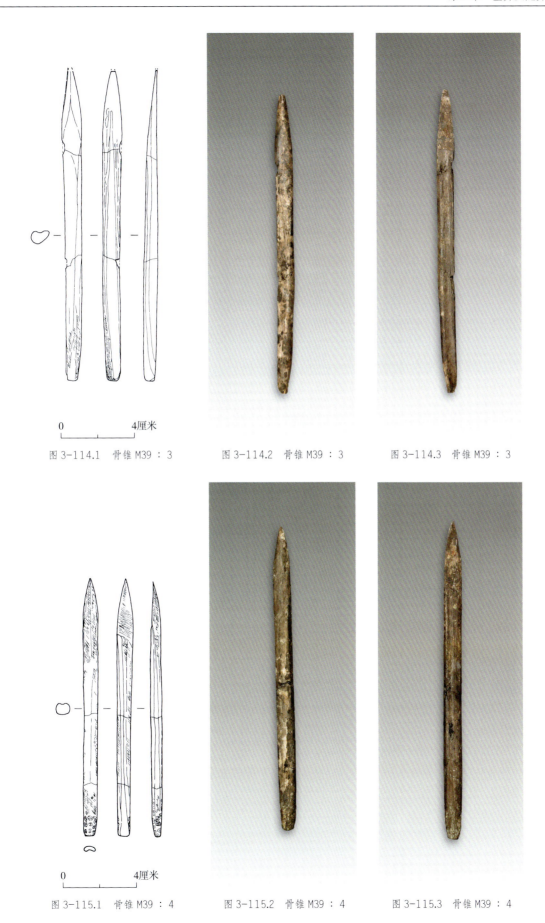

0 _____ 4厘米

图 3-114.1　骨锥 M39：3　　　　图 3-114.2　骨锥 M39：3　　　　图 3-114.3　骨锥 M39：3

0 _____ 4厘米

图 3-115.1　骨锥 M39：4　　　　图 3-115.2　骨锥 M39：4　　　　图 3-115.3　骨锥 M39：4

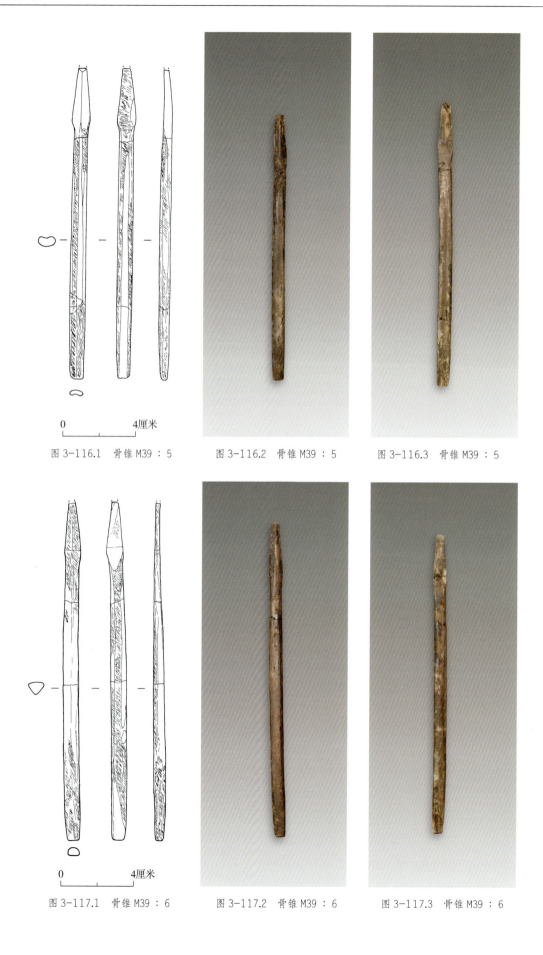

图 3-116.1 骨锥 M39∶5　　　图 3-116.2 骨锥 M39∶5　　　图 3-116.3 骨锥 M39∶5

图 3-117.1 骨锥 M39∶6　　　图 3-117.2 骨锥 M39∶6　　　图 3-117.3 骨锥 M39∶6

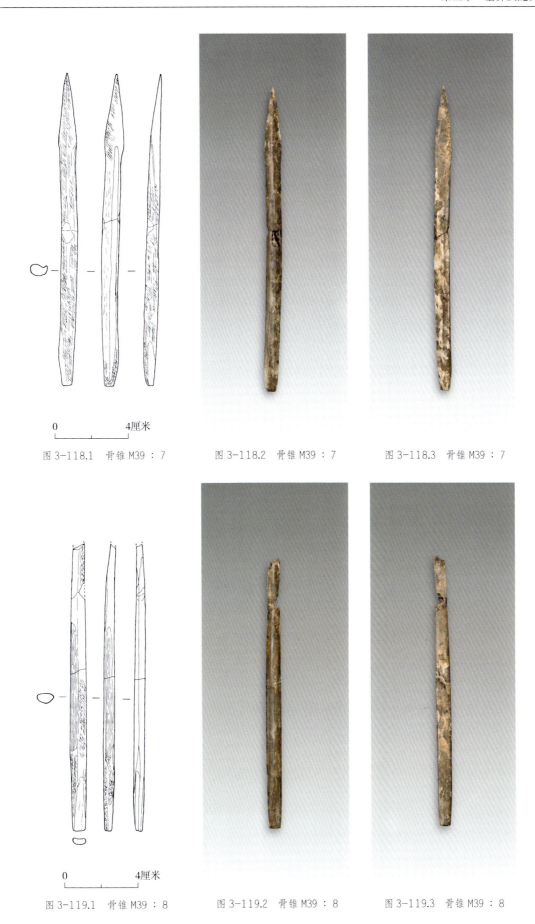

图 3-118.1　骨锥 M39：7　　　图 3-118.2　骨锥 M39：7　　　图 3-118.3　骨锥 M39：7

图 3-119.1　骨锥 M39：8　　　图 3-119.2　骨锥 M39：8　　　图 3-119.3　骨锥 M39：8

0　　　　　　4厘米

0　　　　　　4厘米

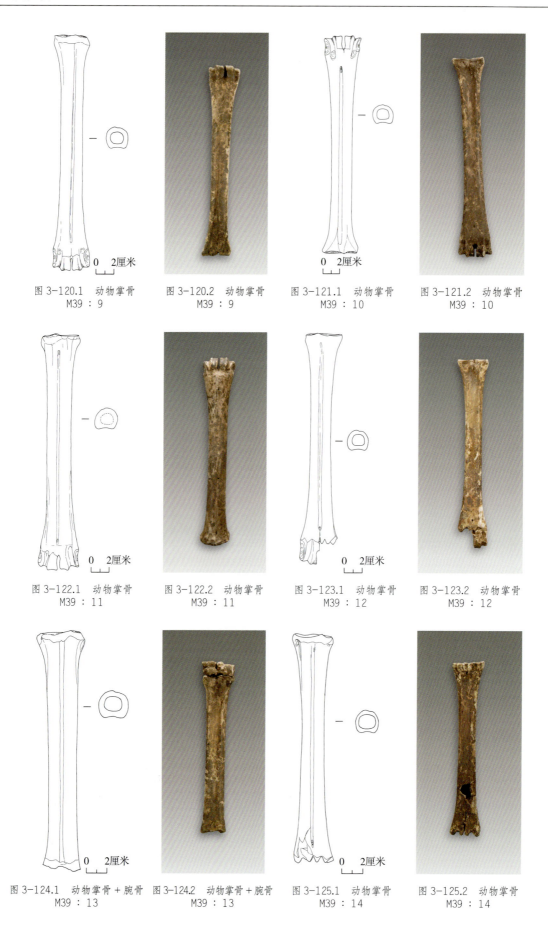

图 3-120.1　动物掌骨
M39：9

图 3-120.2　动物掌骨
M39：9

图 3-121.1　动物掌骨
M39：10

图 3-121.2　动物掌骨
M39：10

图 3-122.1　动物掌骨
M39：11

图 3-122.2　动物掌骨
M39：11

图 3-123.1　动物掌骨
M39：12

图 3-123.2　动物掌骨
M39：12

图 3-124.1　动物掌骨 + 腕骨
M39：13

图 3-124.2　动物掌骨 + 腕骨
M39：13

图 3-125.1　动物掌骨
M39：14

图 3-125.2　动物掌骨
M39：14

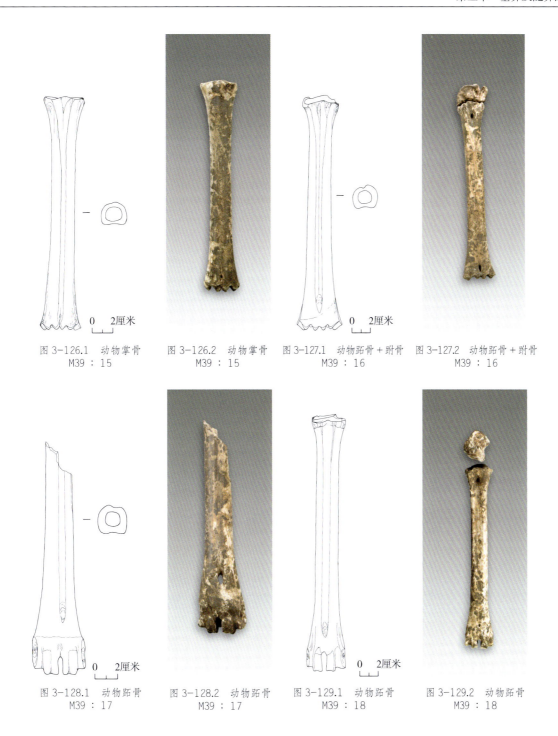

图 3-126.1 动物掌骨　　图 3-126.2 动物掌骨　　图 3-127.1 动物距骨 + 跗骨　图 3-127.2 动物距骨 + 跗骨
　　　M39：15　　　　　　　M39：15　　　　　　　M39：16　　　　　　　　M39：16

图 3-128.1 动物距骨　　图 3-128.2 动物距骨　　图 3-129.1 动物距骨　　图 3-129.2 动物距骨
　　　M39：17　　　　　　　M39：17　　　　　　　M39：18　　　　　　　M39：18

M40

位于 T5221，开口于⑥层下⑦层层面。被 M12、M41 打破，但均未涉及人骨。

此墓为长方形竖穴土坑墓，北端墓坑被后期扰坑破坏。墓坑长 1.90、宽 0.35~0.43 米，墓坑深 0.10 米。墓内填土堆积为松软的灰黑色土，含有较多的草木灰，并夹杂少量红烧土颗粒和黄土块。

墓内人骨除头骨被后期扰坑破坏无存外，其余部分保存很好。葬式为仰身直肢葬，头向357°。右小臂曲折向里，左手在髋骨之上，双足并拢。下肢部分被 M41 直接叠压。

此墓没有发现随葬品（图 3-130.1、3-130.2）。

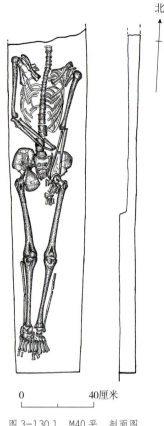

图 3-130.1 M40 平、剖面图   图 3-130.2 M40（南—北）

M41

位于 T5221，开口于③层下⑥层层面。在清理 M40 时，发现墓内人骨下肢被另外的人骨叠压，进而确认了 M41 的存在。

此墓为长方形竖穴土坑墓，墓坑东北部在清理 M40 时已受到破坏，北端也在发掘探沟时受损。现存墓坑残长 1.65、宽 0.37~0.45 米，墓坑深 0.12 米。墓内填土堆积为夹有较多黄土块的灰土，并含有少量的草木灰和红烧土颗粒。填土上部分较为结实，接近墓底则较为松软并具黏性。

墓内人骨保存尚可，葬式为仰身直肢葬，头向 342°，面微向西。右手在髋骨一侧，左手向里曲折，在髋骨之上。

出土随葬器物陶豆 1 件（M41：1），打碎后分散放置，碎片主要集中在墓的北半部。基本能完整拼对复原，仅缺失少量碎片（图 3-131.1、3-131.2）。

M41：1，陶豆，泥质陶，胎黑，外表灰红色。器表橙色陶衣，大多剥落，唯圈足上保留较多的陶衣。圈足内壁则全显黑色。圆形浅盘，弧凸沿面，细柄，高喇叭形圈足。整器不规整，豆柄偏离中心，豆盘口沿不平整，有高差。器高 25.3~26.3、口径 28.0、足径 24.8 厘米（图 3-132.1、3-132.2）。

M42

位于 T5222，开口于⑥层下⑨层层面。M11 叠压其上。

此墓为长方形竖穴土坑墓，墓坑长 1.93、宽 0.51 米，深 0.10~0.16 米。墓内填土堆积为夹杂有细碎黄土块及少量草木灰、红烧土颗粒的灰黑色黏土，土质较为松软。

墓内人骨保存较好，为俯身直肢葬，头向355°，面向东。双手在髋骨下，下肢略有弯曲。

出土随葬器物1件，为陶器盖（M42：1），也是打碎后分散放置，集中在头东侧，个别在上肢之下。基本能复原，仅缺失少量碎片（图3-133.1、3-133.2）。

M42：1，陶器盖。泥质陶，黑胎，胎质松软，略厚，厚约1.0厘米，最厚1.2厘米。胎中偶见砂粒，表面上看孔隙较多，器表略显灰色，似有一层1毫米的薄层。器内壁略显不规整。从陶片观察，原应有桥形盖纽，惜盖纽部位缺损，无法复原。覆盘形，弧凸盖沿略宽。残高9.0、口径31.0厘米（图3-134.1、3-134.2）。

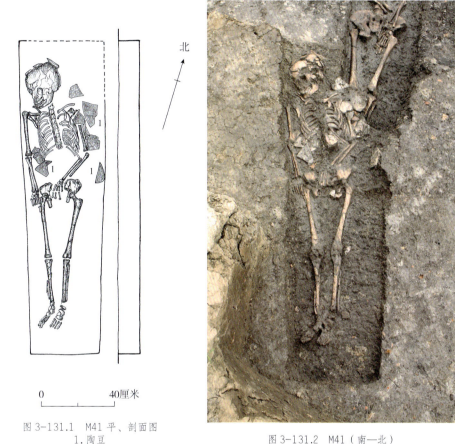

图3-131.1　M41平、剖面图
1.陶豆

图3-131.2　M41（南—北）

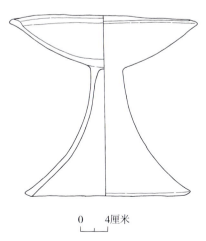

图3-132.1　陶豆M41：1

图3-132.2　陶豆M41：1

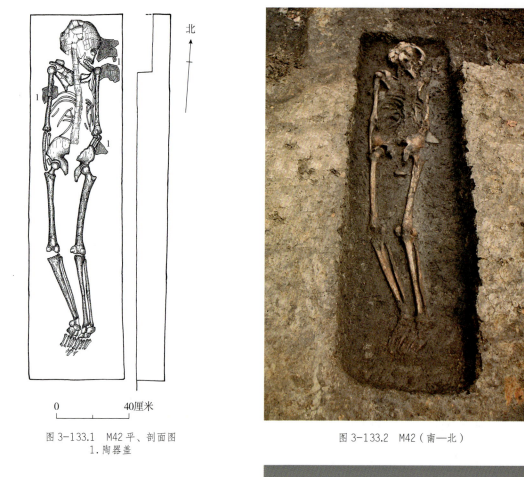

图 3-133.1　M42 平、剖面图
1. 陶器盖

图 3-133.2　M42（南—北）

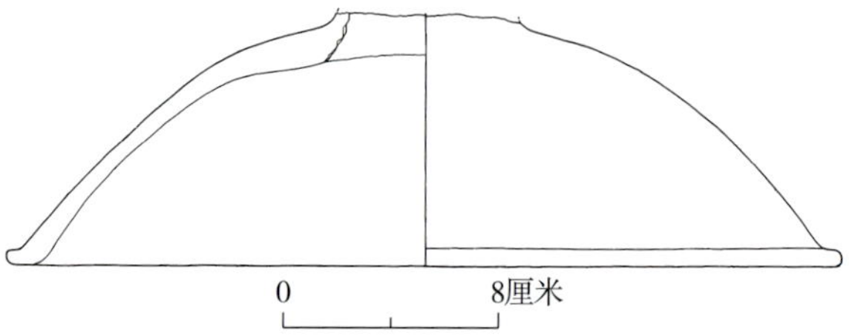

图 3-134.1　陶器盖 M42：1

图 3-134.2　陶器盖 M42：1

M43

位于 T5221，开口于⑥层下⑦层层面，墓南端被 M44 打破。

此墓为长方形竖穴土坑墓，墓坑长 1.98、宽 0.48 米，深 0.10~0.14 米，墓内填土堆积为灰黑色黏土，夹有较多的黄色土块及红烧土颗粒，并含有较多的草木灰等。土质较为结实，接近墓底的土质略为松软。墓底残留有板状木质葬具，较为平整，现存厚约 1~2 毫米。木质葬具长约 1.45 米，北缘距墓坑北端约 0.15 米，南原距墓坑南端约 0.35 米。最宽处约 0.50 米。人骨架未全部落在葬具内，足端往南伸出在葬具外。

墓内人骨总体保存较好，尤其是头骨和肢骨。葬式为仰身直肢葬，头向 354°，面微向东。上肢伸直，双手在髋骨下。双足略并拢。

出土随葬器物陶豆1件（M43：1），打碎后集中放置在墓坑西北角头顶的位置，另有一片陶豆碎片在右小腿下（图3-135.1、3-135.2）。

M43：1，陶豆。泥质陶，含少量细砂屑。夹心胎，内里黑色，外表灰红色薄层，从陶片断面看，此层厚薄均匀且极薄。圈足内壁露黑胎，近底部也有灰红色薄层，边界不明显，似为任意涂刷而成。整器器表有橙褐色陶衣，大多剥落。圆形浅盘，宽沿微凸。细高把，喇叭形圈足。器高27.2~28.0、口径29.6、足径21.6厘米（图3-136.1、3-136.2）。

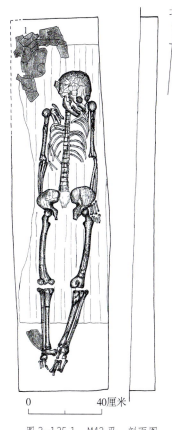

图3-135.1　M43平、剖面图
1.陶豆

图3-135.2　M43（南—北）

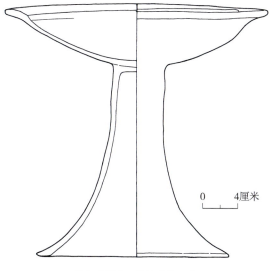

图3-136.1　陶豆M43：1

图3-136.2　陶豆M43：1

M44

位于 T5221,开口于⑥层下⑦层层面。

此墓为长方形竖穴土坑墓,墓坑开口线在平面确认 M43 时,由于东西两壁的墓坑线与之多有重叠或相近在一直线上,将其归入 M43 的墓坑范围,但也产生过 M43 墓坑长度过长的疑惑。在清理 M43 南半部分时发现 M44,并进一步确认墓坑平面位置及其打破 M43 的层位关系。

现存墓坑残长约0.98、宽0.49米,深0.06~0.13米。墓内填土堆积为灰黑色土,夹有少量的草木灰和红烧土颗粒等,土质较为坚硬。

墓内人骨保存状况尚可,大致可以剥剔出骨架,部分略显疏松,也有不少部位腐朽不存。葬式为俯身直肢葬,头向354°。

出土随葬器物两件,其中骨质圆牌1件(M44:1)在右小臂之下。另一件陶钵(M44:2)大部分碎片在头顶位置,也有少量碎片在墓坑中部人骨体侧,可能也是打碎后分开放置(图3-137.1、3-137.2)。

M44:1,骨圆牌。略残,平面大致呈圆形,以骨壁制成而呈薄片状,一面微凸,一面凹。边缘对称各钻两对圆孔,双向对钻。直径4.2、厚0.2~0.4厘米(图3-138.1~3-138.3)。

M44:2,陶钵。泥质陶,黑胎,胎质松软,孔隙较多,内外壁呈灰红色。直口微敛,圆唇,斜收腹,小平底。整器不规整,略有变形,上腹部有4个穿孔,不规则。器高9.8、口径18.6、底径7.3厘米(图3-139.1、3-139.2)。

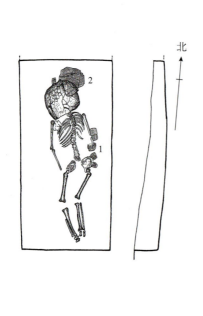

0 _____ 40厘米

图 3-137.1　M44 平、剖面图
1.骨圆牌　2.陶钵

图 3-137.2　M44(南—北)

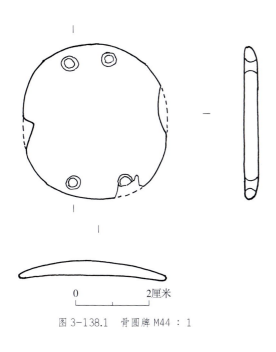

图 3-138.1　骨圆牌 M44：1　　　　图 3-138.2　骨圆牌 M44：1　　　图 3-138.3　骨圆牌 M44：1

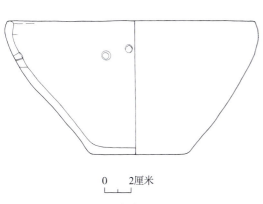

图 3-139.1　陶钵 M44：2　　　　　　　　　图 3-139.2　陶钵 M44：2

M45

位于 T5122，开口于⑤层下⑥层层面，被 M14、M16 和 M39 叠压或打破，但均未涉及墓内的人骨。

此墓为长方形竖穴土坑墓，墓坑开口线比较明显，西北角被后期扰坑破坏。现存墓坑长 1.85、宽 0.45 米，深 0.11~0.14 米。墓内填土堆积为灰黑色土，土质松软略具黏性，夹有较多的草木灰及少量的红烧土颗粒和黄土块。

墓内人骨保存较好，葬式为俯身直肢葬，头向 345°，头骨被压碎，大致可看出是面向东。双手压在髋骨之下，小腿交叉，偏于右侧，左腿压在右腿之上。胸部位置骨骸之下有木质板状遗痕，范围较小，边界不很清楚。

在头骨之下有一些陶豆碎片，大致可作复原（M45：1）。而在头骨左侧下有 1 件骨匕（M45：2），破损严重（图 3-140.1、3-140.2）。

M45：1，陶豆。泥质陶，含极细的砂。夹心胎，内芯黑，较厚，内外壁灰红色，器表原应有橙红色陶衣，但基本剥落。圆形浅盘，宽沿，微凸不明显。细柄豆把，残损，无法复原，喇叭形圈足残片，穿有小孔。口径 33.6 厘米（图 3-141.1、3-141.2）。

　　M45：2，骨匕。残断为多截。一端尚留有局部平切痕，另一端残。宽扁条形，似是动物肋骨制成，一面为骨外壁原貌，另一面切割后留有切割痕。残长20.0、宽3.0厘米（图3-142.1~3-142.3）。

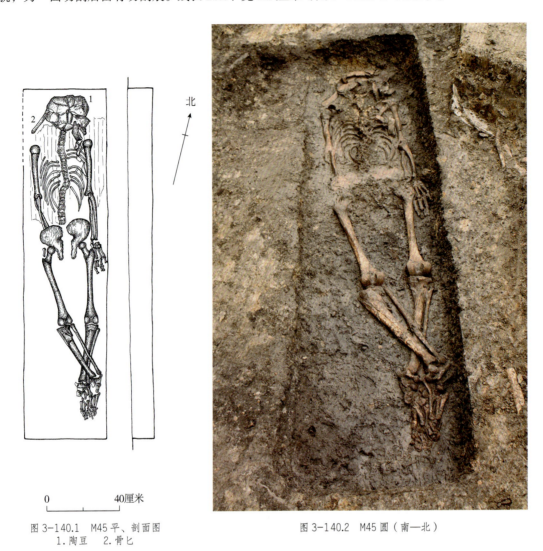

图3-140.1　M45平、剖面图
1.陶豆　2.骨匕

图3-140.2　M45圆（南—北）

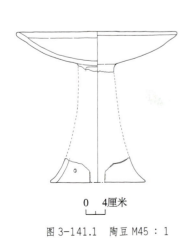

0　　　4厘米

图3-141.1　陶豆 M45：1

图3-141.2　陶豆 M45：1

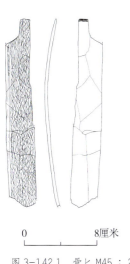

图 3-142.1 骨匕 M45∶2　　　　图 3-142.2 骨匕 M45∶2　　　　图 3-142.3 骨匕 M45∶2

M46

位于 T5220，开口于⑦层下⑨层层面。

此墓大部分墓坑在清理探沟时被破坏，结合探沟剖面，可判断为长方形竖穴土坑墓，墓坑长 1.25、宽 0.38 米。根据少量存留的墓坑南北两端，可确认原存墓坑深 0.15~0.25 米。墓内填土堆积为夹杂较多黄色生土块的灰黑色黏土，内含草木灰及少量红烧土颗粒，土质松软。

墓内人骨保存尚可，但整体性欠缺，下臂、左股骨等一些部位的人骨已无存。葬式为仰身直肢葬，头向 2°，面向西。左下肢东侧有一些动物骨头，其作用暂无法判断。

此墓没有发现随葬品（图 3-143.1、3-143.2）。

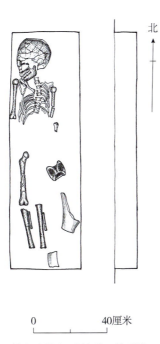

图 3-143.1 M46 平、剖面图　　　　图 3-143.2 M46（南—北）

M47

位于 T5222，开口于③层下⑥层层面。

此墓为长方形竖穴土坑墓，墓坑西北角被后期扰坑破坏。现存墓坑长 2.03、宽 0.52 米，深 0.14~0.18 米。墓内填土堆积为灰黑色黏土，夹有较多的黄土块及少量的草木灰和红烧土颗粒，土质松软。

墓内人骨保存较好，头骨略有移位，约在右肩的位置，面朝上，但下颚骨被扰动过。双手往里折，置于盆骨位置，但手指骨均腐朽无存。右股骨好像经过扰动，折向里侧，而小腿骨仍是标准位置。葬式为仰身直肢葬，头向 354°。

出土随葬器物 2 件，均打碎后置于头部以北。其中陶豆 1 件（M47：1），圈足部分缺失较多碎片。另 1 件（M47：2）为豆圈足之下半部分（图 3-144.1、3-144.2）。

M47：1，陶豆。泥质陶，微有细砂。夹心胎，里为黑色，相对略厚。外为红色，较薄。豆盘内外壁及圈足外壁有橙红色陶衣，大多剥落。圈足内壁没有灰红色层及橙红色陶衣而显露黑胎。圆形豆盘，侈口平沿，深盘弧腹，喇叭形圈足，足下端残缺，但墓内已无多余陶片。圈足上可见 6 个圆孔，位置不在同一水平线上，孔径不一。残高 20.0、口径 27.8 厘米（图 3-145.1、3-145.2）。

M47：2，陶豆。泥质陶，胎质不紧密。夹心胎，里为黑胎，外为灰红色薄层，器表为橙红色陶衣，大多剥落。豆盘口沿残片仅存极少量，无法拼对复原，其中有六角形豆盘碎片。喇叭形圈足基本复原，圈足上可见 4 个穿孔从外向里穿的圆形。残高 13.0、直径 23.2 厘米（图 3-146.1、3-146.2）。

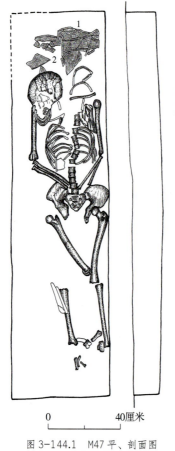

0　　　　40厘米

图 3-144.1　M47 平、剖面图
1.2. 陶豆

图 3-144.2　M47（南—北）

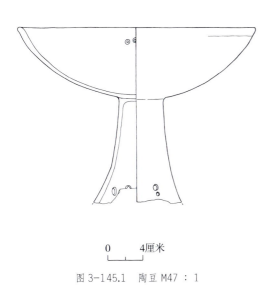

0　4厘米

图 3-145.1　陶豆 M47：1

图 3-145.2　陶豆 M47：1

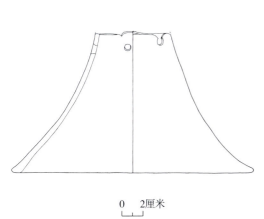

0　2厘米

图 3-146.1　陶豆 M47：2

图 3-146.2　陶豆 M47：2

M48

位于 T4817，开口于①层下②层层面。

此墓为长方形竖穴土坑墓，墓坑开口部分被现代耕作破坏，清除耕土后即裸露部分墓内人骨。墓南端被现代水沟破坏，膝盖骨以下均无存。现墓坑残长约 1.40、宽 0.39~0.42 米，深 0.10~0.35 米。墓内填土堆积为灰色黏土，夹有一些红烧土颗粒。

墓内人骨保存较好，葬式为俯身直肢葬，头向 2°。左臂直伸体侧，掌骨亦保持完好，而右肱骨却无存，下臂压于髋骨下。下肢仅保存了股骨，其余部分被现代田沟破坏（图 3-147.1、图 3-147.2）。

随葬器物仅骨玦 1 件（M48：1），出自左耳处（3-147.3）。

M48：1，骨玦。圆环形，出土时断裂成两段。内孔壁呈双向的斜面，由于没有观察到制痕而无法判断玦孔成型方式。玦口两面呈对切的斜面，当是从正背两面相对切割。直径 3.0，孔径 1.0、厚 0.7 厘米（图 3-148.1~3-148.3）。

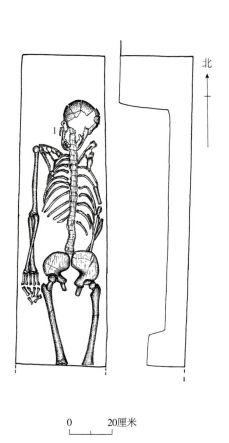

0 20厘米

图 3-147.1　M48平、剖面图
1. 骨玦

图 3-147.2　M48（南—北）

图 3-147.3　骨玦（M48：1）出土状况

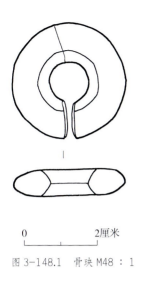

图 3-148.1 骨玦 M48：1

图 3-148.2 骨玦 M48：1

图 3-148.3 骨玦 M48：1

M49

位于 T4817，开口于①层下②层层面，打破 M50 墓坑但未涉及到人骨。

此墓为长方形竖穴土坑墓，墓坑的南半部分被现代田沟破坏，现墓坑残长 0.95、宽 0.36~0.42 米，深 0.28 米。墓内填土堆积为灰黄色黏土，夹有较多的黄色土块和红烧土小颗粒，并有少量的草木灰掺杂其中，土质偏硬。

墓内人骨保存状况一般，俯身直肢葬，头向 3°，面向西。右臂微向内折，下肢部分均被破坏。

出土随葬器物 2 件，放置在头部以北。两件陶器均为泥质陶，胎质极为疏松，又遇雨水浸泡，而无法完好地剥剔和起取，现场仅能判断器形为罐（M49：1）和盆（M49：2），无法修复（图 3-149.1、3-149.2）。

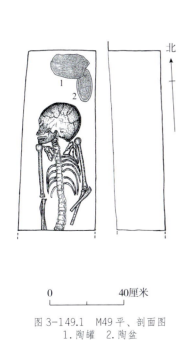

图 3-149.1 M49 平、剖面图
1. 陶罐　2. 陶盆

图 3-149.2 M49（南—北）

M50

位于 T4817，开口于①层下②层层面，墓坑北半部被 M49 打破。

此墓为长方形竖穴土坑墓，墓坑长 1.84、宽 0.36~0.40 米，中部为现代田沟破坏，北端墓坑保存较好，深 0.07~0.18 米。墓内填土堆积为灰黄色黏土，含一些红烧土颗粒、草木灰和黄色土块，土质偏硬。

墓内人骨保存较好，葬式为俯身直肢葬，头向 0°，面朝墓底。小臂略扭转，尺、桡骨交叠，手在髋骨下（图 3-150.1、3-105.2）。

出土随葬器物 7 件（M50：1~7），均为骨锥，成组放置于右肋骨之下（图 3-150.3）。[1]

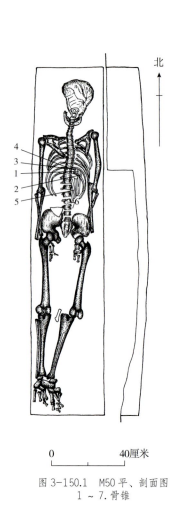

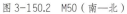

图 3-150.1　M50 平、剖面图　　图 3-150.2　M50（南—北）　　图 3-150.3　M50 局部
1 ~ 7.骨锥

M51

位于 T5221，开口于⑥层下⑦层层面，M12 及 M41 叠压和打破此墓。

此墓为长方形竖穴土坑墓，墓坑长 1.90、宽 0.50 米，现存深 0.04~0.13 米。墓内填土堆积黑灰色土，内含较多的草木灰及少量红烧土颗粒，土质较为疏松。

---

[1] 由于此墓整体套箱起取至室内进行加固保护处理，为保存墓葬的完整性，对这组骨器没有起取，也就无法作全面的形态特征观察，器物照片和线绘图在本报告中阙如。

墓内人骨保存状况一般,葬式为仰身直肢葬,头向358°,面朝上。左手置于微曲折向内置于髋骨上,下肢偏于墓西侧。

出土随葬器物陶垂囊盉1件(M51:1),在头顶部位置,缺失较多的陶片而无法完整修复(图3-151.1、3-151.2)。

M51:1,陶垂囊盉。泥质陶,含极细的砂屑。夹心胎,内里黑胎,器外壁黑胎外有灰红色薄层,器表有橙褐色陶衣,大多剥落。器内壁全露黑胎,器底也均为黑胎。从陶片观察,器底呈多层片状,并贴附在器身。整器口沿破损残缺,碎片较多缺失而无法复原该器的口部和提梁部分。残高14.0、底径14.0厘米(图3-152.1、3-152.2)。

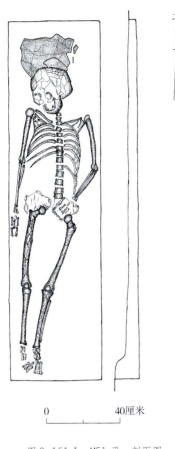

0   40厘米

图3-151.1 M51平、剖面图
1.陶垂囊盉

图3-151.2 M51(南—北)

0   2厘米

图3-152.1 陶垂囊盉 M51:1

图3-152.2 陶垂囊盉 M51:1

M52

位于 T4817，开口于①层下③层层面。

此墓为长方形竖穴土坑墓，墓坑南端被现代水沟破坏，残存长 1.85、宽 0.40 米。墓坑大部分被现代沟破坏，但未完全涉及人骨，而北端未遭破坏保存了较深的墓坑，现存墓坑最深约 0.30 米。墓内填土堆积为灰褐色斑土，夹有少量红烧土颗粒和黄土块，土质较为结实。北端墓坑坑壁较为清晰，清理是较易剥剔。

墓内人骨保存较好，基本完整。葬式为俯身直肢葬，头向4°，面朝墓坑底。左手臂稍压在髋骨下，掌骨大多朽无存。

出土随葬器物陶豆 1 件（M52：1）在头部，为打碎后放置，多数碎片在头骨下。基本能完整拼对，仅缺失少量碎片（图 3-153.1、3-153.2）。

M52：1，豆。泥质陶，整器陶色呈现为典型的"外红里黑"。豆盘朝上的内壁为纯黑色，也就是通常所说的"里黑"。陶胎为多层结构，且呈片状剥落，豆盘外壁则为（砖）红色薄层，即常说的"外红"。圈足部分为夹心胎，里黑，再外是（砖）红色薄层，圈足外壁的红色薄层厚于内壁。整器红色层表面未见橙褐色陶衣，但器表似乎经过抹光处理。圆形浅盘，盘沿完全破损，碴口断面也可看到陶胎有分层情况。喇叭形圈足，豆柄与豆盘粘接处较厚，应该是圈足内旋刮不深所致，整器器形亦略显不正。残高 20.5、足径 19.7 厘米（图 3-154.1、3-154.2）。

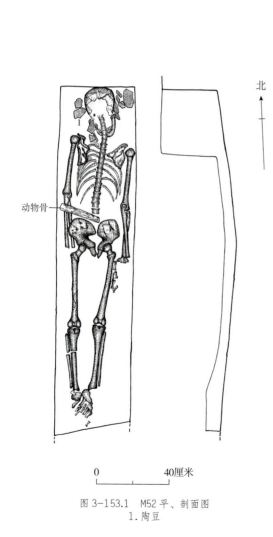

动物骨

0 40厘米

图 3-153.1　M52 平、剖面图
1. 陶豆

北

图 3-153.2　M52（南—北）

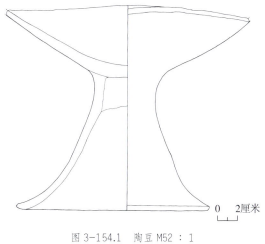

图 3-154.1 陶豆 M52：1

图 3-154.2 陶豆 M52：1

M53

位于 T4817，开口于①层下②层层面。

此墓为长方形竖穴土坑墓，墓坑长 1.75、宽 0.41 米。南半部被现代水沟破坏，但未涉及到人骨，还留存极浅的墓坑。北半部墓坑保存较好，还留有比较深的墓坑，而坑壁在清理时较易剥剔。现存墓坑深 0~0.40 米。墓内填土堆积为含有大量的红烧土块粒的黄褐色斑土，土质略显结实。

墓内人骨保存尚可，葬式为俯身直肢葬，头向 6°。整具人骨有较多的缺失，包括左上臂、整个右臂，尤其是没有发现头骨。另外，右膝位置被一个现代小坑破坏殆尽。

此墓没有发现随葬品（图 3-155.1、3-155.2）。

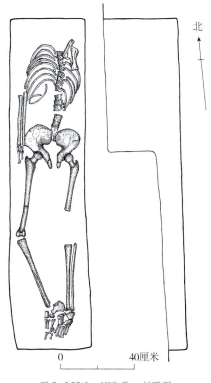

图 3-155.1 M53 平、剖面图

图 3-155.2 M53（南—北）

M54

位于 T5222，东北角被 M47 叠压，但未遭破坏。在⑥层下⑨层面即发现人骨出露，未发现明确的墓坑。覆盖其上的堆积为黑灰色土，内含较多的草木灰，土质松软带有黏性。

此墓发现了保存较好的木质葬具，为上下两层木板。底层是较为平直的长方形木板，现存厚约 1 毫米，木纹清晰可见。长约 1.50 米，宽约 0.32~0.46 米。在底层木板西缘有略呈弧形的上层木板，长度与底层相近，宽约 0.10 米。

在底层木板之上发现人骨一具，保存状况不太好，葬式为侧身曲肢葬，头向为 0°，面朝东。微侧身，双下臂交叉于腹部，双腿呈曲踞状，膝盖位置超出了木板的东缘。

此墓没有发现随葬品（图 3-156.1~3-156.3）。

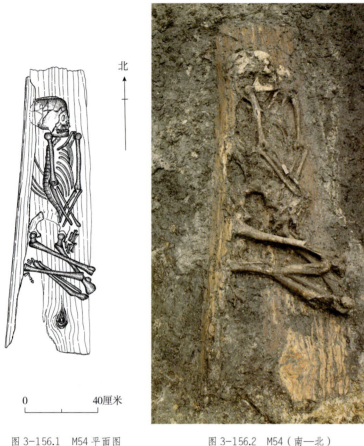

图 3-156.1 M54 平面图   图 3-156.2 M54（南—北）   图 3-156.3 M54 局部

M55

位于 T4818，开口于①层下②层层面。

此墓为长方形竖穴土坑墓，墓坑南北两端均遭现代水沟破坏，致使南端小腿骨无存，北端头骨部分受损。现存墓坑长 1.35、宽 0.51~0.55 米，深约 0.18 米。根据室内对此墓的局部解剖，结合墓南端被现代水沟破坏形成的断面观察，墓内堆积可分为 3 层：第①层是上层葬具以上的堆积，为灰黄色斑土，夹红烧土块粒及草木灰，土质结实，厚约 12 厘米；第②层为上下两层葬具之间的堆积，灰褐色土，较为松软，含一些红烧土小颗粒，厚约 0~5 厘米；第③层为葬具与墓坑之间的堆积，青灰色土，较为松软，含少量草木灰屑，厚约 0~5 厘米。

现场清理时发现木质葬具之后，从水沟断面上可确认此墓存在上下两层的葬具，因此，将整个墓葬套箱起取至室内继续清理并加固保护处理。整个葬具东边与墓坑壁有约5厘米左右的间隙，而西边则贴近墓坑壁。上层葬具北端至墓坑北壁，而下层葬具比上层的略短，北边距墓坑北壁约8厘米左右，并且略窄于上层葬具。下层葬具为浅凹形，上层的基本平整。

人骨在两层葬具之间，局部作了揭露。整个骨架保存尚好，葬式为俯身直肢葬，头向0°，面朝向。头骨因现代水沟破坏仅存一半，掌骨置于髋骨上，下肢亦仅存股骨。

此墓已清理部分没有发现随葬品（图3-157.1~3-157.3）。

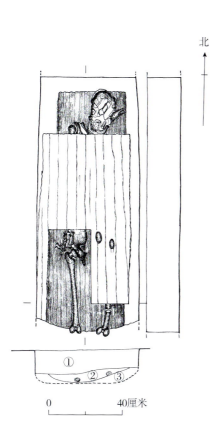

北

0　　　　　40厘米

图3-157.1　M55平、剖面图

图3-157.2　M55（南—北）

图3-157.3　M55室内清理后

M56

位于 T4818，被现代耕作及水沟破坏，仅存墓坑北端一小部分。应为长方形竖穴土坑墓，开口于①层下②层层面。现存残长 0.34、宽 0.37 米，深约 0.08 米。墓内填土堆积为灰黄色黏性土，含少量的红烧土颗粒，土质较软。

墓内人骨仅存破碎的头骨，头向 355°，面向西。

出土随葬器物陶豆一件（M56：1），为打碎后分散放置在头部一侧及头下。未能完整复原，陶豆碎片缺失较多，应是墓葬遭严重破坏所致（图 3-158.1、3-158.2）。

M56：1，陶豆。泥质陶，外红里黑。圈足外壁、豆盘外壁（砖）红色，从断面观察，自外向内红渐变为黑色，圈足内壁露黑。圆形豆盘，宽沿，斜盘壁，陶片断面看，有宽沿豆盘贴附的痕迹。沿面有纵向长方形凹窝。圈足仅存底部，喇叭形。整器无法复原。口径约 31.8、足径 17.2 厘米（图 3-159.1~3-159.3）。

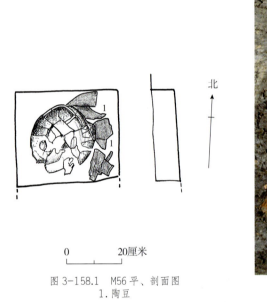

图 3-158.1　M56 平、剖面图
1. 陶豆

图 3-158.2　M56（南—北）

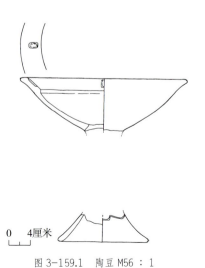

图 3-159.1　陶豆 M56：1

图 3-159.2　陶豆之盘 M56：1

图 3-159.3　陶豆之圈足 M56：1

M57

位于 T4818，为现代水沟破坏，仅存墓葬北端部分。墓坑开口于①层下②层层面。

此墓为长方形竖穴土坑墓，现存墓坑残长 0.65、宽 0.47 米，深 0.17 米。墓内填土堆积为灰黄色土，夹有较多的红烧土颗粒，土质较为松软略带黏性。

墓内人骨仅存破碎的头骨，面朝墓底，推测应为俯身葬。头向 350°。

出土随葬器物 2 件，其中陶豆 1 件（M57：1），打碎后分散放置在头骨周围及其头骨之下。陶器碎片缺失较多，仅复原了不完整的豆盘和小部分豆圈足。另外 1 件完整的骨玦（M57：2），室内清理头骨时在其底下发现（图 3-160.1、3-160.2）。

M57：1，陶豆。泥质陶，夹心胎，里为略厚的黑胎，再外是橙黄色薄层，器表有橙红色陶衣，多数剥落，豆盘内表面亦有陶衣。豆盘沿面贴制而成。圆形浅盘，弧凸沿面，贴接而成，盘、柄交接处断裂，显现拼接痕。喇叭形圈足。口径 29.4、足径 27.2 厘米（图 3-161.1、3-161.2）。

M57：2，骨玦。圆饼形。中孔为对钻，但痕迹不明显。钻孔一面斜面较大，一面较小。玦口切面两面对向，器表磨制光滑。直径 3.4、孔径 1.5、厚 0.8 厘米（图 3-162.1~3-162.3）。

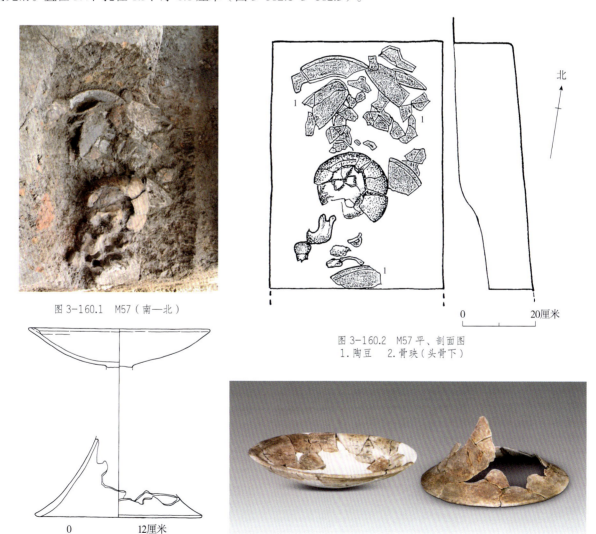

图 3-160.1　M57（南一北）

图 3-160.2　M57 平、剖面图
1.陶豆　2.骨玦（头骨下）

图 3-161.1　陶豆 M57：1

图 3-161.2　陶豆 M57：1

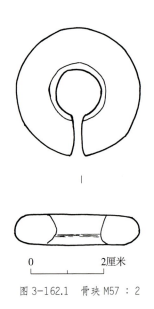

图 3-162.1　骨玦 M57：2

图 3-162.2　骨玦 M57：2

图 3-162.3　骨玦 M57：2

M58

位于 T5122，开口于⑤层下⑥层层面，M45 叠压其上，东南角被 M59 打破，但两墓均未破坏涉及到 M58 的人骨。在探沟发掘清理过程中，雨后积水致使探沟壁崩塌而出露此墓，西边墓坑也因此而受损破坏。

此墓为长方形竖穴土坑墓，现存墓坑长 1.90、宽约 0.50~0.60 米，深 0.09~0.16 米。墓内填土堆积为灰黄色土，含有较多的红烧土块粒和黄土块。虽含有少量的草木灰，但土质仍较为结实。

墓内人骨保存状况一般，葬式为俯身直肢葬，头向 355°，面朝东。左股骨缺损，手在髋骨下。

出土随葬器物三件，陶豆 1 件（M58：3）打碎后放置在身体西侧，从左臂叠压在陶豆之上的情况看，陶豆随葬时应是在人体下。条形骨雕 1 件（M58：2），出土于盆骨之下。另有 1 件大型动物的肋骨（M58：1），南北向置于腹部及股骨之间。另外，还有一堆动物骨头集中在右腿膝盖骨周围，是否是随葬品无法确定（图 3-163.1、3-163.2）。

M58：1，动物肋骨。

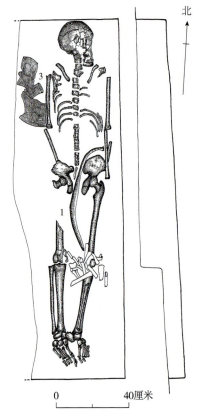

图 3-163.1　M58 平、剖面图
1.动物肋骨　2.条形骨雕（盆骨下）　3.陶豆

图 3-163.2　M58（南—北）

长 32.0、宽 4.4 厘米（图 3-164.1、3-164.2）。

M58：2，条形骨雕。完整，磨制精致，器表光滑。扁平长条形，以动物肢骨片制成，还留有部分骨腔凹痕。背面平整，有细线状磨制擦痕，两端及中间部分凸起，之间以减地形式磨去，有明显的摩擦痕。凸起部分交叉斜向刻几组刻划纹。长 7.3、宽 0.9、厚 0.6 厘米（图 3-165.1~165.4）。

M58：3，陶豆。泥质陶，黑胎，圈足部分在黑胎外有灰红色薄层，器表橙褐色陶衣，豆盘内壁表面呈灰红色，橙红色陶衣极薄剥落殆尽。圆形浅盘，弧凸宽沿，细柄高把，喇叭形圈足。圈足底缘有 3 个长条形凸起，均等分布，"抬高"圈足。圈足下部有两个并列小圆孔，从外向内穿孔。器高 31.5、口径 33.2、足径 26.8 厘米（图 3-166.1、3-166.2）。

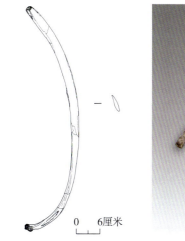

图 3-164.1　动物肋骨 M58：1　　　　　　图 3-164.2　动物肋骨 M58：1

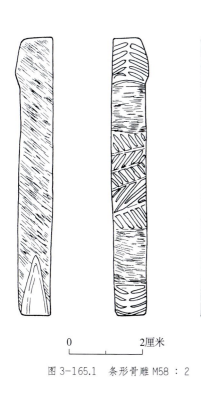

图 3-165.1　条形骨雕 M58：2　　　图 3-165.2　条形骨雕　　图 3-165.3　条形骨雕　　图 3-165.4　条形骨雕
　　　　　　　　　　　　　　　　　　　M58：2　　　　　　　　M58：2　　　　　　　　M58：2

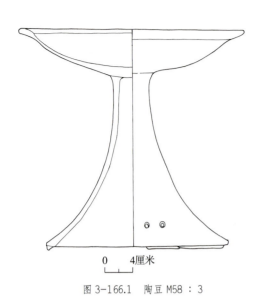

图 3-166.1　陶豆 M58：3

图 3-166.2　陶豆 M58：3

M59

位于 T5122，开口于⑤层下⑥层层面。在清理 M58 南半部时发现 M59，并确认 M59 打破 M58。

此墓为长方形竖穴土坑墓，墓坑长 1.90、宽 0.40~0.51 米，深 0.07~0.13 米。墓内填土堆积墓为灰黑土，夹有少量的红烧土颗粒及草木灰，土质较为结实。

墓内人骨保存较好，葬式为俯身直肢葬。头向 346°，面朝墓底。双手置于髋骨下，其中右手向内曲折。

出土随葬器物五件，分别有骨器 3 件，陶器 2 件。骨器中有骨锥 2 件（M59：1、2）在右胸肋骨之下，呈南北直线平列，条形骨器 1 件（M59：3）在左膝内侧。陶器仅豆圈足一种（M59：4、5），两件陶豆圈足打碎后分散放置在头西侧及胸腹部下（图 3-167.1、3-167.2）。

M59：1，骨锥。基本完整。动物肢骨片制成，长条形。尾段磨成圆铤状，表面有较多的磨擦线痕，并有 5~7 道短刻槽。背面留有骨壁凹型。前半段背面基本磨平，整器断面基本呈三角形，前端斜杀切割斜面，锥尖形，尖锋略残。长 15.6 厘米（图 3-168.1~3-168.3）。

M59：2，骨锥。出土时断为两截，动物肢骨片制成，背面留有骨壁凹型。尾段磨成圆形，内壁为骨腔壁，表面有多条刻槽。器体长条形，断面略呈三角形，前半部斜杀切割成三角形锥尖，锥部背面有斜向的磨擦线痕。长 16.2 厘米（图 3-169.1~3-169.3）。

M59：3，条形骨器。出土时断为两截。动物肢骨片制成。背面还留有骨壁凹型，还有一条纵向切割痕遗留。整器呈扁平条形，两端切割呈凸块形状。正面为骨外壁形状，器表有磨擦痕。长 12.5、宽 1.2、厚 0.8 厘米（图 3-170.1~3-170.4）。

M59：4，陶豆圈足。泥质陶，夹心胎，内里黑色，外表灰红。圈足内外壁均为红色，外表有橙褐色陶衣，大多剥落。仅存圈足，细高柄，喇叭形圈足略有变形显得不垂直。残高 29.2、足径 22.4 厘米（图 3-171.1、3-171.2）。

M59：5，陶豆圈足。泥质陶，夹心胎，内里黑色，外表（砖）红色。器表有橙褐色陶衣，绝大多数剥落。碎片缺失不能完全复原。细高柄，喇叭形圈足。足径 20.4 厘米（图 3-172.1、3-172.2）。

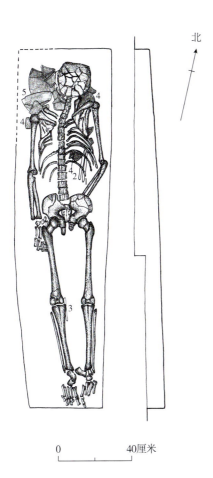

图 3-167.1　M59 平、剖面图
1.2. 骨锥　3. 条形骨器　4.5. 陶豆圈足

图 3-167.2　M59（南—北）

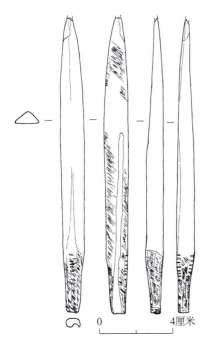

图 3-168.1　骨锥 M59：1

图 3-168.2　骨锥 M59：1

图 3-168.3　骨锥 M59：1

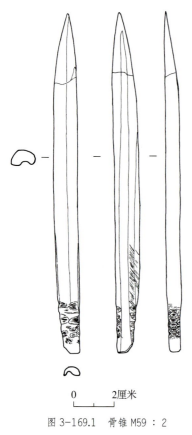

0　　2厘米

图 3-169.1　骨锥 M59：2

图 3-169.2　骨锥 M59：2

图 3-169.3　骨锥 M59：2

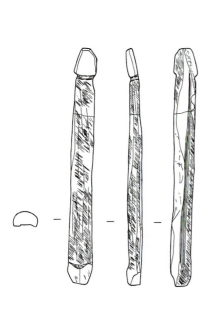

0　　　　4厘米

图 3-170.1　条形骨器 M59：3

图 3-170.2　条形骨器
M59：3

图 3-170.3　条形骨器
M59：3

图 3-170.4　条形骨器
M59：3

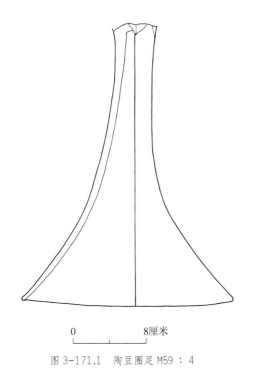

0   8厘米

图 3-171.1　陶豆圈足 M59：4

图 3-171.2　陶豆圈足 M59：4

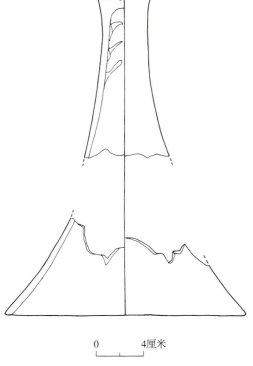

0   4厘米

图 3-172.1　陶豆圈足 M59：5

图 3-172.2　陶豆圈足 M59：5

M60

位于 T5122，开口于⑤层下⑥层层面。

此墓为长方形竖穴土坑墓，在探沟清理时对墓坑西壁有所破坏，之后又因下雨积水导致崩塌并出露人骨，墓坑西壁已无存。现存墓坑长 1.75、宽 0.27~0.35 米，坑底平面自北向南倾斜，呈北高南低状态，北端深 0.09、南端深 0.28 米。墓内填土堆积为灰色土，土质较为结实，含有较多的红烧土颗粒及少量的草木灰。

墓内人骨保存较差，现存部分破碎的头骨，以及一段上肢骨和四段下肢骨。头向 351°，葬式无法判断。

此墓没有发现随葬品（图 3-173.1、3-173.2）。

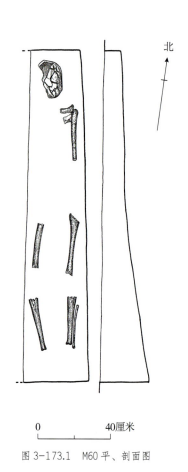

图 3-173.1　M60 平、剖面图　　　　　图 3-173.2　M60（南—北）

M61

位于 T5122，开口于③层下⑤层层面。

此墓长方形竖穴土坑墓，在探沟发掘时对该墓的东部造成了一定程度的破坏，在墓坑清理完成之后，墓坑西壁也由于大雨积水影响而多部分崩塌。现存墓坑长 2.00，墓坑宽 0.25~0.37 米，深 0.18~0.28 米。墓底呈南北存在约 15 厘米的高差，北端头部高于南端足部。

墓内填土堆积为灰黄色土，土质较为结实，局部夹杂有红烧土和黄色生土块，填土中近墓底还杂有少量的草木灰。

墓内人骨基本保存完整，盆骨以下骨质较硬，头骨及上身的骨架略微疏松。葬式为俯身直肢葬。头向 356°，面朝墓底。右臂因探沟壁遭雨水冲刷而塌落，现存左手在盆骨下（图 3-174.1、3-174.2）。

在头骨附近有一些陶片，大致能拼对确认为侧把盉（M61 ：1）。

M61 ：1，陶盉。泥质陶，含少量砂粒，上腹及整器内壁均呈黑色，下腹至底部外壁为红色，因此此器原应为泥质黑陶，下腹外壁显现的红色当是使用过程中留下的痕迹。从上腹部观察，器表打磨光亮。整器有点变形，无法归圆而未能完全复原。敛口，圆唇，折腹，平底。管状流，略残。一侧折腹处有牛鼻形器耳，耳上部有穿孔，自上往下穿，孔呈朝上的喇叭形。另一侧折腹处有錾耳，两耳不对称。器高 15.4、口径约 20.0、腹径约 25.2、底径约 14.0 厘米（图 3-175.1[1]~3-175.3）。

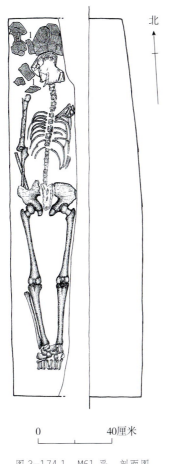

0　　　　40厘米

图 3-174.1　M61 平、剖面图
1.陶盉

图 3-174.2　M61（南—北）

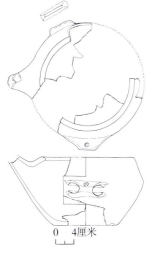

0　4厘米

图 3-175.1　陶盉 M61：1

图 3-175.2　陶盉 M61：1

图 3-175.3　陶盉 M61：1

[1]　线图为复原示意图。

M62

位于 T5122 。在③层下⑤层面上发现陶器及人骨，未发现墓坑遗迹。有一小段上肢骨及破碎腐朽的头骨，大致推定墓向为 0° 。头骨上有 1 件豆圈足（M62：1），柄部已无存。

从发现的情况判断原应是一座墓葬，因此给予墓葬编号记之，惜已无从知晓该墓葬的结构及葬式（图 3-176.1、3-176.2）。

M62：1，陶豆（残）。仅存喇叭形圈足底部。泥质陶，胎黑，外表红色，圈足内壁多为黑色，仅少部分为红色。足径 20.0 厘米（图 3-177.1、3-177.2）。

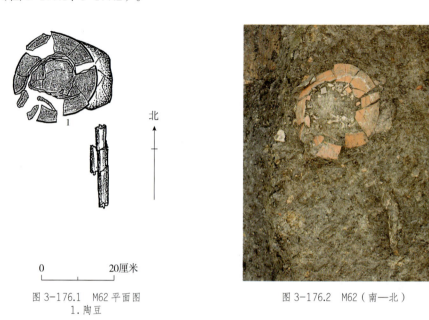

图 3-176.1　M62 平面图
1. 陶豆

0　　　　　　20厘米

图 3-176.2　M62（南—北）

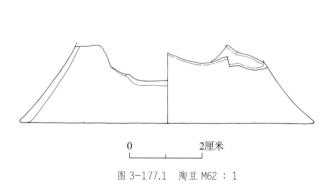

0　　　　2厘米

图 3-177.1　陶豆 M62：1

图 3-177.2　陶豆 M62：1

M63

位于 T5221，开口于⑤层下⑥层层面。

此墓为长方形竖穴土坑墓，墓坑长 1.58、宽 0.42 米，深 0.05~0.12 米。墓内填土堆积为灰色土，土质较疏松，夹有少量的草木灰和细小的红烧土颗粒，并含有较多的黄色生土块。

墓内人骨保存较差，仅存部分头骨及肢骨，大致判断其葬式为俯身直肢葬。头向 348° ，面向墓底。

出土随葬器物5件。其中陶豆1件（M63：4）打碎后放置在墓的北端，在头骨周围及头骨下。陶片缺失较多而无法复原。骨镞2件（M63：1、2）并列南北向放置在右肩部。在股骨之间有骨制圆牌1件（M63：3），而两上肢骨旁有少量陶罐碎片（M63：5），无法复原（图3-178.1、3-178.2）。

M63：1，骨锥。出土时断为两截。动物肢骨片制成，背面微留有骨壁凹形，尾端略残，器体断面略呈三角形。尾前端端为舌形扁圆刃。长10.6厘米（图3-179.1~3-179.3）。

M63：2，骨锥。出土时断为3截，动物肢骨制成，断面略呈三角形，大部分腐朽受损，器形不明确。残长12.2厘米（图3-180.1~3-180.3）。

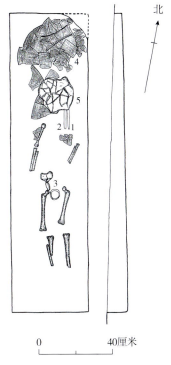

图3-178.1　M63平、剖面图　　　　　　　　　图3-178.2　M63（南—北）
1.2.骨锥　3.骨圆牌　4.陶豆　5.陶罐

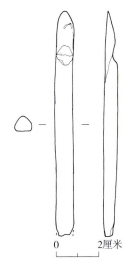

图3-179.1　骨锥M63：1　　　　　图3-179.2　骨锥M63：1　　　　　图3-179.3　骨锥M63：1

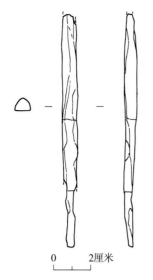

0　　　2厘米

图 3-180.1　骨锥 M63：2

图 3-180.2　骨锥 M63：2

图 3-180.3　骨锥 M63：2

M63：3，骨圆牌。略残损，平面呈圆形，一面略微弧凸，一面略平，挖成圆形浅凹。弧凸面外缘穿4个圆孔，两两相对，并有6组细小圆戳点，未穿透。每组呈圆形布列。直径5.7~6.1、厚0.9厘米（图3-181.1~3-181.3）。

M63：4，陶豆。泥质陶，含极细的砂粒。夹心胎，里为黑胎，较厚，再外有呈灰红色层薄层，器外表有橙红色陶衣，陶衣斑驳，多数剥落。部分豆柄内壁呈黑色，下部豆柄圈足部分胎略薄。圆形浅盘，弧凸沿，断面观察，凸沿系贴制。细柄，高把，中部有一小圆穿孔，喇叭形圈足。口径30.0厘米（图3-182.1、3-182.2）。

M63：5，陶罐。仅存一些碎片，无法复原器形。夹砂陶，砂粒略粗，内外器表略作抹浆。胎呈灰黑色。侈口，翻沿，沿面微弧凸，鼓腹，从碎片观察为圜底。颈部以下有竖向绳纹。口径约18.0厘米（图3-183.1、3-183.2）。

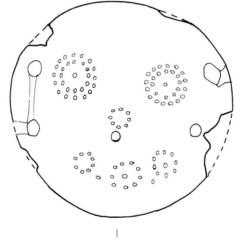

图 3-181.2　骨圆牌 M63：3

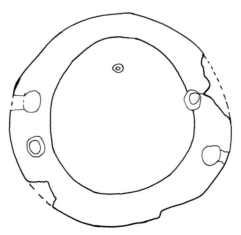

图 3-181.3　骨圆牌 M63：3

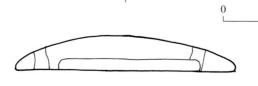

0　　　2厘米

图 3-181.1　骨圆牌 M63：3

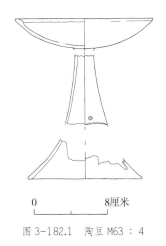

图 3-182.1 陶豆 M63：4

图 3-182.2 陶豆 M63：4

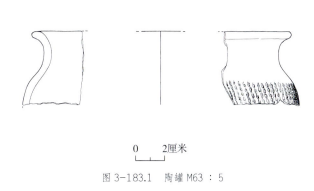

图 3-183.1 陶罐 M63：5

图 3-183.2 陶罐 M63：5

M64

位于 T4818 的南部，开口于①层下②层层面。

此墓在发掘探沟时清除了表层农耕土层之后被发现，已无墓坑，直接暴露墓内人骨，墓的南北两端亦遭现代田沟破坏。因此无法确认原墓坑状况。墓内填土堆积为灰黑色土，土质松软略带黏性。

墓内人骨大部分被破坏，仅存盆骨、股骨、左上肢及少量肋骨。依据现存的人骨状态判断葬式为仰身直肢葬，并大致确认其墓向为 357°。

此墓没有发现随葬品（图 3-184.1、3-184.2）。

M65

位于 T5121，开口于③层下⑤层层面，叠压 M69。

此墓为长方形竖穴土坑墓，受后期堆积破坏，仅存较浅的墓坑，北端墓坑也遭后期堆积破坏。墓的东部紧邻探沟（TG2）的西壁，探沟壁大雨后积水造成了 M65 东部墓坑的崩塌。现存墓坑残长 1.40、宽 0.26~0.35 米，深 0.07 米。墓内填土堆积为略带砂性的灰黄色土，土质较为结实，含有少量的红烧土细小颗粒。

墓内人骨保存较差，仅存少部分下肢骨，比较松碎。无法判断葬式，大致确认墓向为 350°。

出土随葬器物 2 件。其中陶盉 1 件（M65：1）在墓北部，碎片缺失较多，但能粗略复原。另一件随葬品为陶罐（M65：2），破碎严重，陶片缺失较多而无法复原（图 3-185.1、3-185.2）。

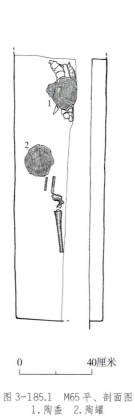

北

0   40厘米

图 3-184.1 M64 平面图

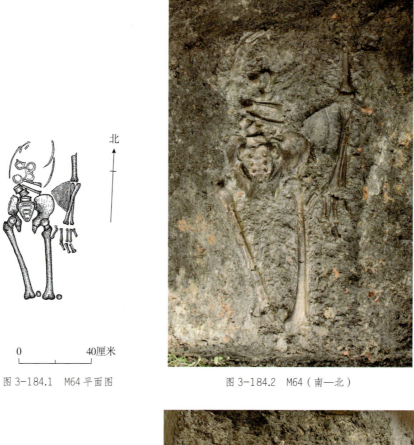

图 3-184.2 M64（南—北）

0   40厘米

图 3-185.1 M65 平、剖面图
1. 陶盉 2. 陶罐

图 3-185.2 M65（南—北）

M65：1，陶盉。泥质陶，灰红胎，胎色较纯。敛口，垂腹，折腹，大平底。大部分残缺，口沿、管状流、双鋬耳均多数残，圆唇外缘微凸。扁圆管状流，与流垂直，折腹处各对称一个鋬耳（月牙形），鋬耳残甚，表面圆形凹窝（4个）。器高8.3、口径10.7、腹径14.0、底径9.7厘米（图3-186.1、3-186.2）。

M65：2，陶罐。仅存少量腹片。泥质陶，红陶。弧腹，肩部表面有牛鼻耳残损的遗痕（图3-187.1、3-187.2）。

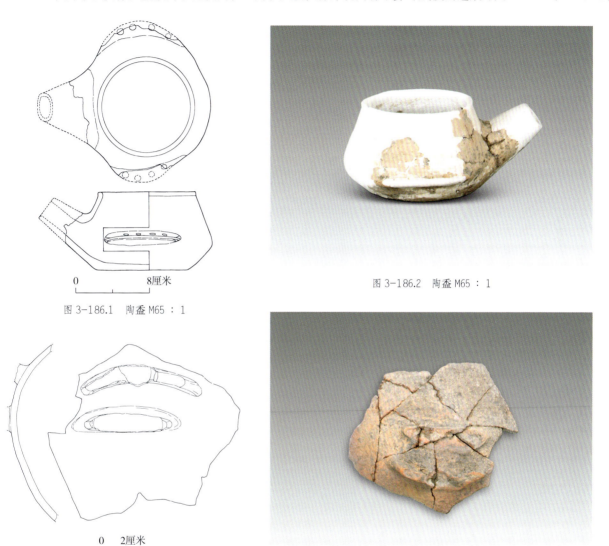

图3-186.1　陶盉 M65：1

图3-186.2　陶盉 M65：1

图3-187.1　陶罐 M65：2

图3-187.2　陶罐 M65：2

M66

位于 T5121，被 M61 打破。开口于③层下⑤层层面。

此墓为长方形竖穴土坑墓，墓坑长 1.79 米。墓坑东部被 M61 打破，仅存宽约 0.40 米，南端尚有部分墓坑未被打破，宽 0.49 米。墓坑深 0.16~0.20 米。墓内填土堆积为灰黑色土，土质较为结实，含有少量的草木灰和红烧土颗粒。

墓内人骨保存较好，葬式为仰身直肢葬，头向 354°，头骨被压扁，面向偏东。双手置于盆骨之上，左下肢略向里，跖骨已朽。骨架整体呈头端和足端略高，中端盆骨略低的状态，头端与中部的高差约 13 厘米，足端与中部也有约 8 厘米的高差。

出土随葬器物 3 件，其中陶釜 1 件（M66：1）在头骨上面及周围，碎片缺失较多，但大致能够复原。陶单把罐 1 件（M66：2）和陶垂囊盉 1 件（M66：3）在左下肢东侧，均能完整拼对复原（图 3-188.1、3-188.2）。

M66：1，陶釜。夹砂陶，砂粒较粗，部分凸出器表，器物表面略显粗糙。黑陶，外壁呈黑色，内壁则有灰红色薄层，略显光洁。侈口，微翻沿，微鼓腹，圜底，内底黑，外底偏红。器高 15、口径 25 厘米（图 3-189.1、3-189.2）。

M66：2，陶垂囊盉。泥质陶，上腹部及口部、流部黑色，以下多为红色，黑红之间无明确界线。器表可能抹光，但现大多剥落，器表略显不平整。整体呈筒形，一侧为圆形口部，侈口，口沿略有破损。一侧为朝天管状流，流口高度略低于器口，两口之间半环纽（提梁）连接。近流口端有横向并列刻纹。直腹壁，平底。器高 13.5、底径 11 厘米（图 3-190.1~3-190.3）。

M66：3，陶单把罐。夹砂红陶，陶色不匀，局部呈灰黑色，器表似有抹浆，多数脱落。器形较小，侈口，翻沿，鼓腹，平底。一侧自口沿至上腹部环耳，环耳上面有 3 个圆孔，竖向穿透，孔底缘留有凸痕，应是烧前穿孔的，耳略比口沿高。器高 7.3、口径 7.2、腹径 9.4、底径 5.8 厘米（图 3-191.1~3-191.3）。

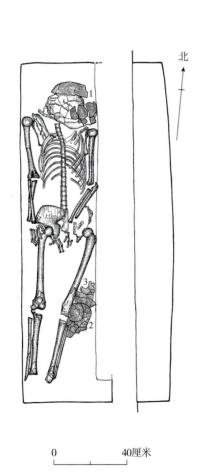

北

0　　　　40厘米

图 3-188.1　M66 平、剖面图
1. 陶釜　2. 陶垂囊盉　3. 陶单把罐

图 3-188.2　M66（南—北）

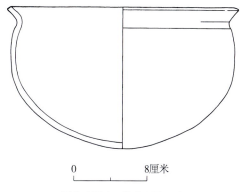

0   8厘米

图 3-189.1 陶釜 M66：1

图 3-189.2 陶釜 M66：1

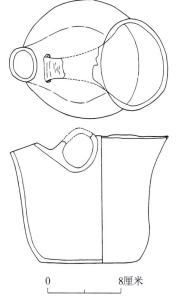

0   8厘米

图 3-190.1 陶垂囊盉 M66：2

图 3-190.2 陶垂囊盉 M66：2

图 3-190.3 陶垂囊盉 M66：2

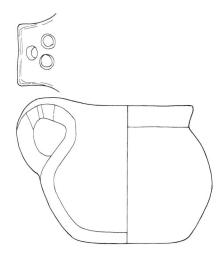

0   4厘米

图 3-191.1 陶单把罐 M66：3

图 3-191.2 陶单把罐 M66：3

图 3-191.3 陶单把罐 M66：3

M67

位于 T5122，开口于⑤层下⑥层层面。被 M58、M59 打破。

此墓为长方形竖穴土坑墓，墓坑长 2.45、宽 0.55 米，深 0.18 米。墓内填土堆积为灰黑色土，夹有灰白色土块及少量草木灰，土质较为疏松。墓底有板状木质葬具，两端长于人骨遗骸，并接近与南北两端墓坑壁。葬具残长约 2.35、宽约 0.38 米。在墓西部上肢骨一侧还留存有上层葬具。

墓内人骨保存基本完好，葬式为俯身直肢葬。头向 348°，面向墓底。在头骨周围有少量陶罐碎片，无法复原并辨明器形。

此墓没有发现随葬品（图 3-192.1~3-192.3）。

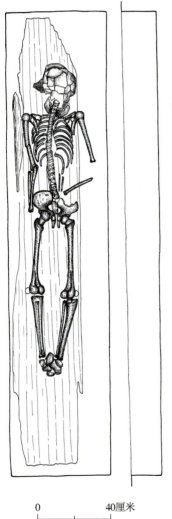

0   40厘米

图 3-192.1　M67 平、剖面图

图 3-192.2　M67（南—北）

图 3-192.3　M67 局部

M68

位于 T5122，开口于⑤层下⑥层层面，被 M58 和 M67 打破。

此墓为长方形竖穴土坑墓，墓坑长 1.98、残存宽约 0.29 米，深　0.17~0.20 米。墓内填土堆积为黑灰色土，夹有少量的红烧土颗粒及较多的草木灰，土质略显疏松。

墓内人骨保存较差，仅存部分头骨，且骨质疏脆，头向 349°　。无法判明其葬式。

出土随葬器物 4 件，其中陶豆两件，均是打碎后放置。M68：1 在头骨北侧，复原了豆盘，没有豆圈足。由于这件器物西侧被破坏，因此，是原先就是随葬豆盘还是因后期破坏而缺失圈足无法确定。M68：2 陶豆在墓中部东侧，基本能拼对复原，仅缺失少量碎片。陶罐 1 件（M68：4）也在 M68：2 豆之下，缺少较多的陶片，但大致能复原。另有骨镞 1 件（M68：3），大致在胸部位置，南北向放置，基本完整（图 3-193.1、3-193.2）。

M68：1，陶豆。泥质陶，含少量的细砂。夹心胎，里为黑色，较厚，再外为橙黄色薄层，器表有橙红色陶衣。浅盘，外沿呈六角形，六边略有凹弧。细柄，圈足部分基本成碎片，无法复原。从残碎陶片观察，圈足为喇叭形，圈足上还有有几个圆形穿孔。残高 12.4、口径 34.2 厘米（图 3-194.1、3-194.2）。

M68：2，陶豆。夹砂陶，夹细砂。夹心胎，内里黑色，外表为灰红色薄层，器表有橙褐色陶衣，大多剥落。圈足内壁露黑胎。豆盘略深，外沿呈凹弧边的六角形。细柄，喇叭形圈足，柄与圈足之间陶片缺失无法复原相连。器高 28.6、口径 34.0、足径 22.8 厘米（图 3-195.1、3-195.2）。

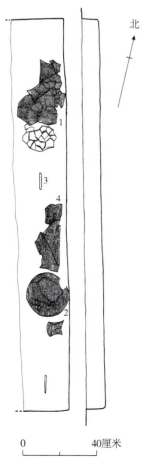

0　　　　40厘米

图 3-193.1　M68 平、剖面图　　　　　　　图 3-193.2　M68（北—南）
1.2.陶豆　3.骨锥　4.陶罐

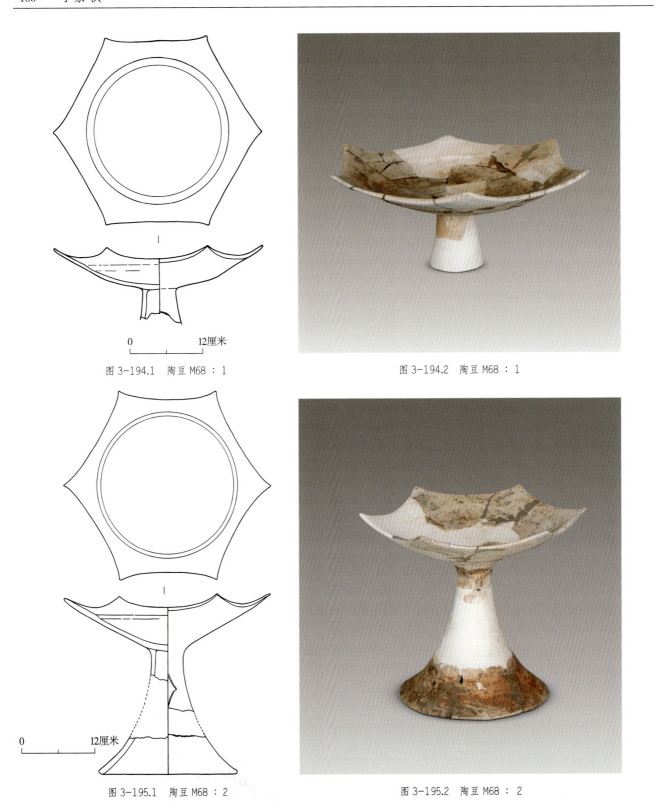

图 3-194.1 陶豆 M68：1

图 3-194.2 陶豆 M68：1

图 3-195.1 陶豆 M68：2

图 3-195.2 陶豆 M68：2

M68：3，骨锥。出土时断为两截。动物肢骨片制成，部分朽蚀。尾端貌似磨成圆铤，尖断残，器形不清。器体断面扁圆，保留骨壁凹形。残长 9.4 厘米（图 3-196.1~3-196.3）。

M68：4，陶罐。泥质陶，含少量细砂，橙红色胎，但器表和内壁略显灰黑色，局部留有不太明显的烟炱。整器稍不规整，圆唇，微鼓腹，圜底。器高 12.6、口径 18.2、腹径 19.2 厘米（图 3-197.1、3-197.2）。

0　　　　2厘米

图 3-196.1　骨锥 M68：3　　　　　图 3-196.2　骨锥 M68：3　　　　　图 3-196.3　骨锥 M68：3

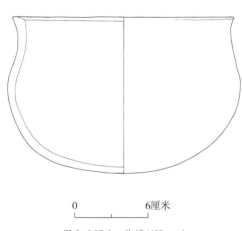

0　　　　　　6厘米

图 3-197.1　陶罐 M68：4　　　　　　　　　　图 3-197.2　陶罐 M68：4

M69

位于 T5122，开口于③层下⑤层层面。M65 叠压其上，又被 M38、M70 打破。

此墓为长方形竖穴土坑墓，TG2 发掘时对该墓的东壁造成一定的破坏。墓坑长 2.10、宽 0.28~0.60 米，深 0.21 米。墓内填土堆积为灰黄色土，夹有少量红烧土颗粒及草木灰，土质略显结实。

墓内人骨保存较好，葬式为俯身直肢葬，头向 344°，面向西。右下肢骨部分缺失。

共出土随葬器物 12 件，包括陶器、骨器等，头骨之下及北侧有打碎后放置的陶豆（M69：1）和陶罐（M69：25）各 1 件，复原时确认陶豆碎片保存基本完整。在右胸部肋骨下有一组 5 件骨锥（M69：2~6）呈南北向放置，而在两股骨之间也有一组 4 件骨锥（M69：7~10）。在右股骨内侧，还有 1 件骨雕（M69：31）。另外，出土大型动物的掌骨和跖骨共 19 件（M69：11~24、26~30）放置在头骨西北侧（图 3-198.1~3-198.4）。

M69：1，陶豆。泥质陶，夹极细小的砂屑。夹心胎，内芯黑色，略厚，再外是灰红色薄层，圈足内壁露黑胎。

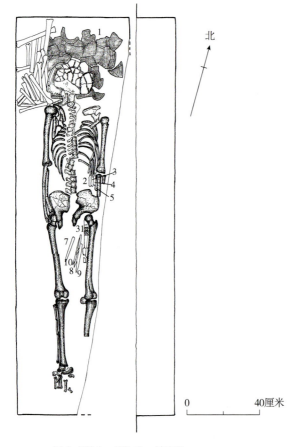

北

0   40厘米

图 3-198.1 M69平、剖面图
1.陶豆 2~10.骨锥
11.12.17.21~24.26~30.动物掌骨
13.15.动物距骨＋跗骨 14.16.18~20.动物距骨
25.陶罐 31.骨雕(6在5之下)

图 3-198.3 M69（南—北）

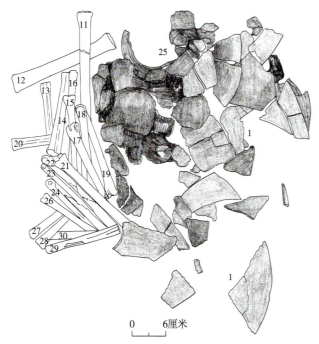

0   6厘米

图 3-198.2 M69：1、11 ～ 30分布细部图

图 3-198.4 M69局部

器表有褐色陶衣，豆盘外壁的陶衣基本剥落，盘内壁部分保存。保存部分的边界以陶片破碎的边缘为界，保存部分陶衣略显黑色。圆形浅盘，宽沿弧凸，其中有 1 对小孔。细柄，高圈足。器高 33.6~34.6、口径 32.8、足径 27.0 厘米（图 3-199.1、3-199.2）。

M69∶2，骨锥。出土时断为两截，动物肢骨片制成，磨制精致，长条形，器体扁薄，背面留有骨壁的凹形，浅端锥尖，锋利。长 12.2 厘米（图 3-200.1~3-200.4）。

M69∶3，骨锥。未完全制作成型。出土时断为两截，动物肢骨片制成，表面留有切割痕迹。骨壁原有凹形尚存。长 13.7 厘米（图 3-201.1~3-201.4）。

M69∶4，骨锥。未完全制作成型。出土时断为 3 截，动物肢骨片制成，骨壁凹形尚存，纵向留有切割面及线痕。长 13.5 厘米（图 3-202.1~3-202.4）。

M69∶5，骨锥。未完全制作成型。出土时断为 5 截，动物肢骨片制成，骨壁凹形尚存。一端略残，一端还留有骨关节头。有纵向切割面。长 17.8 厘米（图 3-203.1~3-203.4）。

M69∶6，骨锥。未完全制作成型。出土时断为 5 截。动物肢骨片制成，骨壁凹形尚存。一端微残，一端留有关节头。表面有两个纵向切割面。长 18.4 厘米（图 3-204.1~3-204.4）。

M69∶7，骨锥。出土时断为 3 截。动物肢骨片制成，背面有骨壁凹形直至尖端。整体呈扁平长条形，基本完整，磨制较精。前端三角形，锥尖，尖端略残。长 14.3 厘米（图 3-205.1~3-205.4）。

M69∶8，骨锥。出土时断为 3 截。动物肢骨片制成，背面的骨壁凹形基本磨平。整体为断面呈三角形的长条形。尾段微扁平，并留有切割痕迹，前端三角形锥尖，略残损。长 16.2 厘米（图 3-206.1~3-206.3）。

M69∶9，骨锥。出土时断为两截。用动物肢骨片制成，背面留有骨壁凹形，有纵向切割痕和切割面，前段有制作摩擦线痕。长条形，两端略残，残长 11.9 厘米（图 3-207.1~3-207.3）。

M69∶10，骨锥。出土时断为两截，动物肢骨片制成，背面留有骨壁凹形。正面基本为骨骼原形，尾端残损，有一些磨制线形擦痕。前端斜向切割呈三角尖形，呈锥尖形，断面微三棱形。残长 14.5 厘米（图 3-208.1~3-208.3）。

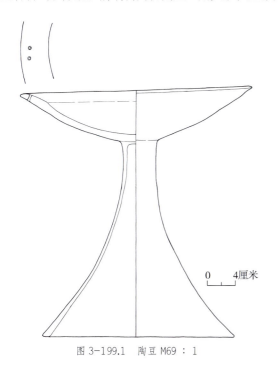

图 3-199.1　陶豆 M69∶1

图 3-199.2　陶豆 M69∶1

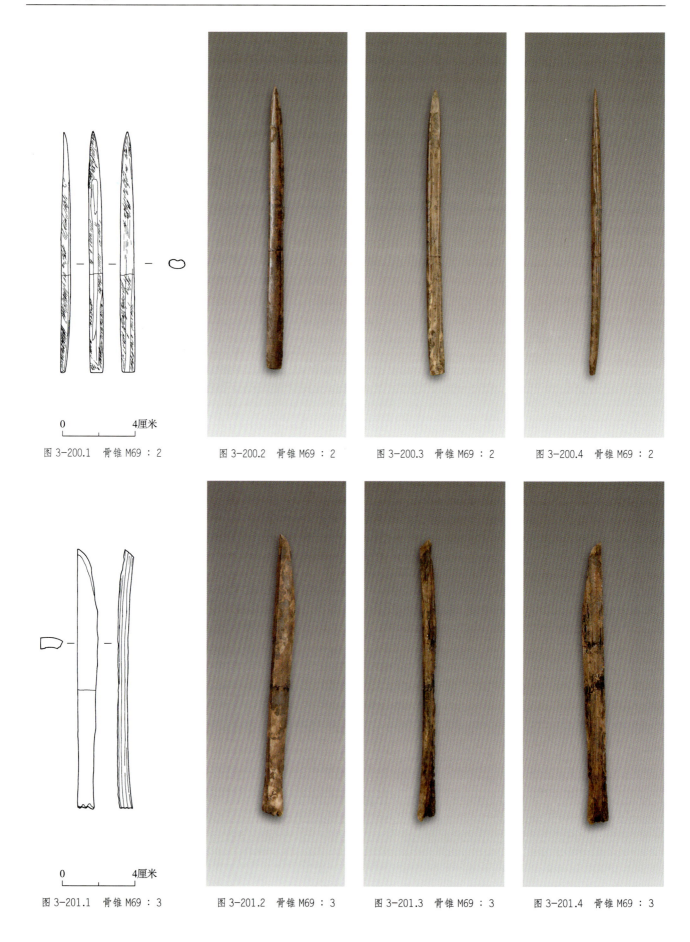

0　　　　　4厘米

图 3-200.1　骨锥 M69：2　　　图 3-200.2　骨锥 M69：2　　　图 3-200.3　骨锥 M69：2　　　图 3-200.4　骨锥 M69：2

0　　　　　4厘米

图 3-201.1　骨锥 M69：3　　　图 3-201.2　骨锥 M69：3　　　图 3-201.3　骨锥 M69：3　　　图 3-201.4　骨锥 M69：3

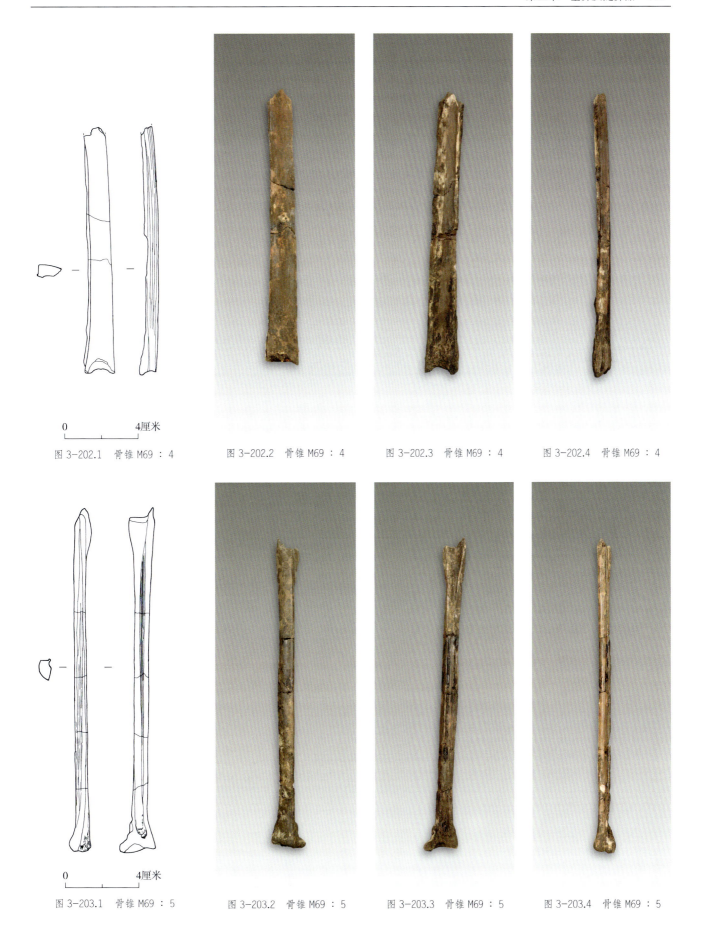

0 　　　　4厘米

图 3-202.1　骨锥 M69：4　　　　图 3-202.2　骨锥 M69：4　　　　图 3-202.3　骨锥 M69：4　　　　图 3-202.4　骨锥 M69：4

0 　　　　4厘米

图 3-203.1　骨锥 M69：5　　　　图 3-203.2　骨锥 M69：5　　　　图 3-203.3　骨锥 M69：5　　　　图 3-203.4　骨锥 M69：5

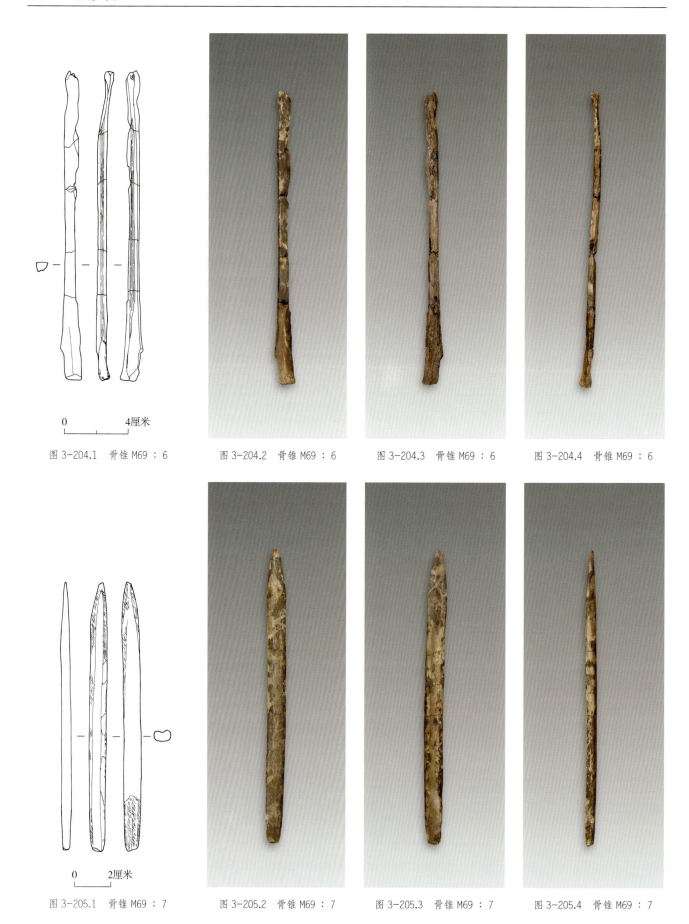

0　　　　　　4厘米

图 3-204.1　骨锥 M69：6　　　　　图 3-204.2　骨锥 M69：6　　　　　图 3-204.3　骨锥 M69：6　　　　　图 3-204.4　骨锥 M69：6

0　　　2厘米

图 3-205.1　骨锥 M69：7　　　　　图 3-205.2　骨锥 M69：7　　　　　图 3-205.3　骨锥 M69：7　　　　　图 3-205.4　骨锥 M69：7

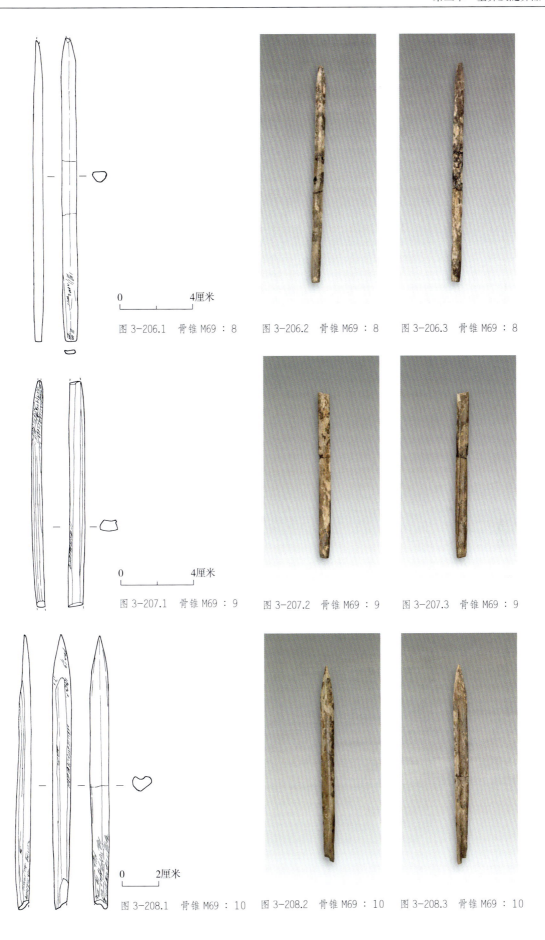

图 3-206.1　骨锥 M69 : 8　　图 3-206.2　骨锥 M69 : 8　　图 3-206.3　骨锥 M69 : 8

图 3-207.1　骨锥 M69 : 9　　图 3-207.2　骨锥 M69 : 9　　图 3-207.3　骨锥 M69 : 9

图 3-208.1　骨锥 M69 : 10　　图 3-208.2　骨锥 M69 : 10　　图 3-208.3　骨锥 M69 : 10

M69：11，鹿科动物掌骨（图 3-209.1、3-209.2）。

M69：12，鹿科动物掌骨（图 3-210.1、3-210.2）。

M69：13，鹿科动物跖骨 + 跗骨（图 3-211.1、3-211.2）。

M69：14，鹿科动物跖骨（图 3-212.1、3-212.2）。

M69：15，鹿科动物跖骨 + 跗骨（图 3-213.1、3-213.2）。

M69：16，鹿科动物跖骨（图 3-214.1、3-214.2）。

M69：17，鹿科动物掌骨（图 3-215.1、3-215.2）。

M69：18，鹿科动物跖骨（图 3-216.1、3-216.2）。

M69：19，鹿科动物跖骨（图 3-217.1、3-217.2）。

M69：20，鹿科动物跖骨（图 3-218.1、3-218.2）。

M69：21，鹿科动物掌骨（图 3-219.1、3-219.2）。

M69：22，鹿科动物掌骨（图 3-220.1、3-220.2）。

M69：23，鹿科动物掌骨（图 3-221.1、3-221.2）。

M69：24，鹿科动物掌骨（图 3-222.1、3-222.2）。

M69：25，陶罐。泥质黑陶，器底陶胎含细砂。从陶片断面看，器表存在一层黑色陶衣，磨光但多处有剥落痕迹。侈口，斜宽沿，微鼓腹，圜底近平，腹与底未能连接复原。腹部外壁一周宽约 1.0 厘米的微凹痕。口径 15.0 厘米（图 3-223.1、3-223.2）。

M69：26，鹿科动物掌骨（图 3-224.1、3-224.2）。

M69：27，鹿科动物掌骨（图 3-225.1、3-225.2）。

M69：28，鹿科动物掌骨（图 3-226.1、3-226.2）。

M69：29，鹿科动物掌骨（图 3-227.1、3-227.2）。

M69：30，鹿科动物掌骨（图 3-228.1、3-228.2）。

M69：31，骨雕。出土时残为碎片，带土起取。为动物肋骨制成，形态不明。两端均残，中部表面单条阴线菱格刻划。残长 15.0、厚约 0.3 厘米（图 3-229.1、3-229.2）。

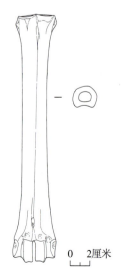

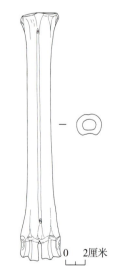

图 3-209.1　动物掌骨　　　　图 3-209.2　动物掌骨　　　　图 3-210.1　动物掌骨　　　　图 3-220.2　动物掌骨
　　　　M69：11　　　　　　　　　M69：11　　　　　　　　　M69：12　　　　　　　　　M69：12

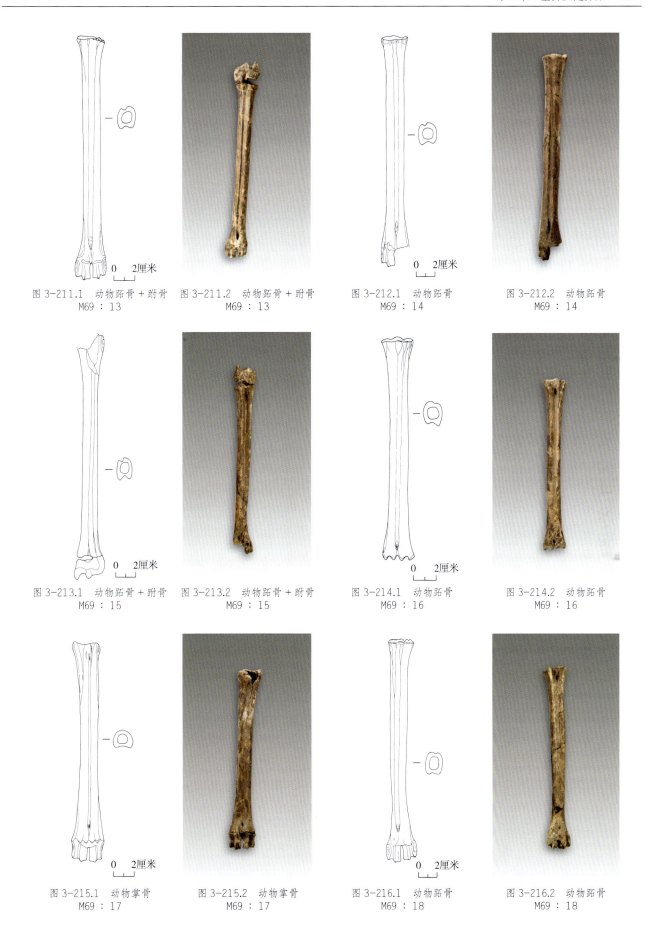

图 3-211.1 动物距骨 + 跗骨
M69：13

图 3-211.2 动物距骨 + 跗骨
M69：13

图 3-212.1 动物距骨
M69：14

图 3-212.2 动物距骨
M69：14

图 3-213.1 动物距骨 + 跗骨
M69：15

图 3-213.2 动物距骨 + 跗骨
M69：15

图 3-214.1 动物距骨
M69：16

图 3-214.2 动物距骨
M69：16

图 3-215.1 动物掌骨
M69：17

图 3-215.2 动物掌骨
M69：17

图 3-216.1 动物距骨
M69：18

图 3-216.2 动物距骨
M69：18

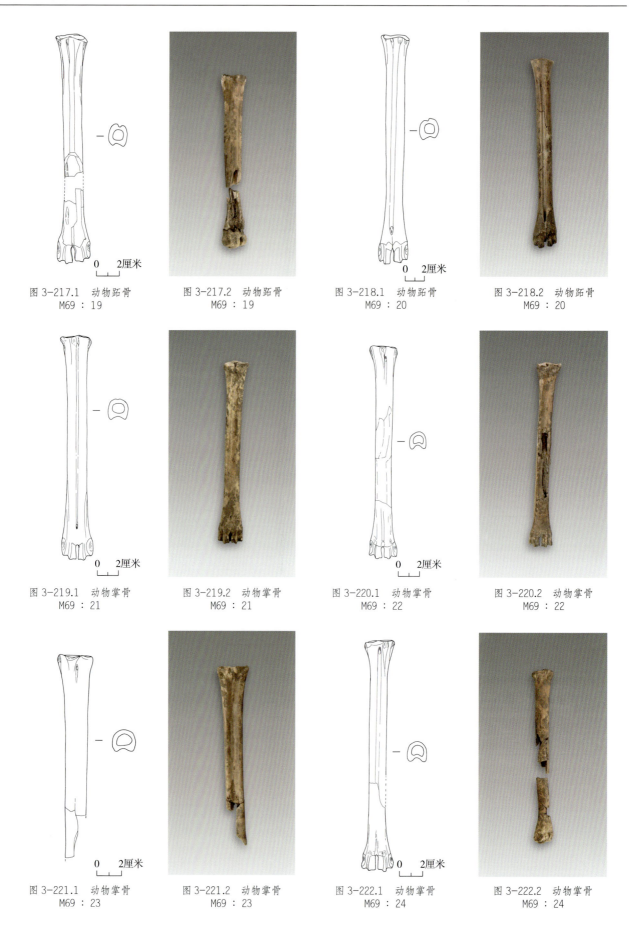

图 3-217.1　动物跖骨　　　图 3-217.2　动物跖骨　　　图 3-218.1　动物跖骨　　　图 3-218.2　动物跖骨
　　　M69：19　　　　　　　　M69：19　　　　　　　　M69：20　　　　　　　　M69：20

图 3-219.1　动物掌骨　　　图 3-219.2　动物掌骨　　　图 3-220.1　动物掌骨　　　图 3-220.2　动物掌骨
　　　M69：21　　　　　　　　M69：21　　　　　　　　M69：22　　　　　　　　M69：22

图 3-221.1　动物掌骨　　　图 3-221.2　动物掌骨　　　图 3-222.1　动物掌骨　　　图 3-222.2　动物掌骨
　　　M69：23　　　　　　　　M69：23　　　　　　　　M69：24　　　　　　　　M69：24

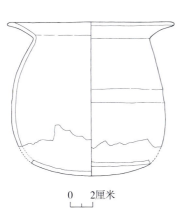

0　　2厘米

图 3-223.1　陶罐 M69：25　　　　　　　　　图 3-223.2　陶罐 M69：25

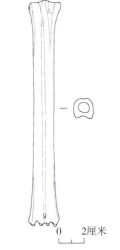

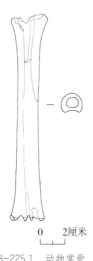

0　　2厘米

0　　2厘米

图 3-224.1　动物掌骨　　　图 3-224.2　动物掌骨　　　图 3-225.1　动物掌骨　　　图 3-225.2　动物掌骨
　　M69：26　　　　　　　　　M69：26　　　　　　　　　M69：27　　　　　　　　　M69：27

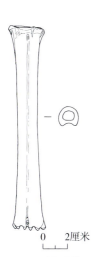

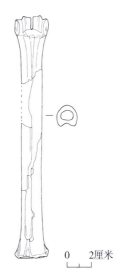

0　　2厘米

0　　2厘米

图 3-226.1　动物掌骨　　　图 3-226.2　动物掌骨　　　图 3-227.1　动物掌骨　　　图 3-227.2　动物掌骨
　　M69：28　　　　　　　　　M69：28　　　　　　　　　M69：29　　　　　　　　　M69：29

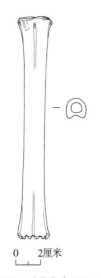

0   2厘米

图 3-228.1 动物掌骨 M69：30

图 3-228.2 动物掌骨 M69：30

0   4厘米

图 3-229.1 骨雕 M69：31

图 3-229.2 骨雕 M69：31

M70

位于 T5122，开口③层下⑤层层面，墓坑东半被 M38 打破。

此墓为长方形竖穴土坑墓，墓坑东部及南部受其他墓葬严重破坏，现存墓坑残长 1.44 米，残存最宽约 0.37 米，深 0.15 米。墓内填土堆积为黑灰色土，土质松软，含有少量红烧土颗粒及较多的草木灰。

墓内人骨仅部分头骨及少量肢骨、肋骨，且保存状况较差，大致可判断葬式为俯身直肢葬，头向 338°。

出土随葬器物 2 件，其中陶罐（M70：1）和陶豆（M70：2）各 1 件，出自头骨北侧。这两件陶器均因陶片严重缺少而无法复原（图 3-230.1、3-230.2）。

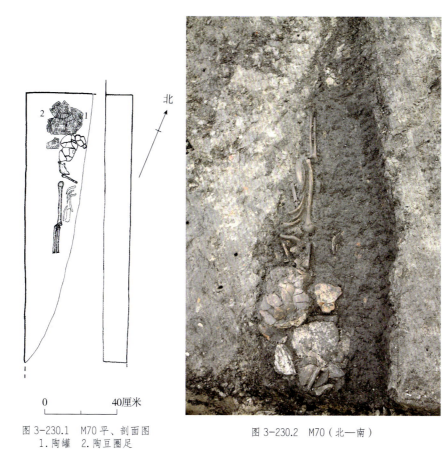

图 3-230.1 M70 平、剖面图　　　　　图 3-230.2 M70（北—南）
1. 陶罐　2. 陶豆圈足

　　M70：1，陶罐。仅有极少的口沿和器底残碎片。泥质陶，灰红色，平折宽沿，沿面有橙红色陶衣。微鼓腹，平底。整器制作不规整，器表不平，大量陶片缺失，无法复原，腹、底也无法复原连接。口径约 17.0 厘米（图 3-231.1、3-231.2）。

　　M70：2，陶豆圈足。仅存极少碎片。泥质灰红陶，胎质疏松，较厚。这类陶质与其他所见陶豆不同，此器残片是否属豆应该存疑。足径约 24.0 厘米（图 3-232.1、3-232.2）。

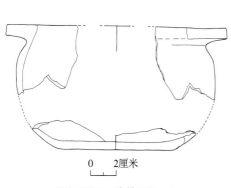

图 3-231.1 陶罐 M70：1

图 3-231.2 陶罐 M70：1

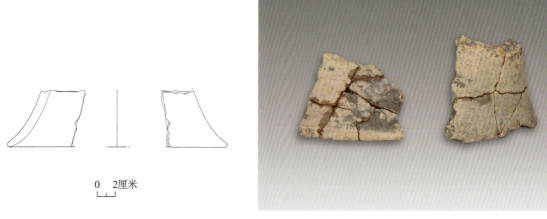

图 3-232.1 陶豆圈足 M70：2   图 3-232.2 陶豆圈足 M70：2

M71

位于 T5120。在③层下④层堆积层面发现比较整齐的人骨遗骸，主要是少量的下肢骨，可能是被后期堆积破坏的一座墓葬，给予墓葬编号记之。

根据下肢骨的形态特征，初步判断此墓在葬式为俯身葬。下肢骨的走向为 20°，可作为此墓头向之参考。

此墓没有发现随葬品（图 3-233.1、3-233.2）。

图 3-233.1 M71 平面图   图 3-233.2 M71（南—北）

M72

位于 T5120 南部，开口于③层下④层层面。墓葬南半部被 M5 破坏，但未涉及到墓内人骨。同时打破 M79 的西边墓坑。

此墓为长方形竖穴土坑墓，墓坑长 1.80、宽 0.44 米，深 0.05~0.10 米。墓内填土堆积为灰黑色土，含有少量的红烧土颗粒及草木灰，土质较为结实，近人骨及墓底土质偏软，略带黏性。

墓内人骨保存较好，骨质较硬，唯跖骨已朽无存。葬式为俯身直肢葬，头向 7°，面向西。双臂微往里曲折，双手压于盆骨之下。

出土随葬器物 2 件，均为骨器。1 件骨锥（M72：1）位于两膝之间。另 1 件骨锥（M72：2）在右下肢骨东侧（图 3-234.1、3-234.2）。

M72：1，骨锥。出土时断为 3 截，动物肢骨片制成，背面骨壁凹形基本磨平。长条形，尾端磨成圆柱形，略残。器体断面呈三角形，前端锥尖，残损。残长 16.0 厘米（图 3-235.1~3-235.3）。

M72：2，骨锥。残损，仅存前端小部分，断面圆形，尖端圆钝。残长 3.6 厘米（图 3-236.1、3-236.2）。

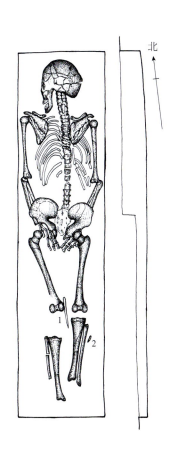

北

0　20厘米

图 3-234.1　M72 平、剖面图
1.2.骨锥

图 3-234.2　M72（南—北）

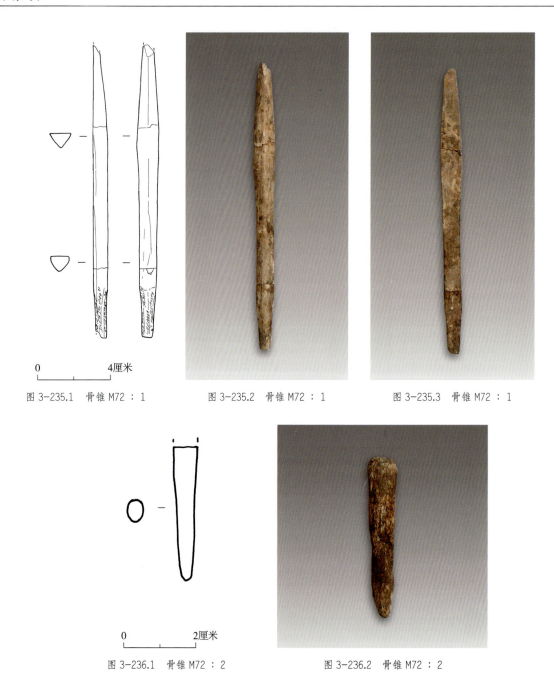

图 3-235.1　骨锥 M72 : 1　　　　图 3-235.2　骨锥 M72 : 1　　　　图 3-235.3　骨锥 M72 : 1

图 3-236.1　骨锥 M72 : 2　　　　图 3-236.2　骨锥 M72 : 2

M73

位于 T5121。在③层下⑤层层面发现少量下肢骨及随葬器物，没有发现墓坑，应是被后期扰乱破坏的残存，原应是叠压在 M69 之上。残存的肢骨较为腐朽，其走向为 355°，可作墓葬头向之参考。

在肢骨北部出土玉玦 1 件（M73 : 1），肢骨的东侧有陶豆（M73 : 2）的残破碎片，数量较少，无法判断器形（图 3-237.1、3-237.2）。

M73 : 1，玉玦。灰白色。有褐色瑕斑。圆环形，两面平，外缘弧凸，内缘对钻，切成斜面。玦口自一面向另一面线切割，至末端敲击，留有磕痕。器表磨制光滑。直径 4.2、孔径 2.6、厚 0.8 厘米（图 3-238.1~3-238.4）。

M73 : 2，陶豆（残）。仅存数片陶片，夹细砂灰红色的陶胎，大致可以判断为陶豆的残片。仅为碎片，无法判断器形。

北

0　　　　　　40厘米

图 3-237.1　M73 平面图
1.玉玦　2.陶豆

图 3-237.2　M73（南—北）

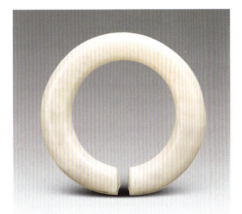

图 3-238.2　玉玦 M73：1

图 3-238.3　玉玦 M73：1

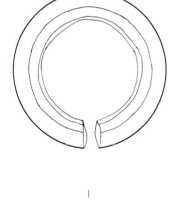

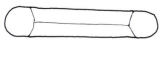

0　　　　　2厘米

图 3-238.1　玉玦 M73：1

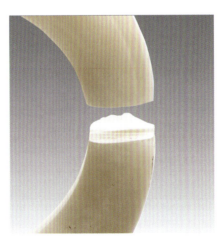

图 3-238.4　玉玦（M73：1）玦口切割痕

M74

位于 T5122。开口于⑤层下⑥层层面，墓葬东北角被 M22 叠压。

此墓为长方形竖穴土坑墓，墓坑长 1.83、宽 0.5~0.53 米，墓坑深 0.07~0.15 米，墓坑底略呈北端高南端低，的状况。墓内填土堆积为灰黑色土，夹有少量红烧土颗粒及草木灰，土质较为坚硬。

墓内人骨保存较好，骨质坚硬。葬式为侧身曲肢葬。头向 355°，面略向东。

出土随葬器物 2 件，其中陶豆 1 件（M74：1）出在左手一侧，陶片有较多的缺失，仅大致复原了豆盘。在右臂一侧有陶罐 1 件（M74：2），残存的陶片不多，无法复原，仅能简略判定器类（图 3-239.1、3-239.2）。

M74：1，陶豆。陶片缺失，仅可复原豆盘。泥质陶，夹心胎，里为黑胎，再外为灰红色薄层。器表有橙褐色陶衣，大多剥落。圆形浅盘，宽沿，弧凸沿，盘底外壁留有盘与豆柄粘接痕迹。残高 6.2、口径 32.2 厘米（图 3-240.1、3-240.2）。

M74：2，陶罐。夹砂灰黑陶，细砂，器表可见部分砂粒。侈口，宽沿，沿面微内凹，折腹，底不明，上腹部几何形刻划纹（图 3-241.1、3-241.2）。

北

0　　20厘米

图 3-239.1　M74 平、剖面图
1. 陶豆　2. 陶罐

图 3-239.2　M74（南—北）

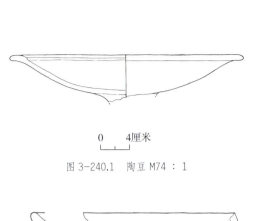

0 4厘米

图3-240.1 陶豆 M74：1

图3-240.2 陶豆 M74：1

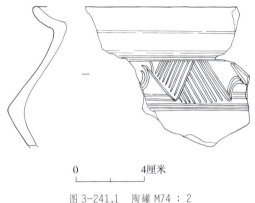

0 4厘米

图3-241.1 陶罐 M74：2

图3-241.2 陶罐 M74：2

M75

位于T5119。

此墓与M2相邻，在清理M2时部分在平面上被划入M2"墓坑"范围之内，最终确认M2以及此墓没有墓坑的可能性较大，现场判断M75的骨架叠压在部分M2的骨架之上。M75层位上应是在③层下④层层面，覆于骨架之上的堆积为灰黑色土，土质较为结实，内含少量的红烧土颗粒及碎陶片。

墓中人骨保存状况一般，葬式为俯身直肢葬，墓向约2°。右上肢无存，左手压在髋骨之下，跖骨也被破坏无存。北端未见头骨，由于已经紧靠探方北壁，再往北是工地保护大棚的柱子基础，因此没有进一步扩方，无法判断头骨是否存在的状况，根据现场的观察，可能是头骨已经遭到破坏。

此墓没有发现随葬品（图3-242.1、3-242.2）。

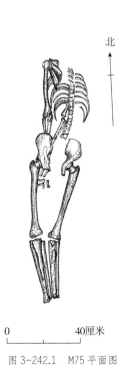

北

0 40厘米

图3-242.1 M75平面图

图3-242.2 M75（南—北）

M76

位于 T5118，开口于③层下④层层面，叠压在 M77 北端之上。

此墓受后期破坏严重，仅存墓的北端部分，从揭露的情况看，应是长方形竖穴土坑墓，墓坑残长约 0.65、宽 0.47米，深 0.10 米。墓坑内填土堆积为灰黑色土，土质较为结实，含有少量的红烧土颗粒和草木灰。

墓内人骨残损严重，保存差，仅存破碎的头骨、一段肱骨和少量肋骨。葬式不明，可能为俯身直肢葬。头向 0°，面向西。

出土随葬器物 2 件，其中陶盉 1 件（M76：1）位于头骨东北侧，局部压在头骨之上。陶盉的碎片略有缺失，但基本能复原。另 1 件为陶豆（M76：2），也是打碎后分散放置在头骨周围及头骨之下（图 3-243.1、3-243.2）。

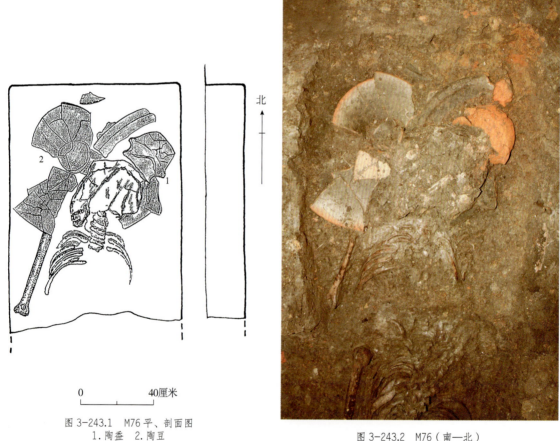

图 3-243.1　M76 平、剖面图
1.陶盉　2.陶豆

图 3-243.2　M76（南—北）

M76：1，陶盉。泥质红陶，胎薄，难以薄剔，陶片也有不少缺失，只能大致作了复原。侈口，折腹，平底，斜折沿。管状流残损，与流对称一侧在折腹位置有两个錾耳已残。器高 8.3、口径 11.3、腹径 12.0、底径 7.3 厘米（图 3-244.1、3-244.2）。

M76：2，陶豆。泥质陶，夹心胎，内里为黑胎，外表为（砖）红色层，厚薄均匀。再外还有一层极薄的灰红色层，表面有橙红色陶衣，大多脱落。豆盘凸沿贴附，盘内壁黑色层经抹光。圆形浅盘，弧凸沿，喇叭形圈足。圈足上有 5 个穿孔，烧后穿。整器变形，不规整，尤其是圈足略有变形，无法平整着地。器高 19.6~20.9、口径 26.4、足径 20.5 厘米（图 3-245.1、3-245.2）。

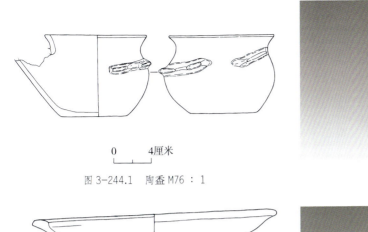

图 3-244.1　陶盂 M76：1

图 3-244.2　陶盂 M76：1

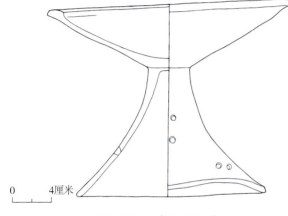

图 3-245.1　陶豆 M76：2

图 3-245.2　陶豆 M76：2

M77

位于 T5118。开口于③层下④层面，西半部分被 M8 打破，在清理 M8 墓底时已出露 M77 的人骨。

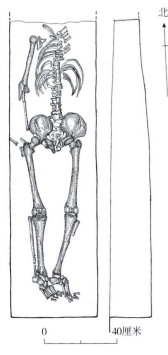

图 3-246.1　M77 平、剖面图

图 3-246.2　M77（南—北）

M77 与 M76 在起初清理时，在墓葬坑口平面确认是一个墓坑范围内，也就认定是属于一个墓。但在后续的清理过程中，进一步确认实际上是两个墓葬，且是 M76 叠压在 M77 之上，两者高差约 10 厘米。

此墓为长方形竖穴土坑墓，现存墓坑长 1.57、宽 0.46 米，深 0.13~0.22 米。墓底北端高南端低。墓内填土堆积为灰黑色土，夹有红烧土颗粒和少量草木灰，土质较为结实，近墓底部则土质松软略有黏性。

墓内人骨除头骨、右上肢骨等部分被破坏外，大部分人骨遗骸保存较好，骨质较硬。葬式为俯身直肢葬，头向为 2°。

此墓没有发现随葬品（图 3-246.1、3-246.2）。

M78

位于 T5119，开口于③层下④层层面。

此墓为长方形竖穴土坑墓，墓坑长 1.82、宽 0.48 米，深 0.05~0.15 米。墓坑中部被后期扰坑打破。墓内填土堆积为灰黑色土，土质较为结实，夹有红烧土颗粒。

墓内人骨由于扰坑的破坏，仅存少部分肢骨，没有发现头骨。葬式为俯身直肢葬，头向 357°。在下肢骨上叠压了一些人骨，多为肢骨，尚不能明确其成因。

在头部位置出土随葬器物陶罐 1 件（M78：1），陶器碎片略有缺失，但能复原（图 3-247.1、3-247.2）。

M78：1，陶罐。泥质陶，含少量砂粒，胎黑，外表灰红，折腹处以上胎较厚，折腹以下胎渐薄。口沿不平整，略有变形。敛口，圆唇，折腹，圜底。折腹处外壁对称两个錾耳。器高 8.9~9.5、口径 12.6、腹径 16.6 厘米（图 3-248.1、3-248.2）。

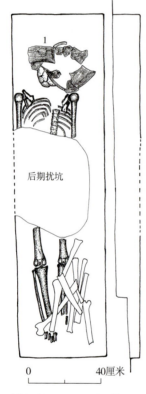

图 3-247.1　M78 平、剖面图
1. 陶罐

图 3-247.2　M78（南—北）

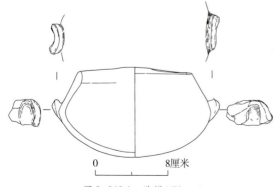

图 3-248.1　陶罐 M78：1

图 3-248.2　陶罐 M78：1

M79

位于 T5120。开口于③层下④层层面，被 M5 和 M72 打破，但未涉及墓内人骨。

此墓为长方形竖穴土坑墓，墓坑西壁因其他墓葬打破而受损。墓坑长 1.75、宽 0.42 米，深 0.11 米。墓内填土堆积为灰黑色土，土质较为疏松，并含有少量的红烧土颗粒及较多的动物碎骨。

墓内人骨肋骨和脊椎骨外保存较好，葬式为仰身直肢葬。右壁部分受损缺失，双手置于盆骨上。头向 0°，面朝上微向西。

出土随葬器物 2 件，头骨东侧为陶罐（M79：1），另有一件陶豆（M79：2）的碎片分散于头侧、右肩侧及胸腹部，当是打碎后放置。由于 M79 在清理记录后直接回填保存，留为遗址现场展示之需，因此未起取该墓的人骨和随葬器物（图 3-249.1、3-249.2）。

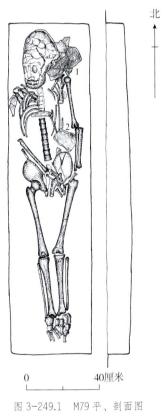

北

0　　　　40厘米

图 3-249.1　M79 平、剖面图
1. 陶罐　2. 陶豆

图 3-249.2　M79（东—西）

M80

位于 T5120，开口于③层下④层层面。

此墓为长方形竖穴土坑墓，墓坑长 1.50、宽 0.42 米，深 0.09 米。墓内填土堆积为灰黄色土，含有较多的红烧土颗粒及少量草木灰，土质较为结实并呈颗粒状。

墓内人骨保存较差，头骨及上身部分腐朽严重，勉强可以剥剔出轮廓，可知葬式为俯身直肢葬。头向 357°。

此墓没有发现随葬品（图 3-250.1、3-250.2）。

执笔：芮国耀

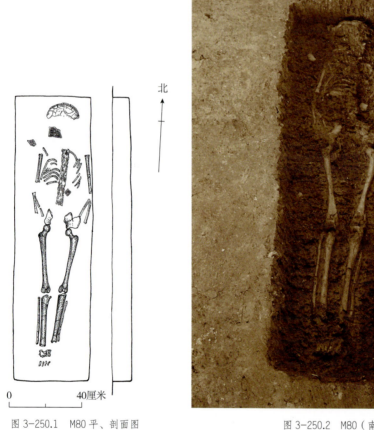

北

0   40厘米

图 3-250.1   M80 平、剖面图   图 3-250.2   M80（南—北）

第四章　植物遗存及稻作农耕遗迹调查

1959 年马家浜遗址的发掘，揭开长江下游太湖地区一支新史前文化的面貌。经过上世纪 80 年代浙江、江苏等地的考古发掘，它的特征更多地得到揭示，大大丰富了马家浜文化的内涵。经过考古工作者的不懈努力，马家浜文化的分布、内涵、特征、年代、分期、类型及其与相邻地区考古学文化的关系等诸多问题愈来愈清晰。受河姆渡遗址发掘工作的影响，20 世纪 80 年代以后的马家浜文化遗址的考古发掘中，考古发掘工作者开始重视考古遗址的植物遗存收集，几乎每个马家浜文化遗址都有稻谷遗存的发现。由于时代的局限性，这些遗址没有开展专门的系统植物遗存调查和研究，也留下了一些遗憾。

稻田是稻作生产活动的主要对象，包含丰富的稻作生产信息，能较全面反映生产力状况。稻作农耕遗迹的考古调查和发掘对我们获取史前农耕生产耕作方式和方法、生产规模大小、土地生产率等多方面反映稻作农耕生产力水平方面的信息具有无可替代的作用。随着现代科学技术的进步，农耕遗迹考古调查和发掘技术日臻成熟。20 世纪 90 年代中期，中日考古工作者开展了草鞋山遗址的稻作农耕遗迹的联合调查和发掘，发现了马家浜文化晚期的利用自然地形开垦的古稻田，田块形状不规则，面积大小不等，1~10 平方米，有相应的蓄水坑、水沟等设施，[1] 这也是我国首次开展的稻作农耕遗迹考古调查和发掘。草鞋山稻作农耕遗迹的发现，开创了我国考古工作的新领域，提出了重新科学评估马家浜文化时期稻作农业发展水平的要求，进一步开展稻作农耕遗迹调查和发掘是提升马家浜文化时期稻作农业认识的主要途径。

第一节　植物遗存调查

鉴于长江下游太湖平原地区降雨量多、地势低、地下水位高，植物遗存常以饱水状态存在，我们把水洗和浮选两种方法相结合，提取了遗址地层和遗迹的土壤中的植物遗存。分拣分类后，通过形态观察进行种属鉴定，共鉴定出植物种子 14 种，分属禾本科（Gramineae）、睡莲科（Nymphaeaceae）、菱科（Trapaceae）、葫芦科（Cucurbitaceae）、柿科（Ebenaceae）、藜科（Chenopodiaceae）、茄科（Solanaceae）、莎草科（Cyperaceae）、桑科（Moraceae）、蓼科（Polygonaceae）、豆科（Leguminosae）、蔷薇科（Rosaceae）等 12 科（表 4-1、图 4-1）。

稻米（*Oryza sativa*）（图 4-2）：均已经炭化，密度不高，平均每升土壤不到 1 粒。100 粒炭化米的平均长 4.50 毫米，宽 2.02 毫米，厚 1.48 毫米，长宽比 2.25，小于 3.5 的普通野生稻和栽培稻的稻谷长宽比判别境界值，[2] 为栽培稻；栽培稻的籼和粳的谷粒在长宽比方面存在差异，粳稻的长宽比约为 1.6~2.3（极个别的可达 2.5），多数在 2.0 以下；

---

[1]　谷建祥、李民昌、汤陵华、丁金龙、姚勤德、邹厚本：《草鞋山遗址发现史前稻田遗迹》，《农业考古》1996 年第 3 期。

[2]　王象坤：《中国稻作起源研究中几个主要问题的研究新进展》，《中国栽培稻起源与演化研究专集》2-7，中国农业大学出版社，1996 年。

籼稻的长宽比约为 2.0~3.0（高的可达 3.0 以上），多数在 2.0 以上，[1]马家浜遗址出土稻米长宽比 2.25，位于籼、粳分布的重合区域，不能从长宽比角度给出一个明确的亚种判断，但从小穗轴基盘的组织构造看，马家浜文化时期栽培的可能是粳稻品种。[2]在土壤中还发现数量较多的稻谷小穗轴遗存，数量远远超过炭化稻米（谷），在本次调查中没有就小穗轴的数量和密度进行专门的统计。炭化米数量约占植物种子的 15.5%。

芡实（*Euryale ferox*）：多数为炭化种子碎片，种皮较厚，表面可见密集点状纹饰，种脐特征明显，完整果实近圆形，直径 9.0~7.0 毫米，果仁直径约 6.0 毫米。为本次调查数量最多的植物遗存，约占 54.1%。

菱角（*Trapa sp.*）：多数为果实碎片，不见完整的果实。仅见一个较完整的果仁，呈三角形，长 15.0 毫米，宽 10.0 毫米。多数肩角不见尖锐的刺，与现代野生菱角在形态特征有较大差异，表现出人为干预或管理生长的痕迹。数量仅次于芡实遗存，约占 26.0%。

葫芦（*Lagenaria siceraria*），黄褐色，倒卵形，顶端平截，稀圆，长 11.0 毫米，宽 5.0 毫米。数量很少。

柿子（（*Diospyros sp.*）：深褐色，表面平滑，扁平椭圆形，背面狭披针形，腹面棱状，长 9.5~6.0 毫米，宽 6.0~3.5 毫米。

滨藜（*Atriplex sp.*）：粽褐色，椭圆形，背面宽披针形，被种皮包裹的胚呈漩涡状，胚根突出，长约 3.4 毫米，宽 1.8 毫米。约占 1.3%。

灯笼草（*Physali alkekengi*）：黄褐色，肾形，扁平，种子表面粗糙，有密集点状突起。长 2.2 毫米，宽 1.8 毫米。

藨草（*Scirpus sp.*）：深褐色，倒卵三棱形形状，侧面半卵形，背面有棱状凸起，腹面扁平，表面不清晰波纹。长 2.0 毫米，宽 1.7 毫米。

葎草（*Humulus scandens*）：灰褐色，宽椭圆形，背腹为凸透镜状，两侧有棱，果实形状，直径约 3.8 毫米。

酸模（*Rumex sp.*）：黑褐色，椭圆形三棱，棱明显，两端尖形，长 3.2 毫米，宽 1.6 毫米。

酸模叶蓼（*Polygonum lapathifolium*）：黑褐色，表面平滑，圆形，扁平，前有突起，背腹面中央有浅凹，长 2.5 毫米，宽 2.3 毫米。

豆科（*Leguminosae*）：深褐色，种皮光滑，椭圆型，长 3.1 毫米，宽 2.2 毫米。

禾本科（*Gramineae*）：褐色，没有光泽，长椭圆形长，背面弧形，腹面有凹沟，长 6.3 毫米，宽 3.1 毫米。

另外，在西排水沟的植物遗存调查中也发现了桃核碎片。由于数量少，且破碎，无法对它们进行进一步研究，但从局部的点沟结合纹饰看，可能为毛桃（*Amygdalus persica*）。

调查结果显示，马家浜遗址的植物遗存以湿地植物为主体，反映了生态位构成特色：水稻种植是当时先民的主要经济活动，采集或管理周围水域的菱角和芡实是当时获取植物性食物的重要方式。在杂草种子中滨藜数量最多。滨藜为藜科植物，多生长于海滨、轻度盐碱湿草地和沙土地。遗址中滨藜与水生植物同时出现可能反映了当时环境的变化，气候向干燥化方向发展，或土壤、河流和湖泊中的盐分上升。

以高燥山地为适宜生境的桃树，进入平原村寨，反映了当时先民在栽培水稻、管理一些水生、湿地植物获取食物的同时，也在村寨周围、房前屋后等一些高燥地带种植瓜果蔬菜等经济植物。

---

[1]　游修龄：《对河姆渡遗址第四文化层出土稻谷和骨耜的几点看法》，《文物》1976 年第 8 期。

[2]　Zheng, Y.F., Crawford, G.W., Jiang, LP. & Chen, X.G. Rice Domestication Revealed by Reduced Shattering of Archaeological rice from the Lower Yangtze valley. Scientific Reports 6, 28136 (2016).

表 4-1 马家浜遗址植物遗存调查结果

地层或遗迹		TG4④	TG4⑤	TG4⑥	TG4⑦	TG4⑥、⑦	T5017⑥	合计
土样 /L		56	65	70	60	232	174	657
炭化米	Oryza sativa	4	13	24	64	208	23	313
禾本科	Gramineae					2		2
芡实	Euryale ferox	17	408	155	340	173	243	1093
菱角	Trapa sp.	22	9	73	249	173	101	526
蔗草	Scirpus sp.			2	2	23		27
酸模	Rumex sp.					20		20
滨藜	Atriplex sp					27		27
柿子	Diospyros sp					2		2
葫芦	Lagenaria siceraria					3		3
酸模叶蓼	Polygonum lapathifolium					2		2
葎草	Humulus scandens					2		2
灯笼草	Physali alkekengi					2		2
豆科	Leguminosae					1		1
合计		43	430	254	655	638	367	2020

图 4-1 植物种实遗存

图 4-2 炭化米

1~3.芡实 4.葫芦 5.柿子 6-9.菱角 10、
11.野滨藜 12.豆科 13.禾本科 14.绿草
15~17.蔗草 18.灯笼草 19.酸模叶蓼 20.酸模
21~24.炭化米 25、26.小穗轴

第二节 稻作农耕遗迹调查

在遗址发掘期间，我们对发掘区周围南北宽约 300 米、东西长约 320 米、面积约 9.6 公顷的区域作了稻作农耕遗迹的钻探调查，钻孔间距 20~40 米（图 4-3），根据土质和土色，采取与遗址居住区文化层相对应的富含有机质的地层土样 71 份进行植物植硅体分析。

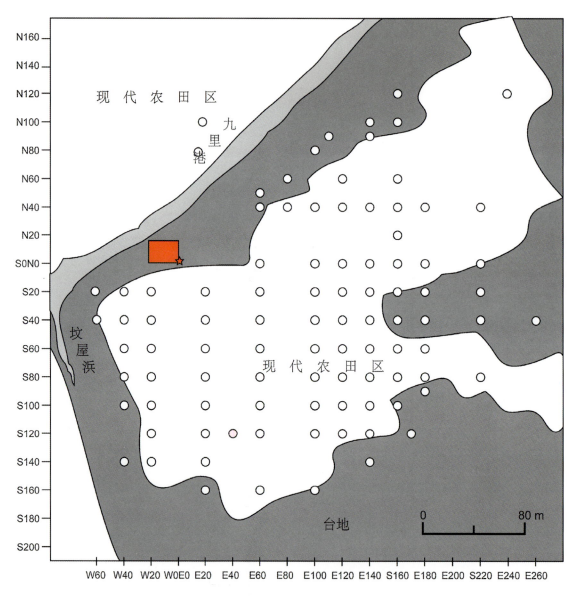

图 4-3 农耕遗迹调查钻孔点和范围

如表 4-2 所示，71 份钻孔土样有 41 份发现水稻植物植硅体，其中密度在 5000 粒 / 克以上的有 29 份，约占 71%，最高密度达 23 万粒 / 克以上，表明在发掘点东南侧开阔的现代稻田底下埋藏着富含水稻叶片运动细胞植硅体的地层，面积约 3 万平方米。根据钻孔土样植物植硅体的分析结果和钻孔过程中对地层土质、土色的观察，以及钻孔土壤中陶片、红烧土、

表 4-2　钻探地点植物植硅体分析结果

序号	钻探地点	距钻探地点地表深度 cm	距基准点地表深度 cm	植物植硅体密度 粒/g						
				稻属	芦苇属	芒属	竹亚科	黍属	双峰乳突	树木
1	N0E140	69~150	125.5	0	33924	0	0	0	0	0
2	N0E160	92~105	140.7	0	9879	0	0	0	0	0
3	N0E180	99~102	156.4	0	4430	0	0	0	0	0
4	N20E160	100~125	148.6	0	4682	0	0	0	0	0
5	N40E60	100~163	85.4	81529	0	0	0	0	0	56443
6	N40E80	150~155	97.2	128524	0	0	0	0	0	70481
7	N40E80	155~177	102.2	11136	0	0	0	0	0	5568
8	N40E80	177~230	124.2	36951	0	0	0	0	1895	20844
9	N40E100	83~118	137.6	2732	0	0	0	0	0	7285
10	N40E120	90~112	135.4	6962	0	0	0	0	0	2785
11	N40E120	88~131	133.4	51948	0	0	0	0	0	11132
12	N40E140	100~112	148.2	16690	0	0	0	0	0	4552
13	N40E160	107~127	160.0	1454	0	0	0	0	0	4362
14	N40E180	95~111	156.8	0	0	0	0	0	0	0
15	N50E60	118~154	107.6	15143	37858	0	0	0	12115	3029
16	N60E80	173~187	135.8	28006	44810	0	0	0	51811	1400
17	N60E80	195~205	157.8	35170	41031	0	0	0	39566	7327
18	N60E120	88~110	134.4	0	25472	0	0	0	0	0
19	N60E120	110~127	156.4	0	140101	0	0	0	0	0
20	N60E160	100~124	149.3	0	5707	0	0	0	0	0
21	N60E160	124~	174.3	0	0	0	0	0	0	0
22	N100E160	111~139	143.5	0	0	0	0	0	0	0
23	S20E20	47~68	91.9	42829	34799	0	0	0	892	4461
24	S20E60	80~112	127.8	223023	14685	0	0	0	0	16520
25	S0E120	95~130	146.8	4178	25069	0	0	0	4178	1393
26	S0E140	122~134	105.6	5903	19184	0	0	0	1476	0
27	S20E100	50~129	95.2	18157	24210	0	0	0	0	10087
28	S20E120	102~170	150.4	24752	38614	0	0	0	990	20792
29	S20E160	96~110	148.0	0	2941	0	0	0	0	0
30	S20W20	40~92	89.7	22781	53486	0	0	0	1981	19810
31	S20W40	71~110	118.0	14625	15600	0	0	0	1950	11700
32	S20W40	110~129	157.0	10951	19911	0	0	0	996	1991
33	S20W40	129~	176.0	0	14301	0	0	0	0	0
34	S20W51	115~131	159.8	17899	43753	0	0	0	994	994
35	S40E80	114~150	157.5	44457	48903	0	0	0	13337	13337
36	S40E120	113~126	156.7	25905	0	0	0	0	0	2878

37	S40E120	126~139	169.7	23761	0	0	0	0	0	10967
38	S40E120	139~154	182.7	15629	0	0	0	0	0	15629
39	S40E160	113~130	162.6	0	0	0	0	0	0	0
40	S40E180	115~140	168.0	0	0	0	0	0	0	0
41	S40E220	280~	168.7	0	0	0	0	0	0	0
42	S40W40	85~132	128.3	1937	0	0	0	969	0	0
43	S60E60	90~120	139.1	18003	45482	0	0	0	0	18003
44	S60W20	88~128	136.6	16890	24772	0	0	0	0	7882
45	S60W40	94~108	139.9	3986	35871	0	0	0	0	9964
46	S60W40	108~149	153.9	14127	40496	0	0	0	0	4709
47	S60E100	120~150	171.7	15455	23182	0	0	0	0	6761
48	S60E100	150~170	201.7	26131	26131	0	0	0	0	15485
49	S60E120	121~147	184.6	10887	29551	0	0	0	0	20219
50	S60E140	122~143	172.0	0	13250	0	0	0	0	1472
51	S60E180	143~150	159.3	0	3010	0	0	0	0	0
52	S80W40	98~122	51.0	0	5604	0	0	0	0	0
53	S80W40	122~135	75.0	1469	11752	0	0	0	0	0
54	S80W40	135~	88.0	0	0	0	0	0	0	0
55	S80E100	190~200	340.6	0	23937	0	0	0	4224	0
56	S80W120	110~137	155.4	1335	8013	0	0	0	0	0
57	S80W160	122~125	167.2	0	5458	0	0	0	0	0
58	S100E60	110~132	152.9	2836	7090	0	0	0	0	0
59	S100W20	125~142	167.2	1298	14278	0	0	0	0	0
60	S100W40	153~193	126.8	0	7066	0	0	0	0	0
61	S100E100	103~119	151.3	1148	21816	0	0	0	2296	0
62	S100E120	105~130	158.8	0	4515	0	0	0	0	0
63	S100E140	93~113	150.8	0	1358	0	0	0	0	0
64	S100E160	108~115	151.4	0	4363	0	0	0	0	0
65	S100E180	103~120	157.8	0	2646	0	0	0	0	0
66	S120E100	119~135	191.5	1354	8127	0	0	0	0	0
67	S120E120	103~138	76.8	0	8237	0	0	0	0	0
68	S140W40	162~179	162.0	0	2722	0	0	0	0	0
69	东边马路	190~220	190.0	0	2886	0	0	0	0	0
70	九里港北 E	170~195	170.0	1466	35187	0	0	0	0	0
71	九里港北 F	153~163	153.0	0	5598	0	0	0	0	0

植物种子等遗存的组成分析，在综合稻田土壤性质、生态特点、人类活动痕迹等的基础上，对马家浜遗址的稻田耕作遗迹分布进行估测，基本判定在遗址居住区东南侧月牙状区域内分布着马家浜文化晚期的稻田，面积约1.5万平方米（约22亩）（图4-4）。

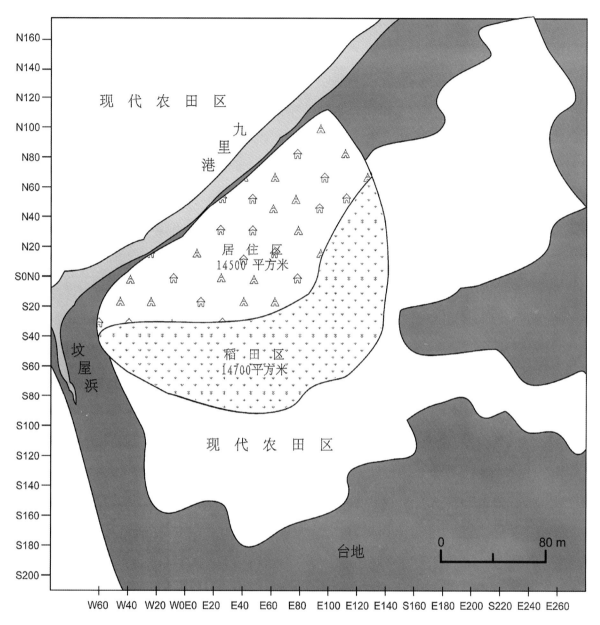

图 4-4 稻作农耕遗迹埋藏范围估测

在农耕遗迹钻探调查的基础上，在发掘点东南侧 T2621 地点进行了 4×2 米试掘。试掘地点地层比较简单，表土层为现代耕作层，灰色粉沙质黏土，厚约 28 厘米；自然土沉积层，灰黄色粉沙质黏土，厚 80 厘米；古稻田层，灰褐色粉沙质黏土，厚约 25 厘米；自然沉积的生土，灰色粉沙质黏土（图4-5）。揭示的古稻田地层富含炭化的植物残体，并发现零星的稻谷颗粒（图4-6）。在试掘探方的西壁按 5 厘米间隔连续采集土样进行了植物种子调查和植硅体分析。

如图 4-7 所示，植物种子和植硅体组成可清晰分成五个带，与地层有明确的对应关系。

图 4-5 古稻田剖面

图 4-6 古稻田田面

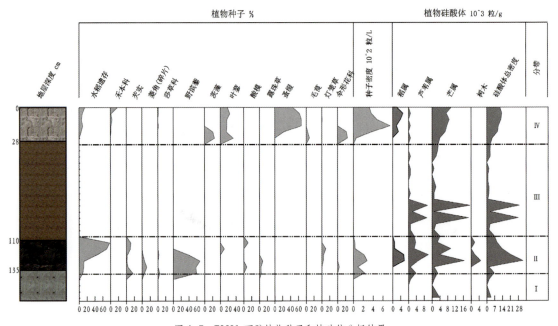

图 4-7 T2621 西壁植物种子和植硅体分析结果

Ⅰ带：135 厘米以下的自然沉积的生土层，不见植物种实大遗存，含有少量的芦苇和芒属植硅体，平均密度分别为 952 粒 / 克和 1898 粒 / 克。

Ⅱ带：110~135 厘米的古稻田耕作层，可见小穗轴、颖壳碎片等水稻遗存，也可见菱角、芡实、莎草科、滨藜、茨藻、酸模、叶蓼、露珠草、灯笼草、伞形花科和禾本科等植物种子遗存。水稻植硅体密度较高，平均密度 2641 粒 / 克，芦苇、芒属也较多。密度分别为 4478 粒 / 克和 6666 粒 / 克。另外，还可见数量较多的樟科为代表的树木植硅体，平均密度 1708 粒 / 克。

Ⅲ带：28~110 厘米的自然沉积地层，不见植物大遗存，含有芦苇和芒属植硅体，平均密度分别为 1399 粒 / 克和 2898 粒 / 克。

Ⅳ带：为现代耕作层，与古稻田土壤组成有相似性，可见小穗轴、颖壳碎片等水稻遗存，也可见禾本科、莎草科、茨藻、叶蓼、蚤缀、毛茛、伞形花科等植物种子遗存。水稻植硅体体密度较高，平均密度为 3161 粒 / 克，可见芦苇、芒属植硅体，平均密度分别为 396. 粒 / 克和 8025 粒 / 克。不见樟科树木植硅体。

通过试掘揭露了马家浜遗址同时期的古稻田田面和耕作层，农耕遗迹的钻探调查和古稻田的分布范围的估测得到了证实。从揭露的小面积田面看，田面平整，耕作层厚度均一，可能是在开垦湿地修筑的比较平整和开阔的古稻田，不同于以前在江苏苏州境内发掘的草鞋山等遗址的利用自然地形开垦的马家浜文化晚期的古稻田。

耕作层土壤中含有大量的炭化植物茎、叶等遗存，表明在马家浜文化晚期的稻作耕作方式中，用火是一项很重要的技术环节。植硅体和植物种实遗存反映出的马家浜遗址古稻田生态和栽培技术与现代水田存在着差异：以自然湿地为主要生境的芦苇植硅体较多、喜欢光照充足干扰环境生长的芒属植硅体较少反映了先民对稻田干预程度不及现代水稻田；古稻田中菱角和芡实存在反映早期稻作生产的原始性；以薰草为代表的莎草科、露珠草、酸模、灯笼草等多年生宿根植物存在，反映深耕和中耕除草措施的缺失或贫弱。综合植物遗存分析结果可以看到，马家浜遗址古稻田具有火耕水耨原始耕作方法的一些特征。相对旱地刀耕火种原始耕作技术，火耕水耨是我国稻作原始耕作技术的主要形式，延续很长时间，直到汉代还盛行南方广大地区，唐代时还可见到一些踪影。[1] 火耕水耨的技术特点是放火烧草，灌水湿润土，直播稻种，灌水淹死旱生杂草，不用牛耕、蹄耕，没有中耕，灌溉是此项技术系统中最重要的技术环节。

与马家浜遗址居住区的植物遗存相似，在农田耕作层土壤的杂草种子遗存组成中，滨藜种子数量很多，反映当时稻田的土壤有向干旱或盐碱化发展的趋势。在农耕地层还发现了密度较高的来自樟科的植硅体，反映了四周存在着地势较高的台地，其地形地貌可能与现在遗址周边的地貌有相似之处。

长江下游马家浜文化时期的稻作农耕遗迹考古学研究已经有苏州草鞋山遗址、绰墩遗址等案例，[2] 但要正确复原马家浜文化时期的稻作农业生产面貌，单凭这几个农耕遗迹提供的信息还远远不够，早期稻作农耕的原始性和地域的广泛性决定了农耕方式和稻田形式的多样性。本次马家浜遗址的农耕遗迹调查和试掘获得的信息已经可以基本判断，马家浜遗址稻作农耕可能不同于草鞋山遗址，是一种新类型。因此，有必要在前期调查试掘的基础上，扩大面积进行发掘，揭露出更多遗迹，获取更多生产活动过程中残留的遗物，使我们对马家浜遗址的稻作农耕有一个更为全面的了解，并为正确评估马家浜文化时期的生业形态和稻作生产方式以及生产力水平

[1]　陈国灿：《"火耕水耨"新探——兼谈六朝以前江南地区的水稻耕作技术》，《中国农史》1999 年第 1 期。

[2]　曹志洪等：《绰墩遗址新石器时期水稻田、古水稻剖面、植硅体和炭化稻形态特征的研究》，《土壤学报》2007 年第 5 期。

提供更为丰富的信息。稻作农耕遗迹的发掘也将为揭示马家浜文化时期的人地关系提供丰富的研究材料。

执笔：郑云飞

第三节   植物遗存浮选分析

在 2010 年度发掘中，北京大学考古文博学院植物考古实验室在发掘区内选取了两套系列土样进行植物遗存浮选分析。样品共计 10 份，分别来自文化层和灰坑。其中一个系列取自发掘区西南角生活区 T4917 的⑦层至④层以及在 T5018 ④层下开口的 H1；一个系列取自发掘区北面的探沟剖面 TG1 ⑩层至⑥层，这些都是废弃物堆积。两个系列的最下层均已到生土，因此涵盖了该遗址马家浜文化时期的全部堆积。

以下对这批浮选资料进行整理分析，以期为马家浜遗址综合研究提供与植物资源和早期农业形态相关的一些信息。

一、样品处理和实验室工作

浮选工作在遗址现场进行，采集的土样采用小水桶浮选法进行处理。每份样品的大小约 7~10 升，总计共 77 升。由于南方遗址的地下水位较高，为了防止部分植物遗存饱水后比重增大，无法利用水的浮力来提取收集，所以我们又对浮选后剩余的重浮物进行了湿筛，收取轻浮物和湿筛的筛网最小孔径均为 0.3mm（60 目）。

实验室拣选统计等工作均在北京大学考古文博学院植物考古实验室完成。在实验室工作中，我们称量了每份样品的体积和重量并分别记录，用孔径为 2.0mm、0.9mm、0.45mm 和 0.3mm 的筛子（即 10 目、20 目、40 目、60 目）将浮选物分筛。在先期对浮选物的分选中发现，直径小于 0.45mm 的样品中仅发现极少量的小穗轴碎片和难以鉴定的小型种子，且其在整个样品中所占比例甚微。有鉴于此，在之后的实验室工作中，我们仅对大于 0.45mm 的部分进行了分选、鉴定。

二、浮选结果综述

本次获得的 10 个样品植物遗存含量较为丰富，共出土二十余种计 20704 个植物的种子和果实，分属于 12 科 18 属（表 4-3）。样品的密度从 2.5 到 693.4 个 / 升不等，平均密度为 269 个 / 升，并且从层位上讲由早到晚的样品中植物遗存的密度递减（图 4-8）。总体上，探沟 TG1 堆积出土的种子密度要低于生活区 T4917 文化层的，这似乎与聚落功能分区有关。

表 4-3   马家浜遗址出土种植物种类

谷物类	果实类	喜湿杂草	其他杂草
水稻	芡实、菱	水毛花、苔草属、藨草属、碎米莎草、莎草科	马唐属、蓼属、蔄草、苋属、藜属、十字花科、石竹科、马齿苋、粟米草、狗尾草属、牛筋草、禾本科、豆科

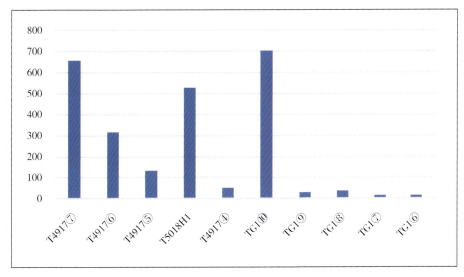

图 4-8 马家浜遗址出土植物遗存密度（个 / 升）

马家浜遗址出土的可利用植物遗存主要是水稻和果实遗存两大类，另外还有少量杂草类遗存。数量最多是水稻遗存，除了 TG1 ④在其他样品中均有发现，出土概率为 90%，绝对数量占可鉴定植物遗存的 68% 以上。其次为果实类遗存，出土概率达到 100%，绝对数量占总数的 30% 左右。另有大约百余个可鉴定杂草种子，出土概率达到 100%，但绝对数量不到 1%。

三、植物遗存分述

根据出土植物遗存的特点，按照作物类、果实类和杂草类分述如下。

1，稻属遗存作为长江下游地区新石器时代唯一的作物，对稻属类遗存的研究正在日益多样化和系统化，除了大植物遗存以外，对稻属植硅体、稻作生态、水田遗构等等方面的工作也成为综合研究长江下游稻属资源利用的重要手段。针对大植物遗存（即炭化植物遗存），分类统计方法也随着工作积累逐步进行了调整和细化。自 2010 年后，北京大学植物考古实验室对稻属遗存的处理大致按如下分类统计方案进行：一、稻属遗存分为稻谷（带颖壳）、稻米（不带壳）、胚部和穗轴基部。二、根据稻米厚度、饱满程度、边缘特征及整体尺寸等特点，分为成熟和不成熟两类。三、两类稻米分别进行破碎度的分类，分为完整（可测量尺寸）、碎片两类；其中碎片细分为 ≥ 1/2（可测量长宽厚中的两个尺寸数据）、< 1/2、带胚的碎片三类分别统计。四、穗轴基部根据本地区特点，分为驯化型、突出型、野生型、不可判断等四类。五、讨论植物遗存总数时，采用可鉴定标本数（即上述遗存的总和）为稻属遗存统计结果；对作物类遗存或可利用植物资源进行比较研究时，采用最小个体数（即绝对数量最多的一类，通常为穗轴）为稻属遗存统计结果。本项目及 2010 年后北京大学植物考古实验室发表的长江下游地区浮选结果皆采用上述分类及统计方法。

马家浜遗址本地浮选共发现稻属遗存 14217 个，占植物遗存总数的 68.7%。发现的稻遗存基本上以穗轴基部为主，共计 13780 个，占所有稻属类遗存的 96.9%。水稻穗轴形态鉴定显示（图 4-9），驯化型穗轴的比例从早到晚一直非常稳定，在各样品中的数量百分比均可达 90% 以上。另外还有一定数量的突出型和"不确定"的穗轴，在各样品中比例为 0~10%。野生型穗轴数量很少，在样品中比例为 0~1.2%。

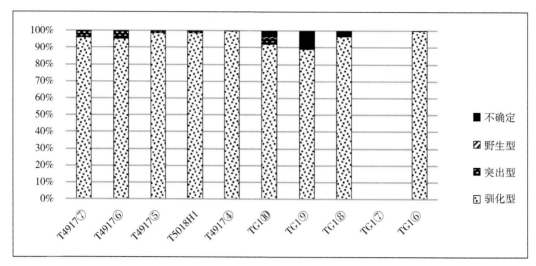

图 4-9　马家浜遗址出土的稻属穗轴分类

稻米类遗存数量较少，一共统计了 313 个个体，仅占稻属遗存总数的 2.2%。其中保存程度好可以进行测量的完整稻米只有 2 个，具体数据见表 4-4。整体形态上，马家浜的完整稻米是比较小粒的，但因为数量十分有限，暂无法讨论。

表 4-4　马家浜遗址出土碳化稻米的测量数据

出土单元	长	宽	厚	长宽比
T4917 ⑤	3.711	1.628	1.325	2.279
T4917 ⑦	3.946	2.09	1.615	1.888

在发现的稻米类残片中，有一定数量不成熟的"秕谷"。我们判定稻米成熟与否的特征主要有这样几点：一是非常扁薄，在厚度上明显异于正常完整的炭化稻米；二是边缘起皱褶、呈纸片化，不够饱满；三是整体尺寸偏小。要满足上述全部条件的情况下，才定为是不成熟稻米粒。按此标准，马家浜遗址这批样品中不成熟的稻米残片有 73 个，占总数的 23%；另有正常的稻米 240 个，占总数的 77%。

需要指出，尽管单纯看稻米类遗存，不成熟的比例较高，达到几乎四分之一的程度，但是从大量穗轴的统计数据看，马家浜遗址加工利用的大部分都是正常的驯化水稻，没有如此之高的不成熟比例。究其原因，当是同遗址堆积性质以及古人利用稻属植物的方式直接有关。目前积累的大量遗址数据显示，稻米类遗存的保存状况是能够按照类别比例特点划分出不同组合模式的，这些差异并不是直接反映先民使用的稻属本身的驯化和成熟程度，更多是反映了堆积性质和加工处理稻子的方式不同。比如本遗址这样，发现了大量稻穗轴，少量稻米，且完整的非常少，不成熟稻米占一定比例，还可以拣选出来一定数量的胚部——这样保存模式直接可以理解为是加工食用后的废弃物组合，因此才会有大量脱壳后的遗留（穗轴），一定比例的不成熟（未被食用），及一定数量的胚部（加工中脱落）。相信今后随着其他地点数据的公布，有潜力通过比较研究，确认不同组合同堆积性质的对应关系。

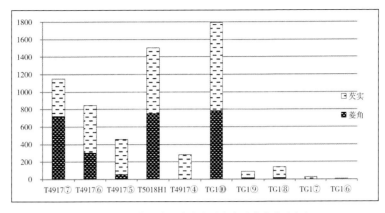

图 4-10　马家浜遗址出土的果实类遗存数量（个）

2. 果实类遗存

马家浜遗址发现的果实类遗存近有菱角和芡实两类，样品中发现的都是碎片。芡实出土概率为 100%，菱角出土概率为 80%。菱属植物根据形态可以分为四角菱、两角菱和无角菱三种，这批样品中发现的都是炭化的菱角果实碎片，所以仅鉴定到菱属。需要说明的是 1959 年马家浜遗址第一次发掘时曾发现一只较为完整的无角菱（浙江省文物管理委员会，1961）。如图 4-10 所示，从绝对数量看，芡实相对较多。不过由于芡实的表面有着特殊的纹理，很小的碎片也能鉴定。而菱果碎片的鉴定主要凭其果肉的形状，故只有较大的残块才能鉴定出来。所以二者的绝对数量可能无法代表真实的情况。

芡实和菱角都是一年生水生草本植物，均富含淀粉质，是长江中下游地区除了稻属资源以外最为普遍的淡水可食用植物资源。和菱角相比，芡实生长的水域要略浅一些。

目前所见长江下游新石器时代遗址，都存在以稻属、菱角、芡实这三大类为主，同时兼有其他野生瓜果的植物组合模式。比如野葡萄、桃、葫芦、甜瓜等等，都是数量不多但极为常见的野生资源；同时也多见南酸枣、楝树、构树、悬钩子、紫苏等等类别。马家浜遗址这批浮选资料中除了菱角和芡实，并未见到任何其他野生果实类资源，可能跟样品数量、取样位置等都有关系，这还有待进一步资料的补充再做讨论。

3. 杂草类遗存

马家浜遗址出土的杂草类遗存以禾本科、莎草科和藜科为主，分别占杂草总数的 45.5%、19.3% 和 10.2%，出土概率也高达 70~90%。马齿苋、十字花科和粟米草的数量和出土概率相对较高，葎草、蓼属和石竹科只是有零星发现。从杂草的生境看，喜湿类杂草仅见莎草类遗存，数量很少，多数还是一些旱地杂草（图 4-11）。

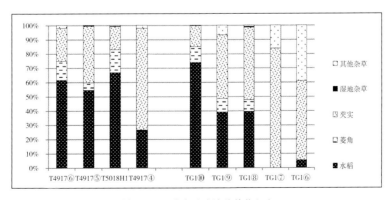

图 4-11　马家浜遗址的植物组合

四、小结

马家浜遗址的植物遗存组合为了解马家浜晚期杭嘉湖平原生业经济模式提供了重要的材料和补充。通过以往工作积累，对宁绍平原的河姆渡文化（以田螺山遗址为代表），以及太湖北部苏南地区的马家浜文化（以东山村、绰墩、草鞋山等遗址为代表）都有了比较详尽的认识，但是对马家浜文化命名遗址的马家浜本身，以及其所在的浙北地区却鲜有了解。因此这批浮选样品虽然数量不大，却是非常重要的。

马家浜遗址植物遗存组合的特点大致可以归纳为这样几点。

首先，马家浜晚期已经形成非常明确的稻作为绝对主体的农业经济。不管是由穗轴所表现出来的驯化程度，还是稻属遗存在样品中所占的绝对比重，都说明这一阶段已经是完成驯化后成熟且稳定的稻作农业形态，是马家浜晚期聚落生业赖以维系的主要经济生产。

其次，马家浜阶段仍然大量利用水生果实类资源，主要就是菱角和芡实这两大类。尽管这个遗址目前没有发现其他野生瓜果类遗存，但很可能是由于取样位置和样品数量有限造成的。[1] 这个遗址就目前材料看，水生类果实遗存的比重是相对较高的，并且随着时间的推移还有升高的趋势。而且在种子密度较低的几个样品中（2.5~52.1粒/升）果实类遗存的数量占了总数的一半以上，样品中百分比最高的可以达到 84%（详见图 4-11）。

这个遗址的植物组合中杂草的比例本来就非常低，其中喜湿类杂草更是微乎其微。这种现象同水稻农业所应该表现出来的生态特点是不相符的。因此，需要考虑遗址中杂草组合对于讨论农业生态环境的有效性。如果同时考虑到不同的收割储存和使用方式，以及水稻生产（水田）、加工和消费（居址）的不同阶段，那么最终遗址中出现的杂草组合可能无法跟农业生态有直接的对应关系，这是今后相关研究中值得反思的问题。

综上，马家浜遗址浮选结果为我们了解浙北地区马家浜晚期的聚落生业经济提供了一个代表性的模式。即到了马家浜晚期阶段，这里已经是以水稻农业为主的村落经济，同时菱角和芡实也在古人类的食谱中占有相当重要的地位。

执笔：高玉、秦岭（北京大学考古文博学院）

鉴定统计：高玉

---

[1] 同样问题也存在于本地区小兜里遗址的浮选结果当中。小兜里的系统浮选中，常见菱角和芡实，只有一个构树子，没有发现其他野生瓜果。但在小兜里遗址植物遗存的调查中，却在其他堆积单位里还发现了桃、甜瓜、葡萄、柿等，虽然数量零星，但仍然是有所利用的。

第五章　出土人骨的鉴定与研究

第一节　墓葬人骨鉴定

吉林大学边疆考古研究中心人类学实验室、古代 DNA 实验室对马家浜墓地发掘出土的人类遗骸进行了包括性别与死亡年龄、病理与创伤现象和古代 DNA 等信息的现场采集与实验室鉴定分析。受标本埋藏环境所限，标本保存现状未满足 DNA 测试的基本要求，故未有可供参考的实验结果。

以下为墓葬出土人类遗骸的其他生物属性信息。

一、性别与死亡年龄（表 5-1~5-4）

表 5-1　性别与死亡年龄现场鉴定表

墓号	性别	年龄	判断依据
M1	男性	20~25	盆骨、牙齿
M2	男性	20±	盆骨、牙齿
M3	男性	30~35	牙齿
M4	女性	30±	盆骨、牙齿
M5	男性?	25~30	牙齿、下颌
M6	男性	40±	牙齿
M7	不明	40±	牙齿
M8	女性?	35±	盆骨、牙齿
M9	男性?	成年	牙齿
M10	女性	成年	颅骨、肢骨
M11	女性	40~45	牙齿
M12	女性?	25~30	牙齿
M13	男性	30±	盆骨、牙齿
M14	男性	20~25	盆骨、牙齿
M15	女性?	成年	盆骨、牙齿
M16	女性?	成年	盆骨、肢骨
M17	不明	成年	肢骨
M18	女性?	20~25	牙齿
M19	男性	40±	盆骨、牙齿
M21	不明	成年	肢骨

M22	男性?	25~30	下颌 、牙齿
M23	女性	成年	盆骨
M24	不明	14~15	盆骨、牙齿
M25	不明	成年	肢骨
M26	不明	20 ±	牙齿
M27	男性?	25~30	下颌、牙齿
M28	男性	30~35	盆骨
M29	女性	25~30	盆骨、牙齿
M30	男性?	30 ±	下颌、牙齿
M31	不明	成年	肢骨
M32	男性	成年	盆骨
M33	男性	35~40	盆骨、牙齿
M34	男性	25 ±	下颌、牙齿
M35	男性	成年	盆骨
M36	男性	30~35	牙齿
M37	不明	30~35	下颌
M38	不明	40 ±	牙齿
M39	男性	35~40	盆骨、牙齿
M40	女性?	成年	盆骨
M41	不明	14~16	牙齿
M42	不明	45 ±	牙齿
M43	男性?	40 ±	颅骨、牙齿
M44	不明	7~10	肢骨
M45	男性	30~35	牙齿、下颌
M47	女性	30 ±	盆骨、牙齿
M48	女性	20~25	盆骨、牙齿
M49	不明	30 ±	牙齿
M50	男性	20 ±	盆骨、牙齿
M51	不明	35 ±	牙齿
M52	男性	30~35	盆骨
M53	男性	成年	盆骨
M55	男性	25 ±	肢骨
M56	男性	30~35	颅骨、下颌
M57	男性?	30 ±	下颌、牙齿
M58	男性	35~40	下颌、牙齿
M59	男性	20~25	盆骨
M60	不明	成年	肢骨
M61	不明	30~35	牙齿
M62	男性?	20 ±	牙齿

M63	不明	未成年	肢骨
M64	男性	成年	盆骨、肢骨
M66	男性	20~25	颅骨、肢骨、盆骨
M67	男性	20±	盆骨、牙齿
M68	不明	不明	
M69	女性	30±	盆骨、牙齿
M70	不明	10~15	肢骨
M72	男性	25~30	盆骨、牙齿
M73	不明	不明	
M74	女性	25~30	盆骨、颅骨
M75	女性	成年	盆骨
M76	女性?	20~25	肢骨
M77	男性	成年	盆骨、肢骨
M78	不明	不明	
M79	男性?	35±	牙齿
M80	女性	20~25	牙齿、肢骨

表 5-2 女性简略生命表与预期寿命估算

年龄组	死亡概率（%）	尚存人数	各年龄组死亡人数	各年龄组内生存人年数	未来生存人年数累计	平均预期寿命
x	nqx	lx	ndx	nLx	Tx	e˚x
0~	0.00%	22	0	22	685.00	31.14
1~	0.00%	22	0	88	663.00	30.14
5~	0.00%	22	0	110	575.00	26.14
10~	0.00%	22	0	110	465.00	21.14
15~	0.00%	22	0	110	355.00	16.14
20~	18.18%	22	4	100	245.00	11.14
25~	22.22%	18	4	80	145.00	8.06
30~	71.43%	14	10	45	65.00	4.64
35~	50.00%	4	2	15	20.00	5.00
40~	100.00%	2	2	5	5.00	2.50

表 5-3 男性简略生命表与预期寿命估算

年龄组	死亡概率（%）	尚存人数	各年龄组死亡人数	各年龄组内生存人年数	未来生存人年数累计	平均预期寿命
x	nqx	lx	ndx	nLx	Tx	e˚x
0~	0.00%	38	0	38	1170.00	30.79

1~	0.00%	38	0	152	1132.00	29.79
5~	0.00%	38	0	190	980.00	25.79
10~	0.00%	38	0	190	790.00	20.79
15~	0.00%	38	0	190	600.00	15.79
20~	21.05%	38	8	170	410.00	10.79
25~	26.67%	30	8	130	240.00	8.00
30~	63.64%	22	14	75	110.00	5.00
35~	62.50%	8	5	27.5	35.00	4.38
40~	100.00%	3	3	7.5	7.50	2.50

表 5-4   不分性别的简略生命表和预期寿命估算表

年龄组	死亡概率（%）	尚存人数	各年龄组死亡人数	各年龄组内生存人年数	未来生存人年数累计	平均预期寿命
x	nqx	lx	ndx	nLx	Tx	e ' x
0~	0.00%	86	0	86	2630.00	30.58
1~	0.00%	86	0	344	2544.00	29.58
5~	1.16%	86	1	427.5	2200.00	25.58
10~	4.71%	85	4	415	1772.50	20.85
15~	0.00%	81	0	405	1357.50	16.76
20~	17.28%	81	14	370	952.50	11.76
25~	17.91%	67	12	305	582.50	8.69
30~	67.27%	55	37	182.5	277.50	5.05
35~	50.00%	18	9	67.5	95.00	5.28
40~	88.89%	9	8	25	27.50	3.06
45~	100.00%	1	1	2.5	2.50	2.50

　　经测算，该组居民女性平均预期寿命为 31.14 岁，男性平均预期寿命为 30.79 岁，全组居民的平均预期寿命为 30.58 岁。由于在墓地中没有发现婴幼儿个体，所以该人群的实际平均预期寿命应低于这个数值。

二、形态学特征

　　受保存条件所限，该组标本的颅面部形态特征绝大多数均无法观察。仅有一例标本，经修复后观察部分的颅面部特征。该个体编号为 M28，性别为男性，修复后的颅骨个体呈现出以下的人类学特征：颅部整体不厚重，肌嵴和肌线均布特别发达。颅型接近偏低的正颅型，中面型，阔额型。眶型并没有呈现出典型的低眶特征，呈现出中眶型的特征。鼻根部略显扁平，鼻型为中鼻型。颌型为中颌型。下颌骨性别特征不是很明显，颏部略前凸，下颌角区外翻也不显著。另外，该个体有比较严重的牙周疾病，导致两侧齿槽近臼齿处牙齿多数脱落，齿槽萎缩。

三、病理与创伤现象

该组居民可观察到的病理现象主要为牙周病。编号 M6、M9 与 M79 三例个体，表现为齿槽萎缩与牙齿生前脱落。创伤现象仅发现一例，编号为 M50，表现为右侧肱骨中段骨折。受创后未得到正确复位，造成了错位愈合。

第二节　M28 颅骨三维容貌复原

一、颅骨的形态观察及种系特征

受埋藏环境影响，该颅骨保存状况不佳。在土壤压力作用下，顶骨、额骨及枕骨大部均存在一定程度的挤压变形，外观的完整程度完全由其颅内部渗入的土壤支撑，上颌骨与下颌大部也完全呈现出叠压式变形，颅骨与其正常解剖学形态存在很大差距。所幸在发掘过程中对该颅骨进行了整取，保存了其埋藏的原始状态，这为该颅骨的形态重建提供了可能。经过对该颅骨附着物的剥离和以添加支撑物为基础的形态复原，首先完全重建了该颅骨正常的解剖学形态，但仍有部分骨骼缺失。

经复原后的颅骨基本形态为：额骨近正中矢状切面部保存完好，鼻根部保存完好，其他额部骨骼缺失，两侧颞区部分缺失。颅底部基本缺失部分较多，但确定其基本形态的乳突部尚存，其他部分基本保存完好。

修复后的颅骨个体呈现出以下的人类学特征：颅部整体不厚重，肌嵴和肌线均布特别发达。颅型接近偏低的正颅型，中面型，阔额型。眶型并没有呈现出典型的低眶特征，呈现出中眶型的特征。鼻根部略显扁平，鼻型为中鼻型。颌型为中颌型。下颌骨性别特征不是很明显，颏部略前凸，下颌角区外翻也不显著。另外，该个体有比较严重的牙周疾病，导致两侧齿槽近臼齿处牙齿多数脱落，齿槽萎缩（图 5-1）。

该颅骨蒙古人种特征非常显著，具体体现在以下几个方面：

1，额部和鼻根部连接处过渡平缓，鼻根部平直，鼻根点凹陷不显著；

2，颧弓转角区平缓；

3，上颌门齿为比较典型的铲形门齿；

4，犬齿窝极不明显。

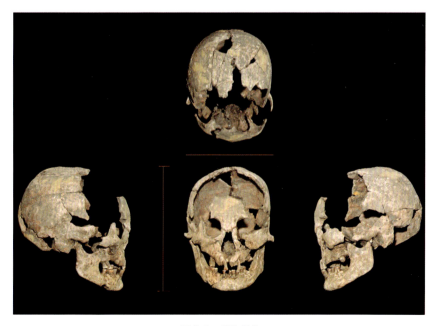

图 5-1　M28 颅骨

在其正常的解剖学形态下，参考该个体其他体骨，对该个体的性别与死亡年龄进行了推断，结论为男性，30-35 岁。

通过对修复后的颅骨详细的观察和论证，项目组认为该颅骨具备了对其进行容貌复原的基本条件。

二、颅骨容貌的复原过程

1，面部软组织的复原

根据拉西莫夫的理论，[1] 经过观察、比较和分析，可以得出颅骨表面较致密，肌嵴稍显，综合性别和年龄因素，在整体容貌上表现得较结实。

在软组织厚度的选择上，比较、分析了两个现代组男性蒙古人种的面部软组织厚度值，[2] 并结合该个体的具体特征做了必要的调整（表5-5）。

表 5-5　马家浜人及各对比组男性面部软组织厚度　　　　　（单位：毫米）

标志点 ＼ 参照组	马家浜（男）	现代组 1（丁淘）	现代组 2（魏焕萍）
发际点	3.3	3.22 ± 0.13	2.67 ± 0.54
额中点	3.5		2.55 ± 0.58
眉间点	4.5	4.59 ± 0.12	4.30 ± 1.08
鼻根点	4	4.03 ± 0.22	3.72 ± 0.86
鼻骨中点	2.3	2.32 ± 0.12	
鼻骨末端	2.0		2.27 ± 0.34
鼻棘点	7.5	10.34 ± 0.37	7.30 ± 1.56
人中点	8.0	9.59 ± 0.30	7.97 ± 1.83
颏沟点	8.0	10.28 ± 0.04	8.37 ± 1.64
颏隆凸	9.0	10.39 ± 0.18	4.95 ± 1.78
颏下点	6.0	5.59 ± 0.32	3.52 ± 0.73
眉骨中点	4.5	5.28 ± 0.15	4.47 ± 1.11
眶上缘	3.1		3.45 ± 0.52
眶外缘	3.0		3.050 ± .57
眶下缘	4.0	4.43 ± 0.30	3.55 ± 0.74
颧骨中点	5.5		5.621 ± .19
颧弓中点	5.0	5.67 ± 0.29	4.67 ± 1.26

---

[1]　M.M. 格拉西莫夫：《从头骨复原面貌的原理》，科学出版社，1958 年。

[2]　贾静涛主编：《法医人类学》，辽宁科学技术出版社，1993；陈世贤主编：《法医人类学》，人民卫生出版社，1998 年。

颧弓近耳	8.0		9.27 ± 4.18
下颌基部	10.0	10.58 ± 0.67	
下颌枝中	12.0	12.22 ± 1.01	8.821 ± .97
下颌角点	6.0	14.98 ± 1.40	5.87 ± 2.02

2，眼部的复原

眼眶形状无法明确判断，眶上缘内侧稍锐，眶下缘较钝，眶腔稍呈关闭式眼眶，眼球不应太突出，下眼睑特别是在外侧稍显肿胀，上眼睑内侧稍薄。眶泪部呈明显的角型，区别于蒙古人种的圆钝型，表明内眼角同样不同于蒙古人种眼角，不应太向下且没有明显的蒙古褶。外眼角的位置在眶外结节处。

3，鼻部的复原

梨状孔呈心形，边缘较锐，鼻骨末端稍残，犁骨缺失，鼻前棘残。梨状孔下缘稍显，表明鼻子有明显的轮廓，从正面看鼻子的软骨形状稍窄，鼻翼稍超出梨状孔范围并向下往嘴部延伸一些。鼻尖的位置是鼻骨的下三分之一部的延长线与鼻前棘的延长线的交点，从现保留的鼻骨和残缺的鼻前棘上可基本得出鼻尖位置。

4，嘴部的复原

上下齿槽突颌明显，两侧臼齿有明显齿病，多少会影响咀嚼。前部齿槽肌嵴明显，颏部较为发达，表明应有发育强烈的口唇部，门齿的大小表明唇的大致高度。口裂宽度约为两侧第二前臼齿外面之间的距离。

5，耳朵的复原

乳突发育中等，尖端向内，表明耳朵不会太大且应紧贴颅侧。外耳的长轴方向与下颌支平行。

三、复原的三维表现

将颅骨放置在法兰克福平面上，测量得出复原的相关数据，用数码相机对颅骨的各面进行拍照（正面、左侧面、右侧面、顶面），将得到的图像输入计算机，应用相关图像处理软件将颅骨图像在计算机中调整成实际大小，并将各个图像设置在一个统一的坐标系中，以此制作出三维颅骨。

在计算机中从面部建模库中调用蒙古人种男性建模并依附于颅骨上。然后按面部软组织数据在面部建模上进行厚度的精确调整。接下来，从五观建模库中调用相应的五观建模同调整好厚度的面部建模匹配并缝合，影相拷贝另侧面部并根据颅面调整。最后，进行该建模的圆滑处理,得出完整的面部建模（图5-2）。

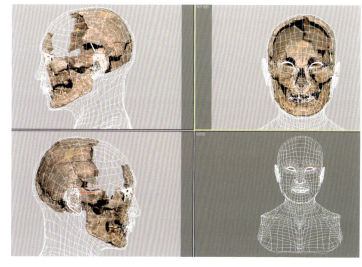

图 5-2　M28 颅骨三维建模

四、复原像的三维后期处理

根据性别年龄从皮肤素材库中调用现代人 35 岁至 40 岁男性蒙古人种皮肤贴图，又根据古人肤色应较深的特征将皮肤调暗，并适当加上皱纹。头发选择长度适中的披发，因汗渍稍显卷曲。胡须是依据其年龄适当增加，并稍做修饰。复原像选择上身赤裸的样子，以适应当时的原始男性特色。因无其他直接实物资料，故没有添加其他饰品（图 5-3）。

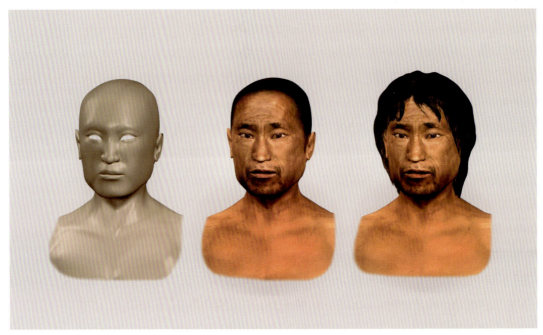

图 5-3　马家浜人复原像

执笔：魏东（吉林大学边疆考古研究中心）

第三节　出土人骨研究

一、研究背景

嘉兴马家浜遗址于 1959 年进行了首次发掘，确立了其作为长三角地区太湖至杭州湾北部一带的代表性文化——马家浜文化（c. BC 5000~4000）标准遗址的重要地位。同一时期的杭州湾南岸虽存在河姆渡文化（c. BC 5000~4500）的代表性遗址——河姆渡遗址和田螺山遗址，但与马家浜文化分属不同的文化系统。江苏省苏州市草鞋山遗址的马家浜文化层发现了迄今为止最早的水田遗迹，由此可见马家浜文化的居民应是经营水田稻作农业。然而，这一文化层出土的动物骨骼依然很多，由此推测当时对农业的依赖程度并不是很高。关于这些早期稻作农耕人群真实的生活状态，目前几乎没有开展过人骨方面的研究，因而仍有许多不明的问题。

2009~2011 年，浙江省文物考古研究所对马家浜遗址进行了第二次发掘，新发掘了 80 座墓葬。从出土层位和遗物特征来看，这些墓葬人骨的年代应属于马家浜文化。墓葬及其人骨的详细内容请参照本报告的其他章节。

二、研究方法

人骨的性别与年龄判定，主要依照 Buikstra and Ubelaker（1994）和 White and Folkens（2005）总结的方法，并参考了针对东亚人群开发的方法。髋骨可观察的个体，性别判定使用 Phenice(1969)、Bruzek(2002)、Walker(2005)、Takahashi（2006）等人的方法；在年龄判定方面，耻骨联合面的变化依照 Todd（1921）、埴原（1952）的研究，耳状关节面的变化依照 Lovejoy et al.（1985）、Buckberry and Chamberlain（2002）、Igarashi et al.（2005）的研究。髋部未保存的个体，性别判定依据头骨的特征，此外，对于保存状况差的骨骼，利用中桥的境界值法（Nakahashi and Nagai，1986）进行性别鉴定；在年龄判定方面，在髋骨保存状况不良的情况下，参考头骨骨缝愈合情况（Meindle and Lovejoy，1985; Koizumi，1982）和牙齿齿冠磨耗情况（Lovejoy，1985）。未成年个体的年龄判定，主要依靠牙齿的形成和萌出、骨骼的愈合状态和骨干长度推定（cf. Okazaki，2010; Okazaki and Nakahashi，2010）。

骨骼测量依照 Martin 的方法（马場，1991）。口腔疾病的研究，主要根据 Lukacs（1989）和 Hilson（1996）的标准。

三、研究结果和讨论

1，性别和年龄

出土人骨的基本情况参见表 5-6。未满 20 岁的未成年个体仅有 12 例，特别是本应该是死亡率最高的的婴儿在本材料中完全没有出现。由此推测，未成年人，特别是婴儿，被埋葬在了其他墓地。在成年个体中，壮年个体最多，没有发现老年个体（图 5-4）。壮年个体的男女比例大致持平。可以认为，马家浜遗址的居民平均寿命比较短，很难存活到中年。

表 5-6　马家浜遗址出土人骨鉴定表

墓号	性别	年龄		保存状态		备考
		区分	年龄	头颅	四肢	
M02	男性?	成人		欠	△	
M03	男性	壮年		△	○	
M04	男性	壮年	35~39	△	◎	
M05	男性	壮年		△	◎	
M07	女性	壮年		○	○	扁平的枕骨
M08	女性	壮年	30~34	△	△	
M09	男性	成人		△	○	
M10	女性?	壮年		○	欠	扁平的枕骨
M11	女性	壮年		△	△	
M12	女性	壮年	35~39	△	×	
M13	男性	壮年	25~29	○	○	扁平的枕骨

M14	不明	若年	14~16	△	◎	
M15	女性?	中年		○	△	
M16	女性	壮年		欠	○	
M17	女性	壮年	30~34	○	△	扁平的枕骨
M18	不明	若年		△	△	
M19	男性	壮年	35~39	○	◎	扁平的枕骨
M21	男性?	壮年		欠	△	
M22	女性	壮年		△	△	
M23	女性	成人		欠	△	
M24	不明	小儿Ⅱ	10~12	○	△	
M25	女性	壮年	20~29	△	△	
M26	不明	小儿Ⅱ～青年		欠	△	
M27	男性	壮年	20~24	○	◎	
M28*	女性	壮年	30~34	欠	○	
M30	男性	壮年	35~39	○	△	扁平的枕骨
M31	女性	壮年	30~34	欠	△	
M32	男性	壮年	35~39	欠	△	
M33	男性	壮年	35~39	○	△	扁平的枕骨
M34	女性	壮年		△	○	
M35	女性	壮年	25~29	△	◎	
M36	男性	壮年	35~39	△	△	
M37	男性?	壮年		△	△	
M38	女性?	壮～中年		△	△	
M39	男性?	青年	14~16	○	△	
M40	男性	壮年	25~29	欠	◎	
M41	不明	小儿Ⅱ	9~11	△	△	扁平的枕骨?
M42	男性?	中年		△	△	
M43	女性	中年		○	△	扁平的枕骨
M44	不明	幼儿	3~5	△	○	
M45	男性	壮年		△	△	
M46	不明	小儿Ⅰ	8	○	◎	
M47	女性	壮年	30~34	○	◎	扁平的枕骨
M48	女性	壮年	25~29	△	△	
M51	女性?	壮～中年		△	△	
M52	男性	中年		○	○	扁平的枕骨
M53	男性	壮年	30~34	欠	○	
M54	女性	壮年	35~39	△	△	
M56	男性?	壮年		○	欠	扁平的枕骨?
M57	男性	中年		○	×	扁平的枕骨，下颌支发达

M58	男性?	中年		○	△	扁平的枕骨
M59	男性	壮年	35~39	△	◎	
M60	女性?	壮年		△	△	
M61	女性	成人		△	○	
M62	不明	成人		△	欠	
M63	不明	幼儿		△	△	
M64	女性	青年	16~18	欠	△	
M66	男性	壮年		○	○	扁平的枕骨
M68	不明	青年~成人		△	欠	
M69	男性	壮年	35~39	△	◎	
M70	不明	小儿Ⅰ~Ⅱ		△	△	
M73	不明	未成人		欠	△	
M74	男性	中年		○	△	扁平的枕骨、珐琅质的楔状缺损
M76	不明	青年	14~17	△	欠	

* 头骨在当地博物馆展示中，无法观察

婴儿 0-1，幼儿 1-6，小儿Ⅰ 6-9，小儿Ⅱ 9-12，

青年 12-20，壮年 20-40，中年 40-60，老年 60-，成人 20-。

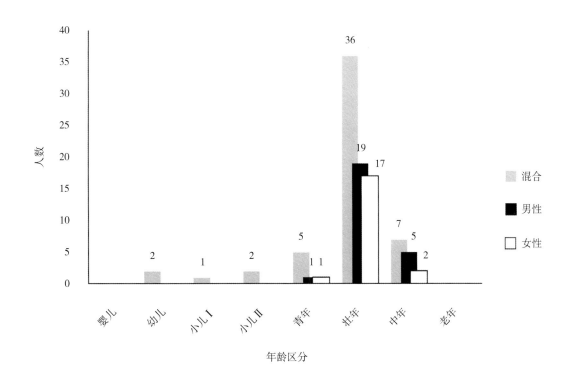

图 5-4 遗址出土人骨的人口比例

2，人工变形

本资料缺损部位较多，脑颅形状一定程度上可复原的个体只有 16 例，然而枕骨总体存在扁平化的变形，或是存疑（图 5-5.1、5-5.2）。其中多数是成年个体（男性 9 例、女性 6 例），仅有一例是 9~11 岁的儿童，其枕骨也疑似扁平化。这种枕骨的变形现象，在山东省大汶口文化（c. BC 4100~2600）的大汶口遗址和西夏侯遗址的出现率很高，推测当时人工变形的风俗非常盛行（颜，1972，1973）。本遗址的枕骨，其扁平程度虽不及山东省发现的那样强烈，但人工形成的可能性十分高（如图 5-5 中的 M10、M19、M57 等）。可以确定，这种风俗在当时的分布范围包括了江苏省的大墩子遗址（韩康信等，1974），但在更南的浙江省马家浜遗址尚属首次发现。虽有一定的时代间隔，但在近代海南岛的汉族居民和台湾的原住民中也有发现（金関，1942），因此可以想见，这种风俗在新石器时代就已经被广泛传播了。

图 5-5.1　扁平的枕骨（头骨侧面观）

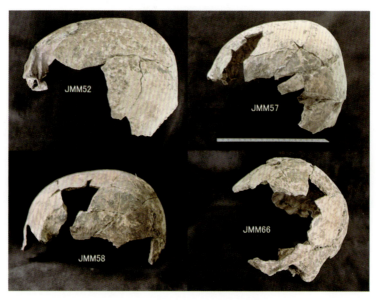

图 5-5.2　扁平的枕骨（头骨侧面观）

山东省的大汶口文化，除了头骨的人工变形，拔牙的风俗也广为人知，本资料中可观察的 15 例个体都没有发现这种现象。与马家浜遗址在地缘上十分接近的杭州市的良渚遗址群（良渚文化：c. BC 3500~2200）和上海市的广富林遗址（崧泽、良渚文化：c. BC 3900~2200）中，发现有和大汶口文化相同的上颌侧门齿两侧的拔牙现象（冈崎，准备中）。此外，在新石器时代前期马家浜文化的江苏省常州市圩墩遗址中发现的拔牙现象，与大汶口文化的型式不同（Nakahashi，2002）。高频率（68.8%）的左右任意一侧上颌门齿和侧门齿的偏侧性拔牙行为，除了圩墩遗址，仅在在草鞋山遗址发现一例。由此推测，新石器时代早期的马家浜文化具有不同于大汶口文化的独特的拔牙风俗。然而在马家浜遗址中并没有观察到拔牙现象，可见这种风俗并不是均一分布的。

3，头骨测量

本资料由于由于保存状况不良，可测量的头骨非常少。虽然有枕骨扁平化的现象，但是头骨的颅指数并没有那么高，男性为 72.3%（N=2）、女性为 77.0%（N=1）。上面高只有男性个体可以测量，示数为 70.0 毫米（N=2），上面指数（V）为 66.0%（N=1），可见当地新石器时代的居民高面倾向不强。可测量的下颌较多，下颌支宽男性为 39.4 毫米（N=5），女性为 39.3 毫米（N=3），下颌支指数男性为 64.3%（N=5），女性为 65.9%（N=2），虽是新石器时代人但仍十分粗壮发达。特别是 M57 男性个体的下颌支宽达到了 48 毫米（图 5-6），不仅在东亚的新石器时代人中，即便在后旧石器时代人中也非常突出，且下颌支的喙突和翼肌粗隆也明显很发达。

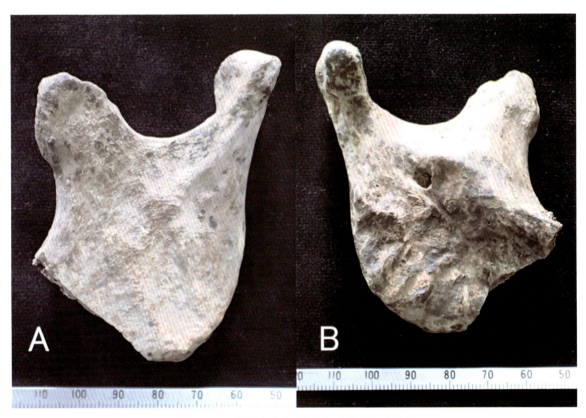

图 5-6　M57 男性个体的下颌支 A. 外侧面 B. 内侧面

4，口腔疾病

口腔可观察的资料数和比较资料如表 5-7 所示。由于样本只有 35 个个体，齿槽骨 442 处，牙齿 241 颗，所以以下的分析是男女混合进行的。主要的口腔疾病的频率如表 5-8 所示。

表 5-7　用于口腔环境观察的人骨与牙齿

遗址		地域	文献	时代	标本数量		
					个体	齿槽	牙齿
长三角地区							
Majiabang	马家浜	浙江省东部	本研究	7000 ~ 6000 BP	35	442	241
山东地区							
Beiqian	北阡	山东省东部	冈崎·栾 (2013)	6000 BP	61	1330	502
Fujia	傅家	山东省北部	Todaka et al. (2003)	4300 ~ 2500 BP	36	–	836
Yixi	乙烯	山东省中部	Todaka et al. (2003)	BC 206 ~ 220 AD	68	–	1275
北方长城地区							
Jiangjialiang	姜家梁	河北省北部	Okazaki et al. (2013)	6850 ~ 4850 BP	79	2216	1551
Miaozigou	庙子沟	内蒙古自治区中南部	Okazaki et al. (2013)	5800~5000 BP	10	300	147
Zhukaigou	朱开沟	内蒙古自治区中南部	Okazaki et al. (2013)	4200 ~ 3500 BP	25	580	238
Dadianzi	大甸子	内蒙古自治区东南部	Inoue et al. (1997)	4000 ~3500 BP	152	–	2752
Maoqinggou	毛庆沟	内蒙古自治区中南部	Inoue et al. (1997)	BC 770 ~ 221	19	–	457
Tuchengzi	土城子	内蒙古自治区中南部	Okazaki et al. (2013)	BC 403 ~ 206	121	3502	2301
Yinniugou	饮牛沟	内蒙古自治区中南部	Okazaki et al. (2013)	BC 403 ~ 221	27	724	434
Jiangjungou	将军沟	内蒙古自治区中南部	张等 (2009)	BC 403 ~ 221	–	–	292
Lamadong	喇嘛洞	辽宁省西部	Okazaki et al. (2013)	289 ~ 370 AD	234	6451	3773
中原地区							
Xinghong	兴弘	河南省中部	Okazaki et al. (2015)	BC 770 ~221	82	2219	1543

表 5-8　口腔疾病频率一览

遗址		龋齿	生前脱落齿 1	生前脱落齿 2	齿根脓疡	牙周病	牙结石	重度磨耗
Majiabang	马家浜	2.5 (241)	3.8 (442)	4.7 (148)	5.4 (392)	8.4 (392)	63.3 (226)	3.3 (241)
Beiqian	北阡	2.4 (502)	13.3 (1330)	13.1 (443)	2.0 (1135)	3.5 (1177)	69.6 (477)	7.8 (502)
Fujia	傅家	5.4 (516)	–	4.8 (272)	–	–	–	–
Yixi	乙烯	10.9 (1275)	–	8.7 (611)	–	–	–	–
Jiangjialiang	姜家梁	2.6 (1551)	4.8 (2216)	6.0 (782)	1.6 (2015)	8.5 (2015)	40.5 (1450)	5.5 (1551)
Miaozigou	庙子沟	2.7 (147)	0.3 (300)	–	0.0 (300)	0.0 (300)	27.6 (145)	0.0 (147)
Zhukaigou	朱开沟	7.1 (238)	7.7 (534)	–	2.0 (546)	4.8 (546)	51.1 (235)	4.2 (238)
Dadianzi	大甸子	6.4 (2752)	5.3 (4768)	–	–	–	–	–
Maoqinggou	毛庆沟	10.7 (457)	7.2 (880)	–	–	–	–	–
Tuchengzi	土城子	10.6 (2301)	4.8 (3502)	6.5 (1226)	2.1 (3305)	5.1 (3305)	54.8 (2259)	3.7 (2301)
Yinniugou	饮牛沟	12.2 (419)	12.4 (724)	–	5.1 (631)	9.0 (631)	50.1 (399)	6.9 (419)
Jiangjungou	将军沟	17.8 (292)	–	–	–	–	–	–
Lamadong	喇嘛洞	13.4 (3773)	9.4 (6451)	14.9 (2142)	3.6 (5758)	6.2 (5758)	71.2 (3673)	4.2 (3773)
Xinghong	兴弘	17.7 (1543)	10.1 (2219)	15.0 (791)	7.1 (1961)	12.0 (1961)	67.5 (1453)	4.5 (1543)

生前脱落齿 1 ：包括全齿种。生前脱落齿 2 ：包括只有臼齿。

马家浜遗址的龋齿率仅为 2.5%（N=241），牙齿的生前脱落率仅有 3.8%（N=442），频率非常低（图 5-7）。齿根脓疡率为 5.4%，牙周病率为 8.4%（N=392），也比较低。与此相反，牙结石率为 63.3%（N=226），牙齿重度磨耗率为 3.3%（N=241），作为一个新石器时代人群这样的频率并不低。此外，可观察的 7 例个体中有 2 例（28.6%）上颌门齿的舌侧面磨耗非常严重（图 5-8），由于对向的下门齿没有保存下来，这种现象的成因无法确定，但存在用上门齿进行某种工作的可能性。另外，在 M74 的男性个体的右下颌第二臼齿和第三臼齿之间的临接面的齿颈部发现有楔状缺损（图 5-9）。类似的楔状缺损在河北姜家梁遗址出土的仰韶、龙山过渡期的人骨上也有发现（Okazaki et al.，2013），推测可能是用棒状工具反复刷牙的结果，马家浜遗址的居民虽然咀嚼环境相当严峻，但是总体来说口腔环境是健康的。

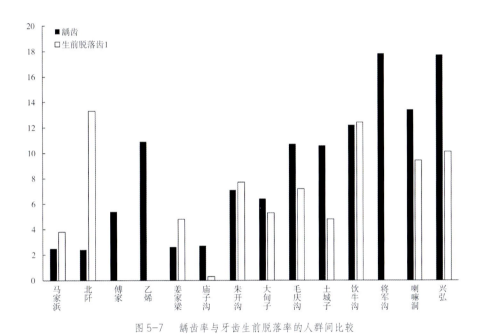

图 5-7　龋齿率与牙齿生前脱落率的人群间比较

图 5-8　M57 男性个体上颌牙齿舌侧面的磨耗

图 5-9　M74 男性个体右下颌第一臼齿和第二臼齿的楔状缺损

5，关节疾病

60%（N=20）的个体的足部第 1 跖骨的第一跖趾（MP）关节有伴随强背屈出现的关节面扩张（图 5-10）。这种第一跖骨的 MP 关节面变形的现象，在中东的新石器时代人群和西藏东部的青铜时代人群中都有发现，被认为是习惯性的跪坐姿势导致的（Molleson，1989）。至于其他的关节部位，由于壮年占人口多数，基本没有观察到关节疾病。颈椎的轻度骨刺只发现 2 例（18.2%，N=11），肘关节的轻度骨刺仅发现 1 例（2.8%，N=36）。

图 5-10　足部第一跖趾关节面的扩张与变形

6，生存压力痕迹

下肢骨干的骨膜炎频率为 39.1%（N=46），筛状框频率为 11.8%（N=17），头骨的多孔性肥厚频率为 11.1%（N=27）。牙釉质发育不全出现率比较高的上颌中门齿和上颌犬齿，其频率分别为 57.1%（N=7）和 50.0%（N=14）。从以上的结果来看，马家浜人群的生存压力并不是非常高。

四、小结

对环太湖地区新石器时代前期的代表，马家浜遗址出土人骨的整理分析可知，未成年个体非常少，可能与成人有不同的墓葬。成年个体绝大多数为壮年，推测这一人群很难存活到中年。壮年个体的男女比例大致相等。

在形态方面，脑颅可复原的个体总体来说枕骨有扁平化变形。可以确认在大汶口文化中非常盛行的头骨人工变形的风俗传播到了这一地区。此外，在拔牙习俗方面，大汶口文化中的上颌侧门齿两侧型与马家浜文化中的上颌门齿偏侧型这两种拔牙类型都没有发现。在头骨形态方面，由于缺损的部位多，可测量的个体数十分有限。在数量较多的下颌的测量值方面，下颌支宽表现出较大且粗壮发达的倾向。特别是 M57 的男性个体的下颌支宽，是目前所知的东亚新石器时代人群中最大级的。

在病理方面，口腔疾病的频率总体很低，龋齿率为 2.5%、牙齿的生前脱落率为 3.8%，可见口腔环境比较健康。虽然被认为是刷牙痕迹的楔状缺损仅发现 1 例，但这种较为健康的口腔环境可能与之有关。然而该人群的咀嚼环境比较严峻，重度咬耗的频率为 3.3%，并发现 2 例上颌门齿舌侧的特异性磨耗。在关节疾病方面，由于壮年占人口中的大多数，很少发现关节问题。而在足部的第 1 跖骨的第一跖趾关节上，伴随强背屈出现的关节变形频率为 60%。推测其成因可能是跪坐姿势导致的习惯性动作。至于生存压力痕迹，总的来说出现率并不高。

引用文献

馬場悠男 (1991) 人体計測法 2：人骨計測法－人類学講座 別巻 1. 雄山閣，東京.

Bruzek J. (2002) A method for visual determination of sex，using the human hip bone. American Journal of Physical Anthropology，117：157–168.

Buckberry J.L. and Chamberlain A.T. (2002) Age estimation from the auricular surface of the ilium：a revised method. American Journal of Physical Anthropology，119：231–239.

Buikstra J.E. and Ubelaker D.H. (1994) Standards for data collection from human skeletal remains. Proceedings of a seminar at the Field Mueum of Natural History. Arkansas archeological survey research series No. 44，Arkansas.

韩康信、陆庆伍、张振标 (1974) 江苏邳县大墩子新石器时代人骨的研究. 考古学报，2 期：125–141.

Han K.X. and Nakahashi T. (1996) A comparative study of ritual tooth ablation in ancient China and Japan. Anthropological Science，104：43–64.

埴原和郎 (1952) 日本人男性恥骨の年齢的変化について. 人類学雑誌，62：245–260.

Hillson S.W. (1996) Dental Anthropology. Cambridge University Press，Cambridge.

Igarashi Y. (1992) Pregnancy bony imprint on Japanese female pelves and its relation to pregnancy experience. Journal of Anthropological Society of Nippon，100：311–319.

Igarashi Y., Uesu K., Wakebe T., and Kanazawa E., 2005. New method for estimation of adult skeletal age at death from the morphology of the auricular surface of the ilium. American Journal of Physical Anthropology，128：324–339.

Inoue N., Pan Q., Sakashita R., and Kamegai T. (1997) Tooth and facial morphology of ancient Chinese skulls：Report of anthropological and dental pathological study. Therapeia Publishing Co，Tokyo.

金関丈夫 (1942) 海南島東南部漢人の後頭扁平に就いて. 人類学雑誌，57：1–9.

Koizumi K. (1982) The estimation of age from the cranial sutures by means of multivariate analysis methods. Journal of Anthropological Society of Nippon，90：109–118.

Lovejoy C.O., Meindl R.S., Pryzbeck T.R., and Mensforth R.P. (1985) Chronological metamorphosis of the auricular surface of the ilium：a new method for the determination of adult skeletal age at death. American Journal of Physical Anthropology，68：15–28.

Lukacs J.R. (1989) Dental paleopathology：methods for reconstructing dietary patterns. In：Iscan M.Y., Kennedy K.A.R. (eds.), Reconstruction of Life from the Skeleton. Alan R. Liss, Inc，New York，pp. 261–286.

Meindl R.S. and Lovejoy C.O. (1985) Ectocranial suture closure：a revised method for the determination of skeletal age at death based on the lateral–anterior sutures. American Journal of Physical Anthropology，68：57–66.

Molleson T. Seed preparation in the Mesolithic：the osteological evidence. Antiquity，63：356–362.

Nakahashi T. and Nagai M. (1986) Sex assessment of fragmentary skeletal remain. Journal of Anthropological Society of Nippon，94：289–305.

Nakahashi T. (2002) Ritual tooth ablation in the ancient Jiangnan region，China. In：Nakahashi T., Li M. (eds.), Ancient people in the Jiangnan region, China. Kyushu University Press，Fukuoka，pp. 73–77.

Okazaki K. and Nakahashi T. (2011) Developmental variation in facial forms in Japan. Anthropological Science，119：49–65.

Okazaki K. (2010) Developmental perspectives on neurocranial proportions in Japan. HOMO，61：314–336.

Okazaki K.，Tsai P.Y.，and Lu K.S. (2013a) Sex difference in oral disease of millet agriculturalists from the Take–vatan lineage of the recent Bunun tribe of Taiwan. Anthropological Science，121：105–113.

Okazaki K.，Wei D.，and Zhu H. (2013b) Variations in oral health of millet agriculturalists from the Middle Neolithic to the Sixteen Kingdoms period in the northern "Great Wall" region of China. Anthropological Science，121：187–201.

冈崎健治·栾丰实 (2013) 山东省即墨市北阡遗址出土大汶口文化时期人骨之口腔病理研究．东方考古，10：65–79.

Okazaki K.，Fan W.Q.，Wei D.，and Zhu H. (2016) Difference in public oral health at the Spring/Autumn and Warring States period between the Central Plains and the northern Great Wall region in China. Quaternary International，405：34–43.

Phenice J.W. (1969) A newly developed method of sexing the pelvis. American Journal of Physical Anthropology，30：297–301.

Takahashi H. (2006) Curvature of the greater sciatic notch in sexing the human pelvis. Anthropological Science，114：187–191.

Todaka Y.，Oyamada J.，Manabe Y.，Kitagawa Y.，Kato K.，and Rokutanda A. (2003) The relationship between immigration and the prevalence of dental caries in the Yayoi people. Anthropological Science，111：265–292.

Todd T.W. (1920) Age changes in the pubic bone：1. the white male pubis. American Journal of Physical Anthropology，3：467–470.

Walker P.L. (2005) Greater sciatic notch morphology：sex，age，and population differences. American Journal of Physical Anthropology，127：385–391.

White T.D. and Folkens P.A. (2005) The human bone manual. Academic Press，Cambridge.

颜誾 (1972) 大汶口新石器时代人骨的研究报告．考古学报，1 期：91–122.

颜誾 (1973) 西夏侯新石器时代人骨的研究报告．考古学报，2 期：91–126.

张全超·曹建恩·朱泓 (2009) 内蒙古中南部地区青铜—早期铁器时代居民的龋病研究．人类学学报，28：372–378.

执笔：冈崎健治（日本国鸟取大学）

高椋浩史（日本国土井浜遗迹人类学博物馆）

第四节　肢骨形态研究

一、资料与研究方法

用于分析的资料是从马家浜遗址出土的属于马家浜文化时期的成年人骨 26 具的测量数据，其中男性 15 具，女性 11 具。与其进行比较的资料包括：江苏省圩墩遗址出土的马家浜文化期的新石器时代人骨（Wakebe，2002）、山东省北阡遗址出土的大汶口文化期的新石器时代人骨（中桥等，2013）、山东省丁公遗址出土的龙山文化期的新石器时代人骨（冈崎、栾，2008）、日本津云贝丘出土的绳文时代人骨（清野、平井，1928）、日本北部九州与山口地区出土的弥生时代人骨（中桥、永井，1989）。

对于性别的断定与年龄的推测，与颅骨形态报告中所使用的方法相同。人骨的测量采用 Martin（1957）和马场（1991）标准，部分胫骨的测量采用了 Valois（1938）的方法。各测量项目的比较基于左侧的测量值。身高的推测是以股骨的最大值作为基准，用 Pearson 的公式算出，如果左右两侧都有数据，则采用左侧的数据，仅使用右侧数据的情况也有。

二、结果与分析

表 5-9~5-14 罗列了马家浜遗址以及与其作比较的其他遗址出土的肢体骨骼的测量值和平均值。其中，表 5-9 为上肢骨骼的男性数据、表 5-10 为上肢骨骼的女性数据、表 5-11 为下肢骨骼的男性数据、表 5-12 为下肢骨骼的女性数据、表 5-13 为推测身高的平均值、表 5-14 为四肢骨骼的长径比和周径比的及平均值。

1. 肱骨（表 5-9、5-10）

长径（最大长度或总长度）：不论是男性或者女性，相比其他比较遗址的人群，马家浜遗址总的来说都比较长，尤其是与日本的绳文人和弥生人相比，差别十分明显。

骨干（最大径、中值最小径、最小周长、中心周长）：无论男女，比值都比较大。

骨干体的横截面，无论男女都没有看到绳文人的那种平坦度。而骨长指标的厚度无论男女都与其他中国新石器时代人群大致相同，但却比日本绳文人和弥生人的小，也就是说其骨干与日本人相比较细。

2. 桡骨（表 5-9、5-10）

从长径来看，无论是最大长度还是功能长度，男女两组都比其他新石器时代的人群略短，但比绳文人和弥生人长一些。

最小周长、骨体横向直径、骨骼直径，从这些表示骨干形态的数值来看，男性与中国其他新石器时代人群相比没什么差别，与日本绳文人和弥生人相比则稍显细。而女性的值与其他人群相比则略大一些。

再来看横截面，男性比其他人群的值要大些，但女性则小一些。从厚度上来看，男性因为只有一例，很难看出整体趋势，女性的值比日本的绳文人和弥生人要小一些，但却比中国其他新石器时代人群要大一些，显得更健壮一些。

表 5-9　男性左上肢测量平均值与其他遗址对照表

♂		马家浜 (新石器)			圩墩[1] (新石器)		丁公[2] (新石器)		北阡[3] (新石器)		津云[4] (绳文)		北部九州 山口[5] (弥生)	
		N	M	S.D.	N	M	N	M	N	M	N	M	N	M
肱骨														
1	最大长	2	317.5	–	9	313.8	5	304.0	15	314.5	15	283.3	51	304.1
2	全长	2	315.0	–	10	309.0	5	301.8	15	310.1	15	279.0	40	298.7
5	中央最大径	14	22.8	1.66	11	21.9	9	23.2	30	22.1	20	23.7	137	23.2
6	中央最小径	14	17.6	1.50	11	17.4	9	16.9	30	16.5	20	17.7	137	17.5
7	最小周	12	61.7	2.69	11	60.5	7	60.7	34	58.4	21	64.7	147	63.8
7a	中央周	14	67.1	3.61	11	64.9	–	–	22	63.4	19	69.2	132	67.7

6/5	骨体断面示数	14	77.3	6.61	11	79.3	9	73.1	30	74.9	20	74.6	137	75.6
7/1	长厚示数	2	19.7	–	9	19.4	5	19.9	15	18.5	15	23.0	50	21.0
桡骨														
1	最大长	2	243.5	–	3	253.7	3	241.0	11	241.5	11	233.3	64	236.7
2	机能长	2	232.5	–	3	239.0	3	225.0	12	229.8	11	217.5	52	221.1
3	最小周	9	41.3	2.31	4	40.0	3	42.3	16	38.1	17	43.6	129	42.9
4	骨体横径	11	16.0	1.21	4	16.3	5	16.8	23	16.4	17	16.9	130	17.3
5	骨体矢状径	11	11.6	0.88	4	11.5	5	11.4	23	11.5	17	11.6	130	12.3
3/2	长厚示数	1	17.7	–	3	17.0	3	18.8	10	16.7	11	20.0	52	19.6
5/4	骨体断面示数	11	72.9	5.59	4	71.2	5	68.0	21	69.5	17	68.8	130	71.4
尺骨														
1	最大长	2	277.0	–	2	263.5	3	258.7	8	268.1	7	247.9	38	256.8
2	机能长	4	235.0	13.10	2	236.0	4	231.5	10	240.4	12	219.5	36	225.6
3	最小周	10	36.7	2.28	4	33.5	4	37.9	16	35.7	15	38.9	98	37.7
11	骨体矢状径	14	13.7	1.48	4	13.0	5	13.5	25	13.6	19	14.2	149	13.2
12	骨体横径	14	16.6	1.29	4	15.5	5	15.0	25	16.0	19	16.2	149	17.5
3/2	长厚示数	4	15.3	1.75	2	13.6	4	16.4	10	15.0	12	17.8	36	17.0
11/12	骨体断面示数	14	82.7	9.61	4	84.4	5	90.4	25	85.3	19	87.8	149	76.0

1).Wakebe（2002），2) 冈崎・栾 (2008)，3) 中桥・高椋・栾（2013），4) 清野・平井 (1928)，5) 中桥・永井 (1989)1989)
从此以下省略。

表 5-10 女性左上肢测量平均值与其他遗址对照表

		马家浜			圩墩		丁公		北阡		津云		北部九州山口	
♀		（新石器）			（新石器）		（新石器）		（新石器）		（绳文）		（弥生）	
		N	M	S.D.	N	M	N	M	N	M	N	M	N	M
肱骨														
1	最大长	2	311.5	–	7	283.0	6	289.7	8	283.8	13	261.2	42	284.1
2	全长	2	306.5	–	8	280.9	6	287.5	8	281.3	13	257.3	37	280.0
5	中央最大径	8	22.0	1.41	10	20.1	12	20.5	22	19.8	22	19.7	78	20.7
6	中央最小径	8	16.3	0.83	10	15.2	12	14.8	22	15.3	22	13.9	79	15.4
7	最小周	7	58.9	3.40	10	54.7	11	54.7	22	52.0	24	54.5	96	56.5
7a	中央周	8	61.6	4.27	10	58.7	–	–	22	63.4	21	56.6	74	59.8
6/5	骨体断面示数	8	74.1	5.65	10	75.7	12	72.3	20	76.9	21	70.8	78	74.7

7/1	长厚示数	2	19.8	1.65	7	19.0	6	19.2	7	17.2	13	21.0	42	19.6
桡骨														
1	最大长	3	222.3	2.05	2	222.0	5	224.8	5	225.6	16	207.2	38	217.3
2	机能长	3	212.0	0.82	2	210.0	5	211.2	5	215.6	17	195.6	31	206.8
3	最小周	5	38.0	1.90	3	35.0	9	37.2	9	35.9	20	36.5	88	37.7
4	骨体横径	11	15.8	1.64	2	15.5	13	15.7	14	14.6	19	14.6	95	15.6
5	骨体矢状径	11	10.9	1.62	2	11.0	13	10.6	14	10.2	19	9.8	95	10.7
3/2	长厚示数	3	18.4	0.61	5	17.4	5	17.8	5	16.3	17	18.5	30	17.8
5/4	骨体断面示数	11	68.9	5.25	2	71.7	13	67.5	14	70.6	19	67.7	95	68.8
尺骨														
1	最大长	1	238.0	–	1	239.0	3	239.0	3	230.0	10	226.0	30	236.8
2	机能长	1	206.0	–	1	211.0	4	211.0	4	212.5	10	197.6	33	207.9
3	最小周	3	35.3	1.25	1	33.0	5	33.8	8	32.3	17	32.9	64	34.3
11	骨体矢状径	9	12.6	0.96	1	12.0	13	11.4	15	11.8	21	10.8	95	11.3
12	骨体横径	9	15.0	1.25	1	14.0	13	13.7	14	13.9	21	13.2	95	15.8
3/2	长厚示数	1	16.5	0.00	1	15.6	4	16.4	3	15.4	9	16.4	32	16.4
11/12	骨体断面示数	9	83.9	4.80	1	85.7	13	84.7	14	85.2	21	81.0	95	71.7

3. 尺骨（表5-9、5-10）

长径（最大长度和功能长度）：男性的平均值比其他人群要大。女性的平均值与其他新石器时代人群大致相同，但比日本绳文人和弥生人大。

骨干形态（最小周长、骨体横向直径、矢状直径）：男性的平均值跟中国其他新石器时代人群以及弥生人相比没有大的区别。而女性的平均值相比其他人群要大一些。

横截面：相比其他新石器时代人群，男女的平均值都较小，没有弥生人的扁平特征。男性的厚度比中国其他新石器时代人群稍大，但比日本绳文人和弥生人稍小，骨干也比较细，显得单薄一些。女性因为仅有一例，无法比较。

4. 股骨（表5-11、5-12）

长径（最大长度和自然位长）：男女的平均值都比圩墩人、绳文人及弥生人大，但比山东省新石器时代人群小。

骨干形态（中央矢状直径、中央横向直径、中心周长、骨体横向直径、骨体矢状直径）：男女的平均值都比其他人群稍微偏小。

中心横截面：男女都与其他中国新石器时代人群及日本弥生人相似，但没有绳文人所拥有的柱状性。另外上身骨体横截面读数男女都比其他人群大。而厚度则偏小，显示躯干较为细小单薄。

5. 胫骨（表5-11、5-12）

长径（全长和最大长）：男性的平均值与圩墩人类似，比日本的绳文人、弥生人大，但比山东省新石器时代的丁公人、北阡人小。女性因仅有一例，不做考虑。

骨干形态（中央最大直径、最小直径、周长，营养孔位置最大直径、横向直径、最小周长）：男女的平均值与其他人群相似或稍微偏小一些。

中心横截面（营养孔横截面）：男女的平均值都比其他人群的偏小，扁平的特征比较明显。厚度上，男性比其他人群偏大，骨干部分较粗。没有得到关于女性的数据。

6. 腓骨（表5-11、5-12）

长径（全长）：男女的数据都非常少，无法显示马家浜人骨的整体趋势。

骨干形态（中央最大直径、最小直径、周长，最小周长）：男性的中央最大、最小直径的平均值都与中国其他新石器时代人群及日本弥生人相似或稍稍偏大，但中央最大直径比日本绳文人的平均值小一点。女性的数据因为极少无法判别整体趋势。

中心横截面：男性的平均值比其他人群大，女性的平均值与与其他人群相比没有太大的差异。

表 5-11　男性左下肢测量平均值与其他遗址对照表

♂		马家浜 (新石器)			圩墩 (新石器)		丁公 (新石器)		北阡 (新石器)		津云 (绳文)		北部九州 山口 (弥生)	
		N	M	S.D.	N	M	N	M	N	M	N	M	N	M
股骨														
1	最大长	4	450.0	7.12	12	439.5	9	447.7	23	447.5	11	415.2	97	432.2
2	自然位长	4	446.8	6.87	12	436.2	8	443.5	21	440.7	11	411.3	44	430.7
6	中央矢状径	15	28.3	2.05	19	29.9	9	27.9	50	29.1	20	28.9	234	29.5
7	中央横径	15	26.1	1.09	19	26.8	9	26.6	50	26.5	20	25.5	238	27.8
8	中央周	14	85.0	4.44	19	89.5	9	86.3	49	87.6	20	86.6	233	90.2
9	骨体上横径	10	30.5	1.36	18	21.1	9	30.6	41	30.8	19	30.1	189	32.6
10	骨体上矢状径	10	25.6	1.80	18	26.1	9	24.9	42	26.2	19	24.8	189	26.1
8/2	长厚示数	3	19.5	0.83	19	21.2	8	19.7	20	19.6	11	21.1	44	20.9
6/7	中央断面示数	15	108.3	8.96	18	112.3	9	105.3	50	109.9	20	113.2	234	106.8
10/9	上骨体断面示数	10	84.1	7.24	18	84.2	9	81.4	41	85.0	19	78.2	189	80.3
胫骨														
1	全长	4	356.8	16.21	10	353.1	4	364.5	14	358.0	10	337.0	46	347.6
1a	最大长	4	360.8	16.13	11	359.1	4	368.5	15	362.0	10	343.0	73	352.3
8	中央最大径	15	31.1	2.31	14	31.6	6	32.5	43	30.8	21	31.7	110	31.5
8a	营养孔位最大径	10	33.5	2.29	10	35.7	5	35.9	41	34.7	19	34.7	213	36.3

9	中央横径	15	19.5	2.83	14	21.5	6	22.3	44	21.3	21	19.7	111	22.7
9a	营养孔位横径	10	21.1	1.45	11	23.5	5	25.2	41	23.6	19	21.5	212	25.3
10	中央周	15	79.7	4.98	14	83.3	5	86.9	41	80.5	20	82.5	110	85.6
10b	最小周	12	73.3	5.45	13	75.0	5	79.4	33	72.6	17	75.6	185	77.4
9/8	中央断面示数	15	62.4	6.19	14	68.3	6	68.8	34	69.4	21	62.4	110	72.5
9a/8a	栄養孔断面示数	10	63.2	4.79	10	66.0	5	70.2	32	68.2	19	62.0	211	69.7
10b/1	长厚示数	3	22.2	0.96	10	21.1	4	21.8	11	20.4	10	22.9	45	22.2
腓骨														
1	全长	1	357.0	–	1	364.0	1	360.0	4	358.5	8	333.3	22	345.2
2	中央最大径	7	16.4	1.40	2	14.5	2	17.5	23	16.0	19	17.5	80	17
3	中央最小径	7	12.7	2.25	2	12.5	2	11.3	23	11.7	19	12.1	80	11.5
4	中央周	7	46.9	5.00	2	45.0	2	48.0	22	44.5	19	50.7	81	47.2
4a	最小周	5	37.8	2.79	3	36.0	1	44.0	12	40.2	15	39.1	49	39.9
3/2	中央断面示数	7	76.9	8.90	2	86.5	2	64.5	18	75.2	19	69.3	80	68.1
4a/1	长厚示数	1	10.6	–	1	10.4	1	12.2	4	10.7	8	11.8	21	11.5

表 5-12　女性左下肢测量平均值与其他遗址对照表

♀		马家浜 （新石器）			圩墩 （新石器）		丁公 （新石器）		北阡 （新石器）		津云 （绳文）		北部九州 山口 （弥生）	
		N	M	S.D.	N	M	N	M	N	M	N	M	N	M
股骨														
1	最大长	3	409.3	8.01	10	403.2	9	417.2	10	421.5	16	385.4	64	404.7
2	自然位长	3	405.7	7.54	10	399.4	9	411.9	10	416.2	16	379.7	37	400.5
6	中央矢状径	9	25.4	1.26	13	25.0	15	24.9	25	25.9	24	25.3	162	25.7
7	中央横径	9	24.0	2.21	13	25.2	15	26.7	25	24.0	24	24.1	162	26.3
8	中央周	9	76.8	5.01	13	77.9	15	81.3	25	75.5	24	77.8	161	81.3
9	骨体上横径	7	28.0	2.07	12	28.3	13	30.2	23	27.6	25	28.5	136	30.7
10	骨体上矢状径	7	23.7	1.39	12	23.3	13	22.7	23	23.1	25	22.0	136	23.2
8/2	长厚示数	3	19.3	0.82	10	19.6	9	20.0	10	18.3	15	20.6	37	20.3
6/7	中央断面示数	9	94.3	7.12	13	99.7	15	93.5	25	108.1	24	105.5	162	98.0

		N	M	SD	N	M	N	M	N	M	N	M	N	M
10/9	上骨体断面示数	7	85.3	9.71	12	82.5	13	75.3	23	83.9	25	77.4	136	75.7
胫骨														
1	全长	–	–	–	9	327.2	10	334.1	3	328.3	10	317.5	40	325.6
1a	最大长	1	343.0	–	9	330.4	10	337.7	4	329.5	10	321.9	53	330.0
8	中央最大径	8	26.4	1.65	10	26.1	13	27.9	20	27.2	23	27.1	77	26.9
8a	营养孔位最大径	4	29.3	0.83	10	30.2	12	31.4	18	29.6	21	30.5	139	30.7
9	中央横径	8	17.9	1.17	10	18.8	13	19.5	20	19.4	23	17.7	77	19.8
9a	营养孔位横径	4	19.3	1.09	10	21.0	12	22.5	18	20.3	20	19.2	140	22.1
10	中央周	8	70.4	3.50	10	72.2	13	74.5	20	71.2	23	72.7	76	73.8
10b	最小周	6	63.7	1.92	10	65.2	13	68.3	9	67.1	17	67.1	126	68.2
9/8	中央断面示数	8	67.8	3.14	10	72.3	13	70.1	14	71.5	23	64.7	77	73.9
9a/8a	栄養孔断面示数	4	65.9	2.26	10	69.8	12	71.9	13	67.9	20	63.0	139	72.0
10b/1	长厚示数	–	–	–	9	19.9	10	20.8	1	19.9	10	21.3	40	20.8
腓骨														
1	全长	–	–	–	3	322.7	2	325.5	1	312.0	5	315.4	19	324.4
2	中央最大径	3	15.0	2.16	4	13.8	10	15.4	3	13.7	20	14.8	63	14.7
3	中央最小径	3	9.7	0.94	4	9.3	10	10.2	3	9.7	20	9.7	63	9.7
4	中央周	3	40.3	4.11	4	38.3	10	43.0	3	37.7	20	43.0	62	40.9
4a	最小周	1	30.0	0.00	3	33.7	4	36.5	3	33.3	11	36.2	29	36.9
3/2	中央断面示数	3	65.3	7.67	4	67.3	10	66.8	3	71.1	20	65.8	63	66.3
4a/1	长厚示数	–	–	–	3	10.4	2	11.2	1	10.9	5	11.6	19	11.5

7. 身高估值（表5-13、5-14）

根据股骨的最大长度，使用 Pearson 的估值公式估算的身高，男性为163.7厘米，女性为152.6厘米。男女都与圩墩人的身高大致相同，比山东省新石器时代人低，比日本绳文人和弥生人高。

表5-13　马家浜遗址估计身高的平均值与比较遗址群的平均值表

		♂		♀	
		N	M	N	M
马家浜	（浙江省·新石器）	9	163.7	4	152.6
圩墩	（江苏省·新石器）	16	163.3	7	152.7

丁公	（山东省·新石器）	9	165.5	9	154.0
北阡	（山东省·新石器）	23	165.4	10	154.8
津云	（日本·绳文）	13	159.9	16	147.3
北部九州·山口	（日本·弥生）	129	162.6	87	151.3

表 5-14　左侧肢骨的长径比值与周径比值

♂		桡骨 / 肱骨		胫骨 / 股骨		肱骨 / 股骨		腓骨 / 胫骨	
		最大长		最大长		周径		中央周	
		N	M	N	M	N	M	N	M
马家浜	（浙江省·新石器）	-	-	3	82.8	8	74.1	6	57.8
圩墩	（江苏省·新石器）	3	81.5	7	81.7	9	68.8	1	52.4
丁公	（山东省·新石器）	1	78.1	4	81.4	1	69.3	2	56.6
北阡	（山东省·新石器）	5	77.9	9	81.4	30	67.1	18	52.4
津云	（日本·绳文）	13	82.4	11	83.4	21	74.7	20	61.5
北部九州	（日本·弥生）	20	78.2	56	81.3	121	70.4	61	54.6

♀		桡骨 / 肱骨		胫骨 / 股骨		肱骨 / 股骨		腓骨 / 胫骨	
		最大长		最大长		周径		中央周	
		N	M	N	M	N	M	N	M
马家浜	（浙江省·新石器）	1	75.8	1	82.7	2	73.6	2	58.5
圩墩	（江苏省·新石器）	2	79.2	7	81.7	9	71.0	2	53.7
丁公	（山东省·新石器）	3	75.4	9	80.9	6	66.4	9	58.6
北阡	（山东省·新石器）	1	81.6	3	79.4	14	67.1	3	54.7
津云	（日本·绳文）	23	78.7	20	83.6	44	69.1	37	58.3
北部九州	（日本·弥生）	40	76.5	59	81.5	129	69.5	69	55.4

8. 长径比、周长比（表 5-14）

我们用上臂和前臂（桡骨）来代表上肢，用大腿和小腿（胫骨）来代表下肢，其长度比率缺失男性上肢的数据，下肢的比率比其他中国新石器时代人群以及日本弥生人的数值要高。也就是说，马家浜遗址新石器人群的下肢（小腿部）相对来说要长一些。有研究表明上肢与下肢的长度比率与气候有关联，处于高纬度寒冷气候地区的人群其前臂与小腿部相对来说要短，而处于低纬度的温暖气候地域的人群其前臂与小腿部更长。这次的研究结果让我们联想到与低纬度地域的人群有关，但由于数据有限，有待将来收集到更多的数据之后作进一步的分析。对于女性来说，因为上肢、下肢都仅有一例，无法把握整体趋势。

再来看上下肢的粗细比率。我们分别用肱骨的最小周长来判断上肢的粗细，用股骨的中央周长来判断下肢的粗细。无论男女其上下肢都比其他比较人群粗一些，也就是说其上肢相对来说更为健壮。一组人群其上肢与下肢的粗细可能与其所从事的劳作种类以及身体的习惯动作有关。比如，如果拿日本的绳文人与弥生人来比较，以狩猎为主的绳文人相对来说上肢要发达一些，而以水稻耕作为生的弥生人其下肢会发达一些（中桥、永井，1989）。再来观察腓骨与胫骨的中央周长比率，男女的平均值都比其他人群大，也就是说腓骨相对来说要粗一些。如上所述，马家浜遗址新石器时代人群无论男女其胫骨都显示出扁平的特征，表明其从事的劳作应该使用小腿比较多。当然，为了更进一步的明确马家浜遗址新石器时代人群四肢骨骼横截面的形成原因，除了人骨的信息外，还需要考虑到肌肉以及关节病等信息，把考古学与生态结合起来作进一步的研究。

三、结论

对马家浜遗址出土的新石器时代人骨的四肢骨骼的分析结果总结如下。

上肢骨的长径，与其他新石器时代人群长度相似，但比日本绳文人和弥生人要长一些。

上肢骨的横截面，与其他人群相比男女显示出不同的趋势。男性比其他人群显得稍小，而女性则比较健壮。但无论男女，与日本绳文人和弥生人相比有纤巧的倾向。

小腿胫骨的长径，与其他新石器时代人群相同或者略稍长，比日本绳文人和弥生人明显要长。

由于男性和女性胫骨的平坦度都很强，因此从事小腿负担较重劳作的可能性很大。

根据股骨所估算出的身高为，男性163.7厘米，女性152.6厘米，较日本绳文人和弥生人高，但比山东省新石器时代人低。

从上臂骨的最小周长和股骨的中央周长比率来看，男性和女性都显示出上肢发达的特性。

从腓骨的中央周长和胫骨的中央周长的比率上来看，男女都比其他用于比较人群的均值大，显示出腓骨部位粗壮的特征。

参考文献

馬場悠男（1991）：「人体計測法　II人骨計測法」、人類学講座別卷1、雄山閣出版.

清野謙次·平井隆（1928）津云貝塚人人骨の人類学的研究　第三部上肢骨の研究、第四部　下肢骨の研究. 人類学雑誌43、第3、4付録.

Martin-Saller（1957）Lehrbuch der Anthropologie.Bd.I.Gustav Fischer Verlag.Stuttgart.

中橋孝博·永井昌文（1989）弥生人の形質、男女差、寿命. 弥生文化の研究1. 雄山閣.

中橋孝博·高椋浩史·樊豊実（2013）山东北阡遺跡出土之大汶口時期人骨. 東方考古. 第10集、pp.13-51，科学出版社.

岡崎健治·樊豊実（2008）丁公遺跡出土の龍山文化期人体の四肢骨. 海岱地区早期農業和人類学研究（樊豊実·宮本一夫編）. pp.200-220，科学出版社.

Vallois H.V.（1938）Les methodes de mensuration de la platycnemie ：etude critique. Bulletin of Society of Anthropology

Wakebe T. (2002) Morphological characteristics of the limb bone of human skeletal remains excavated from Jiangnan area in China. Ancient people in the Jiangnan region，China (edited by Nakahashi T. and Li M). pp.51-60，Kyushu university press.

执笔：　高椋浩史（日本国土井浜遗址人类学博物馆）

冈崎健治（日本国鸟取大学）

第五节　人骨稳定同位素分析

一、研究目的

　　人骨化学分析可用于饮食结构的复原研究，例如通过测定构成生物体组织的碳、氮元素的同位素比，推测该生物摄入食物的构成情况。一般的做法是，从遗址出土遗骨中提取胶原蛋白这种安定蛋白质，再测定其中碳、氮元素的安定同位素比。同位素比以样本与国际标准物质的数值的比率，δ 值来表示（碳元素为 $\delta 13C$、氮元素为 $\delta 15N$），单位是千分之一（‰）。人体的骨胶原主要以食物中的蛋白质为来源，因此其同位素比可以反映摄入食物的蛋白质的数值与组成。另外，骨骼与牙齿的主要组成部分，羟基磷灰石的碳酸基中也含有碳元素，这里的 $\delta 13C$ 可以反映食物中全部碳素源的比值，除蛋白质之外的碳水化合物及脂肪也可以作为饮食结构的分析对象。例如，包括稻、麦、豆等草本植物及果树等全部木本植物在内的 C_3 植物 ($\delta^{13}C$ 约 -25 ‰)，与粟、稗等 C_4 植物 ($\delta^{13}C$ 约 -10 ‰) 有着不同的 $\delta^{13}C$ 数值。人体的羟基磷灰石中所含有的 $\delta^{13}C$ 值会比摄入的食物的 $\delta^{13}C$ 值高 12 ‰（Harrison & Katzenburg，2003），因此以 C_3 植物稻米为主食的个体与以 C_4 植物粟为主食的个体的羟基磷灰石的 $\delta^{13}C$ 数值有很大差异。而且，海洋生物体内的 $\delta^{13}C$ 值比依靠 C_3 植物的陆生生物及河湖淡水生物更高，经常食用海产品的个体的羟基磷灰石会显示出更高的 $\delta^{13}C$ 值，与食用 C_3 植物与淡水生态圈动植物的个体可以明显区分。另外，海洋生物含有更高的 $\delta^{15}N$，食用海产品的人类个体可由此与只食用陆生动植物（包括 C_4 植物在内）的个体进行区分。

　　骨骼与牙齿的主要成分，羟基磷灰石的磷酸基及碳酸基中含有氧元素，这些氧元素主要依靠饮水及食物所含水分摄入（Yoshida & Miyazaki，1991; Kohn et al.，1996）。因此羟基磷灰石的氧同位素比与摄入水分的氧同位素比有很强的正相关性（Longinelli et al.，1984; Bryant et al.，1994; Daux et al.，2008; Tian et al.，2013）。氧同位素比（$\delta^{18}O$）并不以样本中 ^{18}O 相对于 ^{16}O 的比值进行表示，而是以样本的 $^{18}O/^{16}O$ 值相对于国际标准物质的 $^{18}O/^{16}O$ 值的比值 δ 值表示。氧同位素 ^{16}O 构成的水比质量更大的氧同位素 ^{18}O 构成的水更容易蒸发。因此，在气温较高的低纬度地区，由 ^{16}O 构成的质量较小的水分迅速蒸发，残留于地表的水体中 ^{18}O 构成的较重的水比例更高，$\delta^{18}O$ 的数值会升高。另一方面，在气温较低的高纬度地区，含 ^{16}O 水的蒸发速度较慢，与低纬度地区相比，^{18}O 水相对于 ^{16}O 水的比例，即 $\delta^{18}O$ 值会变低。另外，从海洋中蒸发的水汽向内陆移动时，含 ^{18}O 的较重的水更容易形成降雨落到地表，所以与沿岸地区的降水相比，内陆或者海拔较高地区降水的 $\delta^{18}O$ 值更低。动物身体组织内的氧同位素比可以反映其饮用水源的情况，因此通过骨骼和牙齿内羟基磷灰石的氧同位素比可以推测出该动物的栖息地。特别是牙齿的羟基磷灰石一旦形成不会因新陈代谢而减少，出土人骨牙齿的 $\delta^{18}O$ 值与个体死亡年龄无关，只受牙齿形成的少儿期的饮水情况影响，因而成为反映出生地信息的重要指标。

　　中国的新石器时代存在黄河流域粟、稗旱作农业和长江流域水田稻作农业两种迥然不同的农耕文化 (Cohen，2011; Stevens et al.，2016)。以 C4 植物为基础的北方杂谷农耕文化圈与依靠 C3 植物的南方稻作农耕文化圈并行发展，中国新石器时代遗址中羟基磷灰石的 $\delta^{18}O$ 和 $\delta^{13}C$ 值呈现负相关性 (Pechenkina et al.，2005; Hu et al.，2006; Lanehart et al.，2011)。在温暖的南方长江流域饮水、生活的人群体内有更高的 $\delta^{18}O$ 值，与此同时，以

C3 植物稻米为主食又会降低体内的 δ¹³C 值。另一方面，在寒冷的北方黄河流域，人群体内的 δ¹⁸O 值较低，但受 C4 植物粟的影响，δ¹³C 又呈现出较高数值。研究证明，随着时代的发展稻作文化和粟作文化向周围扩散，两者也开始接受彼此的农作物 (Stevens et al., 2016)。但目前尚不清楚两种农耕文化圈在何时开始文化上、人员上的交流。

通过对马家浜遗址出土人骨牙釉质的羟基磷灰石中碳酸基的氧、碳同位素比进行测定，从而推测这些个体的出生地与饮食结构。希望能够为探讨中国新石器时代两种农耕文化的扩散与交流过程提供信息。

二、资料与方法

对马家浜遗址出土的 20 具人骨进行了胶原蛋白提取作业，以备碳、氮安定同位素比分析。还对其他 30 具人骨进行了骨骼内氮元素比率测定，在提取作业前对胶原蛋白的保存状态进行确认。另外还从马家浜遗址出土的 36 具人骨的牙齿中提取了牙釉质，为氧、碳安定同位素比的分析做准备。

骨骼样本的元素比率测定依照 Brock et al. (2010) 的方法进行。提取骨骼样本粉末的工具为牙科使用的钨钢钻头，采样前先将 0.1 毫米厚的表层去掉。最后在东京大学综合博物馆放射性碳元素年代测定实验室，利用元素分析设备 (Thermo Flash2000 elemental analyzer) 对 10 毫克骨骼样本的 %N 与 %C 进行测量。

骨骼样本的胶原蛋白提取作业需遵照前人方法在凝胶化处理的基础上进行（(Longin，1971; Yoneda et al.，2002）。首先，对骨骼样本进行喷砂处理，研磨表面，再放入超纯水中进行超声波清洗，去除附着物。再将样本封入纤维素膜中，在 0.4 mol/L 的盐酸溶液中浸泡 48 小时，去除钙化物质，并通过透析去除骨骼中的无机物及分子量较小的有机物 (12000~14000Da 以下)。其后，用超纯水对样本进行中性化处理，放入 0.1 mol/L 氢氧化钠溶液中进行离心，去除土壤中的有机酸；再加入超纯水进行中性化处理，放入 pH4 的盐酸中以 90° 的恒温加热 48 小时，使胶原蛋白成为水溶性胶体状态，用玻璃过滤器分离不溶于水的有机物。最后，回收经过处理的样本，冷冻干燥，得到的胶状物质供同位素比分析使用。

碳、氮元素的比率及安定同位素比的测定在东京大学综合博物馆放射性碳素年代测定实验室，使用 EA-IRMS (Thermo Flash2000 elemental analyzer and Thermo Delta V Advantage isotope ratio mass spectrometer) 进行。最终测量了 0.4 毫克胶状物质的氮素同位素比 (δ¹⁵N) 和碳素同位素比 (δ¹³C)。另外，将给定同位素比数值的二次标准物质（丙氨酸、组氨酸、甘氨酸）与样品同时测定，计算标准偏差，从而得到测定过程的误差。常规测定显示，δ¹⁵N 的测定偏差在 0.1‰，δ¹³C 的误差为 0.1‰。胶状物质氮素与碳素的摩尔数比(C/N)在 2.9~3.6 范围外的话，说明标本中混入了胶原蛋白以外的其他物质，导致成分改变，需要从下一步讨论中排除 (DeNiro，1985)。

用于氧、碳同位素比分析的牙釉质样本遵照 Lee-Thorp & van der Merwe (1991) 和 Someda et al. (2016) 的方法进行前期处理。为了清除牙釉质中含有的有机物，将样品的牙釉质粉末放入 4% 的次氯酸钠溶液中进行一晚的反应，用超纯水中和、清洗。再放入 0.1M 的醋酸缓冲液（pH=4.4）中反应 4 小时，清除样本中混入的外来无机物，再用超纯水中和、洗净。最后将样本干燥备用。

0.8 毫克干燥牙釉质样本的氧、碳安定同位素比测定由日本国立科学博物馆地质学研究部的 Kiel Device-IRMS (Thermo Kiel IV carbonate device and Thermo MAT253 isotope ratio mass spectrometer) 进行。牙釉质碳酸基的

δ¹⁸O 与 δ¹³C 的补正工作参考碳酸钙国际标准物质 NBS-19 与 NBS-18，两者与标准物质的测量误差都在 0.1‰ 以下。

三、结果与思考

胶原蛋白在埋藏过程中会和土壤中的细菌与酶进行反应而分解。成岩作用产生的化学反应或土壤有机物的沉淀可能导致同位素比的变动。现代动物骨骼中胶原蛋白的碳／氮（C/N）比例在 2.9~3.6 范围内。考古资料中的 C/N 比值也在这个范围内的话，说明提纯为胶状物质的样本中混入的外来有机物较少，同位素比的变动也较小（DeNiro，1985）。然而，本研究从骨骼样本中提取的胶状物质样本经由 EA-IRMS 分析，发现 20 个个体的 C/N 比值均在 2.9~3.6 的范围之外，氮素比率（%N）也与胶原蛋白自身的组成有所不同，说明存在胶原蛋白变质或外来成分混入的情况（图 5-11）。因此，可以判断马家浜遗址出土人骨在埋藏过程中受到成岩作用影响，胶原蛋白出现了劣化现象。研究中提取、测定的胶状物质样本的 δ¹⁵N 与 δ¹³C 值与个体生前数值相比有所变化，无法由此进行饮食结构的推测。而且，由于胶原蛋白劣化导致无法得到可信的年代数据，因而遗址出土人骨无法进行放射性碳元素测年。

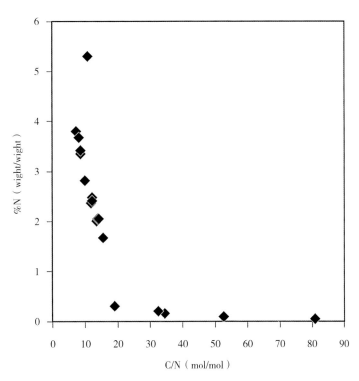

图 5-11　出土人骨的 EA-IRMS 分析结果
萃取所得胶状物质的碳／氮比 (C/N) 及氮素比率 (%N)

同时，对遗址出土骨骼中胶原蛋白的保存状况进行了定量评价，以未处理骨骼标本中所含元素的比率作为判断指标 (Brock et al., 2010)。骨骼样本中所含氮素的比率（%N），与经过萃取处理获得的胶原蛋白的数量有很强相关性，因此以 %N 为指标的骨骼标本筛选手法行之有效。Brock 等 (2010) 认为氮素比率在 0.76% 以上的骨骼样本可用于进行胶原蛋白同位素比分析。本研究除前文所述 20 具人骨外，还对另外 30 具人骨标本的碳素、氮素比率进行了测定（图

5-12）。结果显示 30 具马家浜人骨中均未检测出氮素，说明未残留胶原蛋白。因此，这里的 30 具人骨未进行胶原蛋白的提取处理。

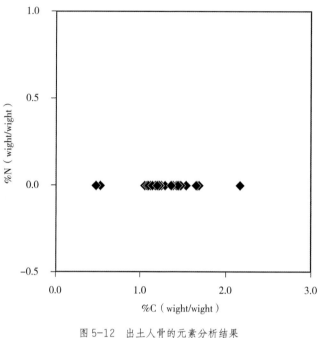

图 5-12　出土人骨的元素分析结果
骨骼碳素比率（%C）与氮素比率（%N）

　　牙釉质的晶体构造十分紧密，极少会因埋藏过程中的成岩作用而被污染 (Budd et al.，2000; France & Owsley，2015)。马家浜遗址出土人骨牙釉质中碳酸基的 δ¹³C 与 δ¹⁸O 值如图所示（图 5-13）。马家浜遗址居住者的羟基磷灰石的碳酸盐中，δ¹³C 为- 12.5 ± 0.7 ‰、δ¹⁸O 为- 5.4 ± 1.3 ‰。人体的羟基磷灰石的 δ¹³C 数值比所摄入食物高 12 ‰ (Harrison & Katzenburg，2003)，马家浜集团所消费的食物的 δ¹³C 应在- 24.5 ‰。因此，粟这类 δ¹³C 较

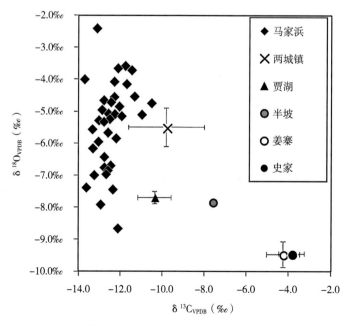

图 5-13　马家浜及其他遗址出土人骨碳·氧同位素比的平均值与 1 标准偏差

高的 C4 植物及海产品对马家浜集团饮食结构的贡献极小，马家浜集团的食谱应以包括稻米、坚果在内的 C3 植物，以 C3 植物为食的陆地动物及河湖中的淡水水产品为主。新石器时代遗址的动物考古学研究证明，新石器时代长江中下游流域的居民在栽培水稻的同时，还将包括坚果在内的野生动植物及淡水水产视为重要的食物来源并加以利用。因此，马家浜集团拥有新石器时代初期稻作农耕民的典型饮食结构。

还可将马家浜遗址出土人骨羟基磷灰石中碳酸基的碳、氮同位素比与中国其他遗址人骨进行了比较研究（图 5-13）。山东半岛两城镇遗址出土人骨的 δ¹⁸O 值与马家浜遗址相似，但 δ¹³C 值比后者更高，显示出对 C3 植物、C4 植物，以及以此为食的动物性食物的混合需求 (Lanehart et al.，2011)。华北平原贾湖遗址出土的人骨和两城镇遗址的人骨一样，显示出 C3/C4 植物混合的 δ¹³C 数值。但贾湖遗址比马家浜遗址更偏北，比两城镇遗址更靠近内陆，这种地理条件使贾湖遗址人骨显示出更低的 δ¹⁸O 值 (Hu et al.，2006)。关中平原位于内陆地区，这里的新石器时代遗址，如半坡遗址的一个人骨个体显示出与贾湖遗址人骨相近的 δ¹³C 和 δ¹⁸O 值；姜寨遗址、史家遗址出土人骨则拥有更低的 δ¹⁸O 值。上述现象说明 δ¹³C 数值依赖于 C4 植物以及摄入 C4 植物的动物组成的食物来源 (Pechenkina et al.，2004)。与上述遗址相比，马家浜遗址出土人骨暗示了一种温暖的或靠近海岸的居住环境，起源于北方的粟一类的 C4 植物对这里的影响较小。

引用文献

Brock，F.，Higham，T.，Bronk Ramsey，C.，(2010) Pre-screening techniques for identification of samples suitable for radiocarbon dating of poorly preserved bones. Journal of Archaeological Science. 37. pp. 855 – 865

Bryant，J. D.，Koch，P. L.，Froelich，P. N.，Showers，W. J.，Genna，B. J. (1996) Oxygen isotope partitioning between phosphate and carbonate in mammalian apatite. Geochimica et Cosmochimica Acta. 60. pp. 5145 – 5148

Budd，P.，Montgomery，J.，Barreiro，B.，Thomas，R.G. (2000) Differential diagenesis of strontium in archaeological human dental tissues. Applied geochemistry. 15 (5). pp. 687 – 694.

Cohen，D.J. (2011). The Beginnings of Agriculture in China ： A Multiregional View. Current Anthropology. 52 (S4). S273 – S293.

Daux V.，Lécuyer C.，Héran M.A.，Amiot R.，Simon L.，Fourel F.，Martineau F.，Lynnerup N.，Reychler H. and Escarguel G. (2008) Oxygen isotope fractionation between human phosphate and water revisited Journal of Human Evolution. 55 pp. 1138 – 1147

DeNiro，M.J. (1985) Postmortem Preservation and Alteration of In vivo Bone - collagen Isotope Ratios in Relation to Paleodietary Reconstruction. Nature. 317. pp. 806 – 809.

France，C. A. M.，Owsley，D.W. (2015) Stable carbon and oxygen isotope spacing between bone and tooth collagen and hydroxyapatite in human archaeological remains. International Journal of Osteoarchaeology. 25. pp. 299 – 312.

Harrison，R.G.，Katzenburg，M.A.，2003. Paleodiet studies using stable carbon isotopes from bone apatite and collagen ： Examples from southern Ontario and San Nicolas Island，California. Journal of Anthropological Archaeology. 22，pp. 227 – 244.

Hu，Y.，Ambrose，S. H.，Wang，C. (2006) Stable isotopic analysis of human bones from Jiahu site，Henan，China ： implications for the transition to agriculture. Journal of Archaeological Science. 33. pp. 1319 – 1330.

Kohn，M. J.，Schoeninger，M. J.，Valley，J. W. (1996) Herbivore tooth oxygen isotope compositions ： Effects of diet and physiology. Geochmica et Cosmochimica Acta. 60. pp. 3889 – 3896.

Lanehart，R.，Tykot，R.，Underhill，A.，Luan，F.，Yu，H.，Fang，H.，Cai，F.，Feinman，G.，Nicholas，L.，(2011) Dietary adaptation during the Longshan period in China ： stable isotope analyses at Liangchengzhen (southeastern Shandong)，Journal of Archaeological Science. 38. pp. 2171 - 2181.

Lee Thorp，J. A. and van der Merwe，N. J. (1991) Aspects of the chemistry of modern and fossil biological apatite. Journal of Archaeological Science. 18. pp. 343 - 354.

Longin，R. (1971) New method of collagen extraction for radiocarbon dating. Nature. 230. pp. 241 - 242.

Longinelli，A. (1984) Oxygen isotopes in mammal bone phosphate ： A new tool for paleohydrological and paleoclimatological research? Geochimica et Cosmochimica Acta. 48. pp. 385 - 390

Pechenkina，E.，Ambrose，S.，Xiaolin，M.，Benfer，R. (2005) Reconstructing northern Chinese Neolithic subsistence practices by isotopic analysis. Journal of Archaeological Science. 32. pp. 1176 - 1189.

Someda，H.，Gakuhari，T.，Akai，J.，Araki，Y.，Kodera，T.，Tsumatori，G. Kobayashi，Y.，Matsunaga，S.，Abe，S.，Hashimoto，M.，Saito，M. Yoneda，M.，Ishida，H. (2016) Trial application of oxygen and carbon isotope analysis in tooth enamel for identification of past-war victims for discriminating between Japanese and US soldiers. Forensic Science International. 261. 166.e1 - 166.e5

Tian，X.，Zhu，C.，Shui，T.，Huang，Y. (2013) Diets，eco-environments and seasonal variations recorded in the oxygen and carbon isotopic compositions of mammal tooth enamel from the Shunshanji site，Sihong County，Jiangsu Province，China. Chinese Science Bulletin. 58. pp. 3788 - 3795.

Yoshida，N. and Miyazaki，N. (1991) Oxygen isotope correlation of cetacean bone phosphate with environmental water. Journal of Geophysical Research ： Oceans. 96. pp. 815 - 820.

Yoneda，M.，Tanaka，A.，Shibata，Y.，Morita，M.，Uzawa，K.，Hirota，M.，Uchida，M. (2002) Radiocarbon marine reservoir effect in human remains from the Kitakogane Site，Hokkaido，Japan. Journal of Archaeological Science. 29. pp. 529 - 536.

Yuan，J.，Flad，R.，Luo，Y. (2008) Meat-acquisition patterns in the Neolithic Yangzi river valley，China. Antiquity. 82. pp. 351 - 366

执笔：板桥悠（日本国东京大学）

觉张隆史（日本国金泽大学）

米田穰（日本国东京大学）

第六节　牙石残留淀粉粒分析

一、研究目的

牙石，是牙垢钙化之后形成的贴付于牙齿表面的物质（须贺，1981；White，1997）。唾液中的口腔常驻菌及其代谢物所含有的磷酸钙是牙石的主要成分，另外还有碳酸钙和磷酸镁等物质（Little et al.，1963; Little & Hazen，1964; White，1997）。牙石的形态与附着位置会因人群的不同而改变，主要受其人群的口腔卫生习惯的影响。因此，通过牙石的相关研究，可以对产生牙石的个体及其群体的饮食习惯和健康状况，古今饮食结构的变化与疾病史，以及社会环境与卫生状态的变迁进行推测。

从人与动物的牙石中提取到植硅石、花粉、硅藻、矿物粒子、细菌菌丝、病毒的报告不断增多（例如 Hardy et al.，2017; Hutschenreuther et al.，2017），牙石作为一种新的资料来源受到世界学界瞩目（山崎·高桥，2015）。近年来，通过残存淀粉颗粒分析牙石的研究事例呈现增加趋势，日本学者也开始了相关领域的研究（Shibutani，2017）。

牙石残存淀粉粒分析的最大优势在于可以由此对当时人群的饮食习惯进行复原。从石器和陶器中检测出来的残存淀粉颗粒虽然可以用于复原两者所加工的植物种类，但还需要通过其他分析方法验证这些植物是否用于食用。而牙石中含有的残存淀粉颗粒来源于人和动物吃到口中的植物，可以作为这些植物用于食用的直接证据。近年来，利用人类牙石所含有的残存淀粉颗粒进行研究的事例很多，如复原尼安德特人食谱中的植物种类（Belmaker & Hovers，2011；Hardy et al.，2012; Henry et al.，2010，2011）、分析遗址居民在食用玉米时的性别与年龄上的个体差异（Mickleburgh & Pagán-Jiménez，2012）、探讨植物的栽培时间（Madella et al.，2015; Power et al.，2015）等等。在日本，从古坟时代的人类牙石、史前遗址出土的野猪牙石上提取淀粉颗粒进行食性分析的研究也得到不断推进（山崎·高桥，2015）。

本研究将进行人类牙石的残存淀粉颗粒分析。首先确认中国新石器时代遗址出土的人骨牙石中能否检测出淀粉颗粒。如果可以，再利用淀粉颗粒对植物进行种属鉴定、还原当地的植物利用系统，而植物很难作为一般遗物保留下来。另一个目的是对推定为淀粉颗粒来源的植物进行定量分析。希望能够在测定不同植物淀粉颗粒的数量多寡的基础上，建立数量差别与人群差异、遗址差异之间的关联，并由此讨论水稻利用的起始时间、米食习惯的个人差异，特别是性别与阶层差异等问题。

本报告将对马家浜遗址出土人骨牙石中残存淀粉颗粒的提取结果，以及所得淀粉颗粒的状态与相关问题进行论述。

二、对象与方法

从人类遗骨中提取的牙石样本来源于 33 个个体，共计 42 件。这些样本由合作研究者冈崎健治和板桥悠采样，提取淀粉颗粒、制作玻片等前期准备工作在国立历史民俗博物馆综合资料学中心进行。

从牙石中提取淀粉颗粒的工作依照 Tromp & Dudgeon（2015）与 Madella, et al.（2015）的方法进行。之后，再用同样的方法制作现代淀粉颗粒的玻片（涩谷，2006,2010）。离心处理后的 8μl 样本加入 8μl 的水性粘合剂（甘油·明胶，折射率 1.46~1.48），每个标本制作 4~5 枚玻片。制作过程中为了检验载玻片、盖玻片与粘合剂是否洁净，还会制作未加入样本的空白玻片。最后利用光学显微镜进行观察，目镜 10 倍，物镜 10~100 倍，综合放大倍率为 100~1000 倍，利用显微镜相机（WRAYCAM-NF500）拍照记录。

三、分析结果

马家浜遗址的 33 件人骨、42 件样本中，M30、M48、M52、M56、M27、M69、M22、M41、M59，共计 14 个样本检测出淀粉颗粒（表 5-15）。与广富林遗址相比，马家浜遗址的样本更为完好，能够识别明确形态的淀粉颗粒较多。特别是 M41、M52、M59 的淀粉颗粒的外形、形成核位置、偏光十字的形状都可以得到确认（表 5-16）。

表 5-15　用于分析的牙石标本

分析编号	人骨编号	左上颚	右上颚	左下颚	右下颚	总量（mg）	淀粉粒分析(mg)	淀粉颗粒检出个数
MJB-SRP1-DC1	JMM33				M3	6.10	6.10	0

MJB-SRP2-DC1	JMM30			M1		1.10	1.10	2
MJB-SRP2-DC2	JMM30			P2	P2	19.60	19.60	0
MJB-SRP3-DC1	JMM14	M1		M1		2.60	2.60	0
MJB-SRP4-DC1	JMM38			P2		54.70	54.70	0
MJB-SRP5-DC1	JMM48					8.20	8.20	1
MJB-SRP5-DC2	JMM48	C				10.10	10.10	0
MJB-SRP6-DC1	JMM74			P1		17.00	17.00	0
MJB-SRP6-DC2	JMM74				M2	36.10	36.10	0
MJB-SRP7-DC1	JMM8		I2			1.80	1.80	0
MJB-SRP8-DC1	JMM52	M1				2.20	2.20	1
MJB-SRP9-DC1	JMM56	I2,C				6.30	6.30	1
MJB-SRP10-DC1	JMM27			○	○	14.60	14.60	0
MJB-SRP10-DC2	JMM27	○	○			10.40	10.40	2
MJB-SRP11-DC1	JMM11				M3	2.40	2.40	0
MJB-SRP12-DC1	JMM69				M1,M2	5.90	5.90	1
MJB-SRP13-DC1	JMM46			I2		4.80	4.80	0
MJB-SRP14-DC1	JMM36				C	14.90	14.90	0
MJB-SRP15-DC1	JMM57	M1				5.80	5.80	0
MJB-SRP16-DC1	JMM45				M2	23.30	23.30	0
MJB-SRP17-DC1	JMM5		I2			5.30	5.30	0
MJB-SRP17-DC2	JMM5	M3				43.10	43.10	0
MJB-SRP18-DC1	JMM12				I2,P2	28.10	28.10	0
MJB-SRP19-DC1	JMM13		C,P1,P2,M1,M2			3.20	3.20	0
MJB-SRP20-DC1	JMM15			M2		16.60	16.60	0
MJB-SRP20-DC2	JMM15		M2			15.60	15.60	0
MJB-SRP21-DC1	JMM18			M2		0.40	0.40	0
MJB-SRP22-DC1	JMM19	M1,M2				1.60	1.60	0
MJB-SRP23-DC1	JMM22				C,P1	1.30	1.30	0
MJB-SRP24-DC1	JMM24	I1,I2,C	I1,I2,C			22.50	22.50	0
MJB-SRP24-DC2	JMM24			I2		2.10	2.10	0
MJB-SRP25-DC1	JMM27		M2			5.00	5.00	0
MJB-SRP26-DC1	JMM41				dm2	6.90	6.90	1
MJB-SRP27-DC1	JMM45				M3	106.50	106.50	0
MJB-SRP27-DC2	JMM45				M1	5.70	5.70	0

MJB-SRP28-DC1	JMM47	P2				3.30	3.30	0
MJB-SRP29-DC1	JMM48	M1,M2,M3				25.20	25.20	0
MJB-SRP30-DC1	JMM54				M2	19.30	19.30	0
MJB-SRP31-DC1	JMM59	I2,C				8.80	8.80	3
MJB-SRP31-DC2	JMM59	M2				15.20	15.20	1
MJB-SRP32-DC1	JMM62		P1			1.70	1.70	0
MJB-SRP33-DC1	JMM74				P1	1.40	1.40	0

采样、鉴定人：冈崎建治

表 5-16 牙石中检出淀粉粒及判断

分析编号	牙石样本				淀粉颗粒种类							
	右上颚	左上颚	右下颚	左下颚	有无	形态	外形	长（μm）	宽（μm）	偏光十字	判断	来源植物
MJB-SRP1-DC1			M3		x							
MJB-SRP2-DC1			M1		○	D	已分解的淀粉颗粒		消失		a	不明
MJB-SRP2-DC1			M1		○	D	已分解的淀粉颗粒		消失		a	不明
MJB-SRP2-DC2			P2	P2	x							
MJB-SRP3-DC1		M1		M1	x							
MJB-SRP4-DC1				P2	x							
MJB-SRP5-DC1					○	AII	椭圆	12.15	13.53	膨胀，不明了	a	栎属？
MJB-SRP5-DC2		C			x							
MJB-SRP6-DC1				P1	x							
MJB-SRP6-DC2			M2		x							
MJB-SRP7-DC1	I2				x							
MJB-SRP8-DC1		M1			○	AII	椭圆	12.01	13.57	逆卐状	a	栎属
MJB-SRP9-DC1		I2,C			○	BII	半椭圆	17.61	19.35	垂直	a	不明
MJB-SRP10-DC1			○	○	x							
MJB-SRP10-DC2	○	○			○	D	破损的淀粉颗粒		消失		a	不明
MJB-SRP10-DC2	○	○			○	D	已分解的淀粉颗粒		消失		a	不明
MJB-SRP11-DC1			M3		x							
MJB-SRP12-DC1			M1,M2		○	D	已分解的淀粉颗粒		消失		a	不明
MJB-SRP13-DC1				I2	x							
MJB-SRP14-DC1			C		x							
MJB-SRP15-DC1		M1			x							
MJB-SRP16-DC1			M2		x							
MJB-SRP17-DC1		I2			x							
MJB-SRP17-DC2	M3				x							
MJB-SRP18-DC1				I2,P2	x							
MJB-SRP19-DC1		C,P1,P2,M1,M2			x							

MJB-SRP20-DC1			M2		x						
MJB-SRP20-DC2		M2			x						
MJB-SRP21-DC1			M2		x						
MJB-SRP22-DC1	M1,M2				x						
MJB-SRP23-DC1				C,P1							
MJB-SRP24-DC1	I1,I2,C	I1,I2,C			x						
MJB-SRP24-DC2			I2		x						
MJB-SRP25-DC1		M2			x						
MJB-SRP26-DC1				dm2	○	AⅢ	圆形	20.35	20.68	纵十字	a	不明
MJB-SRP27-DC1			M3		x						
MJB-SRP27-DC2			M1		x						
MJB-SRP28-DC1	P2				x						
MJB-SRP29-DC1	M1,M2,M3				x						
MJB-SRP30-DC1			M2		x						
MJB-SRP31-DC1	I2,C				○	BⅠ	椭圆形	6.52	5.13	斜向十字	a	不明
MJB-SRP31-DC1	I2,C				○	CⅠ	六角形	4.68	4.3	不明了	a	稻属?
MJB-SRP31-DC1	I2,C				○	CⅠ	六角形	6.39	4.89	纵十字	a	稻属?
MJB-SRP31-DC2	M2				○	CⅡ	五角形	14.25	14.05	纵十字	a	树的果实?
MJB-SRP32-DC1		P1			x						
MJB-SRP33-DC1				P1	x						

A：圆形·椭圆形，B：半圆形·三角形·四角形，C：多角形，D：分解后原有形状难以识别；Ⅰ：不到10微米，Ⅱ：10~20微米，Ⅲ：20微米以上。

按照上述标准分类。a：源于食物，b：存在食物与污染两种可能性，无法判断，c：污染的可能性较高。判断为上述项目。

四、考察

1，残存淀粉颗粒的来源植物

检测出淀粉颗粒的14件样本中，M59中长6.39微米、宽4.89微米的六角形淀粉颗粒可能来源于稻属植物Oryza sativa（图5-14：12a、12b）。现代稻属植物的淀粉颗粒的直径范围为5.0~8.3微米，呈平均粒径为6.3微米的六角形（涩谷，2010）。M59中检测出的其他2个六角形的淀粉颗粒（图5-14：10a、10b、11a、11b）很可能也来源于稻属植物。而M41中长20.35微米、宽20.68微米的圆形淀粉颗粒（图5-14：9a、9b）与M59中长14.25微米、宽14.05微米的五角形淀粉颗粒（图5-14：13a、13b）可能来源于坚果，M52中长12.017微米、宽13.57微米的椭圆形淀粉颗粒（图5-14：4a、4b）可能来源于栎属植物。

2，残存淀粉颗粒与饮食的个体差异

前文已列举数例通过牙石残存淀粉颗粒鉴定植物种属、探讨遗址居住者在食性上的性别、年龄差等个人差异的研究事例（如Mickleburgh & Pagán-Jiménez，2012）。本研究将在前文列举的植物种属的基础上，分析本次调查检测的人骨个体在食性上的个人差异与集团差异。

然而，马家浜遗址人骨牙石中提取出的淀粉颗粒较少，每个样本只有数粒。因此，比较每个人骨个体中检出淀粉颗粒的数量差异，或者说通过淀粉颗粒的检出数量复原特定种属植物的所占比例的工作变得十分困难。

另一方面，从马家浜遗址M59样本中检测出可能来源于稻属植物和坚果的淀粉颗粒、从M52中检测出栎属植物的淀粉颗粒、从 M41 中检测出坚果的淀粉颗粒。这些淀粉颗粒虽然在数量层面无法判断差异，但在性质层面的差异十分明显，证明了马家浜遗址居民饮食结构的多样性。

　　综上所述，由于淀粉颗粒呈现多样的残留状态，判断稻米在食谱中的所占比例较为困难，但可以由此对植物类食物的多样性状态进行复原。综合稻作文明学项目还对良渚遗址群和田螺山遗址的人骨牙石进行了残存淀粉颗粒分析，希望由此了解新石器时代居民实际摄入的植物类食材。如果将其与马家浜遗址的分析结果进行对比，一定能够对不同遗址居民在食谱上的个人差与集团差进行更充分的探讨。

　　3，从残存淀粉颗粒看植物类食材的加工方法

　　马家浜遗址牙石样本的淀粉颗粒中，可以看到颗粒损坏、分解，偏光十字扩大、消失，以及水解的样本（图5-14：7a、7b）。上述淀粉颗粒均有颗粒膨胀、破碎的现象，这种现象可能与加热的处理方式有关。

　　在加水加热的情况下，植物淀粉颗粒会持续膨胀，颗粒内部的支链淀粉分子与直链淀粉分子溢出，淀粉颗粒被撑破（Evers & Stevens，1985; Funami et al.，2005; 长尾·藤井，2005; 仁宫，1996），只留下颗粒的碎片。马家浜遗址发现的呈现损坏、分解状态的淀粉颗粒证明这些植物类食材曾经被加热处理。因此，对于淀粉颗粒的存在

JMM30 下颚左，第一大臼齿

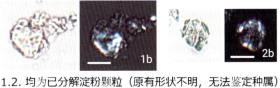

JMM48 位置不明，第三大臼齿

JMM52 下颚左，第一大臼齿

1.2. 均为已分解淀粉颗粒（原有形状不明，无法鉴定种属）

3. 长 12.15微米、宽 13.53微米的椭圆形淀粉颗粒（栎属？）

4. 长 12.01微米、宽 13.57微米的椭圆形淀粉颗粒（栎属？）

JMM56
上颚左，侧门齿，犬齿

JMM27 上颚左右

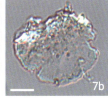

5. 长 17.61微米，宽 19.35微米的半椭圆形淀粉颗粒（种属不明）

6. 淀粉颗粒损坏（原有形状不明，无法鉴定种属）

7. 淀粉颗粒损坏（原有形状不明，无法鉴定种属）

JMM69
下颚右，第一第二大臼齿

JMM41
下颚右，第二大臼齿（乳牙）

JMM59
上颚左，侧门齿，犬齿

8. 淀粉颗粒损坏（原有形状不明，无法鉴定种属）

9. 长 20.35微米、宽 20.68的圆形淀粉颗粒（种属不明）

10. 长 6.52微米宽 5.13微米的六角形淀粉颗粒（稻属？）

11. 长 4.68微米宽 4.3微米的六角形淀粉颗粒（稻属？）

12. 长 6.39微米，宽 4.89微米的六角形淀粉颗粒（稻属？）

13. 长 14.25微米宽 14.05微米的五角形淀粉颗粒（栎属？）

图 5-14　人骨牙石中提取的残存淀粉颗粒
（淀粉颗粒照片的标尺为 10 微米，a 为开放尼科尔棱镜，b 为正交尼科尔棱镜）

状态，与其从遗址土壤条件解释，不如从食物经过加热、淀粉分解的摄取状态，即食材加热处理的可能性进行分析。

有必要将牙石中淀粉颗粒的残留状态与其他研究小组的研究成果，如 A03 组的陶器附着碳化物中残留淀粉颗粒、A04 组的石器表面附着物中残留淀粉颗粒进行比较分析，并由此进行淀粉颗粒的化石生成学研究，复原食材的烹饪方法与饮食生活。

五、结语

如上文所述，马家浜遗址出土人骨牙石中成功检测出淀粉颗粒。截止 2018 年，中国新石器时代遗址出土人骨牙石中检出残存淀粉颗粒的事例仍然较为稀少。因此，不论从饮食结构的研究，还是残存淀粉颗粒的资料积累来看，这批材料的分析结果都具有十分重要的意义。

这次检测出的淀粉颗粒的保存状态较为完好，可以辨认出来自稻属或栎属植物的淀粉颗粒，但目前复原稻米在饮食结构中所占比例的定量研究仍然较为困难。不过，可以从植物类食物的多样性探讨居住者之间的个人差异以及遗址之间的人群差异。

另外，从破损的淀粉颗粒中可以看到加热产生的颗粒膨胀及偏光十字扩大、消失等现象。这些现象显示淀粉类食物在食用前经过了加热处理，即证明了食物加热加工方法的存在。同属长江下游新石器时代遗址的良渚遗址群的样本中也发现了淀粉颗粒膨胀、损坏，以及偏光十字消失的现象，可以认为这些淀粉颗粒的残留状态由同样的食物加工法造成。

从牙石样本中检出的残存淀粉颗粒不仅可以用于研究遗址的饮食结构，探讨食物的加工方法，还可以与人骨的安定同位素分析结果以及遗址的考古学信息进行比较研究。将人骨证据与牙石淀粉颗粒相结合，对饮食结构进行复原，在东亚范围内也是一种十分新颖的研究方法。这种方法在其他地域史前时代研究中的应用值得期待。

引用文献

Belmaker, M., E. Hovers. 2011. Ecological change and the extinction of the Levantine Neanderthals : implications from a diachronic study of micromammals from Amud Cave, Israel. *Quaternary Science Reviews* 30 : 3196–3209.

Evers, A.D., D.J. Stevens. 1985. Starch damage. Advances in cereal science and technology (Y. Pomeranz ed.) VII. 321–349. American Association of Cereal Chemists, St. Paul.

Funami, T., Y. Kataoka, T. Omoto, Y. Goto, I. Asai, K. Nishinari. 2005. Food hydrocolloids control the gelatinization and retrogradation behavior of starch. 2b. Functions of guar gums with different molecular weights on the retrogradation behavior of corn starch. *Food Hydrocolloids* 19 : 25–36.

Hardy, K., S. Buckley, M.J. Collins, A. Estalrrich, D. Brothwell, L. Copeland, A. García-Tabernero, S. García-Vargas, M.d.l. Rasilla, C. Lalueza-Fox, R. Huguet, M. Bastir, D. Santamaría, M. Madella, J. Wilson, Á.F. Cortés, A. Rosas. 2012. Neanderthal medics? Evidence for food, cooking, and medicinal plants entrapped in dental calculus. *Naturwissenschaften – The Science of Nature*.

Hardy, K., A. Radini, S. Buckley, R. Blasco, L. Copeland, F. Burjachs, J. Girbal, R. Yll, E. Carbonell, J.M. Bermudez de Castro. 2017. Diet and environment 1.2 million years ago revealed through analysis of dental calculus from Europe's oldest hominin at Sima del Elefante, Spain. *Naturwissenschaften* 104 (1–2) : 2.

Henry, A.G., A.S. Brooks, D.R. Piperno. 2010. Microfossils in calculus demonstrate consumption of plants and cooked foods in Neanderthal diets (Shanidar III, Iraq; Spy I and II, Belgium). Proceedings of the National *Academy of Science* (PNAS).

Henry, A.G., A.S. Brooks, D.R. Piperno. 2011. Microfossils in calculus demonstrate consumption of plants and cooked foods in Neanderthal diets (Shanidar III, Iraq; Spy I and II, Belgium). *Proceedings of the National Academy of Science (PNAS)* 108 (2) ： 486–491.

Hutschenreuther, A., J. Watzke, S. Schmidt, T. Büdel, A.G. Henry. 2017. Archaeological implications of the digestion of starches by soil bacteria ： Interaction among starches leads to differential preservation. *Journal of Archaeological Science ： Reports* 15 ： 95–108.

Little, M.F., C.A. Casciani, J. Rowley–Conwy. 1963. Dental calculus composition. 1. Supragingival calculus ： ash, calcium, phosphorus, sodium, and density. *Journal of Dental Research* 42 ： 78–86.

Little, M.F., S.P. Hazen. 1964. Dental calculus composition. 2. Subgingival calculus ： ash, calcium, phosphorus, and sodium. *Journal of Dental Research* 43 ： 645–651.

Madella, M., Juan José García–Granero, W.A. Out, P. Ryan, D. Usai. 2015. Microbotanical Evidence of Domestic Cereals in Africa 7000 Years Ago. PLoS One 9 (10) ： e110177.

Mickleburgh, H.L., J.R. Pagán–Jiménez. 2012. New insights into the consumption of maize and other food plants in the pre–Columbian Caribbean from starch grains trapped in human dental calculus. *Journal of Archaeological Science* 39 ： 2468–2478.

長尾慶子，藤井彩香 . 2005. デンプン粒～水系の糊化にともなう状態変化の微視的および巨視的観察 . 日本調理科学会誌 38 (1) ： 45–50.

仁宮章夫 . 1996. 顕微鏡を使用した化学実験（Ⅷ）―デンプン粒の加水分解 1 . 化学と教育 No. 44 (5) ： 333–334.

Power, R.C., D.C. Salazar–García, L.G. Straus, M.R.G. Morales, A.G. Henry. 2015. Microremains from El Mirón Cave human dental calculus suggest a mixed plant–animal subsistence economy during the Magdalenian in Northern Iberia. Journal of Archaeological Science 60 ： 39–46.

渋谷綾子 . 2006. 日本の現存植物を用いた参照デンプン標本 . 新潟県立歴史博物館研究紀要 No. 7 ： 7–16.

渋谷綾子 . 2010. 日本列島における現生デンプン粒標本と日本考古学研究への応用―残存デンプン粒の形態分類をめざして . 植生史研究 18 (1) ： 13–27.

Shibutani, A. 2017. What did Jomon people consume for starchy food? A review of the current studies on archaeological starch grains in Japan. Japanese Journal of Archaeology 5 (1) ： 3–25.

下野真理子 · 竹中正巳 . 2014. 宮崎県えびの市島内地下式横穴墓群出土人骨の歯石から検出されたデンプン粒 . 鹿児島女子短期大学紀要 No. 49 ： 1–4.

須賀昭一，編 . 1981. 歯 科学とその周辺 . 273 pp. 共立出版株式会社，東京 .

Tromp, M., J.V. Dudgeon. 2015. Differentiating dietary and non–dietary microfossils extracted from human dental calculus ： the importance of sweet potato to ancient diet on Rapa Nui. Journal of Archaeological Science 54 ： 54–63.

山崎京美 · 高橋正志 . 2015. 走査型電子顕微鏡による先史イノシシ属の歯石の観察 . いわき短期大学研究紀要 No. 48 ： 1–15.

White, D.J. 1997. Dental calculus ： recent insights into occurrence, formation, prevention, removal and oral health effects of supragingival and subgingival deposits. European Journal of Oral Sciences 105 (5) ： 508–522.

执笔：涩谷绫子（日本国国立历史民俗博物馆）

第七节　锶同位素分析

一、方法

使用装有碳化钨钻头（JET CARBIDE BURS ： SHOFU）的牙医用牙钻，从采样目标点的牙釉质部位取样。首先用钻头将粘附在牙釉质表面的石灰质剔除，使牙釉质露出，接着进一步剔除约 0.1 毫米的牙釉质，然后换上新的钻头，采出约 5~10 毫克的牙釉质粉末。

为了去除二次沉积的碳酸盐，将 1 毫升的 0.1M 乙酸盐缓冲液加入采集的牙釉质粉末中，搅拌均匀后，静置 4

个小时。然后将样品进行 5 分钟的远心分离（2000xg），并将其移入新的微管中。通过加入 1 毫升 0.1M 乙酸盐缓冲液进行相同的工作。接下来用 1 毫升的超纯净水对样品进行 3 次冲洗与远心分离（2000xg），置入 60℃的干燥箱中干燥一个晚上。对锶的净化使用的是 Eichrom 公司的 Sr–Spec 树脂。先将预先处理过的样品溶解于 3.5M 的硝酸中，然后将溶液注入含有树脂的专用管中，再用 7.5M 硝酸除去其他重金属，最后用 0.05 硝酸溶解出锶纯净液。

锶同位素比率的测定使用的是日本综合地球环境学研究所的 MC–ICP–MS（NEPTUNE，Thermo Fisher Scientific）。将通过测量分析样品所获得的 87Sr/86Sr 规格化为安定同位素的天然存在比 8.375209，并以 87Sr/86Sr 国际标准的 SRM987 对 0.710250 进行补正，以获得未知样品的 87Sr/86Sr 值。本研究中所测量的所有样品的测量误差范围在 0.00001 以内。

二、结果

马家浜遗址出土人骨的锶同位素比率显示在 0.7093~0.7102 的范围内（图 5–15）。比较这次所采样的人骨与马家浜周边地区所采样的生物的锶同位素比率范围，可以看出本次采样的人骨中有可能存在着外来个体。但是因为没有马家浜遗址周边地区自生的植物与河水的分析数据，本研究使用已有数据的广富林遗址周边地区的植物锶同位素比率范围来判断有无外来者。广富林遗址周边地区的植物锶同位素比率的两个标准差（用于识别外来者的参考范围）为 0.7092~0.7108，而这次分析用的马家浜遗址出土的人骨都没有超出这一偏差范围。也就是说并没有检测出外来者。

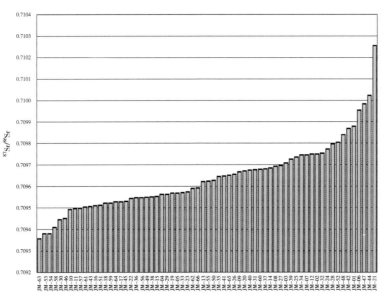

图 5–15　出土人骨锶同位素比率统计图

为了更准确地识别有无外来者，有必要收集更多的马家浜周边地区的植物锶同位素比率的数据。因为类似的地质环境广泛地分布在杭州湾一带，广富林遗址与马家浜遗址周围地区的锶同位素比率应该是比较近似的。如果这一推断正确，那么马家浜遗址，从杭州湾周围以外地区来的移民存在的可能性较低。

执笔：觉张隆史（日本国金泽大学）

板桥悠、米田穰（日本国东京大学）

第六章　古动物考古学研究

第一节　动物遗存鉴定与分析

本次发掘中共获取动物遗存标本六万余件，大部分出自探方和探沟的地层堆积中，少量出自灰坑和墓葬（包括墓内填土）等遗迹单元。

动物遗存的鉴定主要参照山东大学动物考古实验室的现生动物标本及部分古代遗址出土的动物标本，同时也参考了部分文献和图谱。[1]

统计分析采用可鉴定标本数（The Number of Identified Specimens）和最小个体数（The Minimum Number of Individuals）对出土动物进行数量统计，探讨动物群的构成情况。对不同动物进行骨骼保存部位和死亡年龄的统计和分析，探讨先民对不同动物的利用方式及动物驯化和饲养等相关问题。借助均变论原理，根据现生动物的生态习性推断和分析遗址周边的自然环境。

一、动物遗存概况

各单元出土的动物遗存情况详述如下：

（一）H1

共 2946 件，种属包括黄颡鱼、鲤鱼、鲈鱼、乌鳢、龟、鳄鱼、鹤、雁、梅花鹿、牛、猪等。其中 1739 件标本鉴定特征不明显。

1. 脊椎动物门 Vertebrata

1.1 鱼纲 Pisces

本章第二节有详细阐述，此处省略。

1.2 爬行动物纲 Reptiliens

1.2.1 龟鳖目 Testudoformes

1.2.1.1 龟科 Emydidae

甲壳残片（图 6-1）91 件（3 件被火烧过），均较为破碎，种属不明确。另外还有 1 件股骨远端残块（图 6-2）。

---

[1]　伊丽莎白·施密德著、李天元译：《动物骨骼图谱》，中国地质大学出版社 1992 年；孟庆闻、苏景祥、李婉端：《鱼类比较解剖》，科学出版社 1987 年；中国科学院海洋研究所：《中国海洋鱼类原色图集》，上海科学技术出版社 1992 年；李明德：《鱼类学》，南开大学出版社 1992 年；盛和林：《中国鹿类动物》，华东师范大学出版社 1992 年；安格拉·冯登德里施（Angela Von den Driesh）著，马萧林、侯彦峰译《考古遗址出土动物骨骼测量指南》，科学出版社，2007 年。

1.2.2 鳄形目 Crocodylia

骨板残块 1 件。

图 6-1　龟甲   图 6-2　龟股骨远端

1.3 鸟纲 Aves

标本 9 件，其中肢骨残片 4 件；颈椎残块 1 件；右侧肱骨远端 1 件，远端最大长 8.58 毫米、最大宽 14.77 毫米；左侧胫骨远端 1 件，远端最大长 19.27 毫米、最大宽 21.2 毫米；左侧腕掌骨近端 1 件，近端最大宽 9.38 毫米；桡骨残段 1 件。全部标本至少代表 1 个个体。

1.4 哺乳动物纲 Mammalia

其中 486 件标本种属不明确，以哺乳动物记之。

1.4.1 偶蹄目 Artiodactyla

1.4.1.1 鹿科 Cervidae

角残块 29 件，保存状况较差，特征不明确。其余标本按照尺寸等信息可分为大型、中型和小型三种。[1]

1.4.1.1.1 大型鹿

标本 58 件，其中前后肢骨骼 28 件，包括肱骨远端 1 件，右侧桡骨近端 2 件，左侧桡骨远端 1 件，左侧掌骨近端 1 件，右侧股骨远端 1 件，右侧胫骨远端 1 件，右侧跟骨 1 件，跟骨前突 3 件，左侧距骨近端 2 件，右侧中央跗骨 1 件，炮骨远端 14 件。

上下颌骨及牙齿 12 件，包括左侧上颌 M^1/M^2 2 件，左侧上颌 M^3 2 件，左侧下颌 P_4 1 件，右侧上前颌 1 件，右侧下颌 1 件，下颌 M^1/M^2 4 件，左侧下颌 M_3 1 件。

其他部位骨骼 18 件，包括听骨 1 件，近端趾骨 2 件，中间趾骨 7 件，末端趾骨 7 件，籽骨 1 件。

全部标本至少代表 2 个成年个体。

1.4.1.1.2 梅花鹿 Cervus nippon

特征明确的标本为左侧头骨带角柄残块 1 件。

中型鹿标本共 103 件，可能为梅花鹿的遗存。其中前后肢骨骼 46 件，包括右侧肱骨远端 2 件，右侧尺骨 1 件，

---

[1]　遗址出土鹿类遗存较多，通过对保存状况较好且数量较多的桡骨关节端、近端趾骨和中间趾骨及下颌臼齿等的详细测量，可将鹿类遗存较为明确地分为三组，本报告中分别以大型鹿、中型鹿和小型鹿记之。

腕部骨骼 13 件，左侧掌骨近端 2 件，右侧股骨远端 2 件，右侧髌骨 1 件，跗部骨骼 5 件，左侧胫骨近端 1 件，跟骨前突 3 件，右侧跟骨 1 件，左侧距骨 1 件，跖骨近端 8 件（右侧 3 件），炮骨远端 6 件。

上下颌骨及牙齿 37 件，包括左侧下颌 2 件，下颌 M_1/M_2 4 件（左一右三），下颌 M_3 4 件（左右各二），下颌 P_4 5 件（左一右四），左侧下颌带 M_1–M_2 1 件，左侧上颌 M_1/M_2 3 件，左侧上颌 P_4 1 件，臼齿残块 15 件，下门齿 1 件，右侧下前颌 1 件，。

其他部位骨骼 21 件，包括听骨 3 件，近端趾骨 6 件，中间趾骨（图 6–3）3 件，末端 6 件，籽骨 2 件。

全部标本至少代表 4 个成年个体（1 个为雄性）。

图 6-3　中型鹿中间趾骨

1.4.1.1.3 小型鹿

标本共 19 件，包括跟骨 1 件，近端趾骨 1 件，末端趾骨 1 件，左侧桡骨远端脱落关节 1 件，左侧上颌 M_1/M_2 1 件，左侧头骨带角柄残块 1 件腕部骨骼 2 件，下颌残块 4 件（左一右三），左侧下颌带 M_1–M_2 1 件，掌骨近端 2 件（左右各一），跖骨近端 2 件（左右各一），中央跗骨 2 件。

全部标本至少代表 1 个成年雄性个体。

1.4.1.2 牛科 Bovidae

1.4.1.2.1 水牛属 Bubalus

特征明确的角残块 5 件，其中包括较为完整的左右两侧角。

其他标本共 11 件，分别为跗部骨骼 1 件，左侧跟骨 1 件，肱骨近端脱落关节 1 件，肱骨远端 2 件（左右各一），右侧胫骨近端 1 件，腕部骨骼 1 件，下门齿 2 件，中间趾骨 2 件。

全部标本至少代表 2 个个体：包括 1 个大于 3.5 岁的成年雄性个体，1 个 1.5~3.5 岁的未成年个体。

1.4.1.3 猪科 Suidae

标本共 32 件，包括尺骨 4 件（左右各一），第三 / 四掌骨 / 跖骨远端 1 件，左侧跟骨 1 件，右侧肱骨近端 1 件，近端趾骨 1 件，左侧胫骨远端 1 件，臼齿残块 1 件，右侧髌骨 1 件，末端趾骨 4 件，前臼齿残块 3 件，左侧上颌 M_1 1 件，上颌 M_3 2 件（左右各一），右侧上犬齿残块 1 件，尾椎 1 件，下颌残块 2 件（左右各一），左侧下颌 M_1 1 件，左侧下颌 M_3 1 件，下门齿残块 2 件，左侧下前颌 1 件，中间趾骨 2 件。

全部标本至少代表 1 个大于 3.5 岁的成年个体。

1.4.2 食肉目 Carnivora

标本仅 3 件，为股骨残块，保存状况较差，种属不明确。至少代表 1 个个体。

（二）T4917

标本共 22716 件，分属④、⑤和⑦层。种属包括黄颡鱼、鲤鱼、鲫鱼、青鱼、鲶鱼、乌鳢、鲈鱼、鳄鱼、龟、河鸭、麋鹿、麂、獐、水牛、猪、猪獾等。

A. 第④层

标本共 231 件，全部为脊椎动物，其中 31 件标本缺乏鉴定特征，以残骨记之。

1. 脊椎动物门 Vertebrata

1.1 鱼纲 Pisces

详见本章第二节。

1.2 爬行动物纲 Reptiliens

1.2.1 龟鳖目 Testudoformes

1.2.1.1 龟科 Emydidae

甲壳 3 件，保存较为残破。

1.3 哺乳动物纲 Mammalia

24 件标本种属不明确，只能将其归为哺乳动物。

1.3.1 偶蹄目 Artiodactyla

1.3.1.1 鹿科 Cervidae

臼齿残块 1 件，保存残破，其余标本可分为大型、中型和小型三类。

1.3.1.1.1 大型鹿

标本 9 件，包括右侧尺桡骨近端 1 件，右侧跟骨 2 件，左侧肱骨远端 1 件，左侧股骨近端 1 件，近端趾骨 1 件，左侧髋骨 1 件，腕部骨骼 1 件，左侧中央跗骨 1 件。

全部标本至少代表 1 个成年个体。

1.3.1.1.2 中型鹿

标本 12 件，包括跟骨残块 1 件，右侧肱骨远端 1 件，近端趾骨远端 2 件，两侧髋骨共 2 件，炮骨远端 2 件，左侧桡骨远端 1 件，枢椎 1 件，；右侧下颌带 P_4–M_2 1 件，下门齿 1 件。

全部标本至少代表 1 个成年个体。

1.3.1.1.3 小型鹿

标本 5 件，包括两侧肱骨远端共 2 件，右侧上颌 M^1/M^2 1 件，右侧下颌 M_1/M_2 共 2 件。

全部标本至少代表 1 个成年个体。

1.3.1.2 牛科 Bovidae

标本仅 2 件，分别为左侧掌骨远端和右侧胫骨远端，至少代表 1 个成年个体。

1.3.1.3 猪科 Suidae

标本 14 件，包括尺骨残块 1 件，近端趾骨近端 1 件，臼齿残块 2 件，右侧上颌 DM^3 1 件，左侧上颌 P^3 1 件，两侧下颌残块共 2 件，下颌 P^4 1 件，左侧下颌 M^3 1 件。

全部标本至少代表 2 个个体，其中一个大于 2 岁，另外一个小于 1.5 岁。

1.4.2 食肉目 Carnivora

1.4.2.1 鼬科 Mustelidae

标本为小型鼬科右侧下颌残块 1 件，至少代表 1 个个体。

B. 第⑤层

标本共 5287 件，全部为脊椎动物，其中 11 件鉴定特征不明显。

1. 脊椎动物门 Vertebrata

1.1 鱼纲 Pisces

详见本章第二节。

1.2 爬行动物纲 Reptiliens

1.2.1 龟鳖目 Testudoformes

1.2.1.1 龟科 Emydidae

标本 447 件，全部为残破的甲壳。

1.2.2 鳄形目 Crocodylia

标本 10 件，全部为残破的骨板（图 6-4）。

1.3 鸟纲 Aves

1.3.1 雁形目 Anseriformes

1.3.1.1 鸭科 Anatidae

1.3.1.1.1 河鸭属 Anas

图 6-4　鳄鱼骨板

标本 14 件，包括右侧尺骨远端 1 件，左侧肱骨远端 1 件，两侧桡骨近端共 2 件，腕掌骨近端残块 4 件（左右各二），腕掌骨远端 5 件（左二右三），右侧喙骨近端 1 件。

全部标本至少代表 3 个个体。

1.4 哺乳动物纲 Mammalia

1165 件标本，种属不明确，以哺乳动物记之。根据尺寸将其分为大型、中型和小型三种类型，数量分别为 54、1110 和 1 件。

1.4.1 偶蹄目 Artiodactyla

1.4.1.1 鹿科 Cervidae

105 件标本，为残破的角和臼齿，种属信息不明显，以鹿科记之；根据特征明确的鹿角可鉴定出有梅花鹿和鹿的存在；其余标本根据尺寸分为大型、中型和小型三类。

1.4.1.1.1 大型鹿

标本 256 件，其中前肢骨骼 51 件，包括肩胛骨 4 件（左侧 2 件），肱骨近端 3 件（左侧 1 件），肱骨远端 7 件（左二右五），左侧尺骨 2 件，桡骨近端 7 件（左六右一），桡骨远端 10 件（左六右四），腕部骨骼 14 件，掌骨近端 4 件（左一右三）。

后肢骨骼 47 件，包括左侧股骨近端 1 件，股骨远端 4 件（左右各一），左侧胫骨近端 6 件，右侧胫骨远端 4 件，距骨 9 件（左一右八），跟骨（图 6-5）7 件（左二右三），跗部骨骼 10 件（左三右六），跖骨近端 6 件（左二右三）。

上下颌骨及牙齿 33 件，包括上颌 M^1/M^2 11 件（左五右六），左侧上颌 M^3 1 件，上颌 P^4 4 件（左右各二），左侧上颌带 M^1/M^2 1 件，右侧下颌残块 1 件，下颌 M_1/M_2 3 件（左一右二），下颌 P_4 3 件（左一右二），左侧下颌带 M_1 1 件，下门齿残块 8 件。

其他部位骨骼 125 件，有寰椎（图 6-6）2 件，枢椎 3 件，近端趾骨 38 件，末端趾骨（图 6-7）10 件，炮骨远端 41 件，中间趾骨 28 件，籽骨 3 件。

全部标本至少代表 9 个成年个体。

1.4.1.1.2 梅花鹿 Cervus nippon

特征明确的左侧角残块 4 件（其中 2 件为自然脱落标本），另外，530 件中型鹿标本可能为梅花鹿的遗存。

图 6-5　大型鹿跟骨（L）　　　　　　图 6-6　大型鹿寰椎　　　　　　图 6-7　大型鹿末端趾骨

前肢骨骼 133 件，包括肩胛骨残块 16 件（左六右四），肱骨远端 13 件（左六右五），尺骨残块 3 件（左二右一），桡骨近端 8 件（左六右二），桡骨远端 9 件（左六右三），掌骨近端 8 件（左右各四），腕部骨骼 76 件。

后肢骨骼 158，包括髋骨残块 23 件（左三右十），股骨近端 11 件（左二右四），股骨远端 6 件，髌骨 5 件（左一右四），左侧胫骨近端 1 件，胫骨远端 12 件（左三右七），跗部骨骼 25 件，跟骨 28 件（左五右七），距骨 28 件（左九右十五），跖骨近端 19 件（左五右十四）。

上下颌骨及牙齿 105，包括上颌 M_1/M_2 25 件（左十一右十四），右侧上颌 M^3 5 件，左侧上颌 P^4 8 件，上前颌 4 件（左右各二），右侧上颌前臼齿残块 11 件，下颌残块 16 件（左十一右五），下颌 M_1/M_2 5 件（左一右四），下颌 M_3 10 件（左三右七），左侧下颌 P_3 1 件，下颌带 M_1 3 件（左二右一），右侧下颌带 M_1-M_2 1 件，下门齿 8 件，下颌前臼齿残块 8 件。

其他骨骼 134，包括近端趾骨 30 件，末端趾骨 14 件，炮骨远端 51 件，枢椎 2 件，头骨残块 19 件，中间趾骨 8 件，籽骨 10 件。

全部标本至少代表 15 个个体（成年雄性 2 个）。

1.4.1.1.3　麂属 Muntiacus

特征明确的角残块 2 件。

小型鹿标本 220 件，可能为麂的遗存。

前肢骨骼 58 件，包括肩胛骨 9 件（左右各四），右侧肱骨近端 2 件，肱骨远端 16（图 6-8）件（左七右九），尺骨 3 件（左二右一），桡骨近端（图 6-9）6 件（左一右五），桡骨远端 3 件（左二右一），腕部骨骼 17 件，右侧掌骨近端 1 件，右侧掌骨远端 1 件。

后肢骨骼 82 件，包括右侧髋骨 1 件，股骨近端 10 件（左四右六），股骨远端 2 件，髌骨 4 件（左一右三），右侧胫骨近端 1 件，胫骨远端（图 6-10）14 件（左右各六），跟骨 8 件（左右各二），距骨 32 件（左二十二右十），跗部骨骼 10 件。

上下颌骨及牙齿 28 件，包括上颌 M^1/M^2 5 件（左二右三），右侧上颌 M^3 1 件，右侧上颌带 M^1-M^2 1 件，下颌残块 4 件（左右各二），下颌 M_1/M_2 6 件（左四右二），左侧下颌 M_2 1 件，右侧下颌 M_3（图 6-11）2 件，右侧下颌 P_4 2 件，右侧下颌带 P_3 1 件，右侧下颌带 P_4-M_1 1 件，左侧下颌带 P_4-M_2 1 件，下颌门齿 2 件，左侧下

图6-8 小型鹿肱骨远端（R）

图6-9 小型鹿桡骨近端（L）

图6-10 小型鹿胫骨远端（L）

图6-11 小型鹿右下颌带 M3

前颌 1 件。

其他骨骼 52 件，包括近端趾骨 20 件，炮骨远端 18 件，枢椎 2 件，头骨残块 3 件，中间趾骨 6 件，籽骨 3 件。

全部标本至少代表 22 个个体（成年雄性 1 个）。

1.4.1.2 牛科 Bovidae

1.4.1.2.1 水牛属 Bubalus

特征明确的角残块 1 件。

牛科标本 53 件，可能为水牛的遗存。

前后肢骨骼 44 件，包括肱骨近端 3 件，肱骨远端 4 件（左一右三），左侧尺骨 1 件，桡骨近端 3 件（左一右二），左侧桡骨远端 1 件，腕部骨骼 6 件，掌骨近端 2 件，髋骨残块 2 件，左侧股骨 1 件，胫骨 4 件，胫骨远端 8 件，跗部骨骼 2 件，右侧跟骨 1 件，距骨 4 件（左三右一），炮骨远端 1 件，右侧距骨近端 1 件。

其他部位骨骼 9 件，包括臼齿残块 2 件，左侧上颌 P^4 2 件，枢椎 1 件，左侧下颌 M_1/M_2 1 件，右侧下颌 M_1–M_3 1 件，中间趾骨 2 件。

全部标本至少代表 3 个个体（成年雄性 1 个）。

1.4.1.3 猪科 Suidae

共 208 件标本，其中前肢骨骼 30 件，包括右侧肩胛骨 1 件，肱骨远端（图6-12）7 件（左四右三），尺骨 5 件（左三右一），桡骨近端（图6-13）6 件（左二右四），右侧桡骨远端 2 件，腕部骨骼 3 件，掌骨 6 件。

后肢骨骼 18 件，包括髋骨 2 件（左右各一），右侧胫骨近端 1 件，胫骨远端 3 件（左二右一），腓骨 2 件，跟骨 2 件（左右各一），距骨（图6-14）4 件（左右各二），距骨 4 件。

上颌骨及牙齿 25 件，包括左侧上颌残块 1 件，右侧上颌 DM^2 1 件，右侧上颌 DM^3 1 件，上颌带 M^1 5 件（左四右一），

图 6-12　猪肱骨远端（L）　　　　　图 6-13　猪桡骨近端（L）　　　　　图 6-14　猪距骨（R）

上颌 $M^2$5 件（左三右二），上颌 $M^3$3 件（左一右二），上颌 $P^4$2 件（左右各一），左侧上颌带 DM^3–$M^1$1 件，上颌带 M^1–$M^2$2 件（左右各一），右侧上颌带 $P^3$1 件，左侧上颌带 P^4–$M^1$1 件，右侧上前颌 2 件。

下颌骨及牙齿 21 件，包括下颌残块 3 块（左二右一），下颌 $M_1$5 件（左二右三），左侧下颌 $M_2$3 件，下颌 $M_3$4 件（左右各二），右侧下颌带 DM_2–$DM_3$1 件，左侧下颌带 M_2–$M_3$2 件，下前颌 3 件。

游离牙齿及其他骨骼 114 件，包括臼齿残块 21 件，犬齿残片 4 件，门齿 17 件，前臼齿 6 件，掌/跖骨远端 15 件，近端趾骨 9 件，末端趾骨 12 件，枢椎 1 件，头骨残块 1 件，中间趾骨 28 件。

全部标本至少代表 5 个个体（其中大于 3.5 岁 3 个，2 岁左右的 1 个，0.5 岁 1 岁 1 个）。

1.4.2 食肉目 Carnivora

未能进一步鉴定属种的标本 27 件，可根据尺寸鉴定为大型、中型和小型哺乳动物。其中大型食肉动物仅一件左侧距骨，代表 1 个个体；中型食肉动物 5 件，代表 1 个个体；小型食肉动物 21 件，代表 2 个个体。

1.4.2.1 犬科 Canidae

标本仅 2 件，分别为小型犬科左侧下颌 M_1 和右侧上颌 M^1，至少代表 1 个个体。

C. 第⑦层

标本共 17198 件，其中 8863 件标本保存非常残破，以残骨记之。

1. 脊椎动物门 Vertebrata

1.1 鱼纲 Pisces

详情见本章第二节。

1.2 爬行动物纲 Reptiliens

1.2.1 龟鳖目 Testudoformes

1.2.1.1 龟科 Emydidae

标本 338 件，主要为保存残破的甲壳，为一种小型龟类。

1.2.2 鳄形目 Crocodylia

标本 45 件，全部为保存残破的骨板。

1.3 鸟纲 Aves

未能进一步鉴定属种的标本 61 件，根据尺寸分为大型和中型鸟。其中大型鸟 4 件，代表 1 个个体；中型鸟 57 件，至少代表 5 个个体。

1.3.1 雁形目 Anseriformes

1.3.1.1 鸭科 Anatidae

1.3.1.1.1 河鸭属 Anas

标本仅 1 件，为右侧腕掌骨远端。

1.4 哺乳动物纲 Mammalia

1804 件标本未能进一步鉴定属种，以哺乳动物记之，分为大型和中型哺乳动物。

1.4.1 偶蹄目 Artiodactyla

1.4.1.1 鹿科 Cervidae

保存残破的臼齿和角残块等有 391 件，种属不明确，以鹿科记之。根据特征明确的鹿角可鉴定出有麋鹿和梅花鹿存在，其余标本根据尺寸分为大型、中型和小型三类。

1.4.1.1.1 麋鹿 Elaphurus davidianus

特征明确的角残块 9 件，可能为麋鹿的大型鹿标本 568 件。

其中前肢骨骼 105 件，包括肩胛骨 23 件（左九右八），肱骨近端 3 件（左一右二），肱骨远端 24 件（左十右十四），尺骨 7 件（左二右四），桡骨近端 14 件（左右各七），桡骨远端 13 件（左四右九），腕部骨骼 12 件，掌骨近端 9 件（左三右六）。

后肢骨骼 175 件，包括髋骨 28 件（左十三右九），股骨近端 11 件（左二右七），股骨远端 11 件（左三右四），右侧髌骨 1 件，胫骨近端 20 件（左七右九），胫骨远端 18 件（左四右十四），跟骨 35 件（左十右十一），距骨 21 件（左七右十四），跗部骨骼 17 件，跖骨近端 13 件（左九右四）。

上下颌骨及牙齿 80 件，包括上颌 M^1/M^2 18 件（左八右十），左侧上颌 M^3 4 件，上颌 P^4 11 件（左六右五），左侧下颌 3 件，左侧下颌 DM_3 1 件，右侧下颌 M_1 1 件，下颌 M_1/M_2 15 件（左六右九），下颌 P_4 14 件（左六右八），下颌 M_3 8 件（左一右六），下门齿 1 件，下颌前臼齿 4 件。

其他部位骨骼 208 件，有骶椎 2 件，寰椎 4 件，近端趾骨 53 件，末端趾骨 20 件，炮骨远端 77 件，枢椎 3 件，头骨残块 8 件，中间趾骨 41 件。

全部标本至少代表 14 个个体（成年雄性 1 个）。

1.4.1.1.2 梅花鹿 Cervus nippon

特征明确的角残块 103 件，其中 3 件为自然脱落标本。中型鹿标本 647 件，可能为梅花鹿的遗存。

前肢骨骼 153 件，包括肩胛骨 17 件（左四右三），肱骨近端 5 件，肱骨远端 15 件（左七右八），尺骨 6 件（左二右四），桡骨近端 13 件（左七右六），桡骨远端 14 件（左八右六），腕部骨骼 75 件，掌骨近端 8 件（左右各四）。

后肢骨骼 194 件，包括髋骨 35 件（左十四右十五），股骨近端 5 件（左三右一），股骨远端 21 件（左五右七），髌骨 5 件（左一右四），胫骨近端 11 件（左四右七），胫骨远端 16 件（左八右七），跗部骨骼 22 件，跟骨 35 件，距骨 9 件（左四右五），跖骨近端 35 件（左十二右十九）。

上下颌骨及牙齿 174 件，包括上颌 M^1/M^2 29 件（左十八右十一），上颌 M^3 3 件（左二右一），上颌 P^4 4 件（左一右三），左侧上前颌 1 件，上颌前臼齿残块 23 件，下颌残块 18 件，右侧下颌 M_1 1 件，下颌 M_1/M_2 34 件（左十右二十四），下颌 M_3 12 件（左四右八），下颌 P_4 10 件（左三右七），下颌带 M_1 3 件（左二右一），右侧下颌带 P_3 1 件，左侧下颌带 P_3–P_4 1 件，下门齿 23 件，下颌前臼齿 11 件。

其他部位骨骼 126 件，包括骶椎 1 件，寰椎 2 件，近端趾骨 14 件，末端趾骨 14 件，炮骨远端 44 件，枢椎 5 件，头骨残块 30 件，中间趾骨 13 件，籽骨 3 件。

全部标本至少代表 19 个个体（成年雄性 4 个）。

1.4.1.1.3 小型鹿

小型鹿标本 144 件，其中前肢骨骼 25 件，包括肩胛骨 6 件（左一右二），右侧肱骨近端 1 件，肱骨远端 4 件（左右各二），尺骨 3 件（左右各一），左侧桡骨近端 2 件，左侧桡骨远端 1 件，腕部骨骼 7 件，右侧掌骨近端 1 件。

后肢骨骼 32 件，包括右侧股骨近端 3 件，髌骨 2 件（左右各一），左侧胫骨近端 2 件，胫骨远端 4 件（左右各二），跟骨 10 件（左二右四），距骨 7 件（左六右一），右侧中央跗骨 1 件，左侧距骨近端 3 件。

上下颌及牙齿 42 件，包括上颌 M^1/M^2 4 件（左右各二），右侧上颌 M^3 1 件，左侧上颌 P^4 2 件，下颌 7 件（左二右五），右侧下颌 DM_3 1 件，下颌 M_2 1 件（左右各一），下颌 M_1/M_2 4 件（左三右一），下颌 M_3 4 件（左三右一），下颌 P_4 4 件（左右各二），左侧下颌带 P_3–P_4 1 件，下颌门齿 5 件，下颌前臼齿 7 件。

其他部位骨骼 45 件，包括近端趾骨 14 件，末端趾骨 5 件，炮骨远端 20 件，头骨残块 1 件，中间趾骨 5 件。

全部标本至少代表 6 个个体。

1.4.1.2 牛科 Bovidae

1.4.1.2.1 水牛属 Bubalus

特征明确的角残块 4 件，牛科标本 248 件，应为水牛的遗存。

前肢骨骼 48 件，包括肩胛骨 2 件（左右各一），肱骨近端 8 件（左五右一），肱骨远端 4 件（左一右三），尺骨 7 件（左四右二），桡骨近端 7 件（左五右二），桡骨远端 7 件（左一右六），腕部骨骼 12 件，左侧掌骨近端 1 件。

后肢骨骼 59 件，包括髋骨残块 9 件，股骨近端 7 件，股骨远端 4 件，胫骨近端 7 件（左二右五），胫骨远端 9 件，跟骨 2 件（左右各一），跗部骨骼 9 件，距骨 10 件（左四右六），左侧距骨近端 2 件。

上下颌骨及牙齿 15 件，包括白齿残块 4 件，右侧上颌 M^1/M^2 1 件，左侧上颌 P^4 1 件，右侧下颌 DM_3 1 件，右侧下颌 M_1/M_2 2 件，下颌 M_3 2 件（左右各一），右侧下颌 P_4 1 件，下门齿 1 件，下前颌 2 件（左右各一）。

其他部位骨骼 126 件，包括骶椎 2 件，寰椎 4 件，脊椎残块 1 件，颈椎 8 件，枢椎 3 件，头骨残块（枕髁、听骨等）4 件，胸椎 1 件，近端趾骨 19 件，末端趾骨 5 件，中间趾骨 14 件，炮骨远端 21 件，肋骨残块 44 件。

全部标本至少代表 6 个个体（其中 1 个成年雄性）。

1.4.1.3 猪科 Suidae

标本 387 件，其中前肢骨骼 50 件，包括肩胛骨 6 件（左三右二），左侧肱骨近端 1 件，肱骨远端 11 件（左五右六），尺骨 9 件（左二右四），桡骨近端 9 件（左三右六），桡骨远端 3 件（左一右二），腕部骨骼 3 件，掌骨 8 件。

后肢骨骼 50 件，包括左侧髋骨 2 件，股骨近端 3 件，右侧股骨远端 1 件，髌骨 3 件（左一右二），胫骨近端 4 件（左三右一），胫骨远端 16 件（左八右七），跖骨 1 件，跗部骨骼 2 件，跟骨 12 件（左二右六），距骨 6 件（左二右四）。

上颌骨及牙齿 65 件，包括上颌残块 4 件（左三右一），左侧上颌 DM^2 1 件，上颌 DM^3 2 件（左右各一），上

颌 $M^1$13 件（左七右六），上颌 $M^2$10 件（左右各五），上颌 $M^3$7 件（左三右四），左侧上颌 $P^3$2 件，上颌 $P^4$5 件（左三右二），上颌带 M^1–$M^2$3 件（左一右二），上门齿 4 件，上前颌 7 件（左六右一），上颌前臼齿 4 件，上颌犬齿 3 件（左二右一）。

下颌骨及牙齿 103 件，包括下颌残块 25 件（左十六右九），下颌 $DM_3$3 件（左二右一），下颌 $M_1$13 件（左六右七），下颌 $M_2$3 件（左一右二），下颌 $M_3$6 件（左四右二），左侧下颌 $P_2$1 件，右侧下颌 $P_3$1 件，左侧下颌带 $P_4$1 件，下门齿 22 件，下前颌 3 件，下颌前臼齿 24 件，下犬齿残块 1 件。

其他部位骨骼 119 件，包括掌骨／跖骨远端 8 件，近端趾骨 23 件，臼齿残块 42 件，犬齿残片 8 件，头骨残块 2 件，中间趾骨 17 件，末端趾骨 16 件，籽骨 3 件。

全部标本至少代表 10 个个体（大于 3.5 岁 8 个；小于 2 岁 2 个）。

1.4.2 食肉目 Carnivora

属种不明确的标本 51 件，分为中型和小型食肉动物，数量分别为 35 件和 16 件，至少代表 3 个中型个体和 1 个小型个体。

1.4.2.1 犬科 Canidae

1.4.2.1.1 狗 Canis familiaris

右侧下颌 M12 件，至少代表 2 个个体。中型食肉动物的部分遗存应属狗的遗存。

1.4.2.1.2 小犬科

标本 4 件，分别为上颌 $M^1$3 件（左一右二），左侧下颌带 $M_1$1 件，。全部标本至少代表 2 个个体，小型食肉动物的部分遗存应属小型犬科。

1.4.3 兔形目 Lagomorpha

右侧股骨近端 1 件。

（三）T5017

标本共 7757 件，分属④、⑥和⑦层。种属包括鲫鱼、鲤鱼、鲢鱼、鲶鱼、青鱼、鲈鱼、乌鳢、龟、鳄鱼、河鸭属、梅花鹿、麂、大型鹿、牛、猪、狗等。

A. 第④层

标本共 5486 件。

1. 软体动物门 Mollusca

1.1 瓣鳃纲 Lamellibranchia

1.1.1 真瓣鳃目 Eulamellibranchia

1.1.1.1 蚌科 Unionidae

标本仅 1 件残块，仅能判断为淡水蚌类，属种不明确。

2. 脊椎动物门 Vertebrata

2.1 鱼纲 Pisces

详见本章第二节。

2.2 爬行动物纲 Reptiliens

2.2.1 龟鳖目 Testudoformes

2.2.1.1 龟科 Emydidae

标本 391 件，大部分为残破的甲壳，仅 1 件为股骨远端。

2.2.2 鳄形目 Crocodylia

骨板 2 件。

2.3 鸟纲 Aves

属种不明确的鸟骨有 5 件，根据尺寸全部可记为中型鸟，至少代表 1 个个体。

2.3.1 雁形目 Anseriformes

2.3.1.1 鸭科 Anatidae

2.3.1.1.1 河鸭属 Anas

标本仅 1 件右侧肱骨远端。

2.4 哺乳动物纲 Mammalia

1005 件标本因特征不明显，未能判别种属，以哺乳动物记之。分为大型、中型和小型哺乳动物，数量分别为 17 件、986 件和 2 件。

2.4.1 偶蹄目 Artiodactyla

2.4.1.1 鹿科 Cervidae

16 件标本为残破的角和头骨等，以鹿科记之。根据角和犬齿可鉴定出麂的存在，其他骨骼可按照尺寸分为大型、中型和小型三类。

2.4.1.1.1 大型鹿

标本 102 件，其中前后肢骨骼 38 件，包括跗部骨骼 4 件，跟骨 6 件（左二右三），肱骨远端 1 件，股骨近端 2 件，左侧胫骨远端 2 件，距骨 4 件（左三右一），左侧桡骨近端 1 件，腕部骨骼 6 件，距骨近端 5 件，炮骨远端 7 件。

上下颌骨及牙齿 34 件，包括臼齿残块 25 件，上颌 M^1/M^2 2 件（左右各一），右侧上颌 P^4 1 件，左侧下颌 1 件，左侧下颌 M_3 1 件，右侧下颌 P_4 1 件，左侧下颌带 M_1 1 件，下颌门齿 1 件，右侧下前颌 1 件。

其他部位骨骼 30 件，包括近端趾骨 11 件，末端趾骨 5 件，头骨残块 4 件，中间趾骨 10 件。

全部标本至少代表 3 个个体。

2.4.1.1.2 中型鹿

标本 201 件，其中前肢骨骼 41 件，包括肱骨近端 2 件，右侧肱骨远端 1 件，尺骨 7 件（左五右二），左侧桡骨近端 1 件，桡骨远端 2 件（左右各一），腕部骨骼 27 件，左侧掌骨近端 1 件。

后肢骨骼 49 件，包括股骨近端 2 件，股骨远端 2 件，右侧髌骨 2 件，胫骨近端 2 件（左右各一），胫骨远端 2 件，跗部骨骼 4 件，跟骨 11 件，距骨 7 件（左四右三），距骨近端 17 件（左一右四）。

上下颌骨及牙齿 58 件，包括上颌 M^1/M^2 14 件（左八右六），左侧上颌 P^4 3 件，右侧上颌带 M^1-M^2 1 件，右侧上前颌 1 件，下颌残块 4 件（左右各二），右侧下颌 DM_3 1 件，右侧下颌 M_3 3 件，右侧下颌 M_1/M_2 1 件，右侧下颌 M_2 1 件，下颌 M_3 5 件（左四右一），右侧下颌 P_4 2 件，左侧下颌带 P_3 1 件，下门齿 3 件，臼齿残块 18 件。

其他部位骨骼 53 件，包括近端趾骨 15 件，末端趾骨 2 件，头骨残块 1 件，中间趾骨 18 件，炮骨远端 13 件，籽骨 4 件。

全部标本至少代表 5 个个体。

2.4.1.1.3 麂属 Muntiacus

特征明确的角残块 1 件，特征明确的右侧上犬齿 2 件。小型鹿标本 104 件，可能为麂的遗存。其中前后肢骨骼 56 件，包括肩胛骨 3 件（左一右二），肱骨远端 4 件（左二右一），桡骨近端 5 件（左一右四），桡骨远端 4 件（左一右三），腕部骨骼 5 件，掌骨近端 3 件（左一右二），跟骨 4 件（左二右一），右侧股骨近端 1 件，右侧胫骨近端 1 件，胫骨远端 2 件（左右各一），距骨 13 件（左八右五），炮骨远端 5 件，跖骨近端 2 件（左右各一），跗部骨骼 4 件。

上下颌骨及牙齿 26 件，包括上颌 M^1/M^2 7 件（左三右四），右侧上颌带 M^2 1 件，右侧上前颌 2 件，下颌残块 5 件，右侧下颌 DM_3 2 件，下颌 M_3 2 件（左右各一），右侧下颌 P_4 2 件，右侧下颌带 M_1 1 件，下颌带 M_2–M_3 2 件（左右各一），右侧下颌带 P_3–P_4 1 件，右侧下前颌 1 件。

其他部位骨骼 22 件，包括寰椎 1 件，近端趾骨 11 件，末端趾骨 1 件，头骨残块 2 件，中间趾骨 6 件，籽骨 1 件。

全部标本至少代表 8 个个体（其中雄性个体 2 个）。

2.4.1.2 牛科 Bovidae

标本 15 件，分别有尺骨 1 件，跟骨 2 件（左右各一），肱骨远端 4 件，右侧股骨远端 1 件，右侧肩胛骨 1 件，炮骨远端 2 件，左侧桡骨近端 1 件，右侧上颌 M^1/M^2 1 件，右侧下颌 M_2 1 件，右侧下颌 M_3 1 件。

全部标本至少代表 1 个个体。

2.4.1.3 猪科 Suidae

标本 111 件，其中前后肢骨骼 37 件，包括尺骨 2 件，掌骨 / 跖骨远端 3 件，掌骨 7 件，跖骨近端 1 件，腓骨远端 1 件，跗骨 1 件，跟骨 6 件，肱骨 2 件，股骨近端 2 件，右侧股骨远端 1 件，肩胛骨 2 件（左右各一），胫骨远端 2 件，距骨 2 件，髋骨 1 件，右侧桡骨近端 2 件，桡骨远端 1 件，腕部骨骼 1 件。

上颌骨及牙齿 16 件，包括右侧上颌 DM^3 3 件，上颌带 M^2 2 件（左右各一），右侧上颌 M^3 2 件，左侧上颌 P^4 1 件，右侧上颌带 DM^2 1 件，右侧上颌带 P^2 1 件，左侧上颌带 P^4–M^1 1 件，上颌门齿 4 件，左侧上前颌 1 件。

下颌骨及牙齿 30 件，包括下颌残块 6 件，左侧下颌 M_1 1 件，右侧下颌 P_1 1 件，下颌 P_4 2 件（左右各一），左侧下颌带 DM 1 件（M1 未萌出），右侧下颌带 M_2 1 件，下颌门齿 2 件，下颌犬齿 1 件，臼齿残块 12 件，前臼齿残块 3 件。

其他部位骨骼 28 件，包括有近端趾骨 11 件，末端趾骨 7 件，中间趾骨 10 件。

全部标本至少代表 5 个个体，其中大于 3.5 岁 2 个，小于 1.5 岁 3 个（其中 1 个小于 0.5 岁）。

2.4.2 食肉目 Carnivora

种属不明确标本 9 件，以食肉动物记之，其中 1 件为大型食肉动物肱骨（图 6–15）。

2.4.2.1 犬科 Canidae

小型犬科标本 2 件，为右侧下颌带 P_4 和左侧上颌带 P^4–M^1，至少代表 1 个个体。

2.4.2.2 鼬科 mustelidae

图 6–15　大型食肉动物肱骨远端

小型鼬科标本 2 件，为左侧肱骨远端与右侧跟骨，至少代表 1 个个体。

B。第⑥层

标本共 413 件，其中 226 件保存非常残破。

1. 脊椎动物门 Vertebrata

1.1 爬行动物纲 Reptiliens

1.1.1 鳄形目 Crocodylia

1.1.1.1 鳄科 Crocodylidae

右侧下颌骨 1 件（图 6-16）。

图 6-16　鳄鱼下颌骨

1.2 哺乳动物纲 Mammalia

35 件标本种属不明确，分为大型和中型哺乳动物，数量分别为 26 件和 9 件。

1.2.1 偶蹄目 Artiodactyla

1.2.1.1 鹿科 Cervidae

角尖残块 2 件，以鹿科记之。根据角的特征可以鉴定出有麋鹿和梅花鹿存在，其余标本可分为大型和中型两类。

1.2.1.1.1 麋鹿 Elaphurus davidianus

特征明确的角残块（图 6-17）5 件。

大型鹿标本 59 件，可能为麋鹿的遗存。包括有左侧尺骨 1 件，重 21.2 克；骶椎 1 件，跟骨 3 件（左二右一），肱骨远端 10 件（左三右七），左侧股骨近端 1 件，右侧股骨远端 1 件，寰椎 2 件，肩胛骨 2 件，近端趾骨 3 件，颈椎 3 件，胫骨近端 4 件（左三右一），胫骨远端 5 件（左三右二），距骨 4 件，右侧髋骨 1 件，炮骨远端 6 件，桡骨近端 3 件（左二右一），桡骨远端 3 件（左二右一），右侧上颌 M^3 1 件，右侧下颌带 M_2-M_3 1 件，胸椎 4 件。

全部标本至少代表 7 个个体（1 个为成年雄性）。

1.2.1.1.2 梅花鹿 Cervus nippon

特征明确的角及头骨（图 6-18）等 7 件，其中 1 件为带角环自然脱落的角（图 6-19）。

图 6-17　麋鹿角

图 6-18　中型鹿头骨残块带角柄

图 6-19　梅花鹿角

中型鹿标本 28 件，可能为梅花鹿的遗存。包括有左侧跟骨 1 件，肱骨远端 4 件（左右各二），股骨近端 2 件（左右各一），右侧股骨远端 2 件，颈椎 2 件，右侧胫骨近端 2 件，右侧胫骨远端 1 件，右侧髋骨 1 件，左侧桡骨近端 1 件，左侧上颌带 $M^1/M^2$1 件，左侧下颌残块 2 件，右侧下颌 $M_2$1 件，右侧下颌 $M_3$2 件，胸椎 5 件，跗部骨骼 1 件。

全部标本至少代表 2 个个体。

1.2.1.2 牛科 Bovidae

标本 39 件，包括有左侧髌骨 1 件，尺骨 1 件，尺桡骨 1 件，骶椎 1 件，跟骨 1 件，肱骨远端 2 件（左右各一），股骨近端 1 件，股骨远端 5 件（左一右三），近端趾骨 3 件，颈椎 1 件，右侧胫骨近端 1 件，右侧距骨 2 件，髋骨 2 件，末端趾骨 3 件，炮骨远端 4 件，右侧桡骨近端 1 件，桡骨远端 1 件，左侧上颌 $M^3$1 件，枢椎 2 件，右侧下颌 $M_1/M_2$1 件，左侧距骨近端 1 件，中间趾骨 3 件。

全部标本至少代表 4 个个体。

1.2.1.3 猪科 Suidae

标本 11 件，分别为左侧肱骨近端 1 件，肱骨远端 3 件（左二右一），左侧上颌带 $M^3$2 件，右侧下颌 2 件，左侧下颌带 $M_2$1 件，左侧下颌带 M_2–$M_3$1 件，下前颌 1 件。

全部标本至少代表 2 个个体，其中大于 3.5 岁 1 个，2~3.5 岁 1 个。

C. 第⑦层

标本共 1859 件，其中 595 件保存非常残破。

1. 脊椎动物门 Vertebrata

1.1 爬行动物纲 Reptiliens

1.1.1 龟鳖目 Testudoformes

1.1.1.1 龟科 Emydidae

标本 12 件，全部为残破的甲壳。

1.2 鸟纲 Aves

中型鸟标本 2 件，分别为左侧腕掌骨远端与尺骨残段，至少代表 1 个个体；大型鸟标本 1 件，为第一趾骨残块。

1.2.1 雁形目 Anseriformes

1.2.1.1 鸭科 Anatidae

1.2.1.1.1 河鸭属 Anas

标本仅左侧腕掌骨远端 1 件，至少代表 1 个个体。

1.3 哺乳动物纲 Mammalia

569 件标本种属不明确，暂按尺寸分为大型和中型哺乳动物，数量分别为 109 件和 460 件。

1.3.1 偶蹄目 Artiodactyla

1.3.1.1 鹿科 Cervidae

角残块和臼齿残块共 28 件，种属不明确，以鹿科记之。根据角的特征可鉴定出有梅花鹿、麋鹿和麂三种存在，其余标本暂按尺寸分为大型、中型和小型三类。

1.3.1.1.1 梅花鹿 Cervus nippon

特征明确的角残块 15 件，至少代表 2 个个体。中型鹿标本共 142 件，可能为梅花鹿的遗存。

前肢骨骼 35 件，包括右侧肩胛骨 1 件，肱骨远端 9 件（左三右六），右侧尺骨 1 件，桡骨近端 3 件（左一右二），桡骨远端 7 件（左二右五），腕部骨骼 13 件，左侧掌骨近端 1 件。

后肢骨骼 44 件，包括左侧髋骨残块 5 件，股骨近端 3 件（左一右二），股骨远端 7 件，胫骨近端 5 件（左二右三），胫骨远端 4 件（左一右三），右侧髌骨 1 件，跗部骨骼 6 件，跟骨 4 件（左二右一），距骨 3 件（左一右二），跖骨近端 6 件（左四右一）。

上下颌骨及牙齿 36 件，包括左侧上颌 M^1/M^2 5 件，上颌 M^3 4 件（左三右一），上颌 P^4 2 件（左右各一），左侧上颌带 M^1-M^3 残块 1 件，右侧上前颌 1 件，下颌残块 13 件（左八右五），下颌带 M_3 3 件（左一右二），下颌带 P_4 2 件（左右各一），左侧下颌带 M_1 1 件，下颌带 M_2-M_3 2 件（左右各一），右侧下颌带 P_3-P_4 1 件，右侧下颌带 P_4-M_1 1 件。

其他部位骨骼 27 件，包括寰椎 2 件，角柄 1 件，近端趾骨 7 件，末端趾骨 1 件，炮骨远端 7 件，枢椎 2 件，头骨及头骨带角柄残块 6 件，籽骨 1 件。

全部标本至少代表 7 个个体，其中成年雄性 4 个，幼年 3 个。

1.3.1.1.2 麋鹿 Elaphurus davidianus

特征明确的角残块 4 件，另外，大型鹿标本 292 件，可能为麋鹿的遗存。

前肢骨骼 50 件，包括肩胛骨 7 件（左二右五），肱骨近端 5 件（左三右二），肱骨远端 11 件（左五右六），尺骨 4 件（左一右三），桡骨近端 9 件（左五右四），桡骨远端 8 件（左四右三），腕部骨骼 4 件，掌骨近端 2 件（左右各一）。

后肢骨骼 111 件，包括髋骨 22 件（左十四右八），股骨近端 13 件（左八右五），股骨远端 17 件（左五右八），髌骨 4 件（左右各二），胫骨近端 12 件（左五右六），胫骨远端 14 件（左十右三），跟骨 13 件（左三右七），距骨 11 件（左六右五），跗部骨骼 1 件，跖骨近端 4 件（左一右三）。

上颌骨及牙齿 26 件，包括上颌 M^1/M^2 13 件（左七右六），上颌带 M^3 4 件（左一右二），上颌 P^4 3 件（左二右一），右侧上颌带 M^1-M^2 1 件，左侧上颌带 M^1-M^3 1 件，右侧上颌带 M^2-M^3 1 件，右侧上颌带 P^3-M^3 1 件，右侧上前颌 2 件。

下颌骨及牙齿 33 件，包括下颌残块 12 件，下颌带 M_1 2 件（左右各一），下颌 M_1/M_2 5 件（左三右二），下颌带 M_3 5 件（左一右四），下颌带 P_4 4 件（左右各二），右侧下颌带 M_1-M_2 1 件，右侧下颌带 M_2-M_3 1 件，下颌门齿 2 件，左侧下前颌 1 件。

其他部位骨骼 72 件，包括寰椎 2 件，近端趾骨 18 件，末端趾骨 5 件，炮骨远端 33 件，枢椎 4 件，头骨带角柄 3 件，中间趾骨 7 件。

全部标本至少代表 10 个个体，其中成年 7 个（雄性 2 个），幼年 3 个。

1.3.1.1.3 麂属 Muntiacus

特征明确的角 1 件，为自然脱落标本；右侧上犬齿 1 件，至少代表 1 个成年雄性个体。 小型鹿标本 17 件，可能为麂的遗存。包括有右侧肱骨远端 1 件，右侧股骨近端 1 件，寰椎 1 件，近端趾骨 1 件，胫骨近端 2 件（左右各一），左侧胫骨远端 1 件，左侧距骨 1 件，髋骨 2 件（左右各一），左侧桡骨近端 1 件，右侧桡骨远端 1 件，下颌残块 4 件（左右各二），籽骨 1 件。

全部标本至少代表 1 个成年雄性个体。

1.3.1.2 牛科 Bovidae

标本 89 件，其中前后肢骨骼 60 件，包括右侧髌骨 1 件，尺骨 2 件，右侧尺桡骨近端 2 件，跗部骨骼 4 件，跟骨 4 件（左一右二），肱骨近端 3 件，肱骨远端 2 件（左右各一），股骨近端 2 件（左右各一），股骨远端 2 件，胫骨近端 4 件（左一右二），右侧胫骨远端 2 件，左侧距骨 2 件，髋骨 10 件，炮骨远端 2 件，桡骨近端 5 件（左二右三），右侧桡骨远端 4 件，腕部骨骼 4 件，左侧掌骨（图 6-20）2 件，距骨近端 3 件（左右各一）。

上下颌骨及牙齿 5 件，包括左侧上颌 M3 1 件，左侧上颌 P4 1 件，左侧下颌 M1/M2 1 件，下颌臼齿残块 2 件。

其他部位骨骼 24 件，包括颈椎 3 件，近端趾骨 4 件，肋骨 2 件，末端趾骨 3 件，枕髁残块 1 件，胸椎 1 件，中间趾骨 10 件。

全部标本至少代表 4 个个体，其中成年 2 个，青年 2 个。

1.3.1.3 猪科 Suidae

图 6-20　牛左侧掌骨

标本 88 件，其中前后肢骨骼 50 件，包括尺骨 6 件（左四右一），掌骨/跖骨远端 2 件，掌骨 1 件，跟骨 2 件（左右各一），肱骨近端 8 件，肱骨远端 8 件（左二右六），股骨近端 2 件（左右各一），左侧股骨远端 1 件，肩胛骨 6 件（左一右五），左侧胫骨近端 1 件，胫骨远端 7 件（左四右三），右侧距骨 1 件，桡骨近端 3 件（左二右一），桡骨远端 2 件（左右各一）。

上下颌骨及牙齿 33 件，包括左侧上颌 1 件，右侧上颌 DM³ 1 件，右侧上颌带 M¹ 3 件，上颌门齿 1 件，左侧上前颌 1 件，左侧上犬齿（图 6-21）1 件，下颌残块 6 件（左二右一），右侧下颌 M₁ 1 件，右侧下颌 M₂ 1 件，下颌带 M₃ 5 件（左一右四），下颌带 M₁-M₂ 残块 2 件（左右各一），下颌带 M₂-M₃ 2 件（左右各一），下颌门齿 1 件，下前颌 6 件，下犬齿 1 件。

其他部位骨骼 5 件，包括有寰椎（图 6-22）1 件，近端趾骨 2 件，末端趾骨 2 件。

全部标本至少代表 7 个个体，其中成年个体 5 个，18-25 月个体 1 个，6-13 月个体 1 个。

图 6-21　猪左上犬齿

图 6-22 猪寰椎

（四）T5018

发现标本共 87 件，分属④、⑤、⑥和⑧层。种属包括梅花鹿、牛和猪等。

A. 第④层

标本共 30 件。

1. 脊椎动物门 Vertebrata

1.1 哺乳动物纲 Mammalia

　12 件标本鉴定特征不明确，暂按尺寸分为大型和中型哺乳动物，数量分别为 3 件和 9 件。

1.1.1 偶蹄目 Artiodactyla

1.1.1.1 鹿科 Cervidae

可将这部分遗存分为大型和中型两类。

1.1.1.1.1 大型鹿

标本仅 4 件，分别为中间趾骨 1 件，近端趾骨 1 件，右侧跟骨 1 件，右侧胫骨近端 1 件。至少代表 1 个个体。

1.1.1.1.2 中型鹿

标本仅 6 件，分别为跗部骨骼 1 件，右侧跟骨（图 6-23）1 件，左侧距骨 1 件，左侧桡骨远端 1 件，左侧肱骨远端 1 件，右侧胫骨远端 1 件。至少代表 1 个个体。

1.1.1.2 牛科 Bovidae

标本仅 3 件，分别为末端趾骨 1 件，中间趾骨 1 件，右侧桡骨远端 1 件。至少代表 1 个个体。

1.1.1.3 猪科 Suidae

标本仅 5 件，分别为左侧上颌带 M^1/M^1 1 件，左侧上颌带 P^4–M^2 1 件，右侧上颌带 M^2–M^3 1 件，右侧跟骨 1 件，左侧胫骨远端 1 件。至少代表 1 个个体。

B. 第⑤层

发现标本共 22 件。

1. 脊椎动物门 Vertebrata

1.1 哺乳动物纲 Mammalia

11 件标本种属特征不明确，暂根据尺寸分为大型和中型哺乳动物，数量分别为 2 件和 9 件。

1.1.1 偶蹄目 Artiodactyla

1.1.1.1 鹿科 Cervidae

1.1.1.1.1 大型鹿

标本仅 5 件，分别为炮骨残块 1 件，左侧尺骨 1 件，左侧胫骨近端 1 件，左侧跟骨 1 件，右侧肱骨近端 1 件。至少代表 1 个个体。

1.1.1.1.1 中型鹿

标本仅 3 件，分别为左侧肱骨近端 1 件，胫骨远端 2 件（左右各一）。至少代表 1 个个体。

1.1.1.2 牛科 Bovidae

标本仅 3 件，分别为左侧胫骨远端 1 件，右侧尺骨 1 件，左侧肱骨远端 1 件。至少代表 1 个个体。

图 6-23　中型鹿跟骨（R）

C. 第⑥层

发现标本共 18 件。

1. 脊椎动物门 Vertebrata

1.1 哺乳动物纲 Mammalia

1.1.1 偶蹄目 Artiodactyla

1.1.1.1 鹿科 Cervidae

根据角的特征可鉴定有梅花鹿存在；其他骨骼按照尺寸分为大型和中型两类。

1.1.1.1.1 大型鹿

标本仅 6 件，分别为左侧胫骨近端 2 件，右侧下颌髁突 1 件，右侧下颌带 M_1–$M_3$1 件，左侧下颌带 P_4–$M_2$1 件，近端趾骨 1 件。至少代表 2 个个体。

1.1.1.1.2 梅花鹿 Cervus nippon

特征明确的角 1 件，为自然脱落的鹿角。中型鹿标本仅 1 件，可能为梅花鹿的遗存，为右侧桡骨远端 1 件。至少代表 1 个个体。

1.1.1.2 牛科 Bovidae

标本仅 7 件，分别为跟骨残块 1 件，尺骨 2 件（左右各一），右侧肱骨远端 1 件，左侧股骨远端 1 件，髋骨残块 2 件。至少代表 1 个个体。

D. 第⑧层

发现标本共 18 件。

1. 脊椎动物门 Vertebrata

1.1 哺乳动物纲 Mammalia

1.1.1 偶蹄目 Artiodactyla

1.1.1.1 鹿科 Cervidae

根据角的特征可鉴定有梅花鹿存在；其他骨骼可按照尺寸分为大型和中型两类。

1.1.1.1.1 大型鹿

标本仅 3 件，分别为髋骨残块、左侧胫骨近端、右侧桡骨远端各 1 件，至少代表 1 个个体。

1.1.1.1.2 梅花鹿 Cervus nippon

特征明确的角残块 2 件；中型鹿标本仅 4 件，分别为寰椎、炮骨 1 件、左侧股骨近端、左侧胫骨远端各 1 件，至少代表 1 个个体。

1.1.1.2 牛科 Bovidae

标本仅 6 件，分别为右侧桡骨近端、左侧距骨、近端趾骨、左侧掌骨近端各 1 件，跗骨近端 2 件（左右各一），至少代表 1 个个体。

（五）T5122

标本共 2001 件，分属④和⑦层。种属包括鲤鱼、乌鳢、龟、鸟、牛、猪等。

A. 第④层

标本共 890 件。

1. 脊椎动物门 Vertebrata

1.1 鱼纲 Pisces

详见本章第二节。

1.2 爬行动物纲 Reptiliens

1.2.1 龟鳖目 Testudoformes

1.2.1.1 龟科 Emydidae

标本为残破的甲壳 2 件。

1.3 哺乳动物纲 Mammalia

1.3.1 偶蹄目 Artiodactyla

1.3.1.1 鹿科 Cervidae

臼齿残块 38 件，以鹿科记之。其余标本可按照尺寸暂分为大型、中型和小型三类。

1.3.1.1.1 大型鹿

标本 29 件，分别为上颌 $M^1/M^2$9 件（左二右七），右侧上颌 $M^3$4 件，上颌 $P^4$9 件（左四右五），左侧下颌 $M_1/M_2$1 件，下颌 $M_3$2 件（左右各一），左侧下颌 $P_4$3 件，下门齿 1 件。

全部标本至少代表 5 个个体。

1.3.1.1.2 中型鹿

标本 28 件，分别为上颌 $M^1/M^2$5 件（左一右四），上颌 $M^3$4 件（左右各二），上颌 $P^4$2 件（左右各一），下颌 $M_1/M_2$3 件（左二右一），左侧下颌 $M_3$1 件，右侧下颌 $P_3$4 件，左侧下颌带 M_1–$M_2$1 件，左侧下颌带 M_1–$M_3$1 件，左侧下颌带 P_4–$M_1$1 件，下颌门齿 6 件。

全部标本至少代表 4 个个体。

1.3.1.1.3 小型鹿

标本 12 件，分别为左侧上颌 $M^1$1 件，右侧上颌 $M^1/M^2$2 件，上颌 $M^3$2 件（左右各一），左侧上颌带 M^1–$M^2$1 件，左侧上颌带 $M^2$1 件，左侧下颌残块 2 件，左侧下颌 $M_1/M_2$1 件，左侧下颌 $M_3$1 件，左侧下颌带 P_4–$M_2$1 件。

全部标本至少代表 2 个个体。

1.3.1.2 猪科 Suidae

标本 12 件，分别为臼齿残块 1 件，右侧下颌 $DM_3$1 件，下颌 $M_1$2 件（左右各一），右侧下颌 $M_2$1 件，左侧下颌 $M_3$1 件，右侧下颌带 P_1–$M_1$1 件，下颌门齿 1 件，下前颌 1 件，下颌前臼齿 3 件。

全部标本至少代表 2 个个体，其中 1 个大于 25 月龄，1 个小于 16 月龄。

B. 第⑦层

标本共 1111 件，其中 500 件保存状况非常差。

1. 脊椎动物门 Vertebrata

1.1 鱼纲 Pisces

详见本章第二节。

1.2 爬行动物纲 Reptiliens

1.2.1 龟鳖目 Testudoformes

1.2.1.1 龟科 Emydidae

标本 30 件，全部为残破的甲壳。

1.3 鸟纲 Aves

标本为 7 件肢骨残片，至少代表 1 个个体。

1.4 哺乳动物纲 Mammalia

270 件标本，种属不明确，暂按尺寸分为大型和中型哺乳动物，数量分别为 7 件和 263 件。

1.4.1 偶蹄目 Artiodactyla

1.4.1.1 鹿科 Cervidae

67 件标本为残破的臼齿和角，以鹿科记之。其余标本按尺寸分为大型、中型和小型三类。

1.4.1.1.1 大型鹿

标本 85 件，其中前后肢骨骼 32 件，包括右侧髌骨 1 件，右侧尺骨 1 件，跟骨 4 件，肱骨远端 4 件，股骨远端 1 件，炮骨远端 15 件，右侧桡骨远端 1 件，腕部骨骼 1 件，左侧掌骨近端 1 件，左侧距骨近端 1 件，跗部骨骼 2 件。

上下颌骨及牙齿 38 件，包括上颌 M^1/M^2 5 件（左三右二），左侧上颌 M^3 1 件，上颌 P^4 3 件（左一右二），左侧下颌 1 件，下颌 M_1/M_2 7 件（左五右二），下颌 M_3 10 件（左四右六），下颌 P_4 7 件（左四右三），下颌门齿 4 件。

其他部位骨骼 15 件，包括有寰椎 1 件，近端趾骨 7 件，末端趾骨 2 件，枢椎 1 件，头骨残块 2 件，中间趾骨 2 件。

全部标本至少代表 5 个个体。

1.4.1.1.2 中型鹿

标本 78 件，其中前后肢骨骼 26 件，包括左侧跟骨 1 件，右侧肱骨远端 1 件，右侧股骨近端 1 件，左侧距骨 2 件，炮骨远端 5 件，右侧桡骨近端 1 件，右侧桡骨远端 1 件，腕部骨骼 6 件，掌骨近端 3 件，距骨近端 5 件。

上下颌骨及牙齿 46 件，包括上颌 M^1/M^2 6 件（左二右四），上颌 M^3 4 件（左一右三），上颌 P^4 6 件（左四右二），右侧上前颌 1 件，左侧下颌残块 8 件，下颌 M_1/M_2 11 件（左五右六），左侧下颌 M_3 2 件，右侧下颌 P_2 1 件，右侧下颌 P_3 2 件，下颌 P_3 3 件（左一右二），左侧下颌带 M_1 1 件，下颌门齿 1 件。

其他部位骨骼 6 件，包括有近端趾骨、中间趾骨、籽骨各 2 件。

全部标本至少代表 4 个个体。

1.4.1.1.3 小型鹿

标本 17 件，分别为肱骨近端 1 件，右侧肩胛骨 1 件，右侧胫骨远端 1 件，右侧距骨 1 件，炮骨残块 1 件，右侧桡骨近端 1 件，上颌 M1/M2 3 件（左二右一），腕部骨骼 1 件，下颌残块 2 件（左右各一），右侧下颌 M_1/M_2 1 件，右侧下颌带 M_3 1 件，距骨近端 2 件，中间趾骨 1 件。

全部标本至少代表 1 个个体。

1.4.1.2 牛科 Bovidae

标本仅 4 件，分别为左侧中央跗骨 1 件，腕部骨骼 2 件，头骨残块 1 件。

至少代表 1 个个体。

1.4.1.3 猪科 Suidae

标本 63 件，其中前后肢骨骼 7 件，包括尺骨 3 件（左二右一），左侧肩胛骨（图 6-24）1 件，左侧胫骨远端 1 件，距骨 1 件，中间趾骨 1 件。

上下颌骨及牙齿 56 件，包括臼齿残块 4 件，犬齿残片 5 件，左侧上颌 DM^3 1 件，左侧上颌带 M^1 2 件，右侧上颌带 M^2 3 件，左侧上颌 M^3 1 件，右侧上颌 P^4 1 件，左侧上颌带 M^1–M^2 1 件，左侧上颌带 P^3 1 件，左侧上颌带 P^4–M^1 1 件，左侧下颌残块 3 件，下颌 M_1 5 件（左二右三），下颌 M_2 2 件（左右各一），下颌 M_3 3 件（左二右一），左侧下颌带 DM_2–DM_3 1 件，左侧下颌带 DM_3–M_1 1 件，下颌门齿 9 件，下颌前臼齿 11 件。

全部标本至少代表 4 个个体，其中大于 25 月 2 个，6~13 月 1 个，小于 6 月 1 个。

1.4.2 食肉目 Carnivora

小型食肉动物肱骨 1 件。

图 6-24　猪肩胛骨（L）

（六）T5220

标本共 6252 件，分属⑥和⑦层。种属包括蟹、鲤鱼、乌鳢、龟、鳄鱼、鸟、麋鹿、梅花鹿、獐、牛和猪。

A. 第⑥层

标本共 5512 件。

1. 节肢动物门

1.1 甲壳纲

1.1.1 十足目

标本为蟹螯 1 件。

2. 脊椎动物门 Vertebrata

其中 2326 件标本，鉴定特征不明显。

2.1 鱼纲 Pisces

详见本章第二节。

2.2 爬行动物纲 Reptiliens

2.2.1 龟鳖目 Testudoformes

2.2.1.1 龟科 Emydidae

残破甲壳共 249 件，为小型龟类遗存。

2.2.2 鳄形目 Crocodylia

残破骨板 8 件。

2.3 鸟纲 Aves

标本 9 件，分别为右侧肱骨近端 1 件，肱骨远端 2 件，右侧喙骨近端 1 件，右侧腕掌骨近端 1 件，右侧腕掌骨远端 1 件，肢骨残片 3 件。

全部标本至少代表 1 个个体。

2.4 哺乳动物纲 Mammalia

其中 876 件标本种属特征不明显，暂按尺寸分为大型、中型和小型哺乳动物，数量分别为 86 件、788 件和 2 件。

2.4.1 偶蹄目 Artiodactyla

2.4.1.1 鹿科 Cervidae

其中116件标本为残破的角、头骨和臼齿等，可判断出有麋鹿、梅花鹿和麂存在，其余骨骼可按照尺寸分为大型、中型和小型三类。

2.4.1.1.1 麋鹿 Elaphurus davidianus

特征明确的角残块1件；大型鹿标本219件，可能为麋鹿的遗存。

前肢骨骼51件，包括肩胛骨9件（左二右三），肱骨近端4件，股骨远端7件（左一右四），尺骨7件（左二右四），尺桡骨2件，桡骨近端8件（左三右五），左侧桡骨远端1件，腕部骨骼10件，掌骨3件。

后肢骨骼38件，包括右侧髋骨2件，右侧股骨近端1件，股骨远端2件（左右各一），胫骨近端7件（左一右六），右侧胫骨远端3件，跟骨3件，距骨4件（左一右三），跗部骨骼9件，跖骨近端7件（左一右三）。

上颌骨及牙齿49件，包括右侧上颌1件，上颌 M^1 5件（左三右二），上颌 M^1/M^2 17件（左十二右五），上颌 M^2 3件（左二右一），上颌 M^3 10件（左六右四），右侧上颌 P^3 1件，上颌 P^4 11件（左七右四），右侧上颌带 M^2–M^3 1件。

下颌骨及牙齿32件，包括下颌残块8件，左侧下颌 M_1 2件，左侧下颌 M_2 1件，左侧下颌 M_3 3件，下颌带 P_4 8件（左五右三），右侧下颌带 M_1–M_2 2件，左侧下颌带 M_1–M_3（图6-25）1件，下门齿5件，下前颌2件（左右各一）。

其他部位骨骼49件，包括有近端趾骨20件，末端趾骨3件，炮骨远端11件，头骨残块3件，中间趾骨12件。

全部标本至少代表7个个体。

图6-25 大型鹿左下颌 M_1—M_3

2.4.1.1.2 梅花鹿 Cervus nippon

特征明确的角残块4件，其中1件为自然脱落标本。

中型鹿标本258件，可能为梅花鹿的遗存，其中前后肢骨骼142件，包括左侧肩胛骨1件，肱骨近端1件，右侧肱骨远端4件，尺骨3件（左二右一），桡骨近端6件（左三右一），腕部骨骼28件，掌骨近端6件（左右各二），右侧髋骨1件，股骨近端6件（左一右四），股骨远端4件，左侧髌骨2件，胫骨近端4件（左右各二），胫骨远端17件（左四右七），跟骨3件，距骨8件（左五右三），跗部骨骼7件，跖骨近端19件（左二右七），炮骨远端残块22件。

上下颌骨及牙齿72件，包括左侧上颌1件，上颌 M^1/M^2 11件（左十右一），左侧上颌 M^3 4件，上颌 P^4 7件（左三右四），左上前颌1件，下颌残块18件（左八右十），右侧下颌 DM_3 1件，下颌 M_1 4件（左三右一），下颌 M_1/M_2 3件（左一右二），下颌 M_2 2件（左右各一），下颌 M_3 4件（左右各二），下颌 P_4 7件（左六右一），左侧下颌带 M_1–M_2 2件，左侧下颌带 M_2–M_3（图6-26）1件，下颌带 P_3–P_4 2件（左右各一），下门齿1件，左侧下前颌3件。

图6-26 中型鹿左下颌带 M_2—M_3

其他部位骨骼 44 件，包括有籽骨 1 件，中间趾骨 7 件，尾椎 1 件，头骨残块 14 件，枢椎 1 件，末端趾骨 4 件，近端趾骨 15 件，寰椎 1 件。

全部标本至少代表 8 个个体。

2.4.1.1.3 獐属 Hydropotes

特征明确的上犬齿 1 件。

小型鹿标本 78 件，可能为獐的遗存，其中前后肢骨骼 70 件，包括左侧髌骨 1 件，右侧尺骨 1 件，跟骨 4 件，肱骨近端 2 件，肱骨远端 2 件，股骨近端 3 件，股骨远端 3 件，肩胛骨 3 件，左侧胫骨近端 2 件，胫骨远端 5 件（左一右三），距骨 9 件（左四右五），炮骨远端残块 4 件，桡骨近端 3 件（左一右二），桡骨远端 3 件（左一右二），腕部骨骼 3 件，右侧掌骨近端 2 件，跖骨近端 5 件（左三右二），跗部骨骼 2 件，近端趾骨 5 件，末端趾骨 4 件，中间趾骨 1 件，籽骨 3 件。

上下颌骨及牙齿 8 件，包括臼齿残块 1 件，左侧上颌 M^3 1 件，左侧上颌带 M^1 1 件，左侧上颌带 M^2 1 件，左侧下颌 1 件，左侧下颌 DM_3 1 件，左侧下颌带 M_1 1 件，右侧下颌带 P_2-M_1 1 件。

全部标本至少代表 5 个个体（其中 1 个为成年雄性个体）。

2.4.1.2 牛科 Bovidae

标本 47 件，按照保存部位描述如下。

前后肢骨骼（37 件）：

尺骨 3 件（左二右一），骶椎 1 件，肱骨近端 1 件，左侧股骨近端 1 件，左侧股骨远端 1 件，寰椎 1 件，肩胛骨 1 件，近端趾骨 2 件，左侧胫骨近端 1 件，胫骨远端 2 件（左右各一），左侧距骨 1 件，左侧髌骨 1 件，炮骨远端残块 4 件，桡骨远端 4 件，枢椎 1 件，腕部骨骼 5 件，跖骨近端 2 件（左右各一），中间趾骨 2 件，右侧中央跗骨 3 件。

上下颌骨及牙齿 10 件，包括右侧上颌 M^3 1 件，上前颌 2 件（左右各一），下颌残块 1 件，右侧下颌 M_1 1 件，左侧下颌 M_1/M_2（图 6-27）2 件，右侧下颌 M_2 1 件，右侧下颌 M_3 1 件，下颌门齿 1 件。

全部标本至少代表 3 个个体。

图 6-27　牛左下颌 M_1 或 M_2

2.4.1.3 猪科 Suidae

标本 88 件，其中前后肢骨骼 49 件，包括尺骨 1 件，掌骨 3 件，距骨 5 件，掌 / 跖骨远端 3 件，跗部骨骼 3 件，左侧肱骨远端 1 件，左侧股骨远端 1 件，股骨近端 1 件，右侧肩胛骨 3 件，近端趾骨 2 件，胫骨远端 4 件（左一右三），距骨 5 件（左三右二），末端趾骨 8 件，桡骨近端 2 件（左右各一），右侧桡骨远端 1 件，腕部骨骼 1 件，中间趾骨 5 件。

其他部位骨骼 39 件，包括有寰椎 1 件，臼齿残块 3 件，上颌 DM^1 1 件，右侧上颌 M^2 2 件，上颌 M^3 3 件（左二右一），右侧上颌 P^3 1 件，左侧上颌带 DM^1-DM^2 1 件，右侧上颌带 DM^3 1 件，左侧上颌带 DM^3-M^1 1 件，左侧上颌带 M^1 1 件，左侧上颌带 M^1-M^2 1 件，上颌门齿 1 件，左侧上前颌 1 件，右侧上犬齿 1 件，下颌 4 件，左侧下颌 M_3 1 件，下颌 P_3 2 件（左右各一），左侧下颌 P_4 2 件，右侧下颌带 M_1 1 件，右侧下颌带 M_1-M_2 1 件，左侧下颌带 P_4-M_1 1 件，下颌门齿 2 件，下前颌 3 件，下颌犬齿 3 件。

全部标本至少代表 5 个个体，其中大于 2 岁 3 个，0.5 岁到 1.5 岁 2 个。

2.4.2 食肉目 Carnivora

小型食肉动物标本 5 件，包括有左侧胫骨近端 1 件，胫骨远端 1 件，右侧距骨 1 件，掌骨 / 跖骨 2 件。至少代表 1 个个体。

B. 第⑦层

标本共 740 件。

1. 脊椎动物门 Vertebrata

1.1 鱼纲 Pisces

标本 215 件，详细情况见本章第二节。

1.2 爬行动物纲 Reptiliens

1.2.1 龟鳖目 Testudoformes

1.2.1.1 龟科 Emydidae

甲壳 2 件。

1.3 哺乳动物纲 Mammalia

其中 171 件标本未能鉴定出具体种属，暂根据尺寸分为大型和中型哺乳动物，数量分别为 82 件和 89 件。

1.3.1 偶蹄目 Artiodactyla

1.3.1.1 鹿科 Cervidae

根据角可鉴定出有梅花鹿存在，其余骨骼按照尺寸等信息分为大型、中型和小型三类。

1.3.1.1.1 大型鹿

标本 106 件，其中前后肢骨骼 89 件，包括尺骨 6 件（左三右二），跗部骨骼 7 件，跟骨 7 件，肱骨远端 8 件（左右各四），右侧股骨远端 1 件，左侧肩胛骨 2 件，近端趾骨 8 件，胫骨近端 4 件（左右各二），胫骨远端 6 件（左二右四），距骨 7 件（左三右四），髋骨 2 件（左右各一），末端趾骨 1 件，炮骨远端残块 7 件，桡骨近端 3 件（左二右一），桡骨远端 4 件（左一右三），腕部骨骼 3 件，左侧掌骨近端 1 件，跖骨近端 4 件，中间趾骨 8 件。

其他部位骨骼 17 件，包括有骶椎 1 件，寰椎 2 件，上颌 M^1/M^2 2 件（左右各一），上颌带 M^3 2 件（左右各一），枢椎 3 件，下颌 2 件（左右各一），左侧下颌 M_1/M_2 1 件，右侧下颌 M_3 1 件，右侧下颌带 M_2–M_3 1 件，左侧下前颌 2 件。

全部标本至少代表 5 个个体。

1.3.1.1.2 梅花鹿 Cervus nippon

特征明确的角残块 12 件，其中 2 件为自然脱落标本。中型鹿标本 63 件，可能为梅花鹿的遗存。

前后肢骨骼 48 件，包括右侧髌骨 1 件，跟骨 2 件（左右各一），肱骨远端 4 件（左一右三），股骨近端 2 件（左右各一），股骨远端 6 件，肩胛骨 11 件，近端趾骨 3 件，右侧胫骨近端 2 件，右侧胫骨远端 1 件，距骨 3 件（左一右二），炮骨远端残块 3 件，左侧桡骨远端 1 件，腕部骨骼 4 件，右侧距骨近端 1 件，跗部骨骼 4 件。

其他部位骨骼 15 件，包括有寰椎 3 件，臼齿残块 1 件，左侧上颌 M^1/M^2 2 件，右侧上颌带 M^1–M^2 1 件，枢椎 2 件，左侧下颌 3 件，左侧下颌 P_4 1 件，右侧下颌带 M_1–M_3 1 件，左侧下颌带 P_2–P_3 1 件。

全部标本至少代表 3 个个体（其中 1 个为雄性成年个体）。

1.3.1.1.3 小型鹿

标本 13 件，分别为肱骨远端 3 件（左一右二），股骨近端 3 件，股骨远端 2 件，肩胛骨 1 件，右侧胫骨远端 1 件，距骨 2 件（左右各一），桡骨 1 件。

全部标本至少代表 2 个个体。

1.3.1.2 牛科 Bovidae

标本 22 件，分别为髌骨 2 件（左右各一），骶椎 1 件，跟骨 4 件，右侧肱骨远端 1 件，右侧股骨远端 1 件，肩胛骨 1 件，近端趾骨 1 件，右侧胫骨近端 1 件，髋骨 2 件，末端趾骨 1 件，炮骨远端 2 件，桡骨近端 2 件（左右各一），右侧上前颌 1 件，腕部骨骼 1 件，左侧跖骨近端 1 件。

全部标本至少代表 1 个个体。

1.3.1.3 猪科 Suidae

标本 23 件，分别为右侧肱骨近端 2 件，股骨远端 2 件（左右各一），寰椎 1 件，肩胛骨 2 件（左右各一），右侧胫骨 1 件，左侧距骨 1 件，上颌 3 件（左二右一），右侧上颌 M^1 1 件，右侧上颌 M^3 1 件，右侧上颌带 DM^3-M^1 1 件，右侧上颌带 M^2 1 件，头骨残块 1 件，下颌残块 2 件，左侧下颌带 M_1 1 件，左侧下颌带 M_2-M_3 1 件，右侧下颌带 M_3 1 件，下前颌 1 件。

全部标本至少代表 4 个个体，其中大于 25 月 2 个，13~25 月 1 个，6~13 月 1 个。

（七）T5221

标本共 17604 件，分属⑤和⑦层。种属包括鲫鱼、鲤鱼、鲈鱼、青鱼、乌鳢、龟、鳖、鳄鱼、河鸭属、雁、梅花鹿、水牛、猪、小犬科和啮齿动物等。

A. 第⑤层

标本共 418 件。

1. 脊椎动物门 Vertebrata

1.1 鱼纲 Pisces

详细情况见本章第二节。

1.2 爬行动物纲 Reptiliens

1.2.1 龟鳖目 Testudoformes

1.2.1.1 龟科 Emydidae

标本 8 件，为残破的甲壳。

1.2.2 鳄形目 Crocodylia

标本仅 1 件骨板残块。

1.3 鸟纲 Aves

标本 2 件，分别为右侧跗跖骨远端与趾骨，至少代表 1 个个体。

1.4 哺乳动物纲 Mammalia

1.4.1 偶蹄目 Artiodactyla

1.4.1.1 鹿科 Cervidae

1.4.1.1.1 中型鹿

标本仅 6 件，分别为 1 件下门齿残块和 5 件臼齿残块。

1.4.1.1.2 小型鹿

标本仅 2 件，分别为脊椎和籽骨。

1.4.1.2 猪科 Suidae

标本仅 1 件臼齿残块。

B. 第⑦层

标本共 17186 件。

1. 脊椎动物门 Vertebrata

其中 6968 件标本鉴定特征不明，以残骨记之。

1.1 鱼纲 Pisces

详细情况见本章第二节。

1.2 爬行动物纲 Reptiliens

1.2.1 龟鳖目 Testudoformes

2 件标本分别为肩胛骨（图 6-28）和肢骨残片。

图 6-28　爬行动物肩胛骨

1.2.1.1 龟科 Emydidae

标本 595 件，为残破的甲壳。

1.2.1.2 鳖科 Trionychidae

标本为残破的背甲（图 6-29）1 件。

图 6-29　鳖背甲

1.2.2 鳄形目 Crocodylia

标本 24 件。

1.3 鸟纲 Aves

其中 41 件标本种属特征不明确，以鸟记之，根据尺寸分为大型、中型和小型鸟，数量分别为 1 件、39 件和 1 件，代表的个体数分别为 1 个、2 个和 1 个。

1.3.1 雁形目 Anseriformes

1.3.1.1 鸭科 Anatidae

1.3.1.1.1 河鸭属 Anas

标本 8 件，分别为右侧尺骨远端 1 件，左侧胫骨远端 2 件，左侧腕掌骨近端 2 件，右侧腕掌骨远端 2 件，右侧喙骨近端 1 件。全部标本至少代表 2 个个体。

1.3.1.1.2 雁属 Anser

标本仅 3 件，分别为右侧腕掌骨近端 2 件，右侧胫骨远端 1 件。至少代表 2 个个体。

1.4 哺乳动物纲 Mammalia

其中 1855 件标本种属特征不明确，暂依据尺寸分为中型和小型哺乳动物，数量分别为 1846 件和 9 件。

1.4.1 偶蹄目 Artiodactyla

1.4.1.1 鹿科 Cervidae

其中 252 件标本为残破的鹿角和臼齿等，种属不明确，根据角的特征可鉴定出有梅花鹿存在，其他骨骼暂按照尺寸分为大型、中型和小型三类。

1.4.1.1.1 大型鹿

标本 530 件，其中前肢骨骼 58 件，包括肩胛骨 4 件（左二右一），肱骨近端 1 件，肱骨远端 4 件，右侧尺骨 1 件，桡骨近端 11 件（左二右九），桡骨远端 8 件（左右各三），腕部骨骼 25 件，掌骨近端 4 件（左右各一）。

后肢骨骼 108 件，包括髋骨 8 件，股骨近端 5 件（左三右二），股骨远端 21 件（左六右九），右侧髌骨 3 件，胫骨近端 8 件（左右各四），胫骨远端 10 件，跗部骨骼 18 件，跟骨 3 件，距骨 16 件（左五右八），跖骨近端 16 件（左五右十）。

上颌骨及牙齿 52 件，包括上颌 M^1/M^2 23 件（左十三右十），上颌 M^3 11 件（左六右五），上颌 P^4 15 件（左十右五），左侧上颌带 M^2–M^3 1 件，右侧上前颌 2 件。

下颌骨及牙齿 89 件，包括下颌残块 13 件，左侧下颌带 DM_3 2 件，下颌 M_1/M_2 15 件（左五右十），下颌带 M_3 13 件（左八右五），下颌 P_4 18 件（左五右十三），右侧下颌带 M_1–M_3 1 件，左侧下颌带 M_2–M_3 1 件，左侧下颌带 P_2–M_3 1 件，右侧下颌带 P_3–P_4 1 件，左侧下颌带 P_4–M_3 1 件，下颌门齿 11 件，下前颌残块 12 件。

其他部位骨骼 223 件，包括有骶椎 1 件，寰椎 1 件，近端趾骨 56 件，末端趾骨 32 件，炮骨远端残块 57 件，枢椎 6 件，头骨残块 17 件，尾椎 1 件，中间趾骨 47 件，籽骨 5 件。

全部标本至少代表 16 个个体。

1.4.1.1.2 梅花鹿 Cervus nippon

特征明确的角残块 17 件。中型鹿 680 件，其中前肢骨骼 158 件，包括肩胛骨 24 件，肱骨近端 3 件，肱骨远端 13 件（左六右七），尺骨 16 件（左十右五），桡骨近端 13 件（左六右五），桡骨远端 7 件（左六右一），腕部骨骼 77 件，掌骨近端 5 件（左二右三）。

后肢骨骼 168 件，包括髋骨残块 39 件，股骨近端 11 件（左一右七），股骨远端 7 件，髌骨 9 件（左七右二），胫骨近端 6 件，胫骨远端 11 件（左六右五），跗部骨骼 15 件（左八右七），跟骨 18 件，距骨 19 件（左九右十），跖骨近端 33 件（左十四右十三）。

上颌骨及牙齿 68 件，包括上颌 M^1/M^2 32 件（左十三右十九），上颌 M^3 9 件（左四右五），右侧上颌 P^2 1 件，上颌 P^4 18 件（左十右八），上前颌 8 件（左右各四）。

下颌骨及牙齿 145 件，包括下颌残块 56 件，左侧下颌 DM_3 1 件，下颌带 M_1/M_2 15 件（左八右七），下颌 M_3 6 件（左五右一），右侧下颌 P_2 2 件，下颌 P_4 17 件（左七右十），左侧下颌带 M_1 1 件，左侧下颌带 DM_3–M_1 1 件，下颌带 M_1–M_3 3 件（左一右二），左侧下颌带 M_1–M_3 1 件，左侧下颌带 P_3 2 件，右侧下颌带 P_4–M_1 1 件，下颌门齿 26 件，下前颌 13 件（左七右六）。

其他部位骨骼 141 件，包括有骶椎 2 件，寰椎 1 件，近端趾骨 28 件，末端趾骨 17 件，炮骨 25 件，枢椎 3 件，头骨残块 23 件，尾椎 1 件，中间趾骨 23 件，籽骨 18 件。

全部标本至少代表 14 个个体（其中 1 个为成年雄性）。

1.4.1.1.3 小型鹿

小型鹿标本 181 件，其中前后肢骨骼 120 件，包括肩胛骨 5 件（左二右三），肱骨近端 2 件（左右各一），肱骨远端 10 件（左四右六），桡骨近端 3 件（左一右二），右侧桡骨远端 2 件，腕部骨骼 13 件，右侧掌骨近端 2 件，髋骨 2 件（左右各一），股骨近端 5 件（左三右二），股骨远端 2 件，右侧髌骨 1 件，左侧胫骨近端 1 件，胫骨远端 6 件（左四右二），跗部骨骼 6 件，跟骨 11 件（左三右四），距骨 11 件（左七右四），右侧跖骨近端 3 件，近端趾骨 14 件，末端趾骨 5 件，炮骨远端 10 件，中间趾骨 5 件，籽骨 1 件。

上下颌骨及牙齿56件，包括上颌 M^1/M^2 17件（左十右七），上颌 M^3 4件（左一右三），上颌 P^4 3件（左一右二），上颌带 M^1–M^2 2件（左右各一），下颌残块5件（左二右三），下颌 M_1/M_5 5件（左三右二），右侧下颌 M_3 1件，左侧下颌 P_4 1件，右侧下颌带 DM_2–M_1 1件，左侧下颌带 DM_3 1件，右侧下颌带 M_1–M_2 1件，右侧下颌带 M_1–M_3 1件，右侧下颌带 M_2–M_3 1件，右侧下颌带 P_4–M_1 1件，下颌门齿4件，下颌前臼齿5件，臼齿残块3件。

中轴骨骼5件，包括头骨残块4件，枢椎1件。

全部标本至少代表7个个体。

1.4.1.2 牛科 Bovidae

1.4.1.2.1 水牛属 Bubalus

特征明确的角残块（图6-30）19件（左一右二）。

图6-30　水牛角

牛科标本73件，应为水牛的遗存，其中前后肢骨骼27件，包括左侧跟骨1件，右侧肱骨远端2件，左侧股骨远端1件，近端趾骨3件，右侧胫骨近端1件，胫骨远端3件，右侧距骨1件，末端趾骨1件，炮骨远端残块5件，左侧桡骨近端1件，左侧桡骨远端1件，腕部骨骼1件，右侧掌骨近端2件，中间趾骨2件，蹠部骨骼1件，籽骨1件。

上下颌骨及牙齿13件，包括右侧上颌 M^1/M^2 1件，左侧下颌1件，左侧下颌 DM_3 1件，左侧下颌 M_3 1件，下颌门齿3件，下前颌3件（左二右一），下颌前臼齿1件，臼齿残块2件。

中轴骨骼33件，包括脊椎3件，颈椎1件，肋骨23件，枢椎1件，头骨残块3件，胸椎2件。

全部标本至少代表3个个体（成年雄性2，幼年1）。

1.4.1.3 猪科 Suidae

标本260件，其中前后肢骨骼113件，包括髌骨2件（左右各一），尺骨5件，掌骨/距骨远端9件，掌骨4件，距骨1件，腓骨2件，蹠部骨骼2件，跟骨4件（左三右一），肱骨近端3件，肱骨远端9件（左五右三），股骨近端3件，肩胛骨2件（左右各一），左侧胫骨近端2件，胫骨远端6件（左二右三），近端趾骨18件，距骨4件（左右各二），末端趾骨18件，桡骨近端6件（左一右三），桡骨远端3件，腕部骨骼1件，中间趾骨9件。

上颌骨及牙齿45件，包括上颌残块5件（左三右二），上颌 DM^3 3件（左一右二），上颌 M^1 7件（左四右三），上颌带 M^2 5件（左一右四），上颌带 M^3 3件（左一右二），右侧上颌带 P^3 2件，上颌 P^4 3件（左一右二），右侧上颌带 M^1–M^2 1件，右侧上颌带 P^2 1件，右侧上颌带 P^4–M^1 1件，上颌门齿8件，左侧上前颌1件，上犬齿残片5件。

下颌骨及牙齿74件，包括下颌残块12件，右侧下颌 DM_2 1件，下颌带 DM_3 6件（左右各三），下颌带 M_1 11件（左七右四），下颌 P_2 2件（左右各一），右侧下颌 P_3 1件，左侧下颌 P_4 1件，下颌带 M_2 3件（左一右二），下颌带 M_3 2件（左右各一），下颌门齿7件，下前颌残块6件，下颌前臼齿16件，下颌犬齿残片6件。

其他部位骨骼28件，包括有寰椎2件，臼齿残块18件，前臼齿残块2件，犬齿残片2件，枢椎1件，头骨残块3件。

全部标本至少代表8个个体，其中大于3.5岁5个，6~13月龄3个。

1.4.2 食肉目 Carnivora

未能鉴定具体种属的标本有 37 件，暂根据尺寸分为中型和小型食肉动物，数量分别为 7 件和 30 件。

小型食肉动物上下颌及牙齿标本共 11 件，分别为犬齿残块 1 件，上颌 M^1 3 件，左侧上颌 P^4 1 件，左侧上颌带 P^4-M^1（图 6-31）1 件，右侧下颌带 C-M_2 1 件，左侧下颌带 P_4-M_1 1 件，臼齿残块 3 件。全部标本至少代表 2 个个体。

图 6-31　小型食肉动物左上颌带 P^4—M^1

1.4.3 啮齿目 Rodentia

小型啮齿动物标本 7 件，分别为左侧股骨（图 6-32）1 件，右侧胫骨（图 6-33）1 件，左侧髋骨 1 件，上颌门齿 3 件，基本完整下颌带门齿颊齿 1 件。

全部标本至少代表 1 个个体。

（八）TG1

TG1 ⑥ 获取标本 27 件。

1. 脊椎动物门 Vertebrata

1.1 哺乳动物纲 Mammalia

其中 13 件标本种属特征不明确，根据尺寸分为大型和中型哺乳动物，数量分别为 8 件和 5 件。

图 6-32　啮齿动物股骨（L）　　图 6-33　啮齿动物胫骨（R）

1.1.1 偶蹄目 Artiodactyla

1.1.1.1 鹿科 Cervidae

1.1.1.1.1 大型鹿

标本 4 件，分别为右侧桡骨近端 1 件，左侧肱骨远端 1 件，角残块 2 件。至少代表 1 个成年雄性个体。

1.1.1.1.2 中型鹿

标本 3 件，分别为右侧下颌带 P_4-M_3 1 件，左侧距骨 2 件。至少代表 2 个个体。

1.1.1.2 牛科 Bovidae

标本 6 件，分别为左侧肱骨远端 1 件，左侧跟骨 1 件，左侧掌骨近端 1 件，近端趾骨 1 件，左侧尺骨 1 件，左侧距骨近端 1 件。至少代表 1 个个体。

1.1.1.3 猪科 Suidae

标本仅 1 件，为右侧下颌带 P_4-M_3（M_3 正萌出）。至少代表 1 个 25 月龄左右个体。

（九）TG2

在 ⑤ 和 ⑦ 层发现有动物遗存。

A. 第 ⑤ 层

标本共 54 件。

1. 脊椎动物门 Vertebrata

1.1 哺乳动物纲 Mammalia

其中 13 件标本种属特征不明确，暂全部归于大型哺乳动物。

1.1.1 偶蹄目 Artiodactyla

1.1.1.1 鹿科 Cervidae

根据角可鉴定出有麋鹿存在，其他骨骼按尺寸分为大型和中型两类。

1.1.1.1.1 麋鹿 Elaphurus davidianus

特征明确的角残块 2 件，其中 1 件为自然脱落标本。大型鹿标本 29 件，可能为麋鹿的遗存，分别是左侧肱骨近端 1 件，肱骨远端 3 件（左一右二），左侧股骨近端 1 件，寰椎 1 件，近端趾骨 1 件，颈椎 7 件，右侧胫骨近端 1 件，炮骨远端 6 件，桡骨远端 2 件（左右各一），左侧上颌带 M^1 1 件，右侧上颌带 M^1–M^2 1 件，枢椎 2 件，右侧下前颌 1 件，右侧中央跗骨 1 件。

全部标本至少代表 2 个个体（其中 1 个为成年雄性）。

1.1.1.1.2 中型鹿

标本仅 3 件，分别为右侧股骨远端、左侧胫骨近端、右侧胫骨远端各 1 件。至少代表 1 个个体。

1.1.1.2 牛科 Bovidae

1.1.1.2.1 水牛属 Bubalus

特征明确的角残块 1 件；牛科标本 4 件，可能为水牛的遗存，分别为颈椎、左侧中央跗骨、右侧胫骨近端、炮骨远端各 1 件。

全部标本至少代表 1 个个体。

1.1.1.3 猪科 Suidae

标本仅 2 件，分别为左侧肱骨远端、左侧尺骨各 1 件。至少代表 1 个个体。

D. 第⑦层

标本共 106 件。

1. 脊椎动物门 Vertebrata

1.1 哺乳动物纲 Mammalia

其中 37 件标本种属特征不明显，暂根据尺寸分为大型和中型哺乳动物，数量分别为 2 件和 35 件。

1.1.1 偶蹄目 Artiodactyla

1.1.1.1 鹿科 Cervidae

根据角可鉴定出有梅花鹿存在，其他骨骼按照尺寸分为大型和中型两类。

1.1.1.1.1 大型鹿

标本 30 件，分别为尺骨 2 件（左右各一），骶椎 1 件，右侧跟骨 1 件，左侧肱骨近端 1 件，肱骨远端 2 件（左右各一），右侧股骨近端 1 件，左侧股骨远端 1 件，寰椎 2 件，近端趾骨 1 件，左侧胫骨近端 1 件，右侧胫骨远端 1 件，右侧距骨 2 件，右侧髋骨 1 件，炮骨远端 3 件，桡骨近端 2 件（左右各一），右侧桡骨远端 3 件，左侧下颌残块 2 件，右侧下颌带 M3 1 件，右侧掌骨远端 1 件，中间趾骨 1 件。

全部标本至少代表 3 个个体。

1.1.1.1.2 梅花鹿 Cervus nippon

仅发现 2 件特征明确的角，左右各一，均为自然脱落的标本。

中型鹿标本 10 件，可能为梅花鹿的遗存。包括跟骨 2 件（左右各一），左侧肱骨远端 1 件，右侧胫骨近端 1 件，胫骨远端 3 件（左一右二），髋骨 2 件（左右各一），头骨残块 1 件。全部标本至少代表 2 个个体。

1.1.1.2 牛科 Bovidae

标本 20 件，分别为尺骨残块 3 件，跟骨 3 件（左右各一），左侧肱骨近端 1 件，右侧肱骨远端 1 件，近端趾骨 1 件，颈椎 1 件，胫骨近端 2 件（左右各一），左侧胫骨远端 2 件，右侧距骨 1 件，左侧桡骨远端 1 件，胸椎 1 件，中间趾骨 1 件，跗部骨骼 2 件。

全部标本至少代表 3 个个体（大于 4 岁 2 个，小于 3 岁 1 个）。

1.1.1.3 猪科 Suidae

标本 7 件，分别为右侧尺骨 1 件，左侧肱骨近端 1 件，右侧下颌残块 1 件（M3 未萌出），左侧下颌带 M31 件，下前颌 3 件（两侧完整 1 件，左右各 1 件）。

全部标本至少代表 2 个个体（大于 3.5 岁 1 个，小于 2 岁 1 个）。

（十）TG3

在③、⑤和⑥层发现有动物遗存。

A. 第③层

标本共 25 件。

1. 脊椎动物门 Vertebrata

1.1 哺乳动物纲 Mammalia

其中 5 件标本种属特征不明确，根据尺寸分为大型和中型哺乳动物，数量分别为 1 件和 4 件。

1.1.1 偶蹄目 Artiodactyla

1.1.1.1 鹿科 Cervidae

根据角可鉴定出有麋鹿存在，其他骨骼可按照尺寸分为大型、中型和小型两类。

1.1.1.1.1 麋鹿 Elaphurus davidianus

特征明确的角残块 1 件。

大型鹿标本 5 件，可能为麋鹿的遗存，包括寰椎 1 件，枢椎 1 件，右侧胫骨近端 1 件，左侧胫骨远端 2 件。全部标本至少代表 2 个个体（其中 1 个为成年雄性）。

1.1.1.1.2 中型鹿

标本 5 件，分别为右侧肱骨残段、左侧肱骨远端、炮骨远端残块、左侧掌骨近端、左侧距骨近端各 1 件。全部标本至少代表 1 个个体。

1.1.1.1.3 小型鹿

标本仅 1 件左侧股骨近端。

1.1.1.2 牛科 Bovidae

标本 6 件，分别为左侧上颌臼齿残块 1 件，右侧肱骨近端 1 件，胫骨近端 2 件（左右各一），距骨近端 2 件（左右各一）。全部标本至少代表 1 个个体。

1.1.1.3 猪科 Suidae

标本仅 2 件，分别为右侧下颌带 M_2-M_3（图 6-34）和右侧下颌带 M_1-M_3，代表 2 个大于 2 岁的个体。

B. 第⑤层

标本共 11 件。

1. 脊椎动物门 Vertebrata

1.1 哺乳动物纲 Mammalia

1.1.1 偶蹄目 Artiodactyla

1.1.1.1 鹿科 Cervidae

图 6-34　猪下颌带 M_2—M_3

根据角可鉴定出有麋鹿存在，其他骨骼可按照尺寸分为大型和中型两类。

1.1.1.1.1 麋鹿 Elaphurus davidianus

特征明确的角残块 1 件，为自然脱落标本。大型鹿标本 4 件，可能为麋鹿的遗存，包括右侧桡骨远端、右侧尺骨残段、左侧胫骨近端、右侧股骨远端各 1 件。

至少代表 1 个个体。

1.1.1.1.2 中型鹿

标本仅 1 件炮骨远端残块。

1.1.1.2 牛科 Bovidae

标本仅 3 件，分别为右侧掌骨近端、左侧下颌带 M_2-M_3、右侧肱骨远端各 1 件。代表 1 个个体。

1.1.1.3 猪科 Suidae

标本仅 2 件，分别为右侧上颌带 M^2-M^3、左侧股骨近端各 1 件，代表 1 个大于 3.5 岁的个体。

C. 第⑥层

标本仅 2 件水牛 Bubalus 角，代表 1 个个体。

（十一）TG4

标本共 304 件，种属包括梅花鹿、麋鹿、牛、猪等。其中 6 件鉴定特征不明显，以残骨记之。

1. 脊椎动物门 Vertebrata

1.1 哺乳动物纲 Mammalia

1.1.1 偶蹄目 Artiodactyla

1.1.1.1 鹿科 Cervidae

从保存较好的鹿角特征可鉴定出有麋鹿和梅花鹿存在，其他部位骨骼按照尺寸相应归为大型鹿和中型鹿。

1.1.1.1.1 麋鹿 Elaphurus davidianus

特征明确的角及头骨等，共 19 件，包括角残块 14 件，角带角柄残块 3 件（左二右一），头骨带两侧角柄残块 2 件。另外，大型鹿标本共 83 件，可能为麋鹿的遗存。

其中前后肢骨骼 68 件，包括肩胛骨 5 件（左二右三），肱骨远端 6 件（左五右一），尺骨 1 件，右侧桡骨近端（图 6-35）3 件，桡骨远端 9 件（左三右六），髋骨残块 11 件，股骨近端（图 6-36）5 件（左三右二，关节脱落 2 件），股骨远端 10 件（左九右一，关节脱落 1 件），胫骨近端 12 件（左八右四），胫骨远端 5 件（左三右二），右侧跟骨 1 件。

上下颌骨及牙齿 11 件，包括臼齿残块 1 件，右侧上颌带 M^1-M^2 残块 1 件，右侧下颌残块 2 件，左侧下颌 M_1/M_2 残块 2 件，左侧下颌 M_3 残块 1 件，左侧下颌 P_4 残块 1 件，左侧下颌带 M_1 残块 1 件，左侧下颌带 M_1-M_3 残块 1 件，

左侧下颌带 M_2-M_3 残块 1 件。

其他部位骨骼 4 件，包括枢椎（图 6-37）1 件，近端趾骨 2 件和中间趾骨 1 件（图 6-38）。

全部标本至少代表 10 个个体，包括 1 个未成年个体，9 个成年个体（至少 4 个为雄性个体）。

图 6-35　大型鹿桡骨近端（R）

图 6-36　大型鹿股骨近端（R）

图 6-37　大型鹿枢椎

图 6-38　大型鹿近端趾骨、中间趾骨

1.1.1.1.2 梅花鹿 Cervus nippon

特征明确的角及头骨等，共 11 件，分别为角残块 9 件（其中 1 件为自然脱落标本），右侧角带角柄残块 1 件，右侧头骨带角柄残块 1 件。还有中型鹿标本共 59 件，可能为梅花鹿的遗存。

其中前肢骨骼 10 件，包括左侧肩胛骨（图 6-39）1 件，左侧肱骨近端 1 件（关节脱落），肱骨远端 6 件（左四右二），右侧尺骨近端 1 件（关节脱落），右侧掌骨远端 1 件。

后肢骨骼 25 件，包括髋骨残块 4 件，股骨近端 7 件（左侧 3 件，关节脱落 1 件），股骨远端 5 件（左三右二，关节脱落 1 件），右侧胫骨近端 1 件，胫骨远端（图 6-40）4 件（左右各二），左侧距骨 1 件，跟骨 3 件（左二右一，关节脱落 1 件）。

其他部位骨骼 24 件，包括左侧下颌带 P_4-M_1 1 件，寰椎 1 件，枢椎（图 6-41）1 件，脊椎残块 21 件。

全部标本至少代表 4 个成年个体，其中 2 个为雄性个体。

图 6-39　中型鹿肩胛骨（L）　　　图 6-40　中型鹿胫骨远端（L）　　　图 6-41　中型鹿枢椎

1.1.1.2 牛科 Bovidae

标本共 59 件，其中前肢骨骼 15 件，包括肱骨远端 2 件（左右各一），尺骨 2 件（左右各一），右侧桡骨近端（图 6-42）2 件，桡骨远端 4 件（左三右一），腕部骨骼 1 件，掌骨远端 2 件（左右各一），左侧掌骨近端 2 件。后肢骨骼 20 件，包括左侧髋骨残块 1 件，股骨近端 3 件（左侧 2 件），股骨远端（图 6-43）3 件（左一右二），右侧髌骨 1 件，右侧胫骨近端（图 6-44）1 件，跟骨 4 件（左一右三，关节脱落 1 件），距骨（图 6-45）3 件（左一右二），右侧跖骨近端 3 件，右侧中央跗骨 1 件。

上下颌骨及牙齿 4 件，包括上颌 M^1/M^2 2 件（左右各一），右侧下颌 M_3 1 件，左侧下颌带 M_2-M_3 1 件。

中轴骨骼 11 件，包括颈椎残块 3 件，枢椎（图 6-46）1 件，胸椎残块 3 件，肋骨残块 4 件。

蹄骨等 9 件，有近端趾骨（图 6-47）5 件，炮骨远端 1 件，中间趾骨（图 6-48）3 件。

全部标本至少代表 3 个个体：大于 3.5 岁成年个体 2 个，小于 3 岁个体 1 个。

图 6-42　牛右侧桡骨近端　　　　　　　图 6-43　牛右侧股骨远端

图 6-44   牛右侧胫骨近端

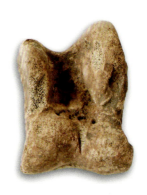

图 6-45   牛左侧距骨

图 6-46   牛枢椎

图 6-47   牛近端趾骨

图 6-48   牛中间趾骨

1.1.1.3 猪科 Suidae

标本共 15 件，包括右侧尺骨近端 1 件，右侧肱骨近端 3 件，左侧股骨远端 1 件，左侧胫骨近端 3 件，右侧桡骨近端 1 件，右侧下颌带 DM_2-M_1（M_2 未萌出）1 件，左侧下颌带 M_1-$M_2$1 件，右侧下颌带 M_1-$M_3$1 件，下前颌 3 件。

全部标本至少代表 5 个个体：大于 3.5 岁个体 3 个，小于 3.5 岁个体 2 个（其中一个为 6~13 月龄）。

1.1.2 食肉目 Carnivora

标本仅 2 件，分别为大型食肉动物左侧髋骨（图 6-49）和小型食肉动物（可能为貉 Nyctereutes procyonoides）右侧肱骨（图 6-50）各 1 件。

图 6-49   大型食肉动物髋骨

图 6-50   貉肱骨（R）

（十二）墓葬填土

M3

标本 2 件，分别为大型哺乳动物跗骨残块和肱骨残段。

M25

标本 2 件，中型鹿炮骨远端、中型哺乳动物胫骨远端（关节脱落）各 1 件。

M32

标本 38 件，种属包括龟、牛、中小型鹿和猪等。

龟甲 3 件，牛左侧肱骨远端 1 件，小型鹿左侧胫骨远端 1 件，小型鹿炮骨远端 1 件，中型鹿左侧肩胛骨 1 件，中型鹿近端趾骨 1 件，中型鹿髋骨残块 1 件，中型鹿右侧股骨近端 1 件，中型鹿左侧下颌带 P_2–P_3 1 件，猪左侧下颌带 P_4–M_1 1 件，中型哺乳动物肢骨、肋骨和脊椎等 16 件，大型哺乳动物肋骨、颈椎等 10 件。

M34

标本仅 1 件自然脱落的鹿角，可能为梅花鹿角。

M42

标本 3 件，中型鹿右侧下颌 M_1/M_2、獐左上犬齿、中型哺乳动物骶椎 + 髋骨各 1 件。

M44

标本 8 件，分别为中型鹿右侧跟骨 1 件，中型鹿右侧肱骨远端 1 件，中型鹿右侧距骨 1 件，中型鹿左侧桡骨近端 1 件，小型鹿炮骨远端 1 件，中型哺乳动物脊椎等 3 件。

M46

标本 10 件，分别为牛右侧尺骨 1 件，牛寰椎 1 件，牛肱骨头 1 件，大型哺乳动物髋骨、骶椎等 4 件，中型哺乳动物髋骨等 3 件。

M47

标本仅 1 件龟鳖类肩带骨。

M58

标本 47 件，分别为小型鹿右侧下颌带 DM_1–DM_2 1 件，下颌带 DM_2–DM_3 2 件（左右各一），中型鹿跗部骨骼 1 件，中型鹿右侧跟骨 1 件，中型鹿右侧肱骨远端 1 件，中型鹿股骨近端 2 件（左右各一），中型鹿左侧胫骨远端 1 件，中型鹿末端趾骨 1 件，中型鹿上颌臼齿残块 2 件，中型鹿下颌 M_1/M_2 3 件（左二右一），中型鹿左侧下颌带前臼齿 1 件，中型哺乳动物肢骨、脊椎、下颌、肋骨等 31 件。

M70

标本仅 2 件，分别为牛右侧股骨近端、猪下颌联合各 1 件。

（十三）墓葬随葬

M21

标本 5 件，分别为大型鹿右侧掌骨近端 1 件，大型鹿左侧距骨近端 + 中央跗骨共 4 件。M38

标本 18 件，分别为大型鹿左侧掌骨 3 件，大型鹿距骨近端 3 件（左二右一），大型鹿距骨 + 中央跗骨共 12 件（左右各六）。

M39

标本 22 件，分别为大型鹿掌骨 7 件（左四右三），大型鹿左侧掌骨 + 腕骨共 2 件，大型鹿跖骨远端 1 件，大型鹿左侧跖骨 + 中央跗骨共 2 件，中型鹿掌骨 4 件（左右各二），中型鹿跖骨 4 件（左右各二），中型鹿炮骨残段 2 件。

M69

标本 21 件，分别为大型鹿右侧掌骨 2 件，中型鹿掌骨 10 件（左六右四），中型鹿跖骨 5 件（左二右三），中型鹿右侧跖骨 + 跗骨共 4 件。

二、统计与分析

（一）地层和灰坑中的动物群

1. 动物种属及数量分布分析

能够鉴定出的种属非常丰富，包括有：蟹、蚌、乌鳢、黄颡鱼、鲫鱼、鲤鱼、鲢鱼、鲈鱼、鲶鱼、青鱼、龟、鳖、鳄、河鸭（图 6-51~6-55）、雁（图 6-56）、鹤科、牛、麋鹿、梅花鹿、獐、麂、猪、狗、獾、貉、兔和啮齿动物等。

从图 6-57、图 6-58 可以看出，T4917（主要为第⑦层）、T5221（主要为第⑦层）出土动物遗存数量最多，

图 6-51　河鸭属右侧腕掌骨近端　　　图 6-52　河鸭属右侧乌喙骨近端　　　图 6-53　中型鸭科右侧肱骨远端

图 6-54　河鸭属右侧桡骨近端　　　图 6-55　河鸭属右侧腕掌骨远端　　　图 6-56　雁属右侧腕掌骨近端

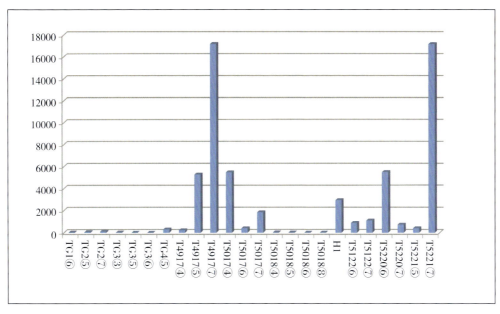

图 6-57　各遗迹单位出土动物遗存分布示意图

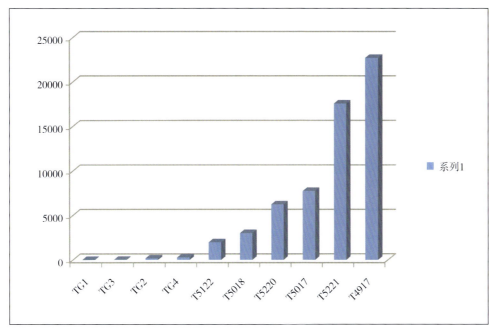

图 6-58　各探方（探沟）出土动物遗存数量分布示意图

其他探方相对比较少。

　　TG4 出土的动物遗存以中、大型哺乳动物为主，可能属于先民一次特殊的饮食（宴饮）行为留下的遗存。

　　从各探方不同层位出土动物遗存数量演变情况来看（图 6-59~ 图 6-63），未发现明显的规律性。T4917 与 T5221 呈现出各种动物数量由早到晚普遍下降的趋势；T5017 与 T5220 则呈现出各种动物数量由早及晚普遍上升的趋势，动物群种属的复杂性也是由早及晚更加复杂；T5122 情况则比较特殊，鱼类遗存呈现出由早及晚上升的趋势，其他动物（包括哺乳动物、爬行动物和鸟）则呈现出相反的趋势。

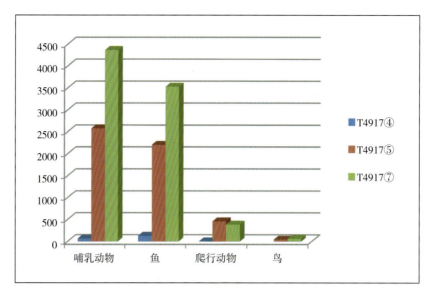

图 6-59　T4917 出土动物遗存分布示意图

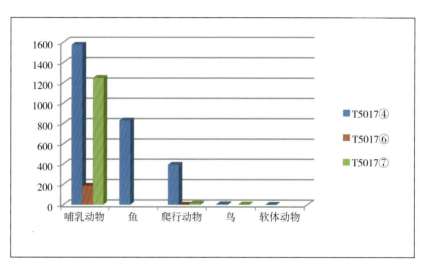

图 6-60　T5017 出土动物遗存分布示意图

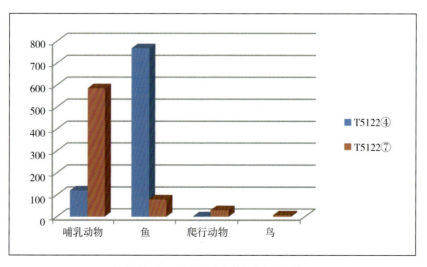

图 6-61　T5122 出土动物遗存分布示意图

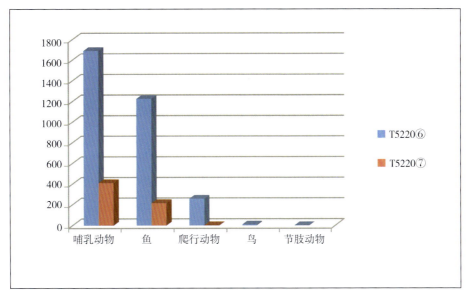

图 6-62 T5220 出土动物遗存分布示意图

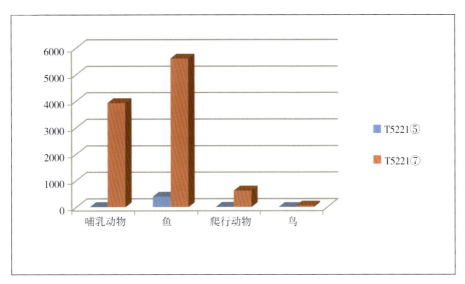

图 6-63 T5221 出土动物遗存分布示意图

　　我们将各遗迹单位中不同种属动物的数量累计起来进行统计，其结果如图 6-64 所示，以哺乳动物和鱼类最多（分别占总数的 50% 和 43%），大量不可鉴定的残骨有可能也属于这两大类；爬行动物和鸟数量要少很多；蚌和蟹都仅发现 1 件。软体动物数量极少，脊椎动物中明显以鱼和哺乳动物为主，这样的特征一方面可能与遗址出土遗存的保存状况有关（在一些特殊埋藏环境下软体动物遗存较难保存下来，马家浜遗址是否属于这种情况我们并不清楚），另一方面也可能与先民的喜好有关（先民选择性地很少食用软体动物）。

　　2. 不同动物骨骼部位分布分析

　　鱼类的骨骼数量和分布情况在本章第二节中详细讨论，这里描述鸟类动物、爬行动物和哺乳动物的数量构成和骨骼部位分布情况。

　　2.1 鸟类

　　遗址出土鸟类遗存数量不多，种属鉴定结果也比较简单，仅鉴定出河鸭属、雁和鹤科，其余标本只能根据尺

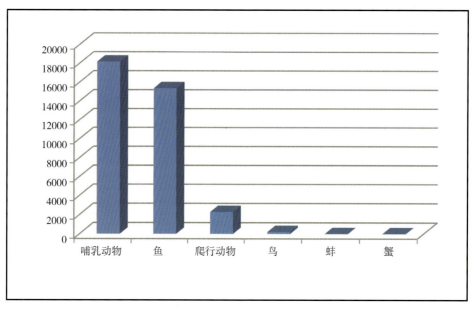

图 6-64　出土动物遗存分布示意图

寸等特征分为大型、中型和小型鸟类。从图 6-65 可见，无论是可鉴定标本数（NISP）还是最小个体数（MNI），鸟类遗存中都是以中型鸟（可鉴定出河鸭属）数量最多，大型鸟（可鉴定出雁和鹤科）数量较少，小型鸟数量最少。可见中等体型的鸟类动物是先民主要的捕获对象。

从现有的种属鉴定结果看，能够确定的种属全部为水禽（河鸭、鸿雁和鹤科），未见明显的林栖或陆栖种类，表明遗址附近有适应水禽生存的自然环境（河流湖泊或沼泽湿地），先民可以从周围环境中直接获取鸟类动物作为食物。

能够鉴定出的骨骼部位包括尺骨、肱骨、桡骨、肩胛骨、喙骨、腕掌骨、股骨、胫骨、跗跖骨、脊椎、下颌和趾骨等，此外还有相当数量的肢骨残片未能鉴定出具体的部位。从图 6-66 可见，能够鉴定出的骨骼部位中，以前肢（翅）骨骼数量最多（70%），尤其是腕掌骨（39%），显示出遗址先民对鸟类这一部位的特殊喜好；后肢次之，中轴骨骼数量特别少，并未发现明确的头骨。这种骨骼部位保存状况，可能与先民对鸟类食物的食用方式和食用喜好有关。

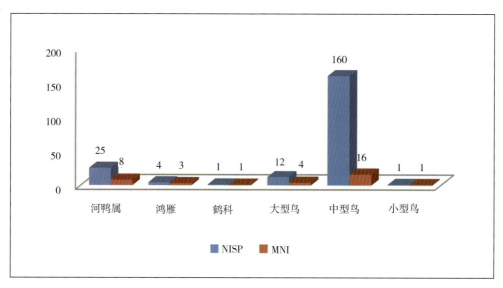

图 6-65　鸟类遗存数量分布示意图

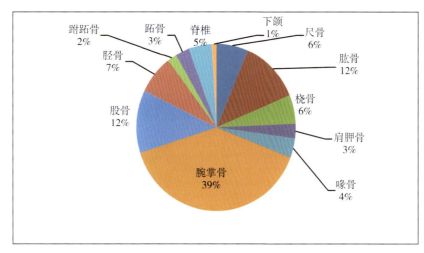

图 6-66　鸟类骨骼部位分布示意图

2.2 爬行动物

遗址出土的爬行动物遗存数量比鸟类动物要多一些，可鉴定种属包括龟、鳖和鳄鱼等，从数量统计结果来看（图6-67），以龟的遗存数量最多，占总数的96%；鳄鱼遗存次之，鳖的遗存数量最少。可见，龟应为先民主要利用的爬行动物。

从保存部位来看，相对简单。鳖，只鉴定出 1 件甲壳残块；龟，大量的也为残破的甲壳（很难拼合），仅鉴定出少数几件肢骨；鳄鱼，大量的为残破的骨板，仅鉴定出极少的下颌骨。遗址出土爬行动物遗存明显以甲壳类遗存为主，其他部位（头骨、四肢部位骨骼等）则极少发现。这种甲壳部位与头部及四肢部位骨骼比例的极端不协调现象的出现，或许与先民对爬行动物特殊的利用或食用方式有关。

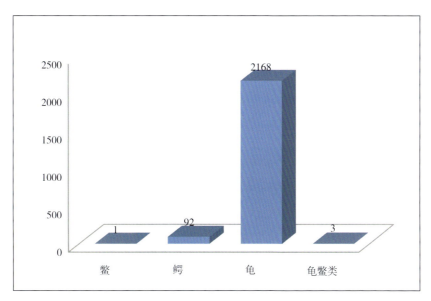

图 6-67　爬行动物遗存分布示意图

2.3 哺乳动物

遗址出土的哺乳动物种属繁杂，包含有典型的野生动物（大中小型鹿类动物与各种食肉动物、啮齿动物和兔子等）和可能的家养动物（狗、猪和牛）。关于家养动物的问题，下文将会有所讨论。

从可鉴定标本数量看（图6-68），不同体型的鹿类动物、牛和猪等偶蹄动物数量最多（占总可鉴定标本数的

98%），其中大型鹿、中型鹿和猪的地位更为突出（分别占总可鉴定标本数的29.3%、35.3%和15.3%）；食肉目动物、啮齿目动物和兔形目动物的比例都比较低。

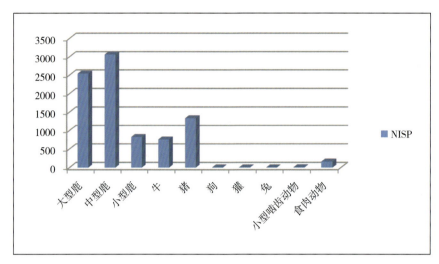

图 6-68　哺乳动物可鉴定标本数分布示意图

从最小个体数来看（图6-69），也是以不同体型的鹿类动物、牛和猪为主的偶蹄目动物数量最多（占总最小个体数的92.5%），其中大型鹿、中型鹿和猪的数量更为突出（分别占总最小个体数的26.7%、25.3%和16.6%），小型鹿和牛次之；食肉目动物也占有一定比重（约占总最小个体数的7%），啮齿目动物和兔形目都非常少。

可见，从动物数量分布的角度分析，遗址先民利用最多的为偶蹄目动物；偶蹄目动物中又以大中型动物（大型、中型鹿，猪和牛）为主，这些动物是先民获取肉食资源的主要对象。

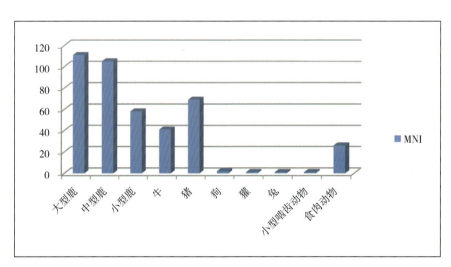

图 6-69　哺乳动物最小个体数分布示意图

从不同种属动物骨骼的保存部位来看（图6-70~6-72），鹿类动物（大型、中型和小型）具有基本一致的特征，即：中轴部位（头骨、脊椎和肋骨等）骨骼数量[1]最少（均小于10%），上下颌及牙齿次之（均为20%左右），四肢骨（包

---

[1]　因鹿角有每年自然脱落的特征，因此这部分统计数据中只包含与头骨相连的鹿角，并未包含其他单独发现的鹿角。

括肩带和腰带，长骨和关节部位的短骨及蹄骨等）数量最多（均大于60%）。其中大型鹿和中型鹿又表现出四肢部位的长骨要多于关节短骨及蹄骨的特征。

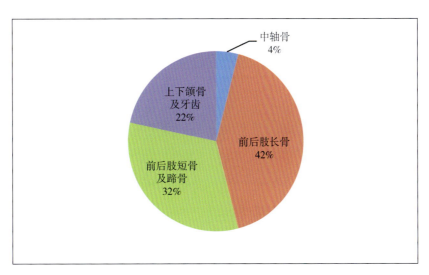

图 6-70　大型鹿骨骼保存部位分布示意图

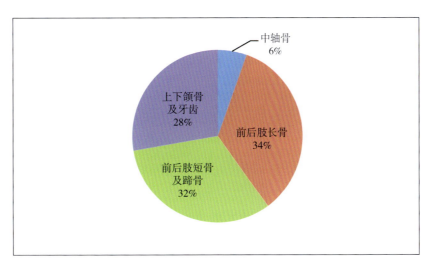

图 6-71　中型鹿骨骼保存部位分布示意图

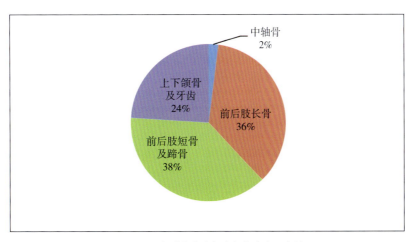

图 6-72　小型鹿骨骼保存部位分布示意图

猪的骨骼部位保存情况(图6-73)表现出如下特征：中轴部位(头骨、脊椎和肋骨等)的骨骼数量最少(只有1%)，前后肢短骨及蹄骨数量比较多（占46%），保存数量最多的部位为上下颌骨及牙齿（大于50%）。四肢部位的关节短骨及蹄骨数量要多于长骨骨骼。

牛的骨骼部位保存情况(图6-74)特征如下：上下颌骨及牙齿的数量是最少的（不到10%），中轴骨骼（头骨、角、脊椎和肋骨等）数量次之（大于20%），四肢部位骨骼数量最多（60%）。四肢部位的长骨数量要多于关节短骨及蹄骨。

食肉动物的骨骼部位保存情况（图6-75）特征如下：中轴骨（头骨、脊椎和肋骨等）数量最少（小于5%），上下颌骨及牙齿数量次之，四肢部位骨骼（包括长骨、关节短骨及蹄骨）数量最多（大于60%）。四肢部位的长骨数量要多于关节短骨及蹄骨。

通过以上分析可见，不同体型的鹿类动物和食肉动物，其骨骼部位保存特征比较一致。四肢骨骼的数量最多，上下颌及牙齿数量次之，中轴骨骼数量最少。这种特征说明这些动物并非在本地肢解的，数量最多的为带肉比较多容易携带的腿骨，带肉较少不易携带的其他骨骼数量都比较少。四肢部位的骨骼中，长骨的数量要多于关节短骨及蹄骨，这可能与长骨骨骼破碎程度要高于关节短骨和蹄骨有关。

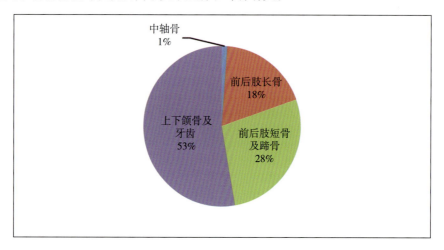

图 6-73　猪骨骼保存部位分布示意图

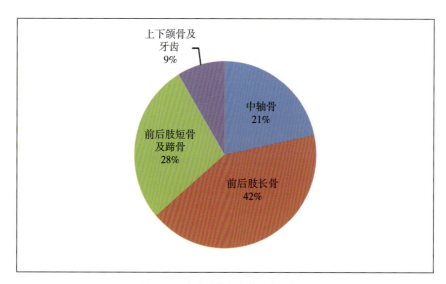

图 6-74　牛骨骼保存部位分布示意图

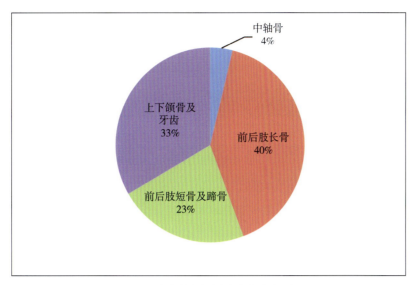

图 6-75　食肉动物骨骼保存部位分别示意图

牛的骨骼保存部位中，同样是带肉较多容易携带的腿骨数量最多，带肉较少不易携带的其他部位骨骼数量比较少，与鹿类动物和食肉动物的特征较为接近，显示出非本地肢解的特征。

猪的骨骼保存部位特征与上述三类动物并不一致，带肉较多容易携带的腿骨数量与其他带肉较少不易携带部位骨骼数量相差不大，显示出可能在本地肢解的特征。因此，从骨骼保存部位特征的角度来说，遗址出土的猪不同于其他的动物。

从不同动物种属不同骨骼部位的破碎程度来看，头骨与上下颌骨的破碎程度非常高。头骨中可辨识的部位主要为枕髁和听骨，再就是带有残存角柄的鹿头骨和带有残存角的牛头骨；上下颌骨基本未见保存完好的标本，牙齿的破碎程度也都比较高，存在大量仅能初步判断到科的牙齿残块。有些部位则保存状况较好，呈现出完整或基本完整的状态，如各种动物的寰椎、枢椎和骶椎等椎骨，关节部位的短骨（腕骨、跗骨等）和蹄部骨骼等。

表 6-1~6-5 分别为基于最小个体数估算的大型鹿、中型鹿、小型鹿、猪和牛等主要哺乳动物的中轴骨和四肢骨的骨骼发现率分布表，[1] 从中可以归纳出以下几点特征：

（1）各动物种属中发现率最高的部位集中分布于胫骨、肱骨、桡骨、股骨等（包含与这些长骨相连接的关节部位短骨），这些部位均为带肉较多的部位；而从不同种属的分布情况来看，猪的这些骨骼部位的发现率都要比其他动物更低一些。

（2）发现率最高的部位为中型鹿头骨（包括与头骨相连接的角但不包括单独发现的角）和牛的头骨（包括单独的角残块），大型鹿和中型鹿的掌骨/跖骨。我们认为中型鹿头骨的高发现率应该与先民有意识的获取雄性鹿的鹿角来制作工具有关；大中型鹿掌骨/跖骨的高发现率也应与先民利用其较为长直的特征取料制作工具有关；牛的头骨及角发现率高则可能与牛角保存状况较差导致可鉴定标本数量较多有关。

（3）牛和大中型鹿类动物的中轴骨骼（寰椎、枢椎等）发现率要高于猪和小型鹿，可能与这两块骨骼生长部位与头骨连接有关。

---

[1]　上下颌骨及牙齿因保存较为残破，未统计在内。

（4）蹄骨的发现率普遍较低，其中牛和小型鹿的要更低一些，大中型鹿和猪的发现率略高一些。

（5）猪的骨骼发现率没有高于 50% 的，这与上文描述的其四肢骨发现数量不多是相符的，而且大多数骨骼的发现率都要低于 10%。显示出与其他动物的明显不同。

表 6-1　根据大型鹿最小个体数（MNI=111）估算的骨骼发现率

骨骼部位	全身数量	NISP 期望值	NISP 观察值	发现率（%）
头骨	1	111	38	34.2
寰椎	1	111	18	16.2
枢椎	1	111	24	21.6
骶椎	1	111	6	5.4
肩胛骨	2	222	56	25.2
肱骨	2	222	109	49.1
尺骨	2	222	37	16.7
桡骨	2	222	130	58.6
腕骨	5	555	76	13.7
掌/跖骨	4	444	363	81.8
髋骨	2	222	78	35.1
股骨	2	222	115	51.8
胫骨	2	222	157	70.7
髌骨	2	222	9	4.1
距骨	2	222	78	35.1
跟骨	2	222	91	41
跗骨	2	222	66	29.7
趾骨	24	2664	475	17.8

表 6-2　根据中型鹿最小个体数（MNI=105）估算的骨骼发现率

骨骼部位	全身数量	NISP 期望值	NISP 观察值	发现率（%）
头骨	1	105	97	92.4
寰椎	1	105	11	10.5
枢椎	1	105	17	16.2
骶椎	1	105	3	2.9
肩胛骨	2	210	71	33.8
肱骨	2	210	90	42.9
尺骨	2	210	38	18.1
桡骨	2	210	93	44.3
腕骨	5	525	319	60.8
掌/跖骨	4	420	362	86.2
髋骨	2	210	112	53.3
股骨	2	210	115	54.8

胫骨	2	210	113	53.8
髌骨	2	210	26	12.4
距骨	2	210	85	40.5
跟骨	2	210	114	54.3
跗骨	2	210	54	25.7
趾骨	24	2520	255	10.1

表 6-3　根据小型鹿最小个体数（MNI=58）估算的骨骼发现率

骨骼部位	全身数量	NISP 期望值	NISP 观察值	发现率（%）
头骨	1	58	11	19
寰椎	1	58	2	3.4
枢椎	1	58	3	5.2
骶椎	1	58	0	0
肩胛骨	2	116	28	24.1
肱骨	2	116	50	43.1
尺骨	2	116	7	6
桡骨	2	116	37	31.9
腕骨	5	290	48	16.6
掌 / 跖骨	4	232	87	37.5
髋骨	2	116	5	4.3
股骨	2	116	36	31
胫骨	2	116	43	37.1
髌骨	2	116	0	0
距骨	2	116	76	65.5
跟骨	2	116	38	30.2
跗骨	2	116	24	20.7
趾骨	24	1392	106	7.6

表 6-4　根据猪最小个体数（MNI=69）估算的骨骼发现率

骨骼部位	全身数量	NISP 期望值	NISP 观察值	发现率（%）
头骨	1	69	7	10.1
寰椎	1	69	5	7.2
枢椎	1	69	2	2.9
骶椎	1	69	0	0
肩胛骨	2	138	23	16.7
肱骨	2	138	62	45
尺骨	2	138	39	28.3
桡骨	2	138	41	29.7

腕骨	5	345	9	2.6
掌 / 跖骨	16	1104	82	7.4
髋骨	2	138	4	2.9
股骨	2	138	19	13.8
胫骨	2	138	53	38.4
髌骨	2	138	7	5.1
腓骨	2	138	5	3.6
距骨	2	138	24	17.4
跟骨	2	138	28	20.3
跗骨	2	138	8	5.8
趾骨	24	1656	206	12.4

表 6-5 根据牛最小个体数（MNI=41）估算的骨骼发现率

骨骼部位	全身数量	NISP 期望值	NISP 观察值	发现率（%）
头骨 + 角	1	41	38	92.7
寰椎	1	41	5	12.2
枢椎	1	41	9	22
骶椎	1	41	0	0
肩胛骨	2	82	5	6.1
肱骨	2	82	46	56.1
尺骨	2	82	27	33
桡骨	2	82	47	57.3
腕骨	5	205	33	16.1
掌 / 跖骨	4	164	76	46.3
髋骨	2	82	29	35.4
股骨	2	82	34	41.5
胫骨	2	82	54	65.9
髌骨	2	82	0	0
距骨	2	82	25	30.5
跟骨	2	82	26	31.7
跗骨	2	82	20	24.4
趾骨	24	984	94	9.6

3. 家养动物分析

遗址出土的动物中，可能为家养动物的有猪、狗和牛，其中狗的数量较少，从形态特征可以判定为狗的遗存为家养动物。下面主要讨论猪和牛是否为家养动物。

3.1. 猪

关于猪的驯化判定标准有很多，国内外多位学者都针对这些特征进行过讨论和总结，主要包含以下几个方面：

数量比例、死亡年龄结构、形态特征、病理现象、考古学文化现象、稳定同位素检测、古 DNA 检测等。[1] 遗址的动物遗存，并未进行相关的科技检测，发掘过程中并未发现家猪饲养相关的考古学文化现象；标本观察结果也未见明显的病理现象。因此本文将从形态特征、数量比例、死亡年龄结构等方面来讨论分析遗址出土的猪是否已经驯化。

3.1.1 形态特征

猪的遗存保存状况较差，能够测量的标本数量不多。我们对保存完整的上下颌第三臼齿进行了尺寸测量，测量结果显示：

16 件完整的猪上颌 M3 长度测量数据区间为 35.63~44.97 毫米，平均为 38.8 毫米；

16 件完整的猪下颌 M3 长度测量数据区间为 33.96~45.77 毫米，平均为 41.63 毫米。

从平均值来看，符合学界关于野猪的测量数据描述。从测量数据的区间分布来看，明显有部分数据与家猪的测量数据相吻合。因此，从形态特征的角度，我们认为遗址猪群中可能既存在野猪也存在有家猪，具体比例难以判断。

3.1.2 数量统计

从图 6-68 和 6-69 可以看出，无论是可鉴定标本数还是最小个体数，猪的数量在哺乳动物中都不是最多的，但也仅次于大型和中型鹿类，占比还是比较高的。说明先民对猪这种动物的利用程度较高，从数量统计结果推断，遗址出土的猪有可能为家猪。

3.1.3 死亡年龄

从死亡年龄角度来看（图 6-76），遗址出土的猪以大于 2 岁的成年个体（其中大于 3.5 岁的个体占 41%）为主，小于 6 月龄的乳猪数量极少，1 岁以下的猪占一定的比例（26%），并不具备典型家猪饲养的特征。[2] 但与其他主要的偶蹄目哺乳动物相比（图 6-77），猪的个体中幼年个体的比例要更高一些。从死亡年龄的角度来说，我们认为遗址猪群中有可能存在一定数量的家猪，但家猪的饲养水平可能不高。

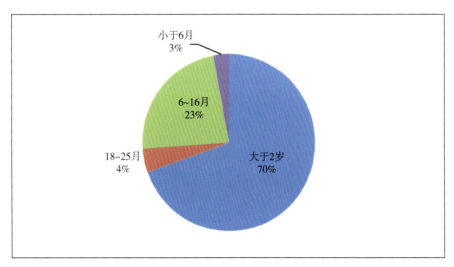

图 6-76　猪的死亡年龄分布示意图

---

[1] 罗运兵：《中国古代家猪的驯化、饲养和礼仪性使用》，科学出版社，2012 年。

[2] 罗运兵：《中国古代家猪的驯化、饲养和礼仪性使用》，科学出版社，2012 年。

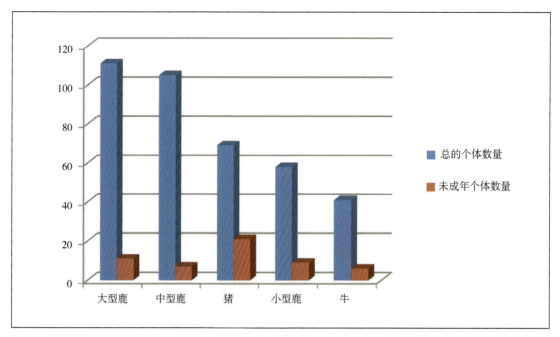

图 6-77　主要哺乳动物幼年个体数量分布示意图

3.1.4 骨骼保存部位

猪的骨骼保存部位和骨骼发现率，都存在与其他动物（尤其是鹿类动物）的明显差异，猪的骨骼保存部位显示出一定的本地屠宰肢解的特征，从这一点来说，符合家猪饲养的特征，说明遗址猪群中存在有家猪。

综合以上各项分析，我们认为马家浜遗址先民可能已经驯化并饲养家猪，家猪饲养水平可能不高；同时仍然会捕获周围林地里的野猪和以鹿类动物为主的野生哺乳动物，且狩猎的野生动物能够提供遗址先民所需的大部分肉食，饲养的家猪只是肉食的补充资源。

3.2 牛

下面从数量比例、骨骼保存部位和死亡年龄三个方面讨论牛是否为家养动物。

3.2.1 数量比例

从图 6-68 和 6-69 可以看出，无论是可鉴定标本数还是最小个体数，牛的数量在主要的偶蹄目哺乳动物中都是最少的，说明牛并非先民主要利用的一种动物。从数量统计结果推断，遗址出土的牛应该为野生种属。

3.2.2 骨骼保存部位

根据上文的描述和分析，牛的骨骼保存部位和骨骼发现率，要更接近于鹿类动物，而与可能的家养动物（猪）的差异要大一些。骨骼保存部位显示出非本地肢解的特征，说明其可能为狩猎所获。因此，从骨骼保存部位的角度来说，遗址出土的牛应为野生种属。

3.2.3 死亡年龄

遗址中牛最小个体数为 41，其中 6 个为未成年个体，未成年个体比例更接近鹿类动物（图 6-77），而与可能的家养动物（猪）的差异更大。因此从死亡年龄的角度来看，遗址中出土的牛应该为野生种属。

综合以上各项分析，我们认为，遗址中出土的牛都显示出更接近典型野生动物的特征，为野生种属，是先民狩猎的对象。

4. 骨骼表面痕迹分析

本次整理的动物遗存表面风化情况比较严重，痕迹观察较为困难。能够辨认出的痕迹包括人工的砍切磨痕、动物的啃咬痕迹和不同程度的烧痕。

4.1 人工痕迹

仅在62件标本表面观察到明显的人工痕迹，包括切锯砍削等典型取料痕迹、切割取肉的痕迹以及制作骨角制品的磨制痕迹等，痕迹的数量及分布情况见图6-78。

这些痕迹的分布带有明显的规律性，磨痕几乎全部发现于制成的骨角牙制品或半成品上（图6-79），因磨制程度较高，其原材料的原始骨骼部位已经无法辨认，仅能大概推断为鹿角或大中型哺乳动物的肢骨残片或雄性猪的下犬齿。切割取肉痕迹见于牛、鹿（大中小型均有）和猪的长骨关节端（肱骨、掌骨等）及关节部位的短骨（距骨）上，应为先民剥皮剔肉的过程中留下的痕迹。切锯砍削等取料肢解痕迹则主要见于鹿类动物（大中小均有）的掌骨/跖骨，也见于麋鹿和梅花鹿的角上，还有牛的尺桡骨、猪的掌/跖骨、大型哺乳动物的肢骨残片和中型哺乳动物的肋骨上，其中一半以上为大中型鹿类动物的掌/跖骨（图6-80）和鹿角。

从现有痕迹的分布可以看出，先民主要以鹿角和大中型鹿类动物的掌骨/跖骨作为制作工具的原材料，这与上文骨骼发现率的分析结果是相符合的，这些部位骨骼的发现率要高于其他部位。

4.2 动物啃咬痕迹

在52件标本表面发现有明显的动物啃咬痕迹，包括食肉动物咬痕和啮齿动物咬痕。

带有啮齿动物咬痕标本11件，主要为鹿类动物（大中小型均有）的关节部位短骨（跗骨、距骨、腕骨等）和蹄骨（趾骨）上，猪的掌/跖骨及趾骨上，这些均为先民使用（食用）后废弃的遗存，废弃后被啮齿动物进一步利用来磨牙。

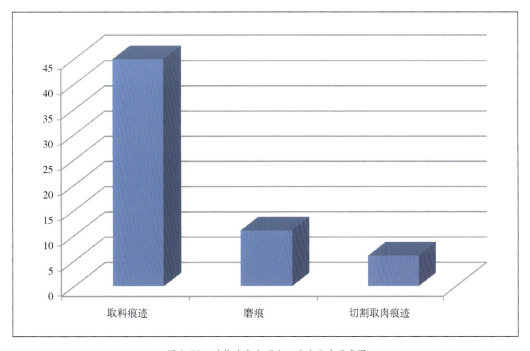

图6-78　动物遗存表面人工痕迹分布示意图

图 6-79　猪牙制品　　　　　　　　　　　　　　　　图 6-80　大型鹿炮骨远端

带有食肉动物咬痕标本 41 件，动物种属包括鹿类动物（大中小型均有）、牛、猪及不可能进一步鉴定的大中型哺乳动物等。这些动物均为遗址先民利用较多的种类，是先民的主要肉食对象。可鉴定的骨骼部位包括带肉较多的长骨关节端（肱骨、股骨、尺骨等）、扁骨及不规则骨（髋骨、头骨等）、关节部位的短骨（跟骨、距骨、髌骨等）和蹄骨（趾骨）等，以长骨关节端发现数量是最多的，而且其中包含有一定数量的骨骺未愈合标本。我们认为带有食肉动物啃咬痕迹的这些标本，应为先民食用后废弃的遗存，可能是先民以食剩的带有残肉筋腱的骨骼（食物）喂狗的证据。

4.3 烧痕

1804 件标本带有明显的烧痕，烧痕的程度并不一致，有的标本通体烧黑或烧成灰白色，有的标本仅局部烧黑，有的标本局部呈现烧烤过的棕色特征。不同程度的烧痕，代表着不同的人类行为，局部烧烤的标本可能是先民以烧烤的方式加工食物时留下的痕迹，通体烧黑甚至烧成灰白色的标本则可能是先民将动物骨骼扔弃在火堆中留下的遗存。

5. 梅花鹿的狩猎策略分析

遗址中出土鹿类动物数量最多，说明鹿类动物为先民的主要狩猎对象。下文我们将尝试从死亡年龄的角度分析先民对梅花鹿的狩猎策略。

遗址中中等体型的鹿可鉴定为梅花鹿，我们主要根据其牙齿的萌出和磨蚀程度来判断年龄，主要参考依据来自日本学者 Hiroko Koike 和 Noriyuki Ohtaishi 在 1985 年发表的研究成果。[1]

经过详细的观察和记录，我们对保存有较为完整上下颌骨和牙齿的 44 个个体的死亡年龄[2]进行了记录，结果如表 6-6 所示。在此基础上，我们对不同死亡年龄段的个体比例进行了统计，结果如图 6-81、6-82 所示，以成年个体为主，幼年个体比例较低。

---

[1]　Hiroko Koike，Noriyuki Ohtaishi,Prehistoric Hunting Pressure Estimated by the Age Composition of Excavated Sika Deer(cervus Nippon) using the Annual layer of Tooth Cement，Journal of Archaeological Science ,1985,12,446.

[2]　我们按照不同的遗迹单位进行最小个体数的统计，同一单位内显示出同一年龄段的不同部位的牙齿（骨骼），我们将其视为一个个体。

表 6-6　中型鹿（梅花鹿）死亡年龄统计表

单位	编号	骨骼部位	数量	年龄	个体数	总个体数
T4917⑦	1	下颌未萌出 M1/M2	1	小于 1 岁	1	n=13
	2	下颌刚萌出 M1/M2	1	1.5 岁	1	
	3	下颌刚萌出 M1/M2	1	1.5 岁	1	
	4	右侧下颌 dp4	1	2 岁	1	
	5	左侧下颌 P2	1	2.5 岁	1	
	6	右侧下颌 M3	1	4.5 岁	1	
	7	右侧下颌 M3	1	4.5 岁	1	
	8	右侧下颌 M3	1	4.5 岁	1	
	9	右侧下颌 M3	1	5.5 岁	1	
	10	右侧下颌 M3	1	6.5 岁	1	
	11	右侧下颌 M3	1	6.5 岁	1	
	12	右侧下颌 M3	1	6.5 岁	1	
	13	左侧下颌带 M1	1	大于 8 岁	1	
T5017④	1	左侧下颌带 M3	1	7.5 岁	1	n=1
T5017⑥	1	右侧下颌带 M3	1	大于 8 岁	1	n=1
T5017⑦	1	左侧下颌带 M2-M3	1	6.5 岁	1	n=2
	2	右侧下颌带 P4-M2	1	7.5 岁	1	
T5122⑦	1	下颌未萌出 M2	1	小于 1 岁	1	n=4
	2	上颌未萌出 P4	1	2.5 岁	1	
	3	左侧下颌带 M1-M2	1	2.5 岁		
	4	左侧下颌 P4	1	5.5 岁	1	
	5	左侧下颌带 M3	1	大于 8 岁	1	
T5122④	1	左侧下颌带 M1-M2	1	小于 1 岁	1	n=5
	2	左侧下颌带 M2	1	3.5 岁	1	
	3	左侧下颌带 M1-M3	1	4.5 岁	1	
	4	右侧下颌带 P2-P4	1	大于 10 岁	1	
	5	右侧下颌 M1-M2	1	大于 8 岁	1	

T5220 ⑦	1	上颌未萌出 M1/M2	1	小于 1 岁	1	n=7
	2	下颌 dp4	1	1.5 岁	1	
	3	右侧下颌刚萌出 M3	1	2 岁	1	
	4	右侧下颌带 M1–M3	1	4.5 岁	1	
	5	左侧下颌带 P3–P4	1	4.5 岁		
	6	左侧下颌带 M2–M3	1	4.5 岁		
	7	左侧下颌 M3	1	5.5 岁	1	
	8	左侧下颌带 P2–P4	1	5.5 岁		
	9	左侧上颌 M3	1	7.5 岁	1	
	10	左侧上颌带 M2–M3	1	大于 8 岁	1	
T5221 ⑦	1	上下颌未萌出 M1/M2	4	小于 1 岁	2	n=11
	2	左侧下颌带 dp4	1	小于 1 岁		
	3	上颌前臼齿	2	2.5 岁	1	
	4	右侧下颌带 M1–M2	1	2.5 岁		
	5	左侧下颌带 P4	1	3 岁	1	
	6	右侧下颌 M1/M2	1	3 岁		
	7	左侧下颌带 P3	1	4.5 岁	1	
	8	左侧下颌带 M1–M2	1	4.5 岁		
	9	左侧下颌 M3	1	4.5 岁		
	10	右侧下颌带 M3	1	5.5 岁	1	
	11	左侧下颌 M3	1	5.5 岁		
	12	左侧下颌 M3	1	2 岁	1	
	13	左侧下颌未萌出 P3	1	2 岁		
	14	左侧下颌 M3	1	1.5 岁	1	
	15	左侧下颌带 M2	1	6.5 岁	1	
	16	左侧下颌带 M3	1	7.5 岁	1	
	17	右侧下颌带 M1	1	7.5 岁		
	18	右侧上颌带 M3	1	7.5 岁		
	19	右侧下颌带 M1–M2	1	大于 8 岁	1	
	20	左侧下颌 M1	1	大于 8 岁		

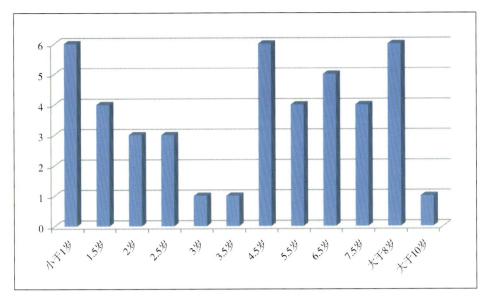

图 6-81　中型鹿（梅花鹿）死亡年龄分布示意图

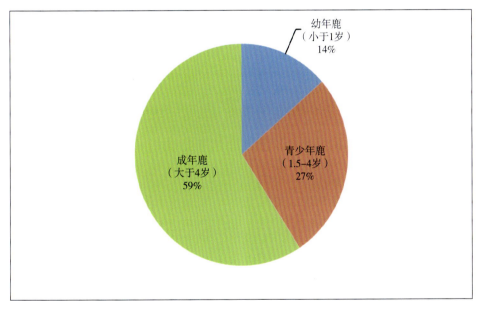

图 6-82　中型鹿（梅花鹿）死亡年龄分布示意图

　　根据相关资料[1]，梅花鹿一般在 1.5 岁左右性成熟，但在自然种群中没有表明 1.5 岁的亚成体参与繁殖的迹象，说明参与繁殖的野生梅花鹿应该至少在 1.5 岁以后。因此从死亡年龄的角度来看，如果先民狩猎较多的 1.5 岁以下个体，可能会影响梅花鹿种群的繁殖；反之，如果未成年个体比例较低的话，则有可能是先民有意识保护幼鹿以确保其种群繁衍的一种表现。

　　从马家浜遗址的梅花鹿死亡年龄结构来看，幼年个体比例较低。从上文骨骼保存部位分析可知，梅花鹿骨骼保存部位最多的是四肢骨骼部分，我们计算的最小个体数（105）也是基于对四肢骨骼的统计结果，要远远大于基

[1]　盛和林，《中国鹿类动物》，华东师范大学出版社，1992 年。

于上下颌骨及牙齿统计的结果（44）；而从四肢骨骼统计结果来看，绝大部分为骨骺关节端已经愈合的标本，幼年个体数量很少，按照这样的死亡年龄比例来看，遗址中幼年梅花鹿的比例要更低一些。从死亡年龄的角度来说，我们认为马家浜遗址先民有可能采取有意识保护幼年个体以确保鹿群的持续繁衍这样一种狩猎策略。

6. 生业经济分析

植物遗存分析结果[1]显示，马家浜遗址先民稻作经济和采集经济并重，且随着时间的推移，采集经济有逐渐上升的趋势。[2]

出土动物遗存鉴定结果也显示出，先民驯化并饲养狗，可能开始饲养家猪，但是这两种动物都不是先民最主要的肉食来源。从出土遗存的数量统计结果来看，先民主要的肉食来源应为狩猎的野生鹿类动物。结合遗址中出土动物的统计数据，参照一定的标准，[3]可计算出不同哺乳动物可以提供的肉量，其分布情况见图6-83，明显以野生动物（鹿类动物和牛）为主，尤其是作为野生动物的牛，虽然出土数量并不多，但从其提供的肉量来看，占了哺乳动物总肉量的一半以上，地位还是非常重要的。

综合动植物考古研究成果，马家浜遗址已经从事农业生产活动，种植水稻以获取植物性食物，水稻种植在先民经济生活中的优势并不明显，采集经济有随时间推移逐渐上升的趋势；遗址先民已经驯化并饲养狗，有可能开始饲养家猪，但家猪饲养水平并不高，且猪群中存在明显的野猪个体，说明家畜饲养在先民的经济生活中比重较低；先民主要依靠狩猎野生哺乳动物、捕捞野生鱼类来获取所需的肉食资源。

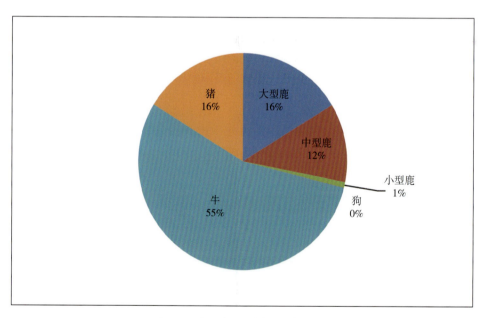

图6-83　主要哺乳动物肉量分布示意图

[1]　高玉：《环太湖地区新石器时代植物遗存与生业经济形态研究》，北京大学2012届研究生论文。

[2]　这是基于T4917各地层统计结果得出的结论，具有一定的代表性。

[3]　关于各种哺乳动物肉量的计算参照Elizabeth J. Reitz and Elizabeth S. Wing：Zooarchaeology, Cambridge University Press, 2008, White, T.E.的计算方法。体重数据参考以下文献：《中国猪种》编写组：《中国猪种（一）》，上海人民出版社，1976年；高耀亭等：《中国动物志·兽纲》，科学出版社，1987年；夏武平等编著：《中国动物图谱（兽类）》，科学出版社，1988年；寿振黄：《中国经济动物志（兽类）》，科学出版社，1962年；盛和林：《中国鹿类动物》，华东师范大学出版社，1992年；刘明玉等编：《中国脊椎动物大全》，辽宁大学出版社，2000年。未成年个体按成年个体一半进行计算，猪按照家猪和野猪的平均值进行计算。

7. 自然环境复原

遗址出土大量繁杂的野生动物,可以通过这些野生动物的生活习性来进行遗址周围自然环境的复原。

淡水蚌,蟹,数量众多的各种淡水鱼类,龟、鳖、鳄鱼等爬行动物[1]的发现表明遗址周围有着较大面积的淡水水域(湖沼湿地)。鸟类数量虽然不多,但所鉴定出的种属均为水禽,同样显示出遗址附近靠近河湖沼泽湿地的环境特征。不同体型的鹿类动物、牛、食肉动物和野猪等,均属典型林栖动物,[2]它们的大量出现表明遗址附近有一定面积的树林(森林),野生哺乳动物资源非常丰富;而时至今日,遗址所在的长江下游(环太湖)地区仍然有上述大部分野生动物的存在。

由此可见,出土动物群显示出遗址周围存在有广袤的水域(可能为河湖、沼泽或湿地),同时距离山区森林(树林)较近,容易获取大量的野生动物资源;植物考古结果也显示出,遗址附近靠近河湖湿地,除了适合种植水稻外,也能够采集到大量的水生植物果实。

(二)墓葬及其填土中出土的动物群

1,随葬动物

发现有随葬动物的墓葬一共四座,分别为 M21、M38、M39 和 M69。随葬的动物显示出种属和部位的特定化,即均为鹿类动物(大型和中型鹿)的完整或部分完整(保留近端或远端)的掌骨或跖骨,有的还带有相连的关节部位(跗部和腕部骨骼等),除此以外,其他种属和部位均未发现。这种特殊现象显示出先民是有意识的选择大型和中型鹿长直的掌骨或跖骨来随葬墓中,可能取其骨干长直的特征。而从相连的关节部位来推断,这些骨骼在下葬时应该是连着肉和皮的,可能具有肉食的含义。

各墓葬随葬动物可鉴定标本数量[3]分布情况见图6-84。最小个体数量统计结果显示(表6-7),这些遗存至少取自 17 个大型鹿个体,其中 12 个为成年个体,5 个为未成年个体;10 个中型鹿个体,其中 8 个为成年个体,2 个为未成年个体。

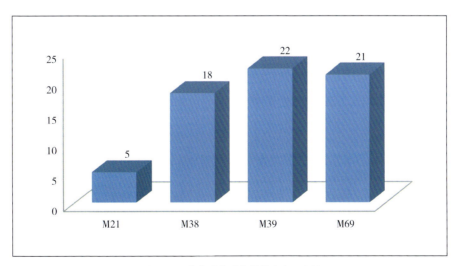

图6-84　墓葬随葬动物数量分布示意图

---

[1] 张孟闻、宗愉、马积藩编著:《中国动物志 爬行纲第一卷 总论 龟鳖目 鳄形目》,科学出版社 1998 年。

[2] 高耀亭等编著:《中国动物志 兽纲第八卷 食肉目》,科学出版社 1987 年;盛和林等:《中国鹿类动物》,华东师范大学出版社 1992 年;刘明玉等:《中国脊椎动物大全》,辽宁大学出版社 2000 年。

[3] 发现的关节部位骨骼(腕骨或跗骨)因与掌骨或跖骨相连接,因此并未单独统计数量,与掌骨或跖骨视为一件骨骼。

表 6-7　墓葬随葬动物最小个体数统计表

墓号	大型鹿（成年）	大型鹿（未成年）	中型鹿（成年）	中型鹿（未成年）
M38	7	2		
M39	4	3	2	
M69	2		7	2
M21	4			

2，墓葬填土中的动物

填土中出土有动物遗存的墓葬共 10 座，分别为 M25、M32、M34、M3、M42、M44、M47、M58 和 M70。出土动物种属包括猪、牛、龟、中型鹿和小型鹿等，这些种属在生活区堆积中均可找到。其数量分布情况见图 6-85，大部分墓葬中发现的数量都比较少。

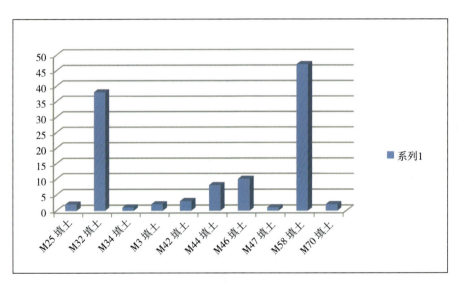

图 6-85　墓葬填土中动物遗存数量分布示意图

三、小结

马家浜遗址属于马家浜文化晚期，2009 年出土动物遗存 60110 件，可鉴定种属包括：蟹、蚌、鲤鱼、鲫鱼、鲢鱼、青鱼、鲶鱼、黄颡鱼、鲈鱼、乌鳢、龟、鳖、鳄鱼、鸟、水牛、麋鹿、梅花鹿、獐、麂、野猪、家猪、狗、兔、小型犬科（可能为貉）、小型鼬科（可能为猪獾）、啮齿动物等，种属非常丰富。

大量水生动物种属的发现表明先民居住在距水较近的区域，可能为河流湖泊或沼泽湿地。

周边；大量林栖哺乳动物的发现表明先民居住地距离森林（树林）较近，较易获取大量偶蹄类哺乳动物资源；鲈鱼的发现，表明遗址先民与近海聚落先民之间可能存在有交流和联系。

先民已经开始饲养狗，且会以食剩的动物类食物来喂狗；先民可能开始饲养家猪，但是现有证据并不明确，需要辅以人骨及动物骨骼的稳定同位素检测结果来进一步考察。

哺乳动物在所有动物中数量是最多的，其次是鱼类、龟鳖类和鸟类，其余动物都很少。以各种体型鹿类动物、牛和野猪为代表的野生哺乳动物，是先民最主要的肉食来源。

各主要哺乳动物保存部位显示出先民会进一步利用大中型哺乳动物的肢骨（尤其是鹿类动物的掌骨／跖骨）和鹿角来制作各种工具和生活用具。

先民会有意识选取大中型鹿类动物的掌骨／跖骨部位，以带肉的状态随葬墓中，可能具有特殊的意义。

执笔：宋艳波、王杰、赵文丫（山东大学考古与博物馆学系）

第二节　鱼类遗存研究

发掘中对于鱼类遗存的收集，采用了水洗的方法，所获标本数量非常丰富。大部分出自 T4917、T5017、T5122、T5220 和 T5221 五个探方的地层堆积中，在 H1 中也出土少量鱼类遗存。

一、研究方法

1，基础鉴定方法

主要参考山东大学动物考古实验室的现生鱼类标本，对出土鱼类遗存的种属和部位进行初步鉴定。这些现生标本包括乌鳢、鲤鱼、草鱼、鲫鱼、鲢鱼、黄颡鱼、青鱼和鲈鱼等二十余种淡水和海洋鱼类。此外，也参考部分国内外学者对鱼类遗存鉴定方面的研究成果。[1]

2，数量统计方法

可鉴定标本数（The Number of Identified Specimens，简称 NISP）和最小个体数（The Minimum Number of Individuals，简称 MNI）是目前动物考古学研究中应用最广泛的两种统计方法。本研究项目中，我们对遗址每个探方不同遗迹单位的鱼类遗存都进行了可鉴定标本数和最小个体数的统计。

鱼类遗存的可鉴定标本数主要是统计遗址中可以鉴定到种的鱼类骨骼的数量，即每个种的可鉴定标本数。

鱼类遗存最小个体数的统计比较复杂，不同种的鱼类要根据实际情况通过不同的骨骼部位计算其最小个体数。遗址中鱼类骨骼数量保存最多的是鲤鱼和乌鳢，对这两类鱼类的最小个体数的统计采取如下方法。

（1）鲤鱼

鲤鱼的最小个体数是根据其 A2 咽齿确定的。鲤鱼保存最多的部位是脊椎，其次是咽齿。在统计最小个体数时，一般不会以脊椎来进行统计，因为一条鱼的脊椎数量众多，不能很好的代表最小个体数。经过观察，可以辨认出大量鲤鱼的 A2 咽齿，因此根据鲤鱼的 A2 咽齿来进行最小个体数统计。

鲤鱼的 A2 齿比其他咽齿大，表面有 3~4 条咀嚼面沟，前侧呈弧形，齿冠的前端向外凸起；内侧朝后凸起，后侧边与外侧缘较平，近似垂直（图 6-86）。根据这些特征，可以根据判定 A2 咽齿的左右，从而进一步判断鲤鱼

---

[1] （a）Akira Matsui,M,2007,Fundamentals of Zooarchaeology in Japan and East Asia,Nara,Independent Administrative Institution National Research Institute for Cultural Properties.

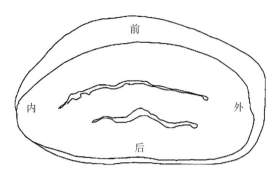

图 6-86　鲤鱼右侧 A2 齿形态示意图

的最小个体数。

（2）乌鳢

乌鳢的最小个体数是根据基枕骨的数量确定的。遗址中乌鳢保存最多的部位是脊椎，其次是基枕骨，因此选取基枕骨来进行乌鳢最小个体数的统计。乌鳢基枕骨狭长，前端呈扫把状，后端近圆形，内凹，与第一节脊椎相连；背面正中有一道峰，两侧内凹，腹面较平，遗址中乌鳢的基枕骨基本只保留了后端。基枕骨属于鱼类的中轴骨骼，连接脑颅和脊椎，每条鱼只有一件基枕骨。所以一件基枕骨可以代表一个乌鳢个体。其他几种鱼类的骨骼数量很少，可以根据同一侧数量最多的骨骼部位来判断其最小个体数。

3、体长复原方法

鱼的体长又称标准长，是指自吻端至尾鳍基部最后 1 枚椎骨的末端或到尾鳍基部的垂直距离。针对遗址中出土数量最多的鲤鱼和乌鳢进行了体长的复原，而它们体长的复原方法有所不同。

（1）鲤鱼

鲤鱼的体长是根据咽齿中 A2 齿的大小复原的。鲤鱼的咽齿排列为 3 列，从内到外依此称为"A 列""B 列""C 列"，"A 列"齿比其他列齿大且齿数多，因此称为"主列"，其他齿列称为"副列"。每列齿按照从前往后的顺序编号，因此 A2 齿即 A 列齿前边的第二个齿（图 6-87）。

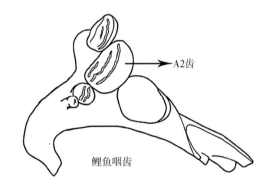

图 6-87　鲤鱼咽齿 A2 齿位置示意图

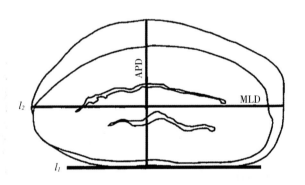

图 6-88　鲤鱼 A2 齿的测量部位示意图
（引自：中岛经夫等：《田螺山遗址 K3 鱼骨坑内的鲤科鱼类咽齿》，《田螺山遗址自然遗存综合研究》，文物出版社，2011 年，第 211 页）

用游标卡尺测量鲤鱼 A2 咽齿的内外径（Mesio—lataral Diameter ： MLD）和前后径（Antero—posterior Diameter ： APD），"内外径是与齿后缘（l_1）平行，测量从内侧端到外侧缘（l_2）。前后径则是对 l_2 测量了垂直方向的最大径（图 6-88）。"鲤鱼的体长就是根据 A2 齿的尺寸和体长之间的回归式推定的：[1]

---

[1]　中岛经夫等：《田螺山遗址 K3 鱼骨坑内的鲤科鱼类咽齿》，《田螺山遗址自然遗存综合研究》，文物出版社，2011 年，第 211 页。

$$BLMLD=18.2 + 57.6 \times MLD$$

$$BLAPD=33.0 + 81.4 \times APD$$

$$BL=(BLMLD + BLAPD) \div 2$$

BLMLD 是根据内外径（MLD）推测的体长，BLAPD 是根据前后径（APD）推测的体长，BL 是取平均值后推测出的最终鲤鱼体长。

（2）乌鳢

乌鳢体长的复原是根据乌鳢基枕骨的宽度推定的。本研究项目中复原乌鳢体长的方法来源于张颖博士在博士论文中的研究成果。[1]在从 2013 年 1 月到 7 月的这段时间内，分别在不同月份捕捞 22 条现生的乌鳢样本（图 6-89），通过测量这 22 条乌鳢样本的各项身体数据，包括全长、体长（标准长）、头长等，然后测量基枕骨的高度和宽度，最终建立乌鳢基枕骨的宽度和体长之间的回归关系函数表达式（图 6-90）。

No.	Month of capture	Age	Total length(cm)	Standard length(cm)	Body depth(cm)	Head length(cm)	Width (mm)	Height (mm)
1	Jan	4(3+)	308	261	54	86	5.68	5.02
2	Jan	5(4+)	442	380	67	123	7.78	7.08
3	Feb	4(4)	318	274	50	87	5.3	5.12
4	Feb	4(4)	331	284	57	94	5.84	5.56
5	Mar	3(3)	307	263	51	85	4.65	4.04
6	Mar	3(2+)	270	236	45	76	4.74	4.03
7	Mar	4(4)	331	282	48	90	6	5.05
8	Apr	4(3+)	340	292	58	105	6.94	6.13
9	Apr	5(4+)	385	331	69	120	7.33	6.63
10	Apr	2(1+)	206	174	34	61	3.41	2.98
11	Apr	4(4)	367	314	62	106	6.24	5.9
12	May	3(3)	290	250	40	66	4.18	3.87
13	May	3(3)	243	200	38	64	3.93	3.78
14	May	5(4+)	363	305	62	100	6.57	5.8
15	May	2(1+)	210	179	33	62	3.25	2.7
16	May	2(1+)	188	158	29	57	3.5	3.21
17	May	4(3+)	296	255	52	84	4.63	4.35
18	Jun	4(3+)	309	260	51	89	5.72	4.85
19	Jun	3(2+)	258	221	43	72	4.39	4.09
20	Jun	4(3+)	308	259	51	86	5.26	5.15
21	Jun	4(3+)	287	244	48	81	4.82	4.62
22	Jul	5(4+)	497	430	74	132	6.14	5.47

图 6-89　现生乌鳢标本的测量数据
（引自：Zhang Y, D. 2014. Animal procurement in the Late Neolithic of the Yangtze River Basin：Integrating the fish remains into a case-study from Tianluoshan, 119）

[1]　Zhang Y, D. 2014. Animal procurement in the Late Neolithic of the Yangtze River Basin ： Integrating the fish remains into a case-study from Tianluoshan,London，University College London，119—121.

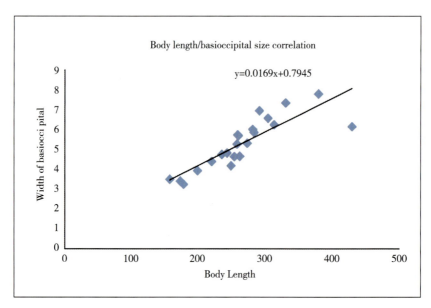

图 6-90　乌鳢体长（标准长）和基枕骨宽度之间的回归分析
（引自：Zhang Y, D. 2014. Animal procurement in the Late
Neolithic of the Yangtze River Basin ： Integrating the fish
remains into a case-study from Tianluoshan, 120）

图 6-89 中的回归关系表达式可以表示为：

$$BL=59.17 \times Wbasio - 47.01$$

Wbasio 是乌鳢基枕骨的宽度，BL 是最终推测出的乌鳢的体长。

二、鉴定和统计

鉴定的鱼类遗存共 15334 件，其中鉴定出部位的遗存有 14699 件，鉴定出种属的遗存有 11861 件。

鉴定出的骨骼部位包括：齿骨、腭骨、方骨、基枕骨、角骨、肋骨、前颌骨、前鳃盖骨、主鳃盖骨、上颌骨、舌颌骨、匙骨、后匙骨、尾舌骨、咽齿、鳍骨、支鳍骨、胸鳍棘、第 1 或第 2 节脊椎和最后一节尾椎等，共计 20 种（图 6-91~6-100）。

图 6-91　鲤鱼 A2 咽齿（L）　　　　　　　　　　图 6-92　鲤鱼尾椎

图 6-93　鲈鱼上颌骨（R）

图 6-94　乌鳢基枕骨

图 6-95　鲶鱼第一节脊椎

图 6-96　黄颡鱼胸鳍棘（L）

图 6-97　鲫鱼咽齿骨

图 6-98　青鱼咽齿

图 6-99　鲤鱼齿骨

图 6-100　乌鳢方骨（R）

鉴定出的鱼类种属包括：鲤鱼、乌鳢、鲫鱼、黄颡鱼、鲶鱼、鲈鱼、鲢鱼和青鱼，共计8种（表6-8、6-9）。

表6-8 可鉴定鱼类种属统计表

目	科	亚科	属	种
鲤形目 Cyprinformes	鲤科 Cyprinidae	鲤亚科 Cyprininae	鲤属 Cyprinus	鲤鱼 Cyprinus carpio
			鲫属 Carassius	鲫鱼 Carassius auratus
		鲢亚科 Hypophthalmichthyinae	鲢属 Hypophthalmichthys	鲢鱼 Hypophthalmichthys molitrix
		雅罗鱼亚科 Leuciscinae	青鱼属 Mylopharyngodon	青鱼 Mylopharyngodon piceus
鲈形目 Perciformes	鳢科 Ophiocephalidae		鳢属 Ophiocephalus	乌鳢 Ophiocephalus argus
	鮨科 Serranidae	鲈亚科 Oligorinae	花鲈属 Lateolabrax	花鲈 Lateolabrax japonicus
鲶目 Siluriformes	鲶科 Siluridae		鲶属 Silurus	鲶鱼 Silurus asotus
	鮠科 Bagridae		黄颡鱼属 Pelteobagrus	黄颡鱼 Pelteobagrus fulvidraco

表6-9 鱼类种属及骨骼部位统计表

种属	部位
乌鳢 Channa argus	躯椎、尾椎、基枕骨、角骨、齿骨、方骨、腭骨、前颌骨、第1、2节脊椎、最后一节尾椎
鲤鱼 Cyprinus carpio	躯椎、尾椎、主鳃盖骨、前鳃盖骨、齿骨、舌颌骨、角骨、前颌骨、后匙骨、上颌骨、咽齿、第一节脊椎、最后一节尾椎
鲫鱼 Carassius auratus	齿骨、咽齿骨、脊椎
黄颡鱼 Pelteobagrus fulvidraco	胸鳍棘、匙骨
鲶鱼 Parasilurus asotus	第一节脊椎
鲢鱼 Hypophthalmichthys molitrix	支鳍骨
鲈鱼 Perca fluviatilis	前鳃盖骨、齿骨、前颌骨、上颌骨
青鱼 Mylopharyngodon piceus	咽齿

各探方鱼类遗存的具体鉴定结果分别描述如下：

1，T4917

鱼类遗存出自第⑦、⑤和④层，共5855件，其中第⑦层3526件，第⑤层2200件，第④层129件。可鉴定种属有乌鳢、鲤鱼、鲫鱼、黄颡鱼、鲶鱼和鲈鱼6种（表6-10）。

表 6-10　T4917 鱼类遗存鉴定结果统计表

种属	数量	⑦层	⑤层	④层	备注
乌鳢	3490	齿骨 12 件（左 1 右 2）；第 1 或 2 节躯椎 55 件；腭骨 1 件（左）；方骨 3 件；基枕骨 83 件；脊椎 1900 件（107 件烧过）；角骨 8 件；前颌骨 10 件（左 4 右 5）	齿骨 12 件（左 5 右 5）；第 1 或 2 节躯椎 40 件；方骨 7 件；基枕骨 61 件；脊椎 1168 件；角骨 11 件；前颌骨 8 件（左 5 右 2）	第 1 或 2 节脊椎 3 件；脊椎 107 件；基枕骨 1 件	
鲤鱼	756	齿骨 2 件（左 1 右 1）；第 1 节躯椎 2 件；脊椎 105 件；咽齿 265 件	齿骨 3 件（左）；第 1 节躯椎 1 件；脊椎 89 件；前颌骨 1 件；咽齿 278 件；咽齿骨 1 件	脊椎 8 件；最后一节尾椎 1 件	
鲫鱼	5		齿骨 4 件（左 2 右 1）；咽齿骨 1 件（左）		
黄颡鱼	6	胸鳍棘 1 件	胸鳍棘 5 件（左 1 右 4）		
鲶鱼	1			第 1 节脊椎 1 件	
鲈鱼	5	前鳃盖骨 1 件（左）	前颌骨 4 件（左 3 右 1）		
不明种属鱼类	1592	残骨 43 件（3 件烧过）；齿骨 14 件（左 1 右 2）；方骨 1 件；基枕骨 1 件；脊椎 109 件；角骨 1 件；前颌骨 1 件（左）；前鳃盖骨 1 件；主鳃盖骨 62 件（左 23 右 28）；鳃盖骨残片 6 件；舌颌骨 1 件；角舌骨 1 件；支鳍骨 1 件；鳍骨和肋骨 89 件；鲤鱼或青鱼咽齿 747 件	残骨 126 件；齿骨 16 件；方骨 1 件；基枕骨 4 件；脊椎 57 件；角骨 1 件；鳍骨和肋骨 235 件；鳃盖骨残片 32 件；舌颌骨 10 件；匙骨 1 件；尾舌骨 1 件；主鳃盖骨 22 件（左 8 右 3）	脊椎 8 件	鲤鱼的 A1 咽齿和青鱼咽齿有些情况下无法区别，故暂归到不明种属鱼类中
总计	5855	3526	2200	129	

T4917 中鱼类的可鉴定标本数为 4285 件，最小个体数为 362，具体统计结果如表 6-11、6-12 所示。

表 6-11　T4917 鱼类遗存可鉴定标本数统计表 [1]

种属	总数	⑦层	⑤层	④层
乌鳢	3490	2072	1307	111
鲤鱼	756	374	373	9
鲫鱼	5	—	5	—
黄颡鱼	6	1	5	—
鲶鱼	1	—	—	1
鲈鱼	5	1	4	—
总数	4263	2448	1694	121

表 6-12　T4917 鱼类最小个体数统计表

种属	总数	⑦层	⑤层	④层
乌鳢	145	83	61	1

[1]　"—"表示数量为 0，下文同。

鲤鱼	205	134	70	1
鲫鱼	2	—	2	—
黄颡鱼	5	1	4	—
鲶鱼	1	—	—	1
鲈鱼	4	1	3	—
总数	362	219	140	3

2，T5017

在第④层中出土了鱼类遗存 829 件。可鉴定种属包括乌鳢、鲤鱼、鲫鱼、鲢鱼、鲶鱼、鲈鱼和青鱼 7 种。鉴定结果如表 6-13 所示。

表 6-13　T5017 ④鱼类遗存鉴定结果统计表

种属	数量	④层	备注
乌鳢	298	齿骨 11 件（左 7 右 4）；第 1 或 2 节躯椎 13 件；腭骨 4 件；方骨 3 件；基枕骨 10 件；脊椎 187 件；前颌骨 5 件（左 1 右 3）；躯椎 65 件	
鲤鱼	209	主鳃盖骨 4 件（左 2 右 1）；前鳃盖骨 1 件；A1 咽齿 23 件；第 1 节躯椎 1 件；第 2 节躯椎 1 件；脊椎 52 件；角骨 1 件（右）；前颌骨 1 件（右）；躯椎 3 件；上颌骨 1 件；尾椎 16 件；咽齿 105 件	
鲫鱼	1	躯椎 1 件	
鲢鱼	1	支鳍骨 1 件	枣核形
鲈鱼	3	齿骨 2 件（右）；前颌骨 1 件（右）	
鲶鱼	1	第 1 节躯椎 1 件	
青鱼	9	咽齿 9 件	
不明种属鱼类	307	背鳍棘 5 件；残骨 44 件；齿骨 5 件；方骨 1 件；脊椎 56 件；犁骨 1 件；鳍骨和肋骨 119 件；前颌骨 1 件；躯椎 8 件；鳃盖骨残片 38 件（左 8 右 2）；上颌骨 1 件；舌颌骨 1 件；匙骨 1 件；臀鳍棘 1 件；尾椎 5 件；胸鳍棘 9 件；主鳃盖骨 11 件（左 1 右 1）	
总计	829	829	

T5017 中鱼类遗存的可鉴定标本数为 522，最小个体数为 40，统计结果如表 6-14 所示。

表 6-14　T5017 ④层鱼类遗存可鉴定标本数及最小个体数统计表

种属	可鉴定标本数	最小个体数
乌鳢	298	10
鲤鱼	209	24
鲫鱼	1	1
鲢鱼	1	1

鲈鱼	3	2
鲶鱼	1	1
青鱼	9	1
总数	522	40

3，T5122

在第⑦层和④层出土了鱼类遗存，共847件，其中第⑦层79件，第④层768件。可鉴定种属有乌鳢和鲤鱼2种（表6–15）。

表6–15 T5122鱼类遗存鉴定结果统计表

种属	数量	⑦层	④层	备注
乌鳢	431	基枕骨2件；第1或2节躯椎1件；脊椎68件	最后1节尾椎1件；基枕骨9件；第1或2节躯椎5件；脊椎345件	
鲤鱼	335	脊椎2件；咽齿1件	脊椎332件	
不明种属鱼类	81	脊椎3件；基枕骨2件	脊椎71件；基枕骨5件	
总计	847	79	768	

T5122中鱼类遗存的可鉴定标本数为766，最小个体数为13，统计结果如表6–16、6–17所示。

表6–16 T5122鱼类遗存可鉴定标本数统计表

种属	总数	⑦层	④层
乌鳢	431	71	360
鲤鱼	335	3	332
总数	766	74	692

表6–17 T5122鱼类最小个体数统计表

种属	总数	⑦层	④层
乌鳢	11	2	9
鲤鱼	2	1	1
总数	13	3	10

4，T5220

探方第⑦层和⑥层出土有鱼类遗存，共1441件，其中第⑦层215件，第⑥层1226件。可鉴定种属有乌鳢和鲤鱼2种（表6–18）。

表 6-18　T5220 鱼类遗存鉴定结果统计表

种属	数量	⑦层	⑥层	备注
乌鳢	858	基枕骨 2 件；第 1 或 2 节躯椎 6 件；脊椎 177 件	齿骨 8 件（左 1 右 3）；第 1 或 2 节躯椎 9 件；基枕骨 24 件；脊椎 625 件；角骨 6 件；最后 1 节尾椎 1 件	
鲤鱼	360	脊椎 9 件	主鳃盖骨 1 件（右）；咽齿 37 件；齿骨 1 件；第 1 节脊椎 5 件；脊椎 304 件；上颌骨 1 件（左）；舌颌骨 2 件	
不明种属鱼类	223	基枕骨 1 件；脊椎 20 件	残骨 51 件；齿骨 5 件；方骨 2 件；脊椎 21 件；鳍骨和肋骨 78 件；主鳃盖骨 45 件（左 12 右 17）	
总计	1441	215	1226	

T5220 中鱼类遗存的可鉴定标本数为 1218，最小个体数为 36，统计结果如表 6-19、6-20 所示。

表 6-19　T5220 鱼类遗存可鉴定标本数统计表

种属	总数	⑦层	⑥层
乌鳢	858	185	673
鲤鱼	360	9	351
总数	1218	194	1024

表 6- 20　T5220 鱼类最小个体数统计表

种属	总数	⑦层	⑥层
乌鳢	26	2	24
鲤鱼	10	1	9
总数	36	3	33

5，T5221

第⑦层和⑤层出土了鱼类遗存，共 6006 件，其中第⑦层 5608 件，第⑤层 398 件。可鉴定种属有乌鳢、鲤鱼、鲫鱼、鲈鱼和青鱼 5 种（表 6-21）。

表 6-21　T5221 鱼类遗存鉴定结果统计表

种属	数量	⑦层	⑤层	备注
乌鳢	3722	齿骨 53 件（左 23 右 21）；第 1 或 2 节躯椎 88 件；腭骨 10 件；方骨 16 件（左 1）；基枕骨 99 件；脊椎 3174 件；角骨 12 件（左 1）；前颌骨 25 件（左 8 右 7）；躯椎 33 件；最后 1 节尾椎 3 件	第 1 或 2 节躯椎 8 件；齿骨 1 件（左）；基枕骨 3 件；脊椎 197 件	

鲤鱼	1206	齿骨 13 件（左 2 右 10）；第 1 节躯椎 17 件；脊椎 657 件；角骨 3 件；舌颌骨 1 件（右）；尾椎 7 件；咽齿 397 件；下鳃盖骨 1 件（左）；舌颌骨 1 件（右）	咽齿 80 件；第 1 节躯椎 2 件；脊椎 27 件	
鲫鱼	3	齿骨 2 件（左 1）；咽齿骨 1 件		
鲈鱼	7	齿骨 2 件（左 1）；上颌骨 1 件；前颌骨 4 件（左 1 右 3）		
青鱼	2	咽齿 2 件		
不明种属鱼类	1066	背鳍棘 2 件；残骨 296 件；齿骨 30 件（左 2 右 6）；第 1 节躯椎 6 件；顶骨 1 件；方骨 4 件；基枕骨 7 件；脊椎 285 件；角骨 2 件；犁骨 2 件；鳍骨和肋骨 250 件；前鳃盖骨 10 件（左 1 右 1）；鳃盖骨残片 8 件；舌颌骨 2 件；匙骨 1 件；臀鳍棘 1 件；尾椎 1 件；胸鳍棘 2 件；咽齿骨 2 件；支鳍骨 10 件；主鳃盖骨 60 件（左 8 右 13）；最后 1 节尾椎 1 件；鲤鱼或鲫鱼前鳃盖骨 1 件（左）；鲤鱼或鲫鱼咽齿骨 1 件（左）；鲤鱼或鲢鱼前鳃盖骨 1 件（右）	脊椎 15 件；主鳃盖骨 2 件（右 1）；鳍骨和肋骨 63 件	
总计	6006	5608	398	

T5221 中鱼类遗存的可鉴定标本数为 4940，最小个体数为 176，统计结果如表 6-22、6-23 所示。

表 6-22　T5221 鱼类遗存可鉴定标本数统计表

种属	总数	⑦层	⑤层
乌鳢	3722	3513	209
鲤鱼	1206	1097	109
鲫鱼	3	3	—
鲈鱼	7	7	—
青鱼	2	2	—
总数	4940	4722	318

表 6- 23　T5221 鱼类最小个体数统计表

种属	总数	⑦层	⑤层
乌鳢	102	99	3
鲤鱼	69	67	2
鲫鱼	1	1	—
鲈鱼	3	3	—
青鱼	1	1	—
总数	176	171	5

6，H1

出土鱼类遗存 356 件。可鉴定种属有乌鳢、鲤鱼、黄颡鱼和鲈鱼 4 种（表 6-24）。

表6-24　H1鱼类遗存鉴定结果统计表

种属	数量	部位
乌鳢	126	齿骨15件（左7右8）；第1或2节躯椎19件；腭骨1件；方骨2件（左1右1）；基枕骨8件；角骨8件（左4右4）；前颌骨8件（左2右6）；躯椎65件
鲤鱼	19	A1咽齿3件；A2咽齿4件（左3右1）；躯椎7件；尾椎5件
黄颡鱼	1	匙骨1件（左）
鲈鱼	6	齿骨5件（左4右1）；上颌骨1件（右）
不明种属鱼类	204	背鳍棘9件；残骨75件；齿骨5件；躯椎1件；后匙骨1件；脊椎47件；肋骨3件；鳍骨14件；前鳃盖骨1件；躯椎10件；舌颌骨3件；臀鳍棘12件；尾舌骨1件；尾椎10件；胸鳍棘3件；咽齿骨1件；主鳃盖骨8件（左3右2）
总计	356	356

鱼类遗存的可鉴定标本数为152，最小个体数为16，统计结果如表6-25所示。

表6-25　H1鱼类遗存可鉴定标本数及最小个体数统计表

种属	可鉴定标本数	最小个体数
乌鳢	126	8
鲤鱼	19	3
黄颡鱼	1	1
鲈鱼	6	4
总数	152	16

三、遗存分析

1，鱼类资源消费数量分析

鱼类是早期居民们重要的食物资源之一，是人们饮食结构中重要的组成部分。通过对遗址中鱼类遗存的研究，可以一窥早期居民对鱼类资源的消费情况，从而为进一步研究自然环境、饮食结构等奠定基础。

为了考察鱼类消费数量的变化，将鱼类骨骼数量、可鉴定标本数和最小个体数这三组数据放在一起进行比较。这是三组相关联的数据，将这三组数据放在一起比较，可以避免这三组数据可能出现的偶然性因素。[1]

从图6-101~6-106可以看出，在每个探方中这三组数据的变化趋势大致是一致的，因此认为它基本可以反映各时期人们对鱼类资源消费的变化趋势。

---

[1] 莫林恒：《高庙遗址出土鱼类遗存研究》，湖南大学硕士学位论文，2011年，第55页。

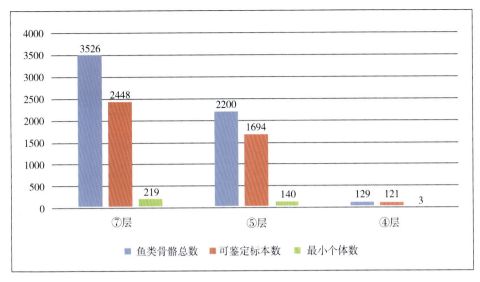

图 6-101　T4917 鱼类遗存数量统计图

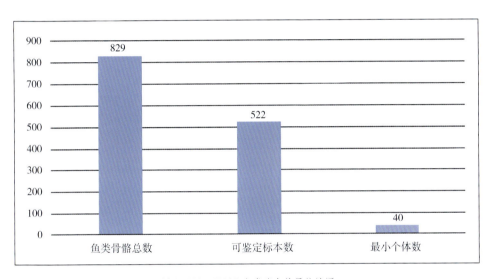

图 6-102　T5017 鱼类遗存数量统计图

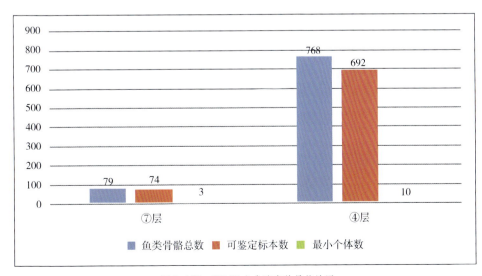

图 6-103　T5122 鱼类遗存数量统计图

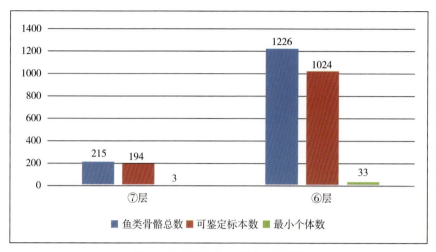

图 6-104　T5220 鱼类遗存数量统计图

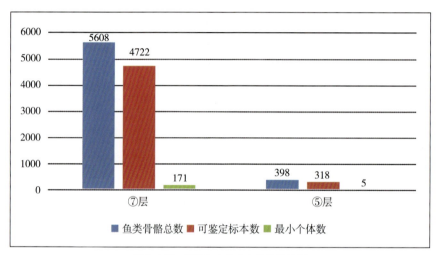

图 6-105　T5221 鱼类遗存数量统计图

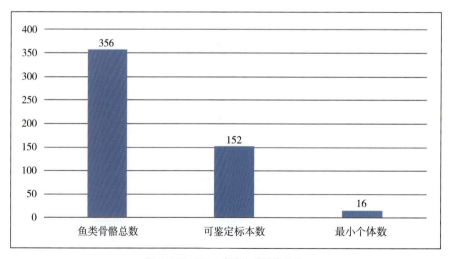

图 6-106　H1 鱼类遗存数量统计图

　　T4917 和 T5221 出土鱼类遗存最为丰富，数量均超过了 5000 件；其次是 T5017、T5122 和 T5220 这三个探方，数量也较多，大致均在 1000 件左右。总体来说，遗址中鱼类遗存的数量巨大，说明遗址附近鱼类资源十分丰富，人们把鱼类作为自己的食物来源之一。

从探方不同层位出土鱼类遗存的数量演变情况来看，每个探方的情况不尽相同，没有明显的规律性，无法看出数量的演变情况。

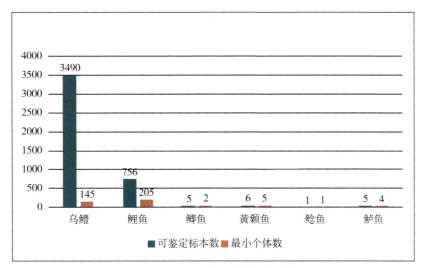

图 6-107 T4917 鱼类种属构成统计图

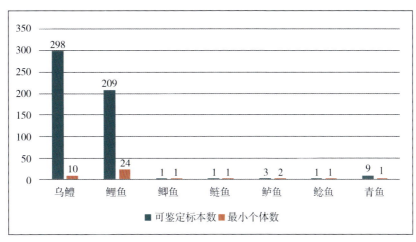

图 6-108 T5017 鱼类种属构成统计图

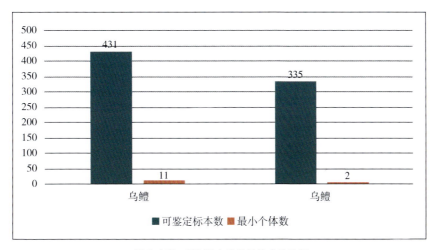

图 6-109 T5122 鱼类种属构成统计图

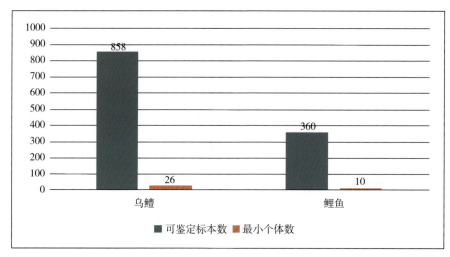

图 6-110　T5220 鱼类种属构成统计图

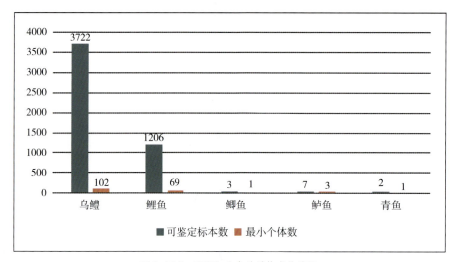

图 6-111　T5221 鱼类种属构成统计图

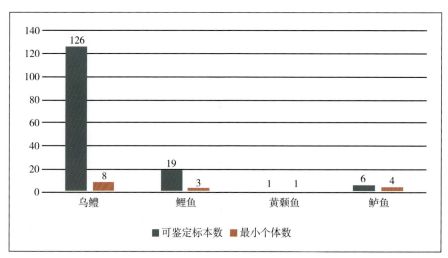

图 6-112　H1 鱼类种属构成统计图

　　从探方出土鱼类遗存的种属情况来看（图6-107~6-112），在每个探方中乌鳢的数量都是最多的，其次是鲤鱼，明显以这两种鱼类为主，其他鱼类的数量都很少。说明人们平时捕获和消费的鱼类绝大部分是乌鳢和鲤鱼，其他鱼类很少捕获或只是偶然所得；4个探方中都发现了鲈鱼的骨骼，但数量不多，鲈鱼是一种生活于近海、河口及咸淡水交汇处的鱼类，而遗址本身距海较远，这或许表明当地居民和沿海地区聚落之间存在一定程度的交流和联系。

2，鱼类体长复原

同一种属的鱼类在特定年龄段的体长数据基本都是相同的，因此，复原体长不仅可以帮助我们大致判断鱼类的年龄，也可以大致判断捕鱼的季节，从而可以进一步了解人们的捕鱼行为和鱼类消费情况。下面对各个探方中可以复原体长的鲤鱼和乌鳢个体进行了统计和分析，并据此来进一步探究鱼类资源的消费情况。

（1）T4917

可以复原体长的鲤鱼个体共300条，其中第⑦层200条，平均体长为527.32毫米；第⑤层100条，平均体长为514.26毫米。从图6-113、6-114可以看出，第⑦层和第⑤层各种大小体型的鲤鱼都存在，但体长还是主要分布在450毫米~600毫米之间。

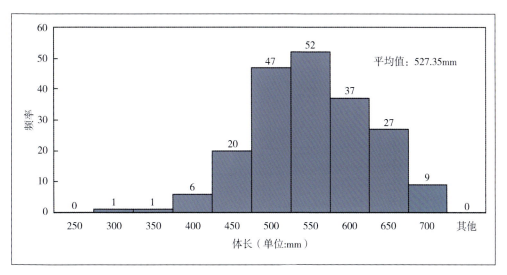

图6-113　T4917第⑦层鲤鱼体长分布示意图

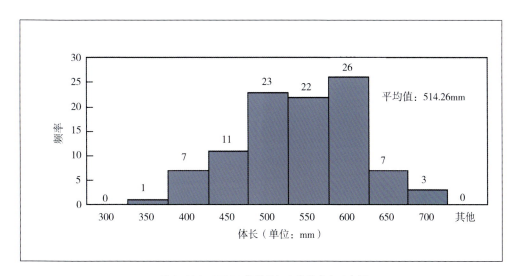

图6-114　T4917第⑤层鲤鱼体长分布示意图

可以复原体长的乌鳢共142条，其中第⑦层83条，平均体长为435.87毫米；第⑤层58条，平均体长为447.49毫米；

第④层1条，体长554.75毫米。从图6-115、6-116可以看出，第⑦层和第⑤层各种大小体型的乌鳢都存在，但体长大部分还是在300毫米~600毫米之间。

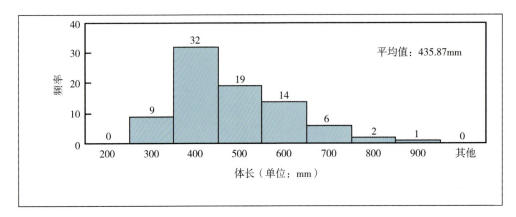

图6-115　T4917第⑦层乌鳢体长分布示意图

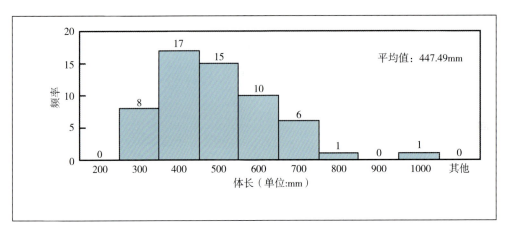

图6-116　T4917第⑤层乌鳢体长分布示意图

（2）T5017

第④层可以复原体长的鲤鱼个体共38条，平均体长为468.95毫米；可以复原体长的乌鳢共10条，平均体长为457.24毫米。从图6-117、6-118可以看出，鲤鱼的体长主要集中在350毫米~500毫米之间，乌鳢的体长主要集中在400毫米~600毫米之间。

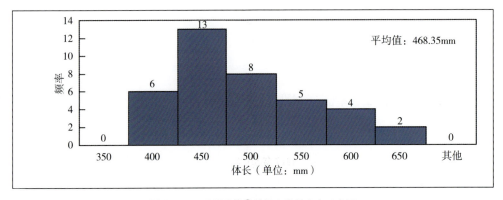

图6-117　T5017第④层鲤鱼体长分布示意图

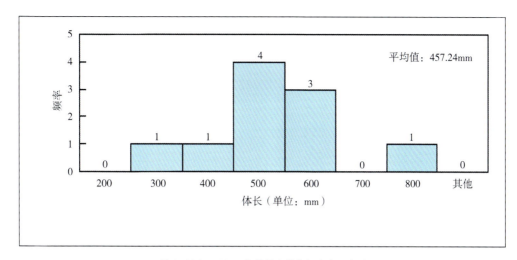

图6-118 T5017第④层乌鳢体长分布示意图

（3）T5122

本探方第⑦层和第④层都没有出土完整的鲤鱼A2咽齿，因此无法复原鲤鱼的体长。

可以复原体长的乌鳢共10条，其中第⑦层2条，体长分别为547.06毫米和277.83毫米，平均体长为435.87毫米；第④层8条，平均体长为447.49毫米。从图6-119可以看出，第④层乌鳢的体长基本都在400毫米~600毫米之间。

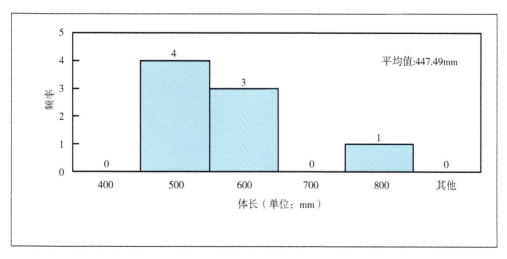

图6-119 T5122第④层乌鳢体长分布示意图

（4）T5220

可以复原体长的鲤鱼个体共14条，全部出自第⑥层，平均体长为509.23毫米；第⑦层没有可以复原体长的鲤鱼个体。从图6-120可以看出，第⑥层鲤鱼的体长主要集中在450毫米~600毫米之间。

可以复原体长的乌鳢个体共12条，其中第⑦层2条，体长分别为679.60毫米和616.23毫米，平均体长647.94毫米；第⑥层10条，平均体长451.43毫米，从图6-121可以看出，第⑥层乌鳢的体长主要集中在300毫米~500毫米之间。

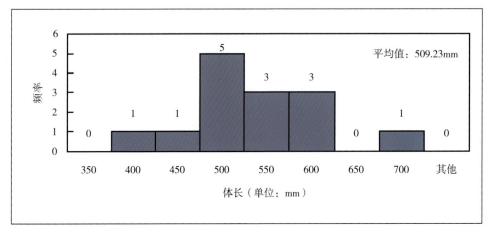

图 6-120　T5220 第⑥层鲤鱼体长分布示意图

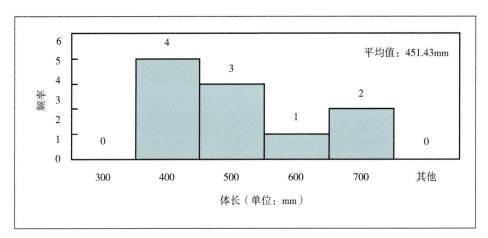

图 6-121　T5220 第⑥层乌鳢体长分布示意图

（5）T5221

可以复原体长的鲤鱼个体共 104 条，全部出自第⑦层，平均体长为 527.15 毫米；第⑤层没有可以复原体长的鲤鱼个体。从图 6-122 可以看出，第⑦层各种大小体型的鲤鱼都存在，但体长主要分布在 450 毫米~600 毫米之间。

可以复原体长的乌鳢个体共 101 条，其中第⑦层 98 条，平均体长为 444.95 毫米；第⑤层 3 条，体长分别为 419.25 毫米、316.89 毫米和 329.90 毫米，平均体长为 355.35 毫米。从图 6-123 可以看出，第⑦层各种大小体型的乌鳢都存在，但体长主要分布在 200 毫米~500 毫米。

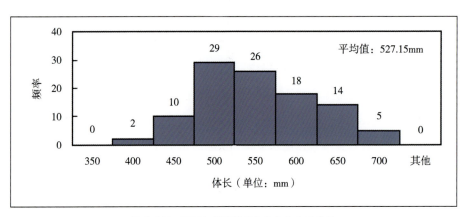

图 6-122　T5221 第⑦层鲤鱼体长分布示意图

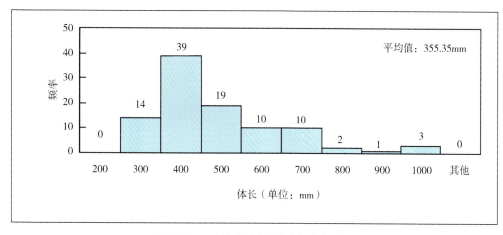

图 6-123　T5221 第⑦层鲤鱼体长分布示意图

（6）H1

可以复原体长的鲤鱼个体有 4 条，体长分别为 682.1 毫米、684.33 毫米、533.8 毫米和 440.55 毫米，平均体长为 585.20 毫米；可以复原体长的乌鳢有 8 条，平均体长为 528.64 毫米。根据图 6-124 可以看出，H1 乌鳢体长主要在 400 毫米~500 毫米之间。

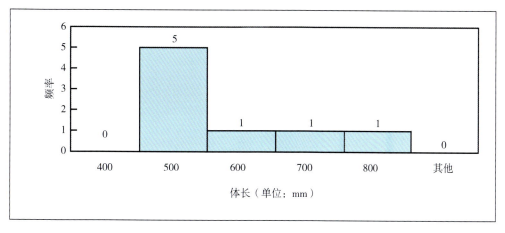

图 6-124　H1 乌鳢体长分布示意图

从我们对两种鱼类体长复原的数据分布来看，在可复原体长的个体较多的层位中，乌鳢和鲤鱼的体长都有在某个数据区间内集中分布的现象，而且总的来说，乌鳢的体长大致集中在 300 毫米~500 毫米之间，鲤鱼的体长大致集中在 450 毫米~600 毫米之间，说明在每一时期遗址中都有大量体长相近的乌鳢和鲤鱼，这表明居民会在一年内某个特定的时间段或季节大量捕鱼，而且在不同时期，居民进行集中捕鱼的季节应该是大致相同的；同时，各个探方的不同层位中也有一定数量其他体长大小的乌鳢和鲤鱼，体长从 200 毫米左右到 1000 毫米左右不等，说明在其他季节和时间段内居民们也会捕获一定数量的鱼类。捕鱼应该是遗址居民日常获取食物的一种重要手段，是一种常年进行的活动，但具有明显的季节性，在某个季节获取的鱼类资源会异常丰富，而且从遗址存在的早期到晚期这样的捕鱼模式基本没有改变。

从鱼类平均体长的早晚变化来看，各个探方的情况没有表现出明显的规律性。T4917 从早到晚鲤鱼的平均体长略有减小，乌鳢的平均体长则略有增大，但两者的变化都不大；T5122 从早到晚乌鳢的平均体长也是略有增大；

T5220 和 T5221 从早到晚乌鳢的平均体长都表现出十分明显的减小，这跟样本数量太少有关，还不足以作为判断乌鳢体长发生明显变化的证据。

3、自然环境分析

遗址中出土的几种鱼类，在生存水域、习性、食物、性成熟年龄、繁殖时间和地点等各个方面都不尽相同，因此遗址周围必须有足够的环境多样性来适应这些鱼类的生存。

（1）各种鱼类的生活习性[1]

鲤鱼多生活于开阔水域的中下层，适应性强，是一种杂食性鱼类，以软体动物、水生昆虫和水草为主食，一般 2 冬龄的鲤鱼达到性成熟；能在各种水域中繁殖，经常喜在水草丛生的浅水水域产卵繁殖，繁殖期在 3~6 月，分批成熟，分批产卵；卵有黏性，附着在水草或其他物体上。

乌鳢栖息于河流湖泊池塘等较宽大的静水水域，只有少数偶尔进入江河溪流中生活。活动于多水草的水域中，以捕食鱼虾青蛙等动物为食；在春夏季进行繁殖，亲鱼有保护鱼卵和幼鱼的行为。

鲫鱼适应性强，生活在江河、外荡、池塘、山塘及沟渠等水体中，更喜在水草丛生的浅水区栖息和繁殖，是一种杂食性底层鱼；繁殖能力极强，1 冬龄即性成熟，繁殖季节为 3~7 月，分批成熟，分批产卵。

黄颡鱼为底栖性鱼类，适应性强，生活于江河、湖泊、溪流、池塘各种生态环境的水域中，日间潜居于石块缝隙、洞穴中，夜出活动觅食，主要食物为螺、蚬、各种昆虫幼虫、水蜘蛛、小虾及小型鱼类；2 龄性成熟，5~7 月产卵繁殖，产卵于水草茂密的淤泥处。

鲢鱼是大型淡水鱼类，栖息于江河、湖泊等大水面，生活在水体中上层，取食浮游植物和浮游动物；4 龄性成熟，每年 4 月下旬至 6 月上旬为繁殖季节，集中到大江上游产卵繁殖；卵漂浮在水面上发育，35 小时左右孵化成鱼苗。

鲶鱼适应性强，生活于各种环境的大小水域中，日间潜居于缝隙、洞穴中，夜出活动觅食，捕食小鱼、小虾及昆虫幼虫，生长较快；2 龄达到性成熟，每年初夏产卵繁殖，在稍有流速的水草浅滩中产卵，卵黏性。

青鱼是大型淡水鱼类，栖息于江河、湖泊等大型水面下层水体中，主要摄食螺、蚌等底层动物，也取食水生昆虫幼虫和虾类等小型水生动物；生长迅速，6~7 冬龄性成熟，4~5 月份产卵繁殖；卵浮性，在水温 20~25 度上下约 35 小时孵化成幼鱼。

鲈鱼为近岸浅海中下层鱼类，喜栖于河口咸淡水处，也能生活于淡水中，性凶猛，食物以鱼类为主，其次为甲壳类；每年早春在河口产卵，卵浮性，幼鱼有成群溯河的习性。

（2）遗址周围的自然环境

从上述鉴定出的鱼类种属来看，多为淡水鱼类，仅有的近海种属（鲈鱼）出土数量较少，我们认为其在遗址中的出现表明马家浜聚落先民与沿海聚落之间存在一定的交流与联系。其余淡水鱼类，包括适应于河湖上层的种属（如鲢鱼），更多的还是适应于河湖中下层的种属（如遗址中出土数量最多的鲤鱼和乌鳢等）。乌鳢、鲤鱼、鲶鱼、黄颡鱼和鲫鱼等生存能力强的鱼类的存在，说明遗址周边地区应该河汊密集，多浅滩沼泽地；而青鱼和鲢鱼等大型淡水鱼类的存在，则说明遗址附近有面积较大的湖泊或者河流存在。

综上所述，我们认为马家浜遗址周边地区应以湿地沼泽环境为主，河网密布，水草丰美，多浅滩沼泽，鱼类

---

[1]　浙江动物志编辑委员会：《浙江动物志·淡水鱼类》，浙江科学技术出版社，1991 年。

资源丰富；遗址附近有面积较大的水域。

（3）捕鱼方式推断

前面我们通过鱼类数量比例和鱼类体长复原统计分析，对马家浜先民捕鱼的行为作了一定的推断，即先民有意识的捕获乌鳢和鲤鱼这两类适应沼泽环境的底栖鱼类，对这两种鱼类的捕获行为是常年进行的，但会在特定的季节（时间段）实施大规模的捕鱼行为。

目前，考古遗址中发现的与捕鱼相关的遗物主要为鱼钩、鱼叉、鱼镖和网坠等，其中鱼钩、鱼叉和鱼镖属于单次获取少量鱼类的捕鱼工具，而网坠代表的渔网则应为单次获取大量鱼类的捕鱼工具。马家浜遗址发掘中还没有发现明确的与捕鱼相关的工具，仅就遗址出土的鱼类种属及数量的信息推断，大量获取的乌鳢和鲤鱼应该不是使用鱼钩、鱼叉或鱼镖这样的捕鱼工具获得的，其他数量较少的鱼类则有可能是使用上述工具捕获的。遗址中大量获取的乌鳢和鲤鱼，有可能是采取拉网捕鱼的方式获得的，当然也有可能是采取陷阱等其他没有留下明确遗物的方式获得的。

四、小结

马家浜遗址出土鱼类遗存共鉴定出三目七科（亚科）八属八种鱼类，分别为乌鳢、鲤鱼、鲫鱼、鲢鱼、黄颡鱼、青鱼、鲶鱼和鲈鱼，鉴定出的鱼类骨骼部位共20个，包括基枕骨、齿骨、咽齿、方骨、角骨、第1、2节脊椎等，大致了解遗址中鱼类资源的种属构成。

遗址中出土鱼类遗存的数量十分丰富，从鱼类生存习性的角度来推测遗址周边的自然环境，认为马家浜遗址应该以湿地沼泽环境为主，并且附近有较大面积的水域。所获鱼类遗存中绝大部分是乌鳢和鲤鱼，说明这两种鱼类是先民捕获最多的鱼类，这可能与遗址周边的自然环境或先民的喜好有关。少量鲈鱼骨骼的存在说明遗址居民可能和沿海地区聚落之间有一定程度的交流和联系。

通过对乌鳢和鲤鱼复原体长的分析，我们对遗址居民的捕鱼行为有了初步了解。捕鱼应该是一种常年进行的活动，但具有明显的季节性，在某个季节获取的鱼类资源会异常丰富，而且从早期到晚期这样的捕鱼模式基本没有改变。针对乌鳢和鲤鱼，先民可能采取拉网捕鱼或陷阱等其他方式；对其他出土数量较少的鱼类，则可能使用了鱼钩、鱼叉或鱼镖等工具。

执笔：王杰、宋艳波（山东大学考古与博物馆学系）

第七章　玉、石器的鉴定研究

第一节　石器鉴定

　　墓葬及地层中石器出土数量较少，因此，选择器形完整或可以辨别器类的8件石器进行鉴定（表7-1）。涉及到的器类主要是两种，为石锛（3件）、石钺（5件）。其中，石锛的保存状况较好，皆为完整器，石钺除一件较为完整外，其余4件皆仅存一半。

　　在不对石器造成二次破坏的原则下，主要采用肉眼鉴定，并基于石器石质的颜色、结构构造、造岩矿物及其组成等，对被鉴定石器进行描述并命名。因石器样本较少，未对其进行切片和镜下薄片观察。

　　经鉴定，这8件石器主要由沉积岩、火山岩两大类岩石组成；其中沉积岩主要为砂岩，火山岩则主要为凝灰岩。鉴定的5件石钺皆为凝灰岩，3件石锛中2件为砂岩1件为凝灰岩。

表 7-1　石器鉴定结果

器名	器号	描述	定名	备注
石锛	M4：9	灰白色，含较多黑色小斑点，斑点粒径不超多0.5mm，表面较光滑，黏土质胶结，粉砂状结构，平行层理，纹层宽度0.5~1.0mm，硬度3~4，表面硬度2~3。	纹层状细砂粉砂岩	保存完整，石器主面近垂直于层理
石锛	M14：2	灰白色，表面光滑到略粗糙，细粒砂状结构，凝灰质胶结，平行层理，纹层宽度0.5~3.0mm，硬度3~4。	纹层状凝灰质粉砂细砂岩	保存完整，石器主面近垂直于层理
石钺	T5221③：3	灰白到灰绿色，表面光滑，石器一面可见较多灰绿色小坑，可能为后期溶蚀形成，凝灰质结构，断口呈绢状光泽，可见纹层，纹层厚度0.5~1.0mm，硬度4~5。	粗安质沉凝灰岩	保存较完整，石器主面平行层理
石钺	TG2②：1	灰绿色，表面光滑，凝灰结构，块状构造，主要由火山灰组成，可见较多浅灰色斑块，可能为角砾，大小3.0~5.0mm，硬度4~5。	角砾玻屑凝灰岩	下半部残存约一半
石锛	TG2②：2	表面灰色，新鲜面灰白/灰绿色，表面粗糙。凝灰结构，可见纹层，纹层厚度0.5~1.0mm，部分纹层被侵蚀形成线形小凹槽。表面硬度2~3，新鲜面硬度4~5左右。	纹层状沉凝灰岩	完整，纹层近垂直于石器主面
石钺	TG2②：3	灰黑色或灰绿色，表面光滑，凝灰结构，块状构造，可见较多白色长石晶屑，晶屑含量30%以上，晶屑大小1.0~3.0mm，最大可达8.0mm，硬度6~6.5。	粗安质晶屑熔结凝灰岩	残存上半部

石钺	TG3③：2	灰色，表面较光滑，凝灰结构，块状构造，含较多晶屑，主要为石英和长石，晶屑大小1.0~5.0mm，最大可达到10.0mm，硬度4~5左右。	流纹质晶屑玻屑熔结凝灰岩	残存上部
石钺	TG3③：3	浅灰色，表面光滑，凝灰结构，块状构造，含较多石英、长石晶屑和少量砾石。石英、长石晶屑含量30%以上，大小约3.0~5.0mm，最小约1.0mm，最大可达10.0mm，角砾成分主要是硅质岩屑，呈棱角状，大小5.0mm。硬度5~6左右。	流纹质含角砾晶屑玻屑熔结凝灰岩	残存下部

执笔：姬翔

第二节　玉器的科技检测鉴定

1. 样品背景

本次科技检测的玉器样品均来自马家浜遗址第二次发掘时出土或采集所获的玉器，共6件，均为玉玦（表7-2）。其中4件出自墓葬，1件出自地层，还有1件为采集品，玉器的出土情况详见第二章和第三章等相关章节。

表 7-2　测试玉器样品背景

器物号	器形	照片	材质
M19：1	玉玦		石英（玉髓）
T5119④：1	玉玦		石英（玉髓）
M73：1	玉玦		石英（玉髓）
M14：1	玉玦		石英（玉髓）
09采1	玉玦		石英（玉髓）

| M8：1 | 玉玦 |  | 石英（玉髓） |

2. 分析方法及结果

2.1 分析方法

本次测试使用能量色散 X 荧光光谱分析技术（XRF）进行主微量元素的成分分析。具体方法及设备简介如下：

使用设备为日本 Horiba（堀场）公司的 XGT-7000 能量色散 X 荧光光谱显微镜。在北京大学考古文博学院科技考古实验室利用此台设备对这批玉器进行了无损定量分析。

分析条件如下：X 光管电压，30kV；管电流，1mA；采谱时间，150 秒；每次分析采谱 2-3 次，取平均值。解谱方法为单标样基本参数法。

2.2 分析结果

分析结果列表如下（表 7-3）。

表 7-3　玉器 XRF 分析结果

器物号	器物名	材质	化学成分组成（%）						
			MgO	Al2O3	SiO2	K2O	CaO	TiO2	Fe2O3
M19：1	玦	石英（玉髓）	0.23	0.94	98.83	0.09	0.13	0.01	0.02
T5119④：1	玦	石英（玉髓）	0.24	0.90	98.90	0.08	0.10	0.03	0.02
M73：1	玦	石英（玉髓）	0.26	0.54	99.39	0.04	0.02	0.06	0.01
M14：1	玦	石英（玉髓）	0.23	0.81	98.99	0.05	0.01	0.02	0.02
09 采 1	玦	石英（玉髓）	0.25	0.82	99.05	0.06	0.06	0.02	0.01
M8：1	玦	石英（玉髓）	0.28	0.97	98.88	0.06	0.07	0.01	0.02

出自马家浜遗址的这 6 件玉玦，分析结果表明均为隐晶质石英质地，未发现有透闪石—阳起石软玉。结合以往对于马家浜文化玉器材质的研究，[1][2] 马家浜文化时期玉器材质以石英为主，伴有迪开石、云母岩、叶腊石，在

[1]　闻广：《苏南新石器时代玉器的考古地质学研究》，《文物》1986 年第 10 期，第 42~49 页；闻广：《福泉山与崧泽玉器地质考古学研究—中国古玉地质考古学研究之二》，《考古》1993 年第 7 期，第 627~644 页；闻广、荆志淳：《草鞋山玉器地质考古学研究—中国古玉地质考古学研究之五》，《玉文化论丛》杨建芳师生古玉研究会编著，文物出版社 2009 年，第 110~125 页。

[2]　秦岭、崔剑锋：《浙北崧泽 - 良渚文化遗址出土玉器的初步科学分析》，《崧泽文化学术研讨会论文集》，浙江省文物考古研究所编著，文物出版社，2016 年，第 403~426 页。

马家浜 – 崧泽时期才逐步引入软玉。石英质玉器可以被认为是马家浜文化的主流玉器传统。

执笔：陈天然（北京大学考古文博学院）

第八章 1959 年的第一次发掘

第一节 嘉兴马家浜遗址发掘报告

1959年马家浜遗址第一次发掘之后,发掘者就着手进行发掘资料的整理和发掘报告的编写。发掘报告原拟在《考古学报》上发表,根据编辑部提出的修改意见,发掘报告执笔者完成了修改稿,但最终未能正式发表。1961年第7期《考古》杂志发表了以《浙江嘉兴马家浜新石器时代遗址的发掘》为题的发掘简报,初步介绍了这次发掘的主要收获。发掘报告原稿及大部分发掘和整理资料一直保存在相关单位的档案材料中。

以下是第一次发掘报告《嘉兴马家浜遗址发掘报告》(浙江省文物管理委员会)的全文。[1]

一、前言

一九五九年三月间,[2] 在群众性的土壤普查和积肥运动中,浙江省杭嘉湖平原地区又发现了几处新石器时代遗址,其中较重要的有嘉兴马家浜和海宁彭城[3] 二处。

为了获取浙江新石器时代生产、经济及其他有关的新资料,贯彻文物工作为政治为生产服务的方针,我们配合了党的中心工作——积肥运动,配合大专学校的教育、劳动、科研三结合,本着共产主义大协作的精神,由我会与杭州大学历史系、杭州师范学院历史系等六个单位组成考古队,[4] 发掘了嘉兴马家浜遗址,发掘面积计213平方米。

在发掘工作中,得到了各级党委的重视与支持,是这次发掘工作在面临春耕生产劳动力紧张的情况下能顺利完成任务的重要保证。

二、地理环境与地层

(一)地理环境:马家浜遗址位于嘉兴县城南偏西十五里。北及东北临九里港,西有坟屋浜,南为马家浜,马家浜村跨在浜的两岸,是一个三河交叉处的平原地带。这一带相传为吴越古战场,遗址西去二里的国界桥,据

---

[1] 依照手写原稿录入,仅改订个别错别字和标点符号,全部线图则根据现存的蓝图底稿重新描绘,不改变原稿的图号顺序,仅依本报告体例略作格式调整。

[2] 根据留存的发掘资料《嘉兴马家浜遗址简单说明》文件中叙述,发掘时间为1959年3月16日至3月29日。

[3] 彭城遗址今属海盐县沈荡镇,位于马家浜遗址东南,两地直线距离不到18公里。原稿中还附录有彭城遗址试掘报告。

[4] 从野外图纸上的绘图人署名记录可知当年参加发掘的有朱伯谦、汪济英、姚仲源、梅福根、冯信敖、何云新、肖贤锦、蒋贤斌、张松年、刘允忠、管银福、桑法泉等。

说为吴、越两国的国界线。光绪嘉兴府志卷五有"国界桥：在草荡，即古吴越战场，有国界桥，在濮院之南"的记载。遗址附近在解放后曾出土过铜镞等。

遗址面积东西约一百五十米，南北约一百米，发掘坑位就在遗址中部。计开 25 平方米探坑三个，50 平方米探坑 1 个，88 平方米探坑一个，依次编号为嘉马探坑 1~5（图 8-1）。

（二）地层：可分表土层、上文化层和下文化层三部分说明如下（图 8-2）。

（1）表土层：系黄灰色农耕土，厚约 15~85 厘米。在探坑 1、2、4 之东部有乱沟一条打破了上、下文化层。乱沟宽 1 米、深 1.1 米，包含物除近代砖瓦外，还有从文化层中翻上来的残石斧及少量夹砂陶片。

（2）上文化层：以灰黑色黏土为主，并有红烧土层和淤土层，厚达 12~80 厘米。探坑 1、2、3、4 的葬地及探坑 5 的建筑遗迹也属这一层。

以探坑 1、2 为例：上文化层厚达 40~60 厘米。红烧土之北端上接表土层，下接淤土层，向南引申到灰黑土中。在红烧土中出土有少量泥质红陶片，厚 10~20 厘米。淤土层分布在灰黑土之下，为上、下两文化层的交接处，但也有夹杂在灰黑土之间的，葬地则分布在上下两文化层交接处的淤土层之上。包含物以兽骨为主，其次有石锛、砺石、骨镞、各种陶片。在其他诸坑中出土的还有骨锥和骨凿等。

（3）下文化层：为黑色黏土，土中含有大量腐烂兽骨的碎粒，也有草木灰，厚达 15~75 厘米。探坑 1、2 的黑土厚 10~50 厘米，其中接近坑底厚约 20~30 厘米的一层几乎全由兽骨所组成。

包含物除大量兽骨外，还有骨镞、骨椎（锥）、骨凿、骨针、骨管、角尖状器、砺石及各种陶质的陶片。在积肥地区还采集到属下文化层的象牙臼齿化石一枚。

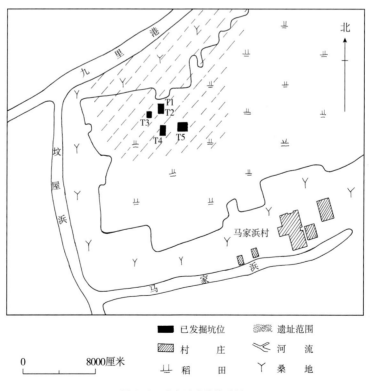

图 8-1　马家浜遗址地形图

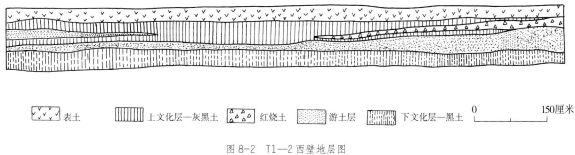

〈〈〈〉〉〉表土　　　上文化层—灰黑土　　　红烧土　　　游土层　　　下文化层—黑土　　　0　　　150厘米

图 8-2　T1—2 西壁地层图

三、遗迹与葬地

（一）建筑遗迹：马家浜遗址上文化层的遗迹发现于探坑 5，为一长方形的房子建筑遗迹。距地表约 50 厘米，正南北方向。东南西三面计有柱洞十三个，东西两行，每行五个，南面一排计三个。以柱洞相对之两边缘为准，东西两行间距 2.75~3 米，南北相距 7 米。柱洞间相距 0.45~1.25 米不等。其中东南角两柱洞间距达 3 米，我们认为，这可能是当时的"门户"。最北面的两个柱洞虽相距 2.75 米，但在冬季受气候条件所限制，如果作为"门户"解释，似乎有点不够之处。柱洞直径 35~50 厘米，深 18~38 厘米。洞内填黄灰色黏土，其中有三个柱洞留有残木柱，四个柱洞留有木板的痕迹，木板的作用很可能是为了防止柱子下陷。这种营建方法，应该是与杭嘉湖的沼泽地带土质松软有关系。在这范围以内，还有一层厚约 8 厘米的黄绿色硬土面，这是当时人类经加工处理过的居住面。这种居址结构形式与吴兴邱城遗址下文化层中发现的居址基本接近（图 8-3）。

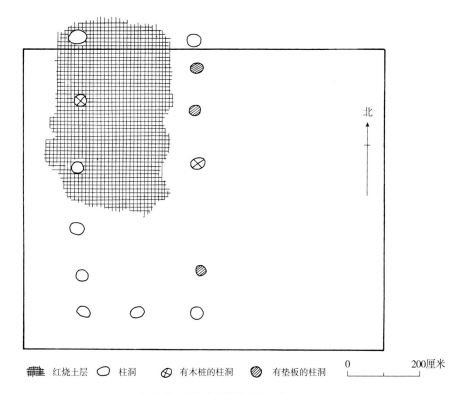

　　红烧土层　　○ 柱洞　　⊘ 有木桩的柱洞　　◍ 有垫板的柱洞　　0　　200厘米

图 8-3　T5 上文化层遗迹平面图

在房子范围内的包含物除一般的陶片外，还有骨镞、骨凿等。更值得注意的是在房基范围以内发现的大片红烧土，它分布在房基北面，相压于西北面的柱洞之上。烧土分布面积东西宽达 3 米，南北长约 4 米。北面厚达 20 厘米，向南及东西边缘逐渐减薄，分布逐渐稀疏。烧土全为不规则的大块状，面较平整，上留有树枝或芦苇烧毁后的痕迹，因此形成一道道的凹槽。这一类的烧土也大片分布在探坑 1、2、3、的上文化层中。坑 3 的烧土层从断面观察，呈椭圆形，直径 60~80 厘米，内含少量泥质红陶片。类似的烧土堆积层在江苏淮安青莲岗遗址（南京博物院：江苏淮安青莲岗古遗址古墓葬清理简报，考古通讯 1958 年第 10 期）和南京北阴阳营遗址（南京博物院：南京市北阴阳营第一、二次的发掘，考古学报 1958 年第 1 期）中都有发现。我们认为这种堆积，应该是当时的建筑遗迹，但是，是不是房子的围墙或制陶窑址塌废的遗迹，将有待今后的发掘来加以充实。

在烧土层之南端，并有大量草灰相压其上，向东南一直伸展到房子外，在草灰中发现有骨镞及石锛等器物。

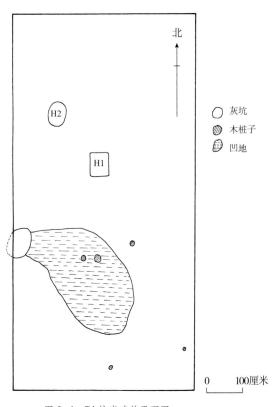

图 8-4　T4 坑底建筑平面图

下文化层的建筑遗迹较上层简陋，它发现在探坑 4 的下文化层中，为一椭圆形的凹坑，无明显的坑边，最深处达 50 厘米，最大直径 3.6 米。填土为褚褐色的胶质泥，少包含物，仅出土一些牛、鹿的骨骼。在凹坑的中部有木柱两根，坑之东、东南及南面各有木柱一根，距坑中的木柱分别为 1、3.5、3 米。木柱直径 15~20 厘米，残高 30 厘米。凹坑西部紧连一椭圆形灰坑，北面相距 1.5~2.7 米处各有长方形及椭圆形灰坑一个（图 8-4）。这种迹象，是否是下文化层的居住建筑遗迹，还是一个存疑的问题。

（二）灰坑：计 3 个。全属探坑 4 的下文化层，填土同下文化层。形制有椭圆形及长方形两种。椭圆形的直径 60~80 厘米，深 60 厘米。灰坑 1 呈长方形，长 60、宽 50、深 110 厘米，四壁直而光滑。包含物除各灰坑都有牛、鹿、野猪类的骨骼外，也有少量陶片。灰坑 1 在深 30 厘米处出土了大量的龟甲，其中也有较完整的水龟，也有少量鱼骨。因此灰坑 1 的用途，是单纯作储藏用，还是作饲养水生动物用，是一个值得研究的问题。

（三）葬地：分布在探坑 1、2、3、4 的上文化层。从发掘结果及积肥工作中的迹象看，葬地就分布在遗址的西及西北面，距居址十余米。共发现 30 具骨架，都没有一定的墓坑，埋葬密集。其中探坑 4 在 50 平方米范围内就有 25 具骨架，尸骨成堆重压的现象达五、六层之多（图 8-5）。如第 4、5、6、7、17、18 号骨架相互重压，第 9、10、11、21 号骨架的相互重压等。除这种葬法外，探坑 1、2 的三具骨架为单独葬。探坑 3 的骨架则为合葬，骨架上、下均有比骨架更长而宽的长方形木板腐朽的痕迹。由此可知，骨架上、下是垫盖木板的，它应该是棺椁的雏形。

葬式以俯身葬为多数，仰身直肢葬次之，仰身屈肢、折肢、交肢也有。头部偏向一方，基本上都是南北方向。从骨架看，有成年和儿童（探坑 4 之第 11、12 号骨架），成年者体长均在 1.40~1.75 米左右（表 8-1）。

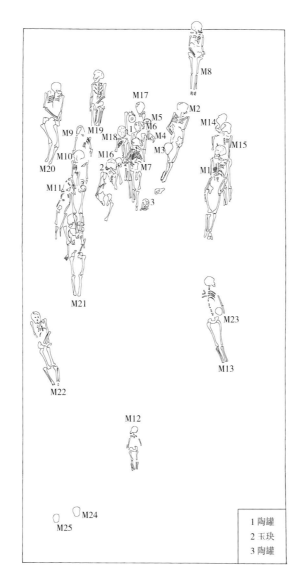

0　　　　　　160厘米

图 8-5　T4 葬地平面图

表 8-1　葬地人骨架出土情况表

坑位	墓号	葬具	葬式	身长	保存情况	随葬品	备注
T1-2	M1	不明	仰身直肢	1.58	尚完整	/	
T1-2	M2	不明	仰身	/	残存下肢骨	/	
T1-2	M3	不明	仰身	1.65	缺上臂骨		
T3	M1	垫有木板	仰身、下肢交叉	1.50	缺胫骨、下肢骨		
T3	M2	垫有木板	俯身直肢	1.62	尚完整	有孔石斧、陶罐（残）	
T4	M1	垫有木板	俯身直肢	1.75	尚完整	陶豆、陶盆	随葬品在骨架下面，疑为 M15 之随葬品
T4	M2	/	俯身	1.50			

T4	M3	/			只存头骨		
T4	M4	/			只存头骨		
T4	M5	/			只存头骨		
T4	M6	/	俯身	1.50	缺趾骨	陶罐、陶豆、陶纺轮、	压在 M7 之下
T4	M7	/	俯身	1.40	缺趾骨		
T4	M8	/		1.40	尚完整		
T4	M9	/				玉环	压在 M10 之下
T4	M10	/	俯身	1.70	尚完整		
T4	M11	/		1.10	缺趾骨		压在 M10 之下
T4	M12	/		0.84	缺趾骨、胫骨		
T4	M13	/		1.60	缺腿骨、趾骨		
T4	M14	/			只有头骨	陶罐、陶豆、陶纺轮	压在 M15 之下
T4	M15	/	俯身	1.56	缺趾骨、胫骨		
T4	M16	/	俯身	1.00	缺下肢骨		
T4	M17	/			缺趾骨		压在 M5 之下
T4	M18	/	俯身	1.10	缺下肢骨		
T4	M19	/	仰身折肢	1.44	尚完整		
T4	M20	/	仰身曲肢	1.50	缺趾骨		
T4	M21	/	俯身	1.60	缺趾骨	玦、陶罐	压在 M10 之下
T4	M22	/	仰身直肢	1.50	缺趾骨	玦	
T4	M23	/			只存头骨		
T4	M24	/					
T4	M25	/					

在这 30 具骨架中随葬有殉葬品的，只有六具骨架。生产工具置于腰部，饰品置于头部，陶器位置不一。计有有孔石斧 1 件、豆 3 件、罐 4 件、盆 1 件、纺轮 1 件，玉环、玉玦各 1 件。从积肥地区发现的骨架看，以扁平有孔石斧作殉葬品者为多数。

四、遗物

可分骨器、石器、玉器、陶器及自然遗物等五类，现分述如下（表 8-2）。

表 8-2　马家浜遗址出土石器骨器统计表

坑位	石器				骨器							总计
	锛	斧	砺石	其他	镞	锥	针	凿	管	角器	其他	
T1 上	1	1	1									3

											总计
T1 下					1	1	1				1	4
T2 上			1	1								2
T2 下					4	1		1				6
T3 上					1						1	2
T3 下			1									1
T4 上	1		1		1						1	4
T4 下					5	2	2	2	1	2	7	21
T5 上	1		2		6			1			1	11
T5 下					1	2	1	2			3	9
总计	3	1	5	1	14	11	5	5	2	2	14	63

（一）骨器：

利用兽骨加工磨制，共计 53 件。上文化层出土的数量少，器形较单纯。下文化层数量多，器形较上层更多。

（1）上文化层：共计 13 件。

骨镞：7 件。可分二式。Ⅰ式 4 件，细长柳叶形，器形较小，只经简单磨制，通长 5.3~7.0 厘米（图 8-6）[1]。

Ⅱ式 3 件，制作精巧，扁平有铤，叶之长短不一，背无脊而呈弧形。通长 5.7~9.5 厘米，其中一件（T5（上）：2），现藏中国历史博物馆。铤部布满横的切割凹槽，形成糙面，以便于绑缚（图 8-7~8-9）[2]。

骨锥：2 件。Ⅰ式 1 件，细长。利用约四分之一的骨片加工磨制，一端磨尖。通长 11.5、直径 0.8 厘米；Ⅱ式一件，较Ⅰ式宽阔，制作简单，利用约二分之一的骨片一端切成斜面磨尖即成，长 9.8 厘米（图 8-10）。

骨凿：1 件。扁平细长，利用约二分之一的骨片精工磨制。凿身断面呈椭圆形，一端磨成刃部，通长 14.5 厘米（图 8-11）。现藏中国历史博物馆。

其他骨器：共 3 件。均经加工磨制，因残缺器形不明。

（2）下文化层：共计 40 件。

骨镞：7 件。利用较厚实的骨片磨制而成。全为有铤式，铤多残，器形较上层为宽大，残长 4.5~11.7 厘米，叶最宽处达 1.3~2.0 厘米。叶多无脊而呈弧线，只一件有脊，但脊与铤的一侧却联成一线，铤部并布有横的切割凹槽。

骨锥：共 9 件。Ⅰ式 7 件，形制同上层，残长 3.5~11.5 厘米不等（图 8-12~8-14）；Ⅱ式 2 件，制作同上层，其中一件（T2（下）：4）现藏中国历史博物馆。制作更为简陋，通长各为 10.5 及 7.8 厘米（图 8-15）。

骨凿：共 4 件。细长，有单面刃及双面刃两种（图 8-16）。

骨针：共 5 件。Ⅰ式 2 件，用骨片精工磨制成细长圆柱形，一端磨尖，尾端钻有小孔一个。其中一件长 10.0 厘米，直径 0.6 厘米（图 8-17）。另一件骨针（T2（下）：1），现藏中国历史博物馆。Ⅱ式 3 件，利用细小的管状兽骨将一端磨尖而成，尾端多残。

---

[1] 原稿在器物描述中大多未直接写出器物号，现根据原稿编排的线图图号及图中标示的器物号，尽可能确认与各该器物的描述文字对应。

[2] 其中图 8-7 为 T2M3：2，线图、墓葬出土器物登记表、器物卡片均标为此号，但"葬地人骨架出土情况表"及 T2 探方平面图中均未有标明出土器物名称。

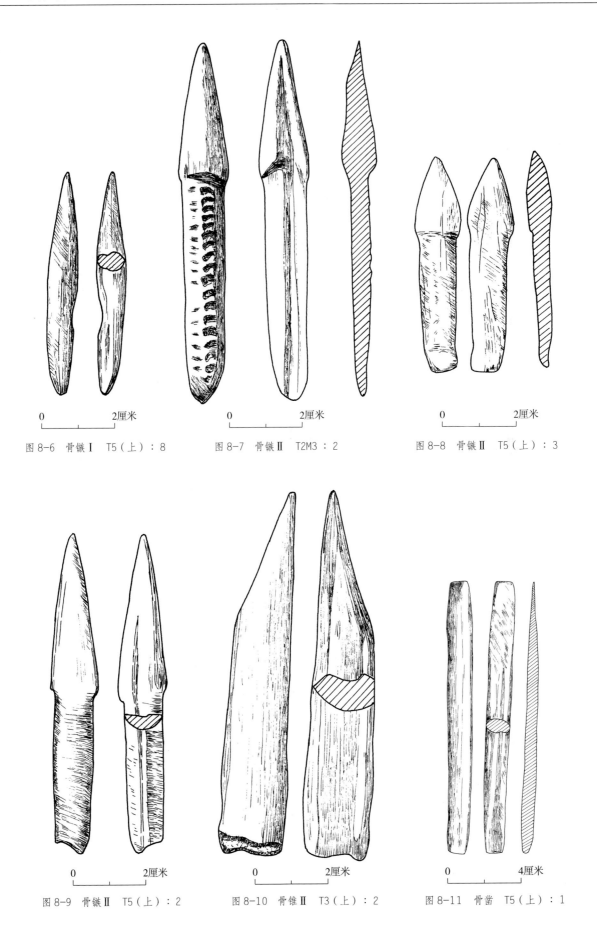

0　　　　　2厘米

图 8-6　骨镞 I　T5（上）：8

0　　　　　2厘米

图 8-7　骨镞 II　T2M3：2

0　　　　　2厘米

图 8-8　骨镞 II　T5（上）：3

0　　　　　2厘米

图 8-9　骨镞 II　T5（上）：2

0　　　　　2厘米

图 8-10　骨锥 II　T3（上）：2

0　　　　　4厘米

图 8-11　骨凿　T5（上）：1

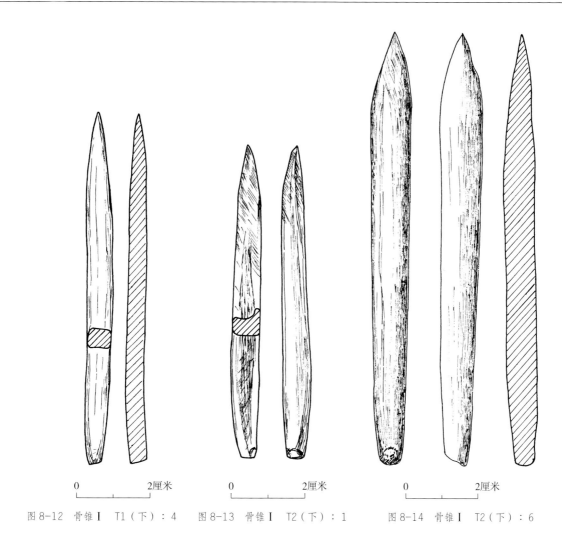

图 8-12　骨锥 I　T1（下）：4　　　图 8-13　骨锥 I　T2（下）：1　　　图 8-14　骨锥 I　T2（下）：6

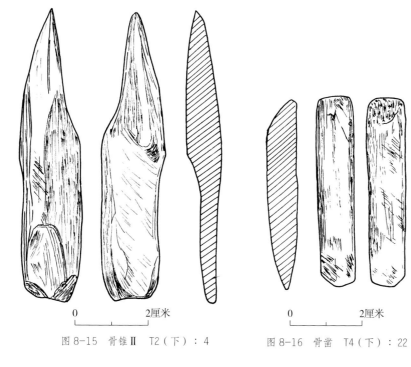

图 8-15　骨锥 II　T2（下）：4　　　图 8-16　骨凿　T4（下）：22

骨管：2件。一件呈长方形，两侧各有不对称的小孔两个，长 5.0，直径 1.0 厘米（图 8-18）。一件呈圆筒状，两端留有明显的切割痕迹，表面磨制光滑，长 2.4、直径 1.2 厘米（图 8-19）。这种骨管，应该是装饰品或玩具。

角尖状器：2件。利用鹿角的尖端制成，表面光滑。后端有切割凹槽一道，可作系绳用，它的作用可能与觿的作用相仿。各长 7.5 及 15.0 厘米（图 8-20）。

其他：共 10 件。多残缺而器形不明，其中一件骨器，长 5.1、宽 0.8 厘米（图 8-21）；另有一件是扁平的骨片，上钻有两个小圆孔，背部略呈弧度，残长 5.8、宽 1.0、厚 0.1 厘米（图 8-22）。这两件器形的用途不明。

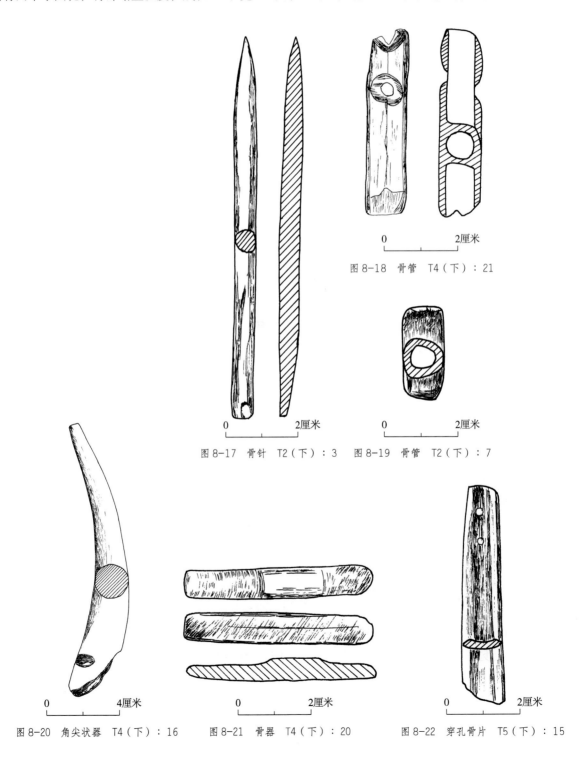

图 8-18　骨管　T4（下）：21

0　　　　　　2厘米

图 8-17　骨针　T2（下）：3　　图 8-19　骨管　T2（下）：7

图 8-20　角尖状器　T4（下）：16　　图 8-21　骨器　T4（下）：20　　图 8-22　穿孔骨片　T5（下）：15

（二）石器：

（1）上文化层：共11件。

石锛：3件。器形较小，狭长，单面刃，背部略成弧形，多残。宽1.8~3.9、厚1.5~1.8厘米（图8-23）。

石斧：2件。一件出自探坑3之第1号骨架之腰部。[1] 扁平，中间厚而四周薄，双面弧刃，刃宽于斧背。中有两面钻的孔一个。长8.2、弧刃长8.7、孔径1.3厘米。积肥地区发现之有孔石斧，多扁平，阔狭不一，斧之后端多作斜面状，也有少量是平直的。

砺石：4件。全属砂岩，都经长期使用，因此砺石中部都留有窄长而深陷的橄榄形凹槽。其中有一件甚至已被磨穿了的。这可能是当时自然环境——缺乏石料而被长期磨制骨器所造成的结果。

其他残石器1件，经加工磨制，已残，器形不明。

（2）下文化层：仅出砺石1件，系青灰色砂岩，扁平，两面磨得较平整，四周已残缺。

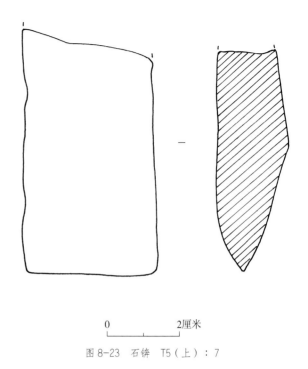

0 ___ 2厘米

图8-23　石锛　T5（上）：7

（三）玉器：

玉玦：1件。出自探坑4之第21号骨架的头骨，乳黄色，器形较小。直径3.2厘米。

玉环：1件。出自探坑4之第9号人骨架头部。乳白色，环之断面作圆形，其中残缺一段，由于发现在位于骨架头部的耳边，可能是当作玉玦使用的。直径7.0厘米。

（四）陶器：

从数量上看，下文化层的陶片数量要较上层丰富，但上、下层均以夹砂陶为主，泥质陶次之，泥质陶的数量在上文化层中存在较下层为多。

夹砂陶的多为炊器，有烟熏痕迹。羼和料有砂及蚌壳粉末。羼砂的以夹砂灰陶为多数，羼蚌壳粉末的以夹砂红衣陶及黑陶两种为多数。夹砂灰、红陶，制作尚规整，表面饰有绳纹、篮纹、附加堆纹、斜格网纹以及凸出器表的各种由弧线组成的纹饰等。夹砂红衣陶的陶衣易脱落，脱落后呈白色，器形单调，器壁较薄，制作也较精。纹饰有指甲刻印及波浪卷边为多。夹细砂的黑陶，数量较少，火候不高，质多松软，器壁较厚实，部分器壁上涂有黑陶衣。在器口常饰有以凹入器表的方格或圆涡作装饰的。

泥质陶多容器，可分为泥质红衣陶、红陶及灰陶三种。火候普遍不高，多素面，只有少量以镂孔作装饰的。泥质红衣陶，陶衣色鲜艳，但易剥落，器壁随器形不同厚薄也随着不同。

从陶器的形制看，除上文化层的墓葬中有陶纺轮外，上、下层并无多大差异，为避免叙述的重复，故作一并介绍。

1，鼎：仅发现夹砂灰陶鼎足三个，上层的为圆锥形，下层有扁柱形及圆锥形边加堆纹的。也有少量敞口的口

---

[1]　表8-1（葬地人骨架出土情况表）记为探坑3之第2号人骨架出土，即T3M2出土。原始档案中器物卡片器物号记为T3M5：2。

沿，外有红陶衣。数量之少，只说明了当时使用三足炊器还不普遍（图 8-24.1~8-24.4）。

2，罐：种类繁多，多破碎。大多为炊器，部分还保留者烟熏及食物焦粘层等，但也有属容器的。罐中作炊器者以圜底罐为多数，他们应该是三足炊器的前身。

Ⅰ式罐：全系夹砂灰陶质。低直口，器身较浅，折肩圜底，肩常饰有附加堆纹，S 形堆纹或指甲刻印的纹饰，肩以下饰有绳纹、篮纹，也有少量素面的（图 8-25）。

Ⅱ式罐：作炊器的以夹砂灰陶占多数。口微外敞，鼓腹，口沿至腹部连有阔边把手或牛鼻式把手一个，部分把手上端有小孔，多圜底，腹以下饰绳纹。以探坑 4 第 6 号人骨架出土的一件为代表，口径 10.0、腹径 11.2、高 8.5 厘米（图 8-26.1）。作容器的泥质红陶，小平底，器身较作炊器者为深，多素面。以探坑 4 第 14 号骨架的一件为代表，口径 15.5、高 12.5 厘米（图 8-26.2）。

Ⅲ式罐：以夹砂灰陶为多数。高颈，口略外坦，腹部和底部情况不明，把手形式多为牛鼻式，安置位置不同，有安在肩部的，也有从口连至腹部的，更有将小把手粘贴在腹部作装饰的，多素面（图 8-27.1~8-27.3）。

Ⅳ式罐：以夹砂红衣陶为多，也有极少是夹砂黑陶的，器壁薄，制作精美。平口外折，筒身，器身外壁中部有器沿一圈，器沿的边缘有作波浪式的，也有以指甲刻印作装饰的。底部情况不明，但按吴兴邱城遗址出土的同类形制看，应该是圜底的（图 8-28.1、8-28.2）。

Ⅴ式罐：系夹砂灰陶质。小口，梨身，平底，底有三矮足，腹部有把手一个（图 8-29.1~8-29.3）。

Ⅵ式罐：全属夹砂灰陶质，形制同鼎的上部，坦口，器身较深，有鼓腹的，也有折肩的，通体饰绳纹，外多烟熏痕迹，器底情况不明（图 8-30.1、8-30.2）。

其他：以泥质灰陶、红陶为多，多破碎，故器形不明。从残破的看，有低直口鼓腹的小罐、敛口宽肩的大罐。底有平底及低圈足等种类（图 8-31.1~8-31.6）。

3，豆：以泥质红衣陶占多数，也有夹砂黑陶的。喇叭形圈足，宽边口沿，盘身浅，部分圈足有镂孔。里外色泽不一，器里多黑，器外多红，有红陶衣。以探坑 4 之墓 1 出土的为代表，直径 34.0、高 21.0、圈底径 18.5 厘米（图 8-32.1、8-32.2）。

4，盆：以泥质红陶为多，也有红衣陶。口外坦，腹部微微鼓出向下逐渐向里收缩，平底。以探坑 4 之墓第 1 号骨架出土的为代表，口径 23.8、高 9.0、底径 11.0 厘米（图 8-33.1~8-33.3）[1]。

5，盘：以夹砂灰陶、黑陶为多。黑陶的多厚实粗笨，多破碎，以碎片看，多为多角形的盘口，盘身极浅，部分口沿上有镂孔，也有下凹于器表的方格或圆涡作装饰的（图 8-34.1~8-34.4）。

6，钵：系泥质灰陶，部分腹部有孔（图 8-35）。

7，器盖：仅 1 件。为夹砂灰陶质，形似倒置的盘。盖顶已残，顶之周围以泥条圈围成一波浪起伏状作装饰。直径 14.5 厘米（图 8-36）。

8，陶拍子：全属泥质灰陶。制作粗糙，把手粗笨，拍打面无纹饰。

9，陶纺轮：1 件。出自探坑 4 第 6 号骨架。用泥质红陶陶片磨制而成，中有孔，直径 5.3 厘米。

10，其他 [2]：各式器把手若干件（图 8-37.1~8-37.5），垂囊盉 1 件（图 8-38）。

---

[1] 原始档案中没有这件器物的线图。

[2] 原始档案中存有部分未编入报告的线图，本次整理后以"其他"形式刊布于此。

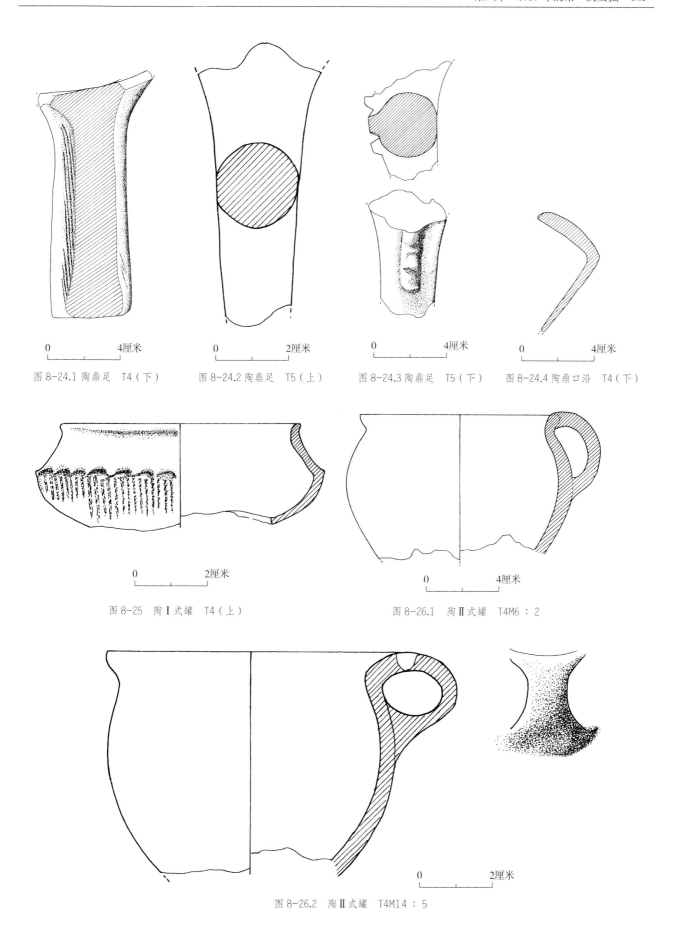

图 8-24.1 陶鼎足 T4（下）　　图 8-24.2 陶鼎足 T5（上）　　图 8-24.3 陶鼎足 T5（下）　　图 8-24.4 陶鼎口沿 T4（下）

图 8-25 陶 I 式罐 T4（上）　　　　　　　　图 8-26.1 陶 II 式罐 T4M6：2

图 8-26.2 陶 II 式罐 T4M14：5

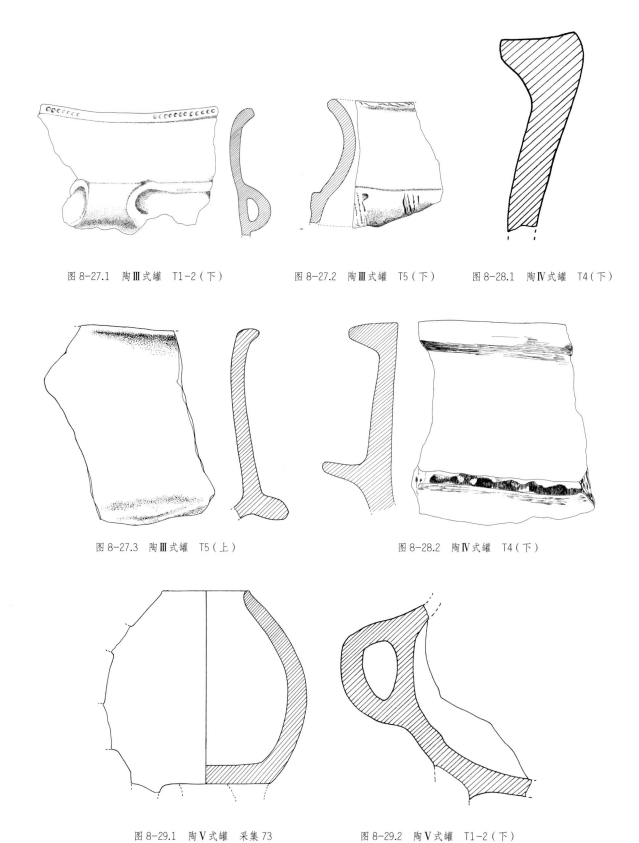

图 8-27.1　陶Ⅲ式罐　T1-2（下）　　　图 8-27.2　陶Ⅲ式罐　T5（下）　　　图 8-28.1　陶Ⅳ式罐　T4（下）

图 8-27.3　陶Ⅲ式罐　T5（上）　　　　　　　　图 8-28.2　陶Ⅳ式罐　T4（下）

图 8-29.1　陶Ⅴ式罐　采集 73　　　　　　图 8-29.2　陶Ⅴ式罐　T1-2（下）

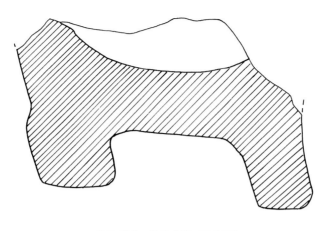

图 8-29.3　陶 V 式罐　T5（下）

  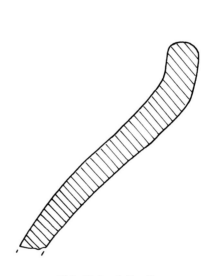 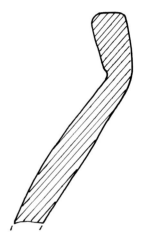

图 8-30.1　陶 VI 式罐　　　图 8-30.2　陶 VI 式罐　　　图 8-31.1　陶罐口沿　　　图 8-31.2　陶罐口沿
　　　　　 T4（下）　　　　　　　　 T1-2（下）　　　　　　　 T1-2（下）　　　　　　　 T1-2（下）

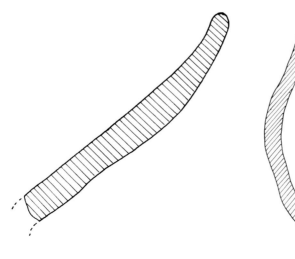

图 8-31.3　陶罐口沿 T4（下）　　　　　　图 8-31.4　陶罐腹片 T1-2（下）

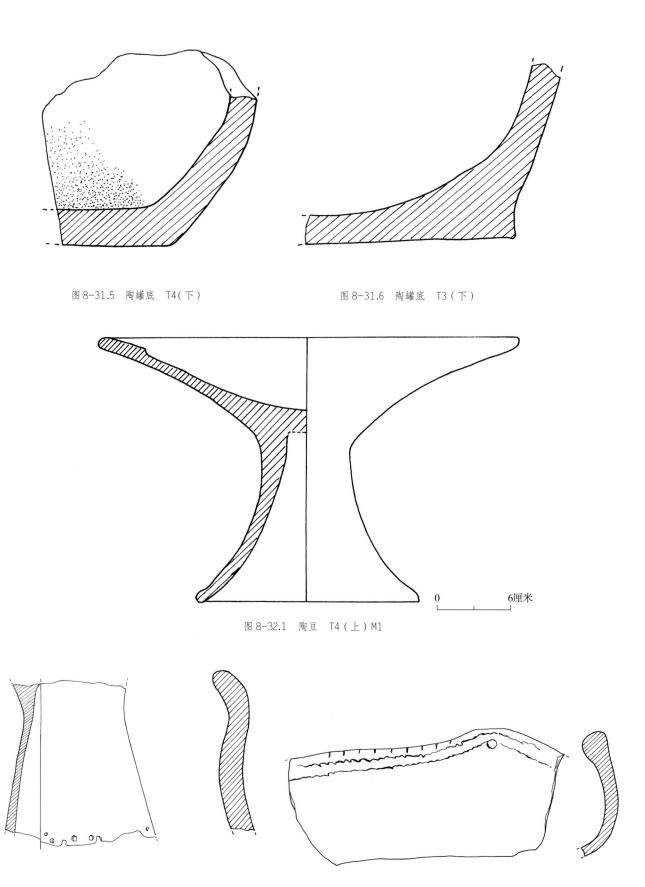

图 8-31.5　陶罐底　T4（下）　　　　　　　图 8-31.6　陶罐底　T3（下）

0　　　　　　　6厘米

图 8-32.1　陶豆　T4（上）M1

图 8-32.2　陶豆圈足　T3（上）　　图 8-33.1　陶盆　T4（下）　　　　图 8-33.2　陶盆　T5（下）

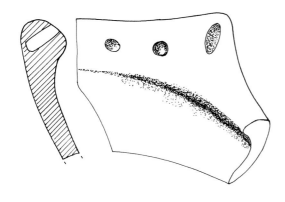

图 8-34.1　陶盘口沿　T5（下）

图 8-34.2　陶盘口沿　T5（下）

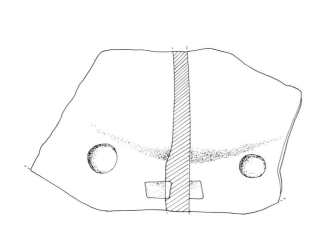

图 8-34.3　陶盘口沿　T5（下）

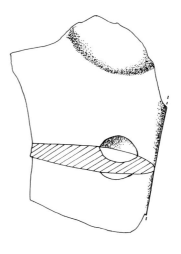

图 8-34.4　陶盘口沿　T3（上）

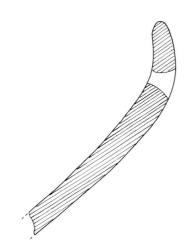

图 8-35　陶钵　T4（下）

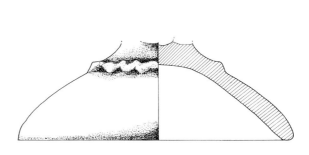

图 8-36　陶器盖　T1-2（上）

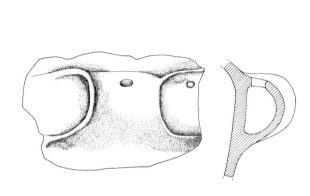

图 8-37.1 陶器把手 T5（下）

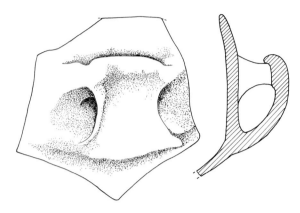

图 8-37.2 陶器把手 T4（下）

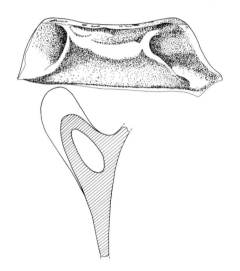

图 8-37.3 陶器把手 T4（下）

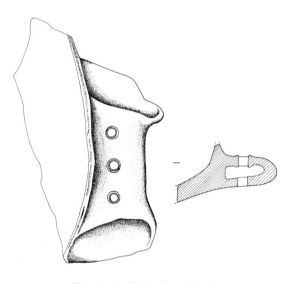

图 8-37.4 陶器把手 T5（下）

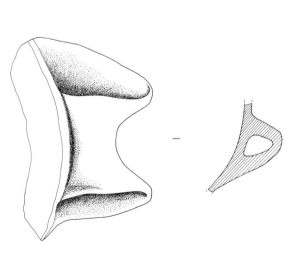

图 8-37.5 陶器把手 T5（下）

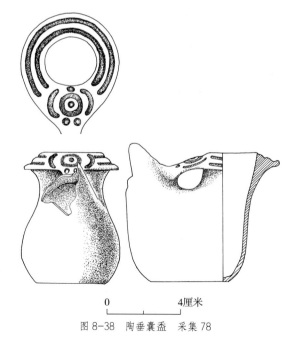

0　　　　4厘米

图 8-38 陶垂囊盉 采集 78

（五）自然遗物：以兽骨为最多，数量之多，要超过陶片的数量的十余倍，其中下文化层又较上文化层为多，分布密度较大，在探坑 1、2 五十平方米中约有兽骨 2000 斤左右，特别是在最下层厚约 20~30 厘米的一层全为兽骨。兽骨多为折散的乱骨，多破碎，部分已腐烂成碎粉末，只有少量的鹿、牛的头，还保存较完整。兽骨的破碎应该和制作骨器的取材有着密切的关系。动物的种类上下层并无差别，经中国科学院古脊椎动物研究所鉴定结果，有水牛（Bubalus sp.）、鹿（Cerouo sp.）、野猪（Sus Scrofa L.）、狐狸（Vulpes sp.）、麝（Mos chua sp.）、水龟、鲻科类及蚌等，其中的水牛及鹿为最多（表 8–3）。

表 8–3　兽骨种类鉴定表

中国科学院古脊椎动物研究所 对马家浜遗址出土之兽骨种类的鉴定，其鉴定结果如下：（标本编号从略）		
地点	鉴定结果	时代或层位
浙江嘉兴地区	野猪 Sus Scrofa L.	全新世
浙江嘉兴地区	水牛 Bubalus sp.	全新世
浙江嘉兴地区	鲻科	全新世
浙江嘉兴地区	水龟	全新世
浙江嘉兴地区	麝 Mos chua sp.	全新世
浙江嘉兴地区	鹿 Cerouo sp.	全新世
浙江嘉兴地区	狐 Vulpes sp.	全新世
鉴定及审核意见： 这一批标本全部是现代尚生存的动物，时代可能是更新世晚期或更晚一些。		
鉴定人　周本雄	审核人	周明镇

此外，在文化层中除包含有腐朽的竹木外，在探坑 2 的下文化层发现有一只炭化了的圆角菱，形制和现在嘉兴南湖菱相仿。在探坑 3 的下文化层还发现了一些植物种子。

五、结束语

从马家浜遗址发掘材料看，有房子、灰坑、墓葬和大量兽骨，是一般南方遗址中少见的，是研究浙江新石器时代生产经济的一个重要资料。

在遗址中发现的朽竹、木、芦苇和草木灰，我们可以相信，杭嘉湖地区在当时还是一片平原沼泽地带，因此在它的生产生活等方面有一定的特点。总结以上的材料，我们可以看出当时的生产经济及生活面貌是：使用骨制生产工具，下层种类繁多，上层简单，已出现了石制生产工具及玉器装饰品，并开始用于殉葬。炊具以夹砂灰陶圜底罐为主，三足炊器使用极不普遍。建筑结构：上层的房子已经定型、定方向，已加以较多的人工处理，下层则很简陋，居址与葬地已有了一定的布局。墓葬无墓坑，埋葬密集，埋葬方式基本上与南京北阴阳营遗址的葬地层情况相同（南京博物院：南京市北阴阳营第一、二次的发掘，考古学报 1958 年第 1 期）。但也有它不同的地方：如葬式以俯身葬为主，多南北方向，使用殉葬品还不普遍。当时的经济：从遗址中大量的兽骨——特别是野生的动物存在，以及水生动物和菱等植物的被发现，说明了当时是以狩猎经济为主，但也兼营采集和捕捞水生动物的经济。骨镞的使用，推动了狩猎经济的发展。大量的兽骨遗骸为当时使用骨制生产工具创造了条件，提供了原料。

从吴兴邱城遗址发现的上层以印纹陶为代表，中层以黑陶为代表，下层以红衣陶为代表的三个文化层看，马家浜遗址与邱城遗址的下文化层有着相互关系。相同的是两个遗址均包含较多的兽骨也有菱的发现。陶器方面都有一定数量的红衣陶，有喇叭形圈足豆、筒身有器沿的圜底罐（Ⅳ式罐），鼎和三足器还没有成为主要炊器。但邱城遗址比马家浜遗址更进步的是：1，邱城下文化层已普遍存在石制生产工具，而马家浜遗址是在上层才有一定数量的发现，其中石锛的形制两地相同。2，邱城遗址下层已发现了小陶猪，除说明了当时人们从艺术上对于猪的概括能力外，同时也象征着畜牧业的出现，而马家浜遗址中没有发现畜牧业的迹象。3，从建筑遗迹上看，邱城下层的房子与马家浜遗址的上层基本相同，但在技巧与构造上，邱城的更为进步，房子附近已普遍有了水井，居住面的加工层次多而复杂。

综上所叙，我们认为：马家浜遗址无论在生产、生活等方面都有它独立性的一面。马克思说"不同的共同体，是在各自的自然环境内，发现不同的生产资料和不同的生活资料的，所以，它们的生产方式、生活方式和生产物是不同的"。（马克思：《资本论》第 1 卷，423 页，人们出版社 1953 年版）马家浜遗址正是在适合当时当地环境而发展起来的一种文化。桐乡罗家角遗址和海宁彭城遗址均可属这一文化系统。它的时代：下文化层早于邱城遗址的下文化层，或可上溯到新石器时代的中期，上文化层则基本上接近于邱城遗址的下文化层。

（执笔：姚仲源、梅福根）

第二节　嘉兴博物馆所藏遗址出土器物

嘉兴博物馆收藏的马家浜遗址出土器物共 21 件，其中大部分是第一次发掘之后的 1959 年 8 月由浙江省文物管理委员会拨交入藏；有少数几件是嘉兴博物馆历年来征集的在遗址出土的遗物。介绍如下。

一、石器

共 12 件，包括锛、钺和砺石。

锛　6 件。

2678·107，原始编号[1]：嘉马采 64，完整，青灰色，长条形，下部起脊，起脊处比较厚，正锋，平刃，刃部有些崩缺。长 11.4、宽 1.8、厚 3.4 厘米（图 8-39.1~8-39.3）。

2679·108，原始编号：嘉马采 11。基本完整，青灰色，平面略呈长方形，上窄下宽，磨制光滑，中部起脊，正锋，平刃，刃角略有崩缺。长 6.8、宽 3.5、厚 2.4 厘米（图 8-40.1~8-40.3）。

2680·109，原始编号：嘉马采 7。基本完整，平面呈长方形，上窄下宽，断面略呈梯形。正锋，弧刃，刃部几乎都有崩缺，致使刃部钝圆。长 11.4、宽 5.8、厚 2.7 厘米（图 8-41.1~8-41.3）。

2684·113，原始编号：嘉马采 5。完整，青灰色，平面略呈长方形，正面下部微起脊，起脊处最厚，两侧面留有原材料凹凸痕，略经打磨但不平，正锋，平刃。长 8.0、宽 3.2、厚 2.2 厘米（图 8-42.1~8-42.3）。

2685·114，原始编号：嘉马采 1。器形较小，灰白色，平面略呈长方形，器表有一些崩缺，正锋，弧刃，刃部有崩缺。断面扁长方形，右侧面微弧凸。长 4.5、宽 3.5、厚 1.3 厘米（图 8-43.1~8-43.3）。

2674·103，近似长方形，上窄下（刃）宽，磨制光滑，但用料不规整，正面有脊，略斜，正锋，平刃，刃部略残。长 5.8、宽 2.5、厚 0.9 厘米（图 8-44.1~8-44.3）。1977 年 3 月征集。

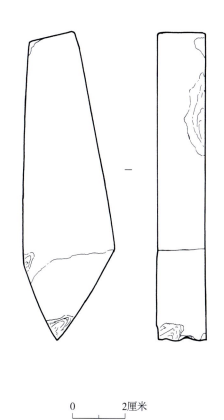

0   2厘米

图 8-39.1　石锛　2678·107

图 8-39.2　石锛　2678·107

图 8-39.3　石锛　2678·107

---

[1] 七位数字编号是嘉兴博物馆的藏品号，原始编号是第一次发掘时的野外编号，未有标注原始编号的则是历年的征集品。

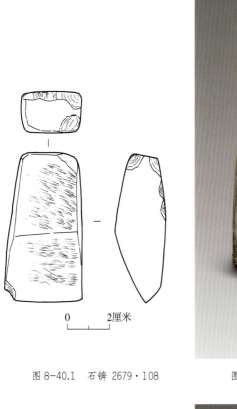

0　　　2厘米

图 8-40.1　石锛 2679·108

图 8-40.2　石锛 2679·108

图 8-40.3　石锛 2679·108

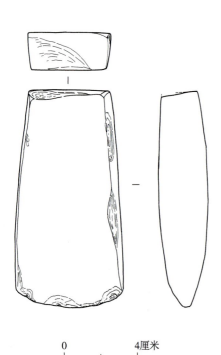

0　　　　　4厘米

图 8-41.1　石锛 2680·109

图 8-41.2　石锛 2680·109

图 8-41.3　石锛 2680·109

0　　　　　4厘米

图 8-42.1　石锛 2684·113

图 8-42.2　石锛 2684·113

图 8-42.3　石锛 2684·113

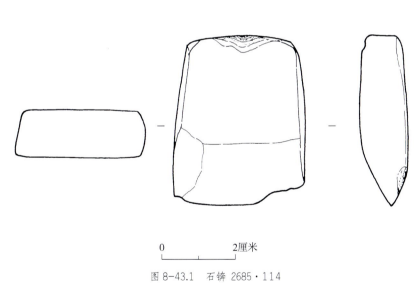

0　　　　　2厘米

图 8-43.1　石锛 2685·114

图 8-43.2　石锛 2685·114

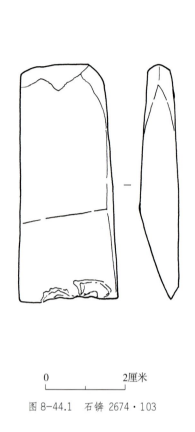  

图 8-44.1　石锛 2674·103　　　　图 8-44.2　石锛 2674·103　　　　图 8-44.3　石锛 2674·103

钺　4件。

2676·105，原始编号：嘉马采56，完整。青灰色，平面略呈长方形，器体中间厚，两边薄，顶端斜，磨平，器体上部钻孔，双面对钻，弧刃，正锋，刃部有几处崩缺。长13.1、宽8.7、厚1.3厘米（图8-45.1~8-45.3）。

2677·106，原始编号：嘉马采17，完整。凝灰岩，平面略呈长方形，器体中间厚，两边薄，顶端斜，磨平微凸，器上部钻孔，两面对钻，孔壁微凹，两面基本对准，弧刃，正锋，刃部有多处崩缺。长16.6、宽13.2、厚1.1厘米（图8-46.1~8-46.3）。

2681·110，原始编号：嘉马采57。完整，平面略呈长方形，上窄下宽，器体中间厚两边薄，顶端斜，磨平，上部钻孔，双面对钻。正锋，弧刃，刃部多有崩缺。器表有石料裂痕，顶端面留有摩擦的细线痕。钻孔以单面为主，另一面略作对钻，并有钻孔斜面。长11.0、宽8.2、厚1.3厘米（图8-47.1、8-47.2）。

2683·112，原始编号：嘉马采12，基本完整，青灰色。平面呈长方形，顶端略斜，平面亦略呈纵向斜面，崩缺所致。器身边缘有一处崩缺，刃部有崩缺。正锋，弧刃。上半部钻有一孔，双面钻。长13.7、宽6.2、厚1.7厘米（图8-48.1、8-48.2）。

砺石　1件。

2675·104，原始编号：嘉马T5（上）：21，断为两截。平面略呈长方形，扁平，砂岩制，背面基本平整，略有剥蚀，部分残，正面两道长橄榄形浅槽，其中一道残。槽为磨制器物所致。长23.5厘米（图8-49.1、8-49.2）。

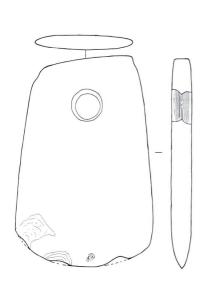

0　　2厘米

图 8-45.1　石钺 2676·105

图 8-45.2　石钺 2676·105

图 8-45.3　石钺 2676·105

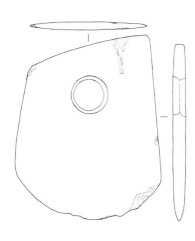

0　　2厘米

图 8-46.1.　石钺 2677·106

图 8-46.2　石钺 2677·106

图 8-46.3　石钺 2677·106

0　　2厘米

图 8-47.1　石钺 2681·110

图 8-47.2　石钺 2681·110

0　　2厘米

图 8-48.1　石钺 2681·112

图 8-48.2　石钺 2681·112

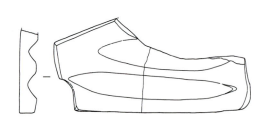

0　　2厘米

图 8-49.1　砺石 2675·104

图 8-49.2　砺石 2675·104

二、骨、角器

共 6 件，包括条形骨雕、骨锥、骨镞和角锥等。

条形骨雕 1 件。

3783·32，原始编号：嘉马采 54，扁平条形，用骨片制成，凹面磨平，凸面有斜向细线状摩擦痕。一端减地凸起，另一端残，中段有减地加工方法雕成的凸块。平面亦有斜向细线摩擦痕。残长 5.2、宽 1.1、厚 0.6 厘米（图 8-50.1~8-50.3）。

骨锥 2 件：

3779·28，原始编号：嘉马 T5（下）：17，残，动物肢骨制成，背面有骨壁凹形。整器残损，仅存锥尖部位。残长 5.2 厘米（图 8-51.1~8-51.3）。

3781·30，原始编号：嘉马 T5（二）：11。动物肢骨制成，背面留有骨壁凹形，尖端残，尾端扁平。正面基本保持骨壁表面状态。残，表面略有朽蚀，不见了摩擦痕迹。残长 7.9 厘米（图 8-52.1~8-52.3）。

骨镞 2 件。

3780·29，原始编号：嘉马 T4（二）：6，残。动物肢骨制成，正面圆弧，磨制光滑，背面留有骨壁凹形，但打磨光滑，有摩擦的细线痕。叶部呈长三角形，尖端略残，有一些摩擦的细线痕。铤内收，正、反面均比叶部减薄，正面有横向的摩擦细线痕。铤背面也有摩擦细线痕。残长 6.2 厘米（图 8-53.1~8-53.3）。

3784·33，原始编号：嘉马 T4（二）：8。残。动物肢骨制成。正面壁面完整，磨制光滑，背面留有骨壁凹形。长条柳叶形，尖残，翼残。内收近圆铤，尾端残。铤部可见摩擦细线痕。残长 6.6 厘米（图 8-54.1~8-54.3）。

角锥 1 件。

3782·31，原始编号：嘉马 T4（二）：17，鹿角尖部切割而成，环切，并有斜向切割槽，凹槽内有摩擦的细线痕。残长 5.7 厘米（图 8-55.1、8-55.2）。

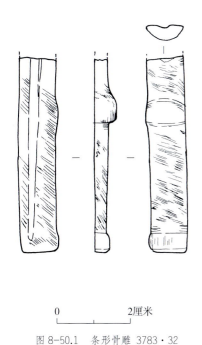

0　　　　2厘米

图 8-50.1　条形骨雕 3783·32　　　　图 8-50.2　条形骨雕 3783·32　　　　图 8-50.3　条形骨雕 3783·32

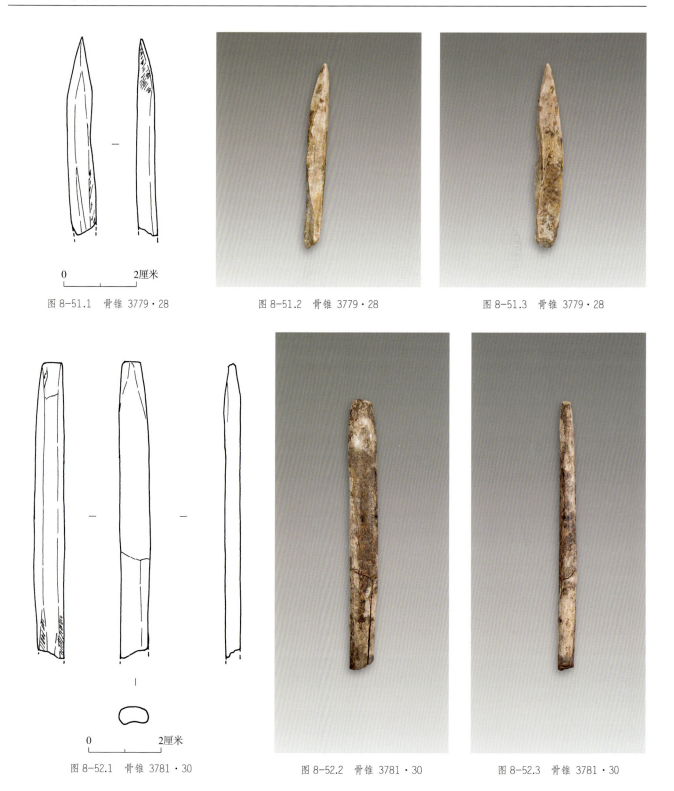

图 8-51.1 骨锥 3779·28

图 8-51.2 骨锥 3779·28

图 8-51.3 骨锥 3779·28

0　　　　2厘米

0　　　　2厘米

图 8-52.1 骨锥 3781·30

图 8-52.2 骨锥 3781·30

图 8-52.3 骨锥 3781·30

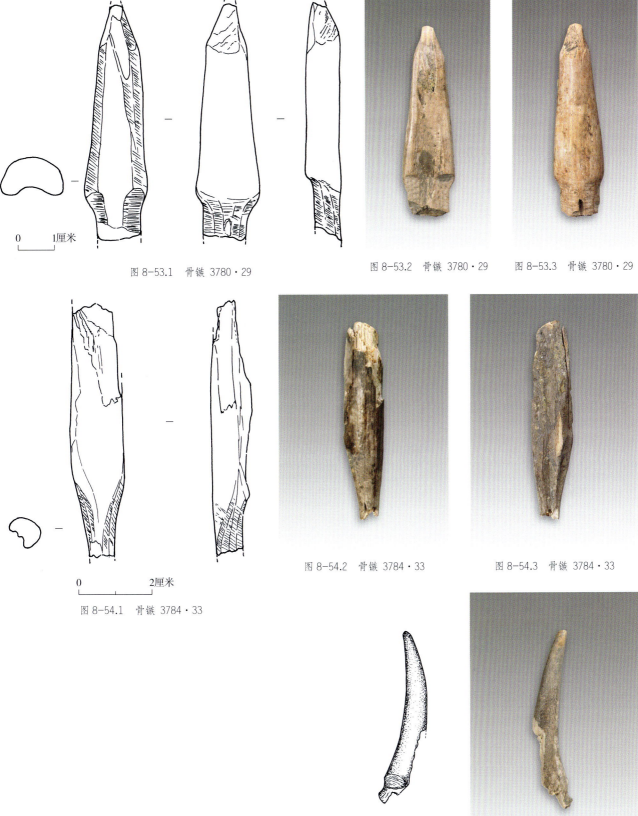

0　　1厘米

图 8-53.1　骨镞　3780·29

图 8-53.2　骨镞　3780·29

图 8-53.3　骨镞　3780·29

0　　　　2厘米

图 8-54.1　骨镞　3784·33

图 8-54.2　骨镞　3784·33

图 8-54.3　骨镞　3784·33

0　　　　2厘米

图 8-55.1　角锥　3782·31

图 8-55.2　角锥　3782·31

三、玉器

共 3 件，包括玦和璜。

玦　2 件。

4084·116，原始编号：嘉马采。黄褐色，圆环形，扁平，一面平直，另一面外缘弧凸。双面钻孔，玦口自弧凸面往下线切割至底面，折断。玦口略斜，未对正圆心。正面玦口有一角崩缺。整器磨制精致，器表光滑。直径 4.2、孔径 1.8、厚 0.6 厘米（图 8-56.1~8-56.3）。

4085·117，原始编号：嘉马采 50。白色。器表有许多黑色斑点。圆环形，底面平直，一面微平加弧凸。双面钻孔，孔壁经打磨，不见加工痕迹。玦口自正面往下线切割，至底端微有折断，留有一点断碴。直径 3.9、孔径 1.6、厚 0.5 厘米（图 8-57.1~8-57.3）。

璜　1 件。

4086·118，原始编号：嘉马采 52。半环形，灰黑色，颜色较深。断面外缘弧凸，内壁略平直。璜之一端对称两组斜向隧孔，另一端一组隧孔，均对钻而成。宽 3.9、高 2.1 厘米（图 8-58.1~8-58.3）。

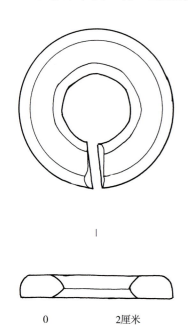

0 　　　2厘米

图 8-56.1　玉玦 4084·116

图 8-56.2　玉玦 4084·116

图 8-56.3　玉玦 4084·116

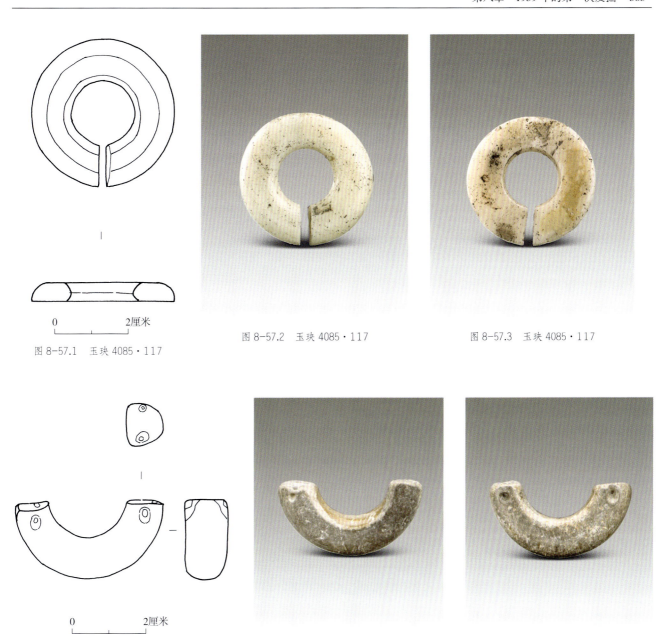

图 8-57.1　玉玦 4085·117

图 8-57.2　玉玦 4085·117

图 8-57.3　玉玦 4085·117

图 8-58.1　玉璜 4086·118

图 8-58.2　玉璜 4086·118

图 8-58.3　玉璜 4086·118

四、陶器

陶人面器耳　1件。

2843·53，1976 年采集。夹砂陶，砂粒极细。黑陶，器表有一层灰衣。手制。底端基本完整，贴附器身脱落痕迹明显明确。宽扁带形，往上渐宽，上端略残，没有贴附痕迹，似有断碴。拱形，器表贴塑人面形态。正面中间穿孔如张大的嘴，自外往里穿。翘鼻，鼻形尖，鼻孔朝外，戳孔未透。整脸略显狰狞。两眼以泥条贴塑，宽扁环形，中间与胎壁直接穿孔，表现眼珠，自外往里，与嘴里一样。耳内壁有戳孔，往内挤压形成的环状泥凸。弯弓形两眉亦如眼眶的宽扁泥条贴附。眼眶及两眉表面戳印细线纹样，戳印方向与宽扁条形垂直，细线与之同乡。此类戳印刻划在宽耳两侧面也有残留。拱形上端有如额部，两角有往外、往上的条状戳印，并戳印各一圈点。中间两眉接处之上亦有一个戳印圈点。3个戳点以管状物戳印，未透，内芯尚存，均没戳透。中间这个仍可看到耳壁内面凸起的戳印挤压。鼻亦是贴附上去的，应该是整体成型，宽扁状拱形，再贴塑鼻、眼眶、眉等。脸颊部分器表不甚光整，左颊留有两道、右颊留有4道似条纹状的小泥条凸起。右颊处可见眼、眉贴附其上的痕迹。高4.8、宽5.7厘米（图8-59.1~8-59.3）。

执笔：芮国耀

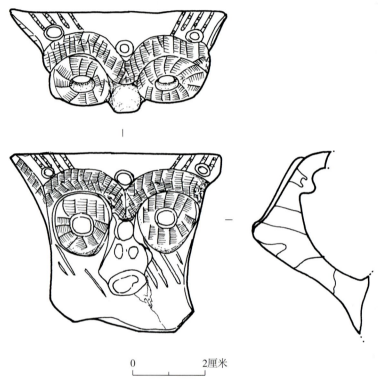

0   2厘米

图 8-59.1　陶器耳 2843·53

图 8-59.2　陶器耳 2843·53

图 8-59.3　陶器耳 2843·53

第九章　简短的结语

时隔 50 年，我们再次对马家浜遗址进行发掘。在第一次发掘的认识基础上，通过这次发掘以及相关多学科的专题研究，获取了许多丰富而具科学性的资料。这对我们认识和把握马家浜遗址的聚落形态、年代发展及文化内涵的意义是不言而喻的。

马家浜遗址第二次发掘的主要收获是发现了 80 座墓葬，它们相对集中分布于发掘区的北部和南部。北部的墓葬主要集中在 T5221、T5122、T5118 和 T5120 等探方，相邻探方的 T5121 因场地所限没有发掘揭露，T5120 与 T5220 之间的部分区域为保护大棚围挡所限也没有发掘，不清楚是否存在墓葬，对发掘区北部的这片墓地分布范围的认识有一定的欠缺。发掘区南部的墓葬大致呈东西长条状排列，由于受近现代耕作破坏，往南的部分区域马家浜文化的堆积已无存，无法确定这片墓葬是否再往南分布。南北两片墓地相距有十多米，两者之间没有发现墓葬，或许它们是独自成片，集群分布。

位于 T5118 的 M6 是北片墓区分布最偏西边的一个墓，其开口的地层层面往西北倾斜。从 TG1 的地层堆积剖面看，大致在 M6 以北的位置马家浜文化堆积也呈现向西北倾斜的趋势。因此，应该可以确定 M6 所处是北片墓区的西北边缘。结合周围的调查勘探，大致也可将此作为整个马家浜遗址文化堆积范围的西北界。

发现的这批墓葬大部分清理出了长方形的竖穴土坑，个别墓葬还留存了木质葬具。在第一次发掘中就已确认个别墓葬人骨之下有作为葬具的木板，本次发掘中完整揭露的木质葬具则有两种形态，一种是在人骨骨骸之下铺垫或长或短的木板，另一种则是在骨骸上下各有一层木板，从 M55 被破坏的断面看，大致形成了木棺的形式。同时，绝大部分墓葬都保存了人骨骨骸，墓坑内的人骨骨骸大部分能够剥剔揭露。以俯身直肢葬为主，约占可辨别葬式墓例的 70%。有少部分的侧身屈肢葬和仰身直肢葬，仰身直肢葬的数量不多，大部分集中在北片墓区的东北部。全部墓葬出现较多的叠压和打破情况，具有叠压和打破关系的共涉及 59 座墓例，占总墓数的73.75%。墓葬之间的打破关系状况，对部分墓葬造成了一定破坏，我们在个别墓葬中的填土中捡出了人骨碎片，在地层堆积土中也淘洗出一定数量的人骨遗骸，显然，在埋葬过程中或日常生活中对墓葬会有破坏和扰动。个别墓葬发现的人骨骨骸缺少头骨，从现场情况看，这些墓葬似乎没有受到稍后墓葬的破坏，那么有可能在埋葬时头骨已不存，这种现象值得引起重视。发现的人骨头向基本朝北，大致在北偏西或北偏东 20° 之内，大部分都接近于正北方向。

这批墓葬中约 1/3 的墓例没有发现随葬品，其余 2/3 的墓例出土随葬品的数量也很少，大部分是陶器和骨器，仅有少量的玉器和石器。其中玉器仅玦一种，石器也仅锛一种。骨器中以锥形骨器为主，还有骨玦、骨镞以及一些骨雕件。个别墓例发现在下肢之上放置红烧土块，应是具有某种特别的含义。在 4 个墓例中，发现墓内随葬一组多件的鹿科动物跖骨或掌骨，有的还连带有跗骨和腕骨。在墓葬中出土的骨器由于磨制精致，不能完全明确种属，但从部分保留的原始形态观察能够明确的都是用这类鹿科动物的跖骨或掌骨骨片制成，那么上述这些出土于墓葬的跖骨和掌骨应该就是制作骨器的原材料。在个别墓例中还发现仅作初步切割加工的长条状半成品骨器。在地层中淘洗出土的一些骨器残件，如骨锥、骨镞等与墓葬中出土的相同，表明生活用品与埋葬的随葬品应无区别，基本一致。

陶器是马家浜遗址的主要随葬品，在有随葬品出土的墓葬中一半以上发现了豆或豆盘、豆圈足，豆或豆盘、豆圈足成为主要的随葬陶器。其他还有罐、盉、盆、单把罐、匜、垂囊盉等，釜、鼎类陶器发现较少。随葬的陶器多数是打碎后埋入并分散放置在墓葬的不同位置，特别是陶豆几乎都是打碎后放置。其他包括陶罐、单把罐、盆、钵、釜、器盖等器都存在打碎后放入墓坑随葬的情况。这些打碎后埋入的陶器，有的出土后拼对复原碎片基本无缺，如 M15 出土的陶豆，碎片分置于人骨骸的胸部、肩部，直至放置在足端，但整件陶豆拼对复原过程中基本没有缺少碎片。M27 陶豆出土于头部一侧，也是打碎后埋入，整件陶豆能够基本无缺拼对复原。而有些墓葬可以明确未被破坏扰动，随葬的陶器也是打碎后放置，但在陶器复原过程中发现缺失较多的碎片，显然，在打碎陶器分散放置埋葬时，没有将整件陶器的碎片埋入墓内。

陶豆是马家浜文化的主要器类，以往在对马家浜文化陶器组合的认识中，均以圆形豆盘为主要特征。通过马家浜遗址的第二次发掘，使我们明确了这一区域除了通常的外红里黑的圆形豆盘之外，马家浜文化中还存在极富特点的多角沿豆盘。在马家浜遗址出土的墓葬中，我们发现圆形豆盘和六角沿豆盘有共出现象。实际上，多角沿的豆盘在马家浜遗址第一次发掘中已有碎片出土。我们在整理第一次发掘的图文资料中，发现个别形似多角沿豆盘的陶片线图，[1] 当时整理材料将其归为陶盘的口沿，由于旧有的标本已无存而无法确定。其后在罗家角遗址的发掘中也有类似的陶片标本出土，罗家角发掘报告中提到"有出多角沿盘，尤其是 2 式，多见于第二、一层。除有灰红陶外，有不少是薄胎的灰白色陶，器表有红衣。……由于此式盘的残片往往不到器底的中心，亦难修复。有些可能属于豆"，进而认为"这种盘也是本遗址的典型器之一种"。[2] 在近年我们对罗家角遗址深入调查中，已经获取到了明确的多角沿豆盘标本。在嘉兴地区其他一些马家浜文化遗址调查中也都发现了较多的多角沿豆盘。马家浜遗址仅见尖角的六角沿豆盘，在其他一些遗址发现的是呈钝角形态的四角、五角和六角沿豆盘。据此，可以将多角沿盘的豆作为马家浜文化的典型陶器。

这次发掘中，由于确定了保护性发掘的原则，除外围探沟区域发掘到原生土之外，其他大部分区域没有往下发掘，尤其是 T5118、T5119 和 T5120 范围内，仅清理了最晚层面开口的墓葬，不清楚其下是否存在更早阶段的墓葬。根据 TG1 和 TG2 的地层剖面所反映的墓葬层位关系，以及与 T5118 ~ T5120 的层位关系，可以初步将这批墓葬中的大部分划分为两个阶段，晚段的以 TG1 第⑥层、TG2 第⑤层及 T5120 第④层层面上开口的墓葬为主，早段的以 TG1 第⑨层和 TG2 第⑥层层面开口的墓葬为主。由于各该墓葬之间可供年代分析讨论的陶器较少，随葬品的组合似乎也没有明显的变化，因此，我们暂时可以将这些墓葬的大部分确定在大致相同的年代框架内。马家浜遗址出土的陶器中鼎的数量很少，在地层出土的陶片中基本不见鼎的残片，更没有发现马家浜文化特有的双目式鼎足。我们采选了多个碳素标本分别送至两家实验室进行年代测定，所获取的年代数据比较接近（见本书附录一、二）。综合考虑，我们认为马家浜遗址第二次发掘出土的墓葬不会是处于马家浜文化的最晚阶段。

---

[1] 见本书第八章图 8-34。

[2] 罗家角考古队：《桐乡县罗家角遗址发掘报告》，《浙江省文物考古所学刊》1981，文物出版社。报告中没有发表此类多角沿盘的线图和照片，但从文中的描述看，应该是与马家浜遗址发现的多角沿盘相同器物。

　　苏秉琦先生将中国新石器时代文化划分为六大区域，[1] 其中的长江下游地区又划分出三个区块，以环太湖为中心的文化区是其中重要的一块。作为太湖文化区最早阶段的马家浜文化，经过近 60 年的考古发掘研究，对这一文化有了比较全面的认识。马家浜遗址的第二次发掘，同时也丰富了我们对马家浜文化的认识。目前来看，太湖文化区马家浜文化阶段的文化面貌存在着一些不同的现象，特别是从主要陶器釜的情况看，太湖西北部是平底的筒形釜，而太湖东南部则以圜底弧腹腰沿釜为特征。杭嘉湖平原的西部，也就是太湖的西南部也是平底釜，但不是筒状的，如邱城遗址为代表的平底釜，是多角宽沿式的矮平底釜，这种平底釜的使用方式可能与圜底腰沿釜的使用功能相近，而跟西北部地区的平底筒状釜的使用方式不一样，反映了当时人们行为模式上的一种差异。陶豆的形态上也多有差异。同时，从地理形态来看，西北部属于山地类型，而东南部属于沼泽类型，不同区域这一阶段人们生存的环境似乎也是不完全相同的，带来了文化面貌上比较大的不同。有必要更加深入细化地研究环太湖为中心的文化区内马家浜文化阶段不同的文化面貌和发展进程。

　　迄今为止，我们在嘉兴及其所辖县市观察到的马家浜文化阶段面貌基本上多是以与马家浜遗址、罗家角遗址晚期阶段相类似的为主，鼎的数量极少，所谓的"双目式鼎足"在马家浜遗址的发掘中也没有发现，目前只在嘉善独圩、海宁坟桥港等少数遗址调查中发现，对于马家浜文化最晚阶段遗存的发现认识显然比较缺乏。与此同时，类同于罗家角遗址早期阶段即第四层为代表的文化遗存还没有其他的发现，因此，关于马家浜文化较早阶段的文化面貌也还有待于深入地调查发掘。以罗家角遗址第四层为代表的文化遗存颇具特有性，多数学者倾向性认为马家浜文化源于这类遗存，对于这类遗存的发现和探索应是今后有关马家浜文化研究的重要内容。

执笔：芮国耀

---

[1]　苏秉琦：《关于考古学文化的区系类型问题》，《文物》1981 年第 5 期。

附录一

加速器质谱（AMS）碳—14 测试报告

送样单位　浙江省文物考古研究所
送 样 人　芮国耀
测量时间　2015-03

Lab 编号	样品	样品原编号	碳十四年代（BP）	树轮校正后年代	
				1σ（68.2%）	2σ（95.4%）
BA141071	炭化植物	T4917 ⑦	5405±40	4330BC(68.2%) 4240BC	4350BC (81.9%) 4220BC 4210BC (8.4%) 4160BC 4130BC (1.7%) 4110BC 4100BC (3.3%) 4070BC
BA141072	木质葬具	M27	样品无法满足实验需要		
BA141073	木质葬具	M30	5275±40	4230BC(13.0%) 4200BC 4170BC(30.4%) 4090BC 4080BC(18.9%) 4030BC 4020BC (5.9%) 4000BC	4240BC (95.4%) 3980BC

注：所用碳十四半衰期为 5568 年，BP 为距 1950 年的年代。

样品无法满足实验需要，即有如下原因：送测样品无测量物质；样品成份无法满足制样需要；样品中碳含量不能满足测量需要。

树轮校正所用曲线为 IntCal04（1），所用程序为 OxCal v3.10（2）。

1. Reimer PJ，MGL Baillie，E Bard，A Bayliss，JW Beck，C Bertrand，PG Blackwell，CE Buck，G Burr，KB Cutler，PE Damon，RL Edwards，RG Fairbanks，M Friedrich，TP Guilderson，KA Hughen，B Kromer，FG McCormac，S Manning，C Bronk Ramsey，RW Reimer，S Remmele，JR Southon，M Stuiver，S Talamo，FW Taylor，J van der Plicht，and CE Weyhenmeyer. 2004 Radiocarbon 46 ： 1029–1058.

2. Christopher Bronk Ramsey 2005，www.rlaha.ox.ac.uk/orau/oxcal.html

北京大学　加速器质谱实验室
第四纪年代测定实验室
2015 年 3 月 23 日

附录二

放射性碳测年报告

送样人：郑云飞　　　　　　　　　　　　　　　　　报告日期：2018.6.29
浙江省文物考古研究所　　　　　　　　　　　　　　收样日期：2018.6.14

实验室编号	样品编号	常规放射性碳年龄（BP）或现代碳含量百分比（pMC）和稳定同位素

Beta – 496862　　　　　　　　H1　　　　5320 +/- 30 BP　　　　IRMS δ 13C ：–24.1 o/oo

(95.4%)　　4243 – 4047 cal BC(6192 – 5996 cal BP)

提交的样品类别：Charcoal

预处理：（炭化物质）酸 / 碱 / 酸

测试的样品类别：炭化物质

测试服务：AMS– 标准测试服务

现代碳含量百分比：51.57 +/- 0.19 pMC

现代碳分数：0.5157 +/- 0.0019

D14C ：–484.32 +/- 1.93 o/oo

Δ14C ：–488.55 +/- 1.93 o/oo(1950 ： 2018)

测得放射性碳年龄：（没有经过 d13C 校正）：5310 +/- 30 BP

校正：BetaCal3.21 ：HPD method ：INTCAL13

Beta – 496863　　　　　　　TG4 ⑦　　　5390 +/- 30 BP　　　IRMS δ 13C ：–24.3 o/oo

(83.0%)　　4336 – 4226 cal BC (6285 – 6175 cal BP)

(9.0%)　　4203 – 4166 cal BC (6152 – 6115 cal BP)

(2.4%)　　4097 – 4076 cal BC (6046 – 6025 cal BP)

(1.0%)　　4128 – 4118 cal BC (6077 – 6067 cal BP)

提交的样品类别：Rice

预处理：（炭化物质）酸 / 碱 / 酸

测试的样品类别：炭化物质

测试服务：AMS– 标准测试服务

现代碳含量百分比：51.12 +/- 0.19 pMC

现代碳分数：0.5112 +/- 0.0019

D14C ：–488.80 +/- 1.91 o/oo

Δ14C ：–492.98 +/- 1.91 o/oo(1950 ： 2018)

测得放射性碳年龄：（没有经过 d13C 校正）：5380 +/- 30 BP

校正：BetaCal3.21 ：HPD method ：INTCAL13

BetaCal 3.21

放射性碳年龄的公历年校正
（高概率密度范围法（HPD）： INTCAL13）

（变量 ： d13C =–24. 1 o/ oo)

实验室编号　　　Beta-496862

常规放射性碳年龄 5320 ± 30 BP

95.4% 概率

(95.4%)　4243-4047calBC　(6192--5996calBP)

68.2% 概率

(37.1%)　4133-4067calBC　(6082--6016calBP)

(14.2%)　4183-4156calBC　(6132--6105calBP)

(11.7%)　4210-4188calBC　(6159--6137calBP)

(5.3%)　4232-4222calBC　(6181--6171calBP)

（变量 : d l 3C =-24.3 o/ oo)

实验室编号　　Beta-496863

常规放射性碳年龄　5390 ± 30 BP

95.4% 概率

(83%)　4336-4226calBC　(6285--6175calBP)

(9%)　4203-4166calBC　(6152--6115calBP)

(2.4%)　4097-4076calBC　(6046--6025calBP)

(1%)　4128-4118calBC　(6077--6067calBP)

68.2% 概率

(36.1%)　4325-4286calBC　(6274--6235calBP)

(32.1%)　4270-4236calBC　(6219--6185calBP)

使用数据库 / 计算方法

INTCAL13/0xCal

参考文献

概率法参考文献

Bronk Ramsey, C. (2009) Bayes ian analys i s of radiocarbon dates. Radiocarbon, 51(1), 337-360.

参考数据库 INTCAL13

Reimer, et.al., 2013, Radiocarbon55 (4)

　　全部的测试都是使用 BETA 实验室内的 4 台 NEC 加速器质谱仪和 4 台 Thermo 同位素比值质谱仪（IRMS）完成。测试流程严格按照 ISO/IEC 17025 ： 2005 标准执行。"常规放射性碳年龄"是通过利比半衰期（5568 年）计算，经过总分馏效应校正得到，并用于公历年龄校正。此年龄精度为 10 年，单位为 BP (before present)。

BETA 实验室

2018.6.29